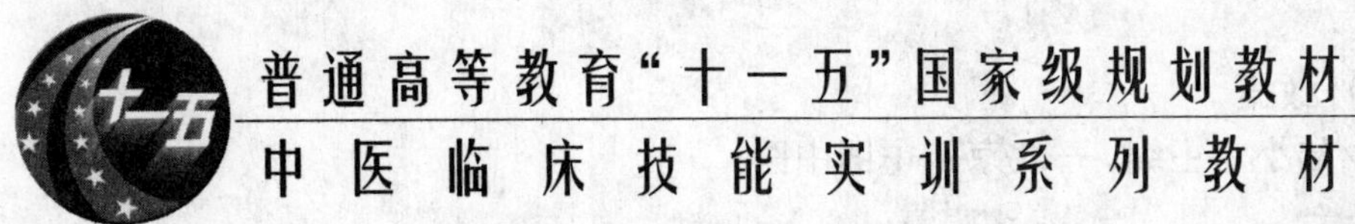

中医诊断学技能实训

（供中医药类专业用）

总主编　张伯礼（天津中医药大学）
主　编　陆小左（天津中医药大学）
副主编　李灿东（福建中医药大学）
　　　　严惠芳（陕西中医学院）
　　　　袁肇凯（湖南中医药大学）
　　　　王忆勤（上海中医药大学）

中国中医药出版社
·北　京·

图书在版编目（CIP）数据

中医诊断学技能实训/陆小左主编．—北京：中国中医药出版社，2010.7

普通高等教育“十一五”国家级规划教材

ISBN 978－7－80231－681－2

Ⅰ．中…　Ⅱ．陆…　Ⅲ．中医诊断学—高等学校—教材　Ⅳ．R241

中国版本图书馆 CIP 数据核字（2009）第 113178 号

中国中医药出版社出版

北京市朝阳区北三环东路 28 号易亨大厦 16 层

邮政编码　100013

传真　010 64405750

北京亚通印刷厂印刷

各地新华书店经销

*

开本　850×1168　1/16　印张　22.75　彩插　0.125　字数　536　千字

2010 年 7 月第 1 版　2010 年 7 月第 1 次印刷

书号　ISBN　978－7－80231－681－2

*

定价（含光盘）　32.00 元

网址　www.cptcm.com

社长热线　010 64405720

读者服务部电话　010 64065415　010 84042153

书店网址　csln.net/qksd/

普通高等教育"十一五"国家级规划教材
中医临床技能实训系列教材

编审委员会

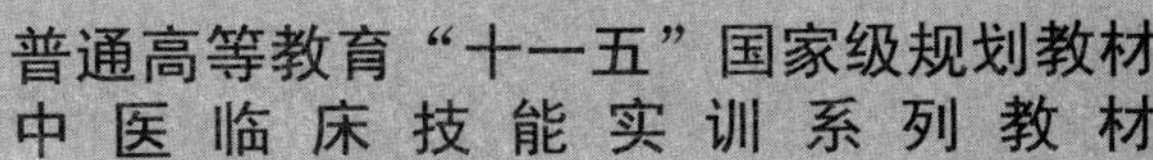

《中医诊断学技能实训》编委会

总主编 张伯礼（天津中医药大学）

主　编 陆小左（天津中医药大学）

副主编 李灿东（福建中医药大学）

严惠芳（陕西中医学院）

袁肇凯（湖南中医药大学）

王忆勤（上海中医药大学）

编　委（以姓氏笔画为序）

丁成华（江西中医学院）

王国斌（河南中医学院）

毛以林（湖南省中医医院）

方朝义（河北医科大学）

邢淑丽（天津中医药大学）

刘晓伟（南方医科大学）

刘燕平（广西中医学院）

李　晶（山西中医学院）

李荣科（甘肃中医学院）

何渝煦（云南中医学院）

邹小娟（湖北中医药大学）

陈　群（广州中医药大学）

陈家旭（北京中医药大学）

陈雪功（安徽中医学院）

赵　莺（成都中医药大学）

钱　峻（南京中医药大学）

龚一萍（浙江中医药大学）

熊丽辉（长春中医药大学）

魏　红（辽宁中医药大学）

前　言

随着高等中医药教育教学改革的不断深化，强化实践教学环节，提高学生动手能力，培养学生运用中医思维解决临床问题的能力，已经成为高等中医药教育工作者的共识。

2007年，教育部《关于进一步深化本科教学改革全面提高教学质量的若干意见》[教高(2007) 2号] 文件中，再一次明确提出高等教育要“高度重视实践环节，提高学生实践能力”。

为了落实教育部文件精神，突出中医药学科特点与教育规律，解决高等中医教育普遍存在的“中医思维弱化、临床能力不足”问题，2007年，由教育部高等学校中医学教学指导委员会主任委员张伯礼院士倡导并担任总主编，在中国中医药出版社的积极支持和大力协助下，组织全国23所中医药院校启动了《中医临床技能实训》系列教材编写工作。

《中医临床技能实训》系列教材包括：《中医诊断学技能实训》、《诊断学基础技能实训》、《临床中药学技能实训》、《针灸学技能实训》、《中医骨伤科学技能实训》、《中医推拿学技能实训》、《经络腧穴学技能实训》、《刺法灸法学技能实训》、《临床接诊与医患沟通技能实训》9部教材。

为了充分利用现代教育技术进行实训教学工作，《中医诊断学技能实训》、《针灸学技能实训》、《经络腧穴学技能实训》、《刺法灸法学技能实训》、《临床中药学技能实训》等教材还配套制作了多媒体光盘。

《中医临床技能实训》系列教材编写的指导思想是：强化中医实践教学环节，突出中医实践教学特色，通过教材中要求的各种训练环节，提高学生中医思维能力与临床动手能力。

《中医临床技能实训》9部教材分别由天津中医药大学、上海中医药大学、南京中医药大学、广州中医药大学、辽宁中医药大学、河南中医学院等院校担任主编工作。其中，《中医诊断学技能实训》由天津中医药大学陆小左教授主编；《诊断学基础技能实训》由上海中医药大学蒋梅先教授主编；《临床中药学技能实训》由天津中医药大学于虹教授主编；《针灸学技能实训》由天津中医药大学周桂桐教授主编；《中医骨伤科学技能实训》由上海中医药大学褚立希教授主编；《中医推拿学技能实训》由南京中医药大学金宏柱教授主编；《刺法灸法学技能实训》(面向针灸推拿学专业) 由广州中医药大学冯淑兰教授主编；《经络腧穴学技能实训》(面向针灸推拿学专业) 由河南中医学院路玫教授担任主编；《临床接诊与医患沟通技能实训》由天津中医药大学周桂桐与辽宁中医药大学马铁明教授共同主编。

目前，大多数中医药院校均在教学计划中设置了实训教学环节，有的院校编写了实训指导，但是尚无具有全国专家参与编写的反映目前全国实训教育水平的系列教材，为了满足教学急需，我们编写了这套教材，藉以提高中医药实训教学水平，提高学生实践能力。

由于实训教材的编写无先例可循，又限于编写者水平，所以，本套教材难免有很多不足之处，还需要在教学实践中不断总结与提高，恳请使用该套实训教材的各院校教师提出宝贵意见，以便再版时修订提高。

《中医临床技能实训》系列教材
编审委员会
2010 年 6 月

编写说明

如何提高中医药专业大学生和从业人员的整体临床诊断水平、减少误诊，是关系到中医事业发展存亡的关键问题之一。诊断是治疗的前提，没有准确的辨证就谈不上正确的治疗。“将升岱岳，非径奚为，欲诣扶桑，无舟莫适。”没有掌握良好的中医诊断基本功，就无法在临床上发挥中医的优势与特长。中医诊断学是历代医家通过长期的医疗实践而逐步形成和发展起来的，是中医基础学科与临床各科之间的桥梁，也是中医学专业课程体系中的主干课程。它的主要任务是研究如何运用各种诊察方法和手段获取临床信息，并对所得的资料进行分析，概括疾病的病因、病性、病位及病势，推断内在的病理变化，以获得对疾病本质的认识。中医诊断学集基本理论、基本知识和基本技能于一体，是中医“整体观念”与“辨证论治”基本精神的具体体现与应用，是中医理论体系中不可缺少的组成部分，其中含有大量需要动手训练才能掌握的临床实用技能，这些技能掌握的程度如何，直接关系到我们培养中医药人才的质量。

当前的中医教育中重理论轻技能的倾向虽然在逐步得到解决，但伴随着医疗环境的改变，以人为本的新医疗观念的普及和患者维权意识的提高，过去有些可以在临床实习中学习的技能受到某种程度的限制，有些则要求学生在进入临床前就必须在一定程度上掌握。技能训练前移是我们不得不面对的现实情况。开设中医诊断实训课程的目的就在于解决临床实习中存在的某些缺憾，提高学生的动手能力，补充课堂教育的不足，提高实习质量，进而提高中医人才诊疗水平。

中医诊断学的特点是实践性强，技能要求高，仅凭课堂上基本理论的学习是远远不够的。很多学生学习中医诊断后考试成绩不错，但进入临床后连简单的脉象、舌象都难以分辨，因此有必要加强实践训练。由于各个院校中医诊断实训的开展情况不同，缺乏统一的中医诊断实训教材，在一定程度上制约了技能培训等实践教学工作的深入开展。为提高学生的实际操作能力，在教育部、国家中医药管理局统一规划下，作为十一五规划教材“中医临床技能实训系列教材”之一，我们编写了《中医诊断学技能实训》教材。

本教材的编写依据中医诊断学课程的特点和当前各中医院校教学的具体情况，总结了各兄弟院校在开展中医诊断实训教学方面的经验，由各兄弟院校的中医诊断学有关专家联合进行编写。本教材的编写吸纳了《中医诊断学技能实训》中的主要内容，强化了中医诊断学中基础理论、基本知识和基本技能的运用，力图科学地训练学生临床诊断和综合辨证思维能力。本着系统性、科学性、实用性、先进性、规范性的原则，本教材对中医临床实用的诊断辨证技术从理论到具体操作进行了详细的论述，从中医诊断的发展考虑，也收录了脉图描记、耳穴诊察等最新的中医诊断技术和若干诊断标准。

本教材在内容安排上一方面突出了实际操作的培养训练，另一方面突出了辨证思维模式的训练，主要分诊法、辨证和临床综合运用三大部分。上篇为诊法，以望、闻、问、切为纲，拟定了相应的操作规范、具体的操作方法，目的在于提高学生的临床技能，培养其动手能力，规范操作，同时运用病案及问题讨论引出临床常用四诊技法的临床意义；中篇为辨证学，病性、病位辨证为纲，通过举例论证，阐述了辨证的步骤，提供了辨证思维的方法，以大量病案为中心，插入论述各种辨证方法的基本知识，再从四诊和辨证两个角度对病案进行辨析，引出中医辨证论治思路，再层层深入分析，对该病案进行相关证型的鉴别诊断，最后得出诊断结论；下篇为临床综合运用，介绍辨证思路和病案书写的通则与格式，同时规范了病历书写格式，给病历书写提供了模板。期望通过我们的努力，能更有利于提高学生的操作能力、分析解决问题的能力，提高学生的临床水平。本教材配有光盘，包括舌诊和脉诊的习题，以及临床操作规范视频，以便于学生课后的学习和实践。

本教材试图使中医诊断理论知识通过实践操作和案例教学得到理解与深化，更切合临床实际的需要。力求做到形式生动直观、趣味性强，以激发学生的学习热情，使其易于理解和掌握中医诊断学的基础理论、基本知识和基本技能，为中医临床课程学习打下坚实的基础。本教材既是本科生学习中医诊断学的辅助教材；又是中医大学生毕业实习的备查教材；既可作为中医爱好者的自学教材，又可作为中医执业医师考试的复习备考教材，还可作为在岗中医从业人员的培训教材，亦可作为中医研究机构人员研究中医诊断理论和技术之用。适合中医院校的师生、中医临床医生、西学中的医务人员及广大中医爱好者参考阅读。

本教材的绪论、脉诊部分由陆小左编写，望诊部分由赵莺编写，舌诊部分由严惠芳编写，闻诊部分由刘燕平编写，问诊部分由丁成华编写，按诊、耳穴诊察与经穴探测部分由邹小娟编写，望小儿指纹部分由何渝煦编写，脉图描记及舌图分析部分由王忆勤编写，热红外成像技术部分由陈群编写，中医查体操作常规由陆小左、赵莺、邹小娟等编写，辨证的基本思维和方法部分由李灿东编写，八纲辨证部分由钱峻编写，气血津液辨证部分由魏红编写，脏腑辨证概说部分由陈家旭编写，心病辨证部分由熊丽辉编写，肺病辨证部分由刘晓伟编写，脾病辨证部分由王国斌编写，肝病辨证部分由李晶编写，肾病辨证部分由陈雪功编写，腑病辨证部分由李荣科编写，脏腑兼证辨证部分由方朝义编写，其他辨证方法部分由龚一萍编写，临床综合运用部分由袁肇凯、毛以林、邢淑丽编写。最后，由主编陆小左，副主编李灿东、袁肇凯、严惠芳、王忆勤教授对全书进行认真的审阅、定稿。本书在编写试用过程中，天津中西医结合学会诊断专业委员会的部分专家、天津中医药大学医疗系仲景学会、医疗系04级七年制中医专业外向型日语班、07级中西医结合1班的同学们提出了很好的修改建议，曹宏梅作为教材编委会秘书与李鸿、吴喜庆等为本教材的编写承担了大量的事务性工作和校订工作，在此一并致以深深的谢意。

《中医诊断学技能实训》是在多年来中医诊断教学训练的基础上所进行的尝试和创新，缺点和错误在所难免，恳请专家同道和广大师生提出宝贵意见，以利于今后修改、完善。

编委会

2010年5月

目　录

中篇　辨证

下篇　临床综合运用

附篇　诊断实用技术

绪　论

学好、用好中医诊断学知识与技能是成为一名合格中医人才的必备条件。如何提高学生的动手能力，以适应当前中医事业发展的需要，已成为中医高等教育急需解决的重大问题之一。

中医在长期医疗实践中积累了大量的诊治疾病的经验与方法，关于这些中医经验的传承，自古以来就有“心中了了，指下难明”、“只可意会，不可言传”之说，说明继承与学习这些技法有相当的难度，如果不能采取一定措施帮助学生在大学阶段尽快掌握必备的中医诊察技能，当他们毕业走上工作岗位后，都要经过较长时间的摸索，才有可能逐步成熟而独立胜任工作。这不仅在客观上延后了毕业生成才的时间，难以满足医疗机构对中医人才的期望，同时由于缺乏必要的指导，会导致部分诊断技术的走样，增加临床误诊的几率，影响中医诊断技术的继承，还会有个别人会因为自己无法掌握而贬低中医诊断技法的临床意义，危及中医的发展。

培养学生中医诊断基本技能一方面可以从实践角度强化学生对基础理论知识的学习，另一方面又可提高学生的学习兴趣，有效地预防和改善学生动手能力弱、临床能力低、中医辨证思维弱化的问题，促进其对中医诊断学课程的全面把握。

一、中医诊断实训的目的与意义

1. 适应现代中医教育理念与模式的改变，突出中医诊断实践能力的培养。1992 年，卫生部颁布《卫生部关于加强部属院校临床教学的暂行规定》，明确要求加强学生动手能力的培养和基本功的训练。卫生部教育司制定了具体的《临床教学质量检查标准》，要求加强临床基本功训练，积极参与临床实践活动，努力提高临床工作能力。长期以来，在大多数中医院校，技能主要依靠临床见习和实习来培养，由于医疗体制的变化，患者维权意识的提高，很多过去完全可以在临床实习解决的技能训练出现了种种困难。在经过 5 年漫长的学习和实习后，仍有一些刚毕业的学生面对错综复杂的临床情况无所适从，问诊主次不分、条理不清，查体丢三落四、手忙脚乱，诊疗思路凌乱模糊。辨证、治法、方剂、药物缺乏一致性和针对性，严重影响了中医疗效，损害了中医的声誉。要培养具有较强专业实践能力和创新精神的中医人才，有必要转变教育理念与人才培养模式，突出中医辨证思维的培养和中医诊断实践能力的训练。中医教学一直是以课堂教学辅以少量见习为主，这种与临床几乎脱节的教学模式，由于所学知识、技能不能尽快与临床结合，一方面许多知识、技能得不到理解和巩固，很快遗忘；另一方面使学生不善于将所学知识、技能灵活用于临床实际问题的处理，对学生今后的临床实践难以起到指导作用。时代的发展要求深化实践教学改革，强化实践能力和培养创新精神，提高人才培养质量。

2. 构建学生合理的知识结构，强化中医辨证思维的培养。理论联系实际，在训练中多视角把握实践内涵，有利于构建学生合理的知识结构，确立实践教学在人才培养中的重要地位。由于我们教学中的大量素材来源于临床，体现理论与实践相结合的精神，把握理论对实践的指导作用，通过大量模拟教学和临床技能训练有助于学生构建合理的知识结构，为学生提供了验证所学知识的机会，由于训练操作的无害性和无风险性，允许学生出错，训练模拟过程可根据需要临时停止和重新应用，通过重复常规练习和示范纠错可以使学生注意到平时不易发现的错误习惯，因此能自觉提高自己的操作水平，有效培养学生的专业技能，提高职业道德水准。为早期接触临床、接触患者做好充分的准备。

3. 有利于学生能力发展，增强教学的互动性，培养学生团结协作精神。中医学的价值观主要是在教学活动中养成。在临床训练和相互操作中，学生深深感受到了人在患病这一特殊阶段的喜怒哀乐，体会到中医诊断对治疗的影响，容易产生责任感、义务感和同情感。在解决患者问题的过程中学生则体会到了学科的重要性，增强了专业的自豪感，提高了对专业的认同感，有利于积极的职业情感和态度的形成，并大大激发了学生主动索取知识的积极性。教师可随意修改中医案例与相关的场景变化，重复训练，逐渐培养学生的自信心。通过技巧、实际技能的学习，可增强学生的主动性，改变传统“填鸭式”教学的弊端，学生可相互吸取经验，提高教学效率。

4. 培养学生的评判性思维。实践性是中医专业的本质特征之一，具备良好的评判性思维能力是确保医生在临床实践中做出合理、有效决策的基础。通过模拟临床病例，进行探讨式教学，给学生创造和提供在临床情景中的思维和操作锻炼的机会，培养学生分析问题、解决问题的临床思维能力。

二、中医诊断实训的基本方法与要求

（一）基本方法

为了培养学生对中医诊断理论知识的运用能力，在中医诊断技能训练中，要以生动活泼的形式完成规范训练。既要在技能训练中巩固理论知识，强化实际操作技能，还要进行中医辨证分析思维训练。

1. 规范操作训练法 中医诊察的动作是否规范直接影响诊察结果，在理论课教学中虽对此有明确的要求，但因种种原因，学生体验不够，在中诊技能训练中要强化基本诊察动作的训练，做到严谨规范，为准确辨证打下基础。我们采用规范训练法是要通过严格训练使学生掌握规范的中医诊察技术，可采取示教→学生模拟→分组练习→典型纠错→观看录像→总结提高的模式进行。

2. 识记扩展法 要想学生掌握规范操作，有必要建立一套规范的训练方法，牢记重点，循序渐进，解决难点，以求突破。就脉诊训练而言，第一步是要求学生背诵 28 脉名称，不知道脉名就无以辨脉。第二步把握各种脉象的特征，第三步区别相类脉象，第四步在学生或患者寸口部按八要素逐一体验各要素表现特点，第五步区分不同个体脉象的特点，第六步学会辨认具体脉象。

3. 临床试诊法 中医诊断学是一门以临床实践为依托的科学，要求学生除了对基本理论的掌握之外，还要密切联系临床实际，技能训练内容在设计上尽量模拟临床场景，同时注意为学生提供早期接触临床的机会，要求学生在临床学习中一定要主动、积极地参加试诊，在患者身上得到第一手体验。试诊前要在同学身上反复练习，并且要正规操作，严格要求，勤练基本功，才会熟能生巧，切忌浅尝辄止。争取在真正接触患者前，初步掌握所需的各种基本技能。

4. 病历回顾式教学法 病历书写是医务人员的基本功，也是国家执业中医师考试的补考内容，病历的书写直接反映着书写者的业务水平和工作能力，必须加以强化，可通过书写练习、纠正错误等多种方式进行。以教师为主导的引导式讲授是病历书写技能教学训练的主要方法，将完整病历个案引入培训，是临床技能教学的特色。讲授过程以临床发展为主线，把病例的特征（病史、疾病发生发展过程等）与疾病相关的知识（病因、病性、病位、临床表现、临床治疗原则、健康教育等）有机地结合起来，使理论教学的内容和氛围更加贴近临床，同时在教学中使用标准患者，营造仿真的临床环境，模拟出和教学内容相关的各种特殊情况并训练学生的处理能力和初步的临床思维。通过使用标准患者，体现以学生为中心的临床教育过程，也使传统的教学变得更鲜活、具体和形象，利于学生系统、动态和完整地理解知识和体验患者感受。

5. 模拟教学法 模拟教学法是运用模拟器或模拟情境使参与者在接近现实情况下扮演某个角色，并和其中的人或事产生互动，以达到预期的学习目的，可应用于资讯的获得，动作技能的训练及培养决策的能力。医学模拟教育是利用医学模拟技术创设出模拟患者和模拟临床场景，代替真实患者进行临床教学和实践的教育方法。特别是像中医诊断这样强调学习技能的课程，更适合增添实践环节，采用医学模拟教育的形式进行训练。

受航天、军事领域模拟训练的启发，医学模拟系统于1969年应运而生。由于高科技与高仿真技术的完美结合，创造出了一个全功能临床模拟教学环境，为医学训练提供了全新的实践体验，使学生能了解、掌握一些典型的常见病例的诊断方法和治疗原则，并尝试自已用不同方法去处理“患者”。一些罕见病例可以“集中”出现在医学模拟系统上，不受时间因素的制约，且可重复性强。在中医诊断学的教学中，各种模拟技术有的已被广泛采用，如脉象模拟装置等，有的正在积极研制之中，如证候模拟人等。可以想象，在不远的将来，成套的中医学教学模拟设备会在中医诊断技能训练中发挥更大的作用。

6. 微格教学（细化教学）法 微格教学（Microteaching）又称微型教学，它以现代教育理论为基础，利用先进的媒体信息技术，依据反馈原理和教学评价理论，分阶段系统培训学生实践技能的活动。微格教学形成于美国60年代的教育改革运动。斯坦福大学（Stanford University）的W. 区伦（W. Allen）等人在“角色扮演”教学方法的基础上，利用摄、录像设备实录受培训者的教学行为并分析评价，以期在短期内掌握一定的教学技能，后来逐步完善形成了一门微格教学课程。在70年代末，微格教学已逐步被一些国家作为培训教师教学技能、技巧的一种有效方法而采用。微格教学的特点用一句话概括就是“训练课题微型化，技能动作规范化，记录过程声像化，观摩评价及时化”。“微”，是微型、片断及小步的意思；“格”取自“格物致知”，是推究、探讨及变革的意思，又可理解为定格或规格，它还限制着“微”的量级标准（即每“格”都要限制在可观察、可操作、可描述的最小范围内）。微格教学就是把复杂的学习过程分解为许多容易掌握的单一教学技能，对每项技能进行逐一研讨并借助先进音像设备、信息技术，对学生进行技能系统培训的微型、小步教学。

在中医诊断技能训练中引入微格教学（细化教学）的理念，把一项项整体的诊察技能与辨证方法进行科学的分解、细化、定格，成为目标清晰、可操作、易理解、好评价的单项训练，当学生把每一分项都掌握后，再重新形成原来的整体。同时，还采取了实践→反馈（评价）→学习→再反馈（再评价）等培训方式。通过这些教学方法和环节，最终使学生在临床检查、辨证思维能力方面有所进步及提高。

如学生在实际诊察脉象时，要求学生将两手的寸关尺六部逐一按脉象的八要素加以分解记录，在每一项都能准确判定的基础上，集中阳性体征形成整体脉象。这种训练可以有效地改善初学者只注意某一种阳性特征，忽视其他阳性特征，忽视对脉象整体的判断，遗漏重要脉象信息的通弊。

7. 小组学习与讨论，PBL 教学模式的引入 PBL（problem - based learning）是指通过一定的教学情景启发和教师的暗示诱导，使学生在不断自主地发现问题、评价问题、解决问题的过程中获得知识和能力的一种教学形式。任课教师根据教学的要求，选择若干个可能涉及多学科知识的中医案例或问题，要解决这个问题，很难在一本书中找到答案，而是需要以小组为单位，在广泛收集资料的基础上，进行反复的学习和讨论，甚至需要进行社会调研。案例与讨论题目一般在课程开始就分派给学生，7～8 人为一个学习小组，根据讨论课的课程安排，制定可行的学习计划。学习讨论课一般一次为 2～4 个学时，各小组选派代表发言，并欢迎其余学生提问与置疑，最后由老师作总结性评价。小组学习与讨论课的设立，培养了学生探究的精神和参与的态度，学会了群体间如何分工与合作，增强了团队的意识和集体荣誉感。

8. 案例式教学 案例教学法是目前被中医以及其他教育领域广泛应用的一种教学方法，所谓案例是指对一个具体事例或场景的描述，在中医教学中，案例往往是指病例而言。一个案例是一个实际情境或实际患者的有关描述，包括有一个或多个疑难问题，同时也可能包含有解决这些问题的方法。案例教学法从广义上讲，就是通过对一个具体情景或具体患者的描述，引导学生对这些特殊情景进行讨论，找出问题的关键，做出诊断，并探讨其解决办法，拟定治疗方案的一种教学方法。

在现代教育体系中，案例教学法历史并不悠久。20 世纪 80 年代，案例教学才开始出现在教学实践中。一般认为，案例教学法起源于美国哈佛商学院。在中医教育领域，古代的中医虽然尚未形成系统完整的案例式教学法理论，但已自觉或不自觉地遵循案例教学的原则，运用案例进行中医教学。众所周知，中医教育的最主要的形式是师承教育，而师承教育的核心则是在苦读典籍的基础上，跟师实践，通过一个又一个实际患者的诊治过程学习中医知识与临床技能，在有多个弟子的场合，也往往会有老师指导下的讨论式案例学习。最早的案例出自汉代淳于意之手，宋代许叔微的《伤寒九十论》就是用病例说明伤寒的理论，开启了案例学习的先河。中医的四大经典之一的《伤寒论》也有人考证其为在具体病例的治疗过程中选取有代表性实例编纂而成，体现了从病例学习理论与治疗技术的精神，这部著作至今仍是我们学习中医的重要教材。

（二）基本要求

传统教学讲求系统知识，面面俱到地讲授各学科的完整知识。学校拼命地尝试让学生点滴不漏地学习每门学科的知识。教师也都在强调自己所教学科的重要性，把大量的知识一窝蜂地灌输给学生，然而学生不是计算机，不可能在有限的时间里接受近乎无限的知识，很多教师所强调的内容，在学生未来的工作中没有什么用处，很可能当学生毕业时，这些知识已经过时。学生的智力活动被淹没在一大堆材料之中，形成读死书、死读书的恶性局面。没有一个有计划的教学可以穷尽所有的疾病与治疗，也没有人能够毫无遗漏地掌握某一个学科领域的全部知识与能力，因此更不必说能使一个学生去点滴不漏地掌握多门学科的全部知识了。关键在于要通过训练使学生掌握解决实际问题的方法与能力。可以说通过技能训练来培养学生中医思辨能力，提高学生中医技能水平是解决当前中医人才培养缺憾的一条重要途径。

从中医专业培养目标出发，注重临床实用技能训练。注意训练的实用性，以临床应用为目标开展实训练习，使学生面对各种非典型病例时，可以灵活运用中医辨证思维，作出准确判断。通过训练，能熟练掌握中医诊断学的基本技能，熟悉病情资料的综合处理，主症诊断、证候诊断、疾病诊断的思路，从而培养学生在临床中辨病辨证的能力。

实训教学目标是以学生就业为导向，以社会对中医专业岗位的需求和执业中医师考试的要求为依据，围绕未来的实际中医岗位群所需的职业技能而制定的。主要包括专业实践技能的培养和良好的职业素质养成两大方面。通过实训教学既要使学生获得知识，活跃思维，强化对理论知识的理解和掌握，又要培养学生的基本技能和专业技术技能，从而使学生具备从事中医工作的职业素质和能力。

上篇　诊法

第一章　问　诊

问诊是医生通过对患者或其陪诊者进行有目的地询问，以了解患者病情的起始、发展、诊疗经过、现在症状以及其他与疾病有关的情况，从而了解病情的方法。问诊的过程也是一个医患交往和沟通、建立积极的医患关系、开展医患合作的过程。问诊获取疾病的资料在四诊中占比重最大，内容也较全，所以在临床诊断中具有重要的地位。

【实训目的与要求】

1. 掌握问诊的基本方法、操作规范、注意事项。
2. 掌握问诊基本内容。
3. 掌握主诉的含义及书写主诉的要求。
4. 掌握常见现在症的鉴别要点及临床意义。

【实训内容与方法】

1. 老师首先进行模拟患者示范，将学生每 2 人分成小组，在老师的指导下，一人模拟患者，另一人模拟医生，患者可按照预先设计好的病情资料回答医生的提问，当模拟医生确认询问完成后，两人再交换角色，更新病历资料，继续询问，模拟患者按照新的病情资料内容回答。当模拟医生确认询问完成后，双方可将自己模拟患者时所用的病情资料交给对方，各自可将自己收集的病情资料与预先设计好的病历资料进行核对，找出自己询问遗漏或错误的地方。也可由指导老师点评。

2. 老师举出一些问诊方法错误的案例，让学生指出错误之处，提出正确的方法或纠错的方法。

3. 模拟医生记录问诊结果与分析，每位学生对问诊信息加以总结归纳，书写主诉、病情资料、诊断与分析。

第一节　问诊的方法

一、操作规范

（一）操作准备

1. 精心设计问诊内容　询问者应按项目（主诉、现病史、过去史、个人史、家族史）

的序列系统询问病史，问清症状开始的确切时间及表现，跟踪自症状首发至目前的演变过程，根据时间顺序追溯症状的演变及诊治经过，避免遗漏重要的资料。询问者对交谈的目的、进程、预期结果应心中有数。对不同患者应问哪些内容、先问哪些、后问哪些，必须提前设计好。面对不同的患者应该采用不同的问诊程序，大概有以下 3 种情况：①第一次接触的慢性病患者，问诊的程序应该是倾听、确定主诉、现病史、简单的既往健康史→问患者及其背景（职业及家庭等相关信息）→问患者的就医背景→问疾病与健康问题的联系（有无不良生活习惯等）→最后，进一步澄清问题。②危重患者，强调直接问诊，边诊边治，直接以询问病情为主，然后及时施治或转诊，等病情稳定后再问患者及其背景→问就医背景→问患者与健康问题的联系→最后，进一步澄清问题。③复诊或已建立健康档案的患者，先花几分钟时间浏览患者的病历或健康档案（了解患者及其背景、既往的健康状况）→问本次就诊的问题及目的→问本次就医的背景→问本次就诊的问题与患者及其背景的联系→最后，进一步澄清问题。

2. 创造良好的问诊环境 问诊最好在一个单独的诊察室或诊室中相对独立的空间中进行，以避免相互干扰，也使患者有一种保密感和安全感，有利于患者吐露“隐情”。环境应安静、整洁、舒适、明亮。

3. 营造友好交流氛围 问诊是医患双方语言交流的过程，通过语言交流取得患者信任，建立友好、和睦氛围。医生是否具备令人信服的职业形象是成功接诊的第一步。医生全面增强自身素质是促进医患交流与合作的金钥匙。

（二）操作方法

问诊的过程，是医生问辨结合的过程。在问诊过程中，医生应重视对患者的主要症状进行思考与分析，根据中医辨证理论，结合其他三诊的信息，不断追踪新的线索，以利于疾病的正确诊断。

正确的问诊往往能把医生的思维判断引入正确的轨道，有利于对疾病作出迅速准确的诊断。对复杂的疾病，也可通过问诊为下一步继续诊察提供线索。

1. 一般患者的问诊方法 在接诊患者时，当对患者一般情况登记完成后，首先应当从主诉开始进行询问，围绕主诉对患者展开有目的、有步骤地询问。因为主诉是患者就诊时所陈述的最感痛苦的症状、体征及其持续时间。它通常反映了疾病的主要矛盾，所以，抓主诉就等于抓疾病的主要矛盾。确切的主诉常可作为某系统疾病诊断的向导，是进一步调查、认识、分析、处理疾病的重要线索和依据。通过主诉常可确定询问或检查的主次和秩序，初步估计病情的轻重缓急及其救治原则。

为了系统有效地获得准确的资料，询问者应遵循从一般到特殊的提问进程，如先问：“你哪里不舒服?”“你这症状有多长时间（有多久）?”又如，“请你告诉我，什么事使你忧虑”等，而不问“是你的工作使你焦虑不安吗”这样带有暗示性的问题，通过问诊可以直接了解患者的发病原因、情绪状况、生活习惯、工作压力等影响因素。问诊兼有心理治疗作用，可及时给予患者具有针对性的心理疏导和健康教育，有利于疾病的早日康复。

2. 危重患者的问诊方法 对于急性或危重疾病患者，应抓住主症扼要询问，重点检查，以便争取时机，迅速治疗、抢救患者。待病情缓解后，再进行详细询问，切不可机械地苛求完整记录而延误治疗、抢救时机。

3. 对复诊、转诊患者的问诊方法 对复诊患者，应重点询问用药后的病情变化。有些患者，尤其是患病较久者，在就诊前已经在其他医院进行过诊断和治疗。所以对转诊者，有必要询问曾作过哪些检查，结果怎样；作过何种诊断，诊断的依据是什么；经过哪些治疗，治疗的效果及反应如何等。了解既往诊断和治疗的情况，可作为当前诊断与治疗的参考。

4. 对特殊患者的问诊方法 当患者有如下特殊情况时，如缄默与忧伤、焦虑与抑郁、多话与唠叨、愤怒与敌意、多种症状并存、文化程度低下或语言障碍、重危或晚期患者、残疾患者、老年人、儿童、精神病患者，在询问病史时应根据患者的具体情况给予适当的安抚、鼓励、启发、引导。必要时请陪同人员协助提供病史。

问诊时应及时核定患者陈述中的不确切或有疑问的情况，如病情与时间、某些症状与检查结果等，提高病史的真实性。

（三）注意事项

1. 环境适宜 医患交流必须有一个安静适宜的诊室环境，既有利于医生诊疗，也有利于患者敞开心境，充分叙述病情，对于某些病情不便当众表述者尤为重要。

2. 态度和蔼 医生应通过沟通在最短时间内赢得患者认可，做到态度和蔼而严肃认真。特别要微笑着注视着对方的眼睛说话，适当的时候应微笑或赞许地点头示意。与患者之间不要设置任何障碍，交谈时应采取前倾姿势注意倾听。不要轻易打断患者讲话，让患者有足够的时间回答问题。成功的倾听不仅应该是形式上的礼貌待患，而且是内容上的服从医疗；不仅是现象上的尊重患者，而且是本质上的关爱患者，这样就会成为医患沟通的“高手”。

3. 用语通俗 问诊时医生语言要通俗易懂，避免使用特定意义的医学术语，如隐血、心绞痛、里急后重、尿频尿急等。在询问过程中，对于患者的病情，切忌有惊讶的语言和表情反应，以免给患者带来不良刺激，增加思想负担而使病情加重。

4. 避免暗示 问诊时遇到患者叙述病情不够清楚全面时，医生可以适当给予启发式引导；但不能凭个人的主观意愿去暗示或诱导患者叙述病情，暗示性提问是一种能为患者提供带倾向性的特定答案的提问方式，很易使患者为满足医生而随声附和，如“你的左胸痛放射至左手指尖，对吗?”恰当的提问应是“你除胸痛外还有什么地方痛吗?”不提复杂或诱导性问题，如“当你头痛时伴有呕吐吗？下午你发热对吗?”如果问“你头痛时还有其他不舒服吗?”患者会按照自身症状，说出其他感受，如此可获得真实资料。

二、操作技巧

问诊是对患者或陪诊者进行系统而有目的地询问。问诊的目的在于充分收集其他三诊无法取得的与辨证关系密切的资料。如疾病发生的时间、地点、原因或诱因以及治疗的经过、自觉症状、既往健康状况等。这些常是辨证中不可缺少的重要证据之一，掌握了这些情况有利于对疾病的病因、病位、病性做出正确的判断。因而，问诊在疾病的诊察中具有重要意义。问诊方法与获取信息的数量及质量息息相关，因而直接影响问诊效果。

（一）如何确定主诉

主诉是患者感受最主要的痛苦或最明显的症状或体征，也就是本次就诊的重要原因以及患病到就诊的时间。

医生问诊要注意倾听患者的主诉，然后有目的地进行深入、细致地询问。如了解到患者以“头痛”为主要痛苦时，应进一步询问其头痛的部位、性质、程度、时间以及其他伴随症状等。同时，也要兼顾到如头痛与睡眠、工作、精神情绪、五官疾病等情况，以免遗漏病情。又如主诉为“发热”，则要追问是否恶寒、有无出汗、渴或不渴、发热时间和热型等，进而有利于证候分析与诊断。

记录主诉要简明，如：“活动后心悸气短2年，下肢水肿2周”。不可采用诊断结果（病名），如：“患心脏病2年”或“患糖尿病1年”。通常不把病名或患者的诊断检查结果作为主诉。若患者就诊时无自觉症状，仅仅是现代医学体检、化验或仪器检查发现异常时可以例外。当有下列两种特殊情况时，可用以下方式记录：①如病情没有连续性时，可记录“20年前发现心脏杂音，2周来气短、浮肿”。②如当前无症状，诊断和入院目的又十分明确时，可记录“发现胆囊结石2月，入院接受手术治疗”。

主诉是医师对患者就诊或入院前病情的高度概括和描述，要求医师对患者发病过程必须全面了解，并且用最简捷的文字进行科学提炼和归纳，同时要思维逻辑性强、符合病情实际、内容准确完整。因此，主诉从一个侧面程度不同地反映了医师的思维能力、专业技能水平和综合分析判断能力、鉴别诊断能力与文字写作能力。例如，一例“胆囊结石症急性发作2小时”的主诉，实际上患者有“右上腹绞痛伴呕吐2小时”的病史。书写病历入院记录的医师对主诉的内涵不明确，就不能按要求采集病史，缺乏主动性，可能只会采集到部分病史，或者只是根据患者自然陈述，想当然地进行归纳，结果往往容易造成病情遗漏，甚至漏诊或误诊。

如患者诉1周来头昏乏力、胃脘痞满、纳食减少，进一步追问得知1周来每日解黑色大便1~2次，望诊面黄舌淡，考虑患者首诉诸症为“便血”所致，主症应以解黑便为主，主诉可归纳为“大便色黑伴头昏、纳差1周”。再如患者因纳呆、腹胀、恶心5天求治，进一步询问患者，同时有小溲深黄，望诊身黄、目黄，家属证实患者病后肌肤渐黄。虽然患者并非因身黄、目黄、溲黄为主要痛苦而就诊，但其特异性比患者首诉诸症要强，当视为主症，主诉可归纳为“身黄、目黄伴纳呆、腹胀、恶心5天”。可见主症不单纯是对患者感觉最痛苦的主要症状的简单记录，而应是临床医师结合临床思维后的总结概括。

（二）如何界定“现病史”中的现病

“现病史”中的现病是病史中的主体部分，是围绕主诉，详细记录从起病到就诊时疾病的发生、发展及其变化的经过和诊疗情况。界定“现病史”中的现病，首先要确定好主诉的内容及其时间，注意与既往史鉴别。既往史是指患者过去健康与疾病的情况，二者的时间界定主要是根据主诉所定病证及其所记时间为准，即主诉所述病证及其时间之内者属“现病史”中的现病内容，主诉所述病证及其所定时间以外的其他疾病则属既往史的内容。

如：某患者经常头晕、血压高已有5年，今晨突然仆倒，神志不清、喉间痰鸣。若以昏仆、喉间痰鸣3小时为主诉，则头晕、血压高等病情，应属既往史内容，若以经常头晕、血压高5年，昏仆3小时为主诉，则现病史应记载该病5年来发生、发展及演变经过。

（三）如何围绕主诉深入询问

问诊应以主诉为中心展开，下面以腹痛为例加以说明。腹痛的问诊内容主要有腹痛出现的时间、疼痛的部位、性质、伴随的症状、既往病史等。

1. 问腹痛的时间 询问者应问清症状开始的确切时间。跟踪自首发至目前的演变过程，根据时间顺序追溯症状的演进可避免遗漏重要的资料。建议询问者可用以下方式提问：

医生：你哪里不舒服？

患者：我肚子痛。

医生：从什么时候开始的？

患者：今天上午。

医生：几点？

患者：10 点左右。

医生：10 点以前疼不疼？

患者：昨天晚上就有点疼，不过不明显。

医生：昨天晚上几点？

患者：9 点左右。

医生：昨天晚上 9 点以前疼不疼？

患者：不疼。

医生：确实一点也不疼？

患者：一点也不疼！

注意：现在医生可以确定他的发病时间是昨天晚上 9 点左右。这样在核实所得资料的同时，可以了解事件发展的先后顺序。

2. 腹痛的部位 由于机体的各个部位与一定的脏腑经络相联系，腹痛的部位往往代表着脏腑经络病变的部位，这对诊断有着重要的意义。腹痛的部位涉及以下几个方面：初始的地方、最痛的地方、固定在哪、转移到哪和牵涉到什么地方。建议循问腹痛部位方式为：

（1）开始哪痛？

（2）后来呢？

（3）现在哪痛？

（4）（如果有转移时）从这到这大概有多长时间？

（5）哪最痛？

（6）除了肚子外，别的地方疼吗？譬如肩、背、腰、腿？

注意：我们在问诊腹痛部位时，尽量让患者自己指出腹痛的具体部位。

3. 问腹痛的性质 由于导致疼痛的病因、病机不同，故疼痛的性质亦异。因而询问疼痛的性质可以辨别疼痛的病因与病机。建议询问者可这样问：

（1）刚开始时疼得厉害吗？

（2）后来是轻了还是重了（主要是问清楚是持续性加重，还是没变化）？

（3）是一直疼，还是一阵一阵的（看看是不是绞痛）？

(4) 有不疼的时候吗（主要是想了解疼痛是不是持续性的）？

(5) 如果有阵发性疼痛，还要问清楚之间的时间间隔。譬如“两阵疼痛之间有多长时间？”

(6) 哪些情况使疼痛更厉害了（了解使疼痛加重的因素）？

(7) 哪些情况使疼痛缓解了（了解使疼痛缓解的因素）？

(8) 疼痛部位固定吗（了解固定痛与走窜痛）？

(9) 疼痛像什么样或怎么痛法（了解属胀痛、刺痛、冷痛、灼痛、重痛、酸痛、绞痛、空痛、隐痛、掣痛等）？

(10) 按着舒服点吗（了解虚实）？

注意：一般而言，新病疼痛，痛势剧烈，持续不解，或痛而拒按，多属实证；久病疼痛，痛势较轻，时痛时止，或痛而喜按，多属虚证。

4. 问其他情况 包括伴随症状、诱因、既往史等，对急性腹痛的诊断和鉴别诊断也有很强的参考价值。在主要症状的基础上又出现一系列的其他症状，这些伴随症状常是鉴别诊断的依据。因为不同疾病可出现相同的症状，因此单凭一个症状无法判断是哪种疾病，必须要问清伴随症状诊断才有方向。例如急性上腹痛可有多种原因，若患者同时伴有恶心、呕吐、发热，特别是又出现黄疸和休克时，就应该考虑急性胆道感染的可能。但是当某一症状按一般规律应出现的伴随症状而实际上没有出现时，也应将其记录于现病史中以备进一步观察，因为这种阴性症状往往具有重要的鉴别诊断意义。建议问其他情况如下：

(1) 除了肚子疼，还有别的不舒服吗？譬如发烧、恶心呕吐、腹胀、大小便怎么样，育龄期妇女要问月经。

(2) 开始肚子疼的时候，你在干什么？肚子疼怎么引起来的，自己知道吗？肚子疼之前感冒过吗？

(3) 原来有过这个病吗？

(4) 平常有什么病吗？譬如糖尿病、心脏病、结核、皮疹、精神方面等。如果有，要问清楚。

至此，总结一下患者主诉腹痛的问诊要点：①肚子疼从什么时候开始的？②在那以前疼不疼？③确实不疼吗？④开始哪痛？⑤后来呢？⑥现在哪痛？⑦如果有转移时间从那到这大概有多长时间？⑧你觉得哪最痛？⑨除了肚子外，别的地方疼吗？譬如肩、背、腰、腿。⑩刚开始时疼得厉害吗？⑪后来是轻了还是重了？⑫是一直疼，还是一阵一阵的？⑬有不疼的时候吗？⑭如果有阵发性疼痛，还要问清楚之间的时间间隔。譬如“两阵疼痛之间间隔多长时间？”⑮除了肚子疼，还有别的不舒服吗？有没有发烧、恶心呕吐、腹胀？大小便怎么样？月经呢？⑯开始肚子疼的时候，你在干什么？怎么引起来的，知道吗？肚子疼之前感冒过吗？⑰原来闹过这个病吗？⑱平常有什么病吗？譬如糖尿病、心脏病、结核、皮疹、精神方面等。

第二节 问诊的内容

问诊的内容主要包括问一般情况、主诉、现病史、既往史、个人生活史、家族史等。临床应根据就诊不同的对象，如初诊或复诊、门诊或住院等不同的病历书写要求，进行有目的的系统而有重点的询问。

问现病史所涉及的范围较为广泛，内容较多，初学者可参考“十问歌”进行问诊。即“一问寒热二问汗，三问头身四问便，五问饮食六胸腹，七聋八渴俱当辨，九问旧病十问因，再兼服药参机变，妇女尤必问经期，迟速闭崩皆可见，再添片语告儿科，天花麻疹全占验”。

一、问寒热

1. 询问要点 首先问患者有无怕冷或发热症状，若有，进行第二步问诊，询问寒热类型、轻重、出现及持续时间、兼症。问寒热是辨别病邪性质、机体的阴阳盛衰及病属外感或内伤的重要依据。

2. 一般规律 恶寒发热，为表证。恶寒重发热轻为表寒证，发热重恶寒轻为表热证，发热轻而恶风为伤风表证。但寒不热为里寒证。新病恶寒为里实寒证，久病畏寒为里虚寒证。但热不寒为里热证，其中，壮热为里实热证；潮热者，日晡潮热为阳明腑实证，午后潮热兼身热不扬为湿温病，夜间潮热为阴虚证；微热见于气虚发热、阴虚发热、气郁发热及小儿疰夏等。寒热往来，为半表半里证，寒热往来，发无定时见于少阳证；寒热往来，发有定时则为疟疾。

3. 常见类型 见表1－1。

表1－1 **寒热常见类型及意义**

类型	特点	临床意义
恶寒发热	恶寒与发热同时出现	表证
但寒不热	只感寒冷而不发热	里寒证
但热不寒	只发热而无怕冷	里热证
寒热往来	恶寒与发热交替发作	半表半里证、疟疾

二、问汗

1. 询问要点 询问有否汗出及出汗时间、出汗多少、出汗部位等。异常汗出与所感受病邪的性质、机体阳气的盛衰、津液的盈亏及腠理的开合等多种因素有关。

2. 一般规律

（1）有汗无汗：表证有汗，多为外感风热或中风表虚证；表证无汗多为外感风寒表证。里证有汗，多为里热；里证无汗多为气血亏耗或阳气不足。

（2）汗出特点：自汗多为阳气虚；盗汗多为阴虚；绝汗多为亡阴亡阳；战汗则为伤寒邪正斗争之转折点。

（3）汗出部位：头汗多为上焦邪热、中焦湿热或虚阳外越；半身汗多见于中风、痿病或截瘫患者，汗出多为健侧；心胸汗出者可见于心脾两虚或心肾不交，下半身汗出者，或为肾阴虚，或为肝胆湿热下注；手足心汗出过多则多与脾胃有关，或为阴经郁热，或为阳明热盛，或为中焦湿热郁蒸。

3. 常见类型 见表1－2。

表1－2 特殊汗出常见类型及意义

类型	特点	临床意义
自汗	醒时经常汗出，活动尤甚	气虚证或阳虚证
盗汗	睡时汗出，醒则汗止	阴虚证
绝汗	病情危重的情况下，出现大汗不止	亡阴或亡阳
战汗	病人先恶寒战栗而后汗出	温病或伤寒邪正交争剧烈

三、问疼痛

1. 询问要点 主要问疼痛部位、性质、程度、时间、喜恶等：①问疼痛要把部位与性质综合起来分析；②兼顾疼痛时间、冷热及按压喜恶等进行分析；③兼顾相应证候兼症进行分析。

2. 一般规律 实性疼痛多因感受外邪、气滞血瘀、痰浊凝滞，或食积、虫积、结石等阻滞脏腑经脉，气血运行不畅所致，即所谓“不通则痛”。虚性疼痛多因阳气亏虚，精血不足，脏腑经脉失养所致，即所谓“不荣则痛”。

3. 常见类型 见表1－3、表1－4。

表1－3 常见疼痛部位

类型	病变所属脏腑经络
头痛	太阳经病：头项强痛，头痛连及项背，颈项不利 阳明经病：前额头痛，常连及眉棱骨 少阳经病：太阳穴周围疼痛或偏头痛 厥阴肝经病：头顶痛常连及巅顶
胸胁痛	心的病变：心阳不振，心血瘀阻；痰湿阻滞，闭阻胸阳；气阴两虚，心脉失养 肺的病变：肺阴虚、肺热、肺痈；风热犯肺等 肝胆经病变：肝气郁结、肝胆湿热、肝郁化火、气滞血瘀、饮停胁下等
脘痛	胃的病变：胃瘀血、胃热、胃寒、食滞胃脘、肝气犯胃等
腹痛	大腹痛：脾胃病变 小腹痛：大肠、膀胱、胞宫等病变，如湿热下注、瘀血阻滞等 少腹痛：多属肝经病变，如寒滞肝脉
腰痛	肾的病变：肾阴虚，肾阳虚；或肾虚，复受风、寒、湿热之邪，以及挫闪瘀血等

表1－4 常见疼痛性质及意义

类型	特点	临床意义
胀痛	痛而且胀	气滞，但头部胀痛或目胀而痛为肝阳上亢或肝火上炎
刺痛	痛如针刺	瘀血
窜痛	疼痛部位游走不定	气滞；风证
冷痛	痛有冷感而喜暖	阳气不足或寒邪阻络
灼痛	痛有灼热感而喜凉	火邪窜络，或阴虚阳亢
绞痛	痛势剧烈如刀绞	有形实邪阻闭气机
隐痛	痛不剧烈，绵绵不休	虚证
重痛	痛有沉重感	湿证，但头部重痛为肝阳上亢
酸痛	痛而有酸软感觉	湿证，唯腰膝酸痛多属肾虚
掣痛	抽掣牵扯而痛	经脉失养或阻滞不通所致
空痛	痛有空虚感	虚证

四、问头身胸腹不适

1. 询问要点 问头身胸腹不适，是指问头身、胸腹部位除疼痛以外有无其他不适及其特点和兼症等，如头晕、耳鸣、耳聋、目眩、胸闷、心悸、胁胀、脘痞、腹胀、身重、麻木等。

2. 常见类型 见表1－5。

表1－5 头身胸腹不适类型及意义

类型	特点	临床意义
头晕	指患者自觉头脑眩晕，轻者闭目自止，重者感觉自身或眼前景物旋转，不能站立的症状	肝阳上亢、痰湿内阻、气血亏虚、肾精亏虚、瘀血内阻
耳鸣	指患者自觉耳内鸣响的症状，但周围环境无相应的声源	暴鸣（多实证） 渐鸣（多虚证）
耳聋	指听力减退，甚至听觉完全丧失的症状	暴聋（多实证） 渐聋（多虚证）
目眩	亦称眼花。指患者自觉视物旋转动荡，如坐舟车，或眼前如有蚊蝇飞动的症状	肝阳上亢、痰湿内阻、气血亏虚、肾精亏虚
胸闷	指患者自觉胸部压闭满闷（憋气）的症状	气虚、气滞致心肺疾患
心悸	指患者自觉心跳不安的症状。心悸包括怔忡与惊悸	心神不安
脘痞	指患者自觉胃脘痞塞不舒的症状	脾胃气虚、湿邪困脾
腹胀	指患者自觉腹部胀满，痞塞不适，甚则如物支撑的症状	喜按（脾胃虚弱） 拒按（胃肠积滞）
身重	指患者自觉身体沉重的症状	气虚不运、水湿泛滥
麻木	指患者肌肤感觉减退，甚至消失的症状	气血不畅、肌肤失养

五、问饮食口味

1. 询问要点

（1）口渴饮水问诊要点：口渴与否。注意口渴与饮水的关系及其相应证候兼症，以资鉴别。

（2）饮食问诊要点：食欲及食量。识别脾胃及相关脏腑功能的盛衰。

2. 一般规律

（1）口渴者多为燥证、热证；不渴者多为寒证、湿证。大渴饮冷者多为里热炽盛；口微渴者多为外感温热病初起；口渴多饮、多尿多食者多为消渴；渴不多饮者，或为痰饮内停，或为阳气虚弱，或为湿热内阻，或为热入营分，或为瘀血内阻。

(2) 食欲减退，不欲食、纳少、纳呆、厌食等。新病者，乃正气抗邪之反映；久病者或为脾胃虚弱，或为湿盛困脾，或为饮食停滞，亦见于妊娠恶阻。食欲逐渐减少者是脾胃功能衰弱之象。

(3) 食欲增加，消谷善饥，多见于胃火炽盛；本不能食而突然暴食者称“除中”，为脾胃之气将绝之象；食欲逐渐增加者为胃气渐复之征。

(4) 特殊变化：包括饥不欲食多胃阴不足；偏嗜异物者常见于小儿，多为虫积；五味偏嗜太过者，则易伤相应的脏腑。

3. 常见类型 见表1-6、表1-7。

表1-6 **口渴饮水的类型及意义**

类型	特点	临床意义
口不渴	口不渴	津液未伤，见于寒证、湿证、无明显热邪
口渴多饮	大渴喜冷饮，兼见面赤壮热，烦躁多汗，脉洪大	实热证
	大渴引饮，小便量多，兼见能食消瘦	消渴病
	大汗后，或剧烈吐下后，或大量利尿后，出现口渴多饮	吐、下、利后耗伤津液
渴不多饮	口干，但不欲饮，兼见潮热、盗汗、颧红等症	阴虚证
	口渴，饮水不多，兼见头身困重，身热不扬，脘闷苔腻	湿热证
	渴喜热饮，但饮量不多，或水入即吐，兼见头晕目眩，胃肠有振水音	痰饮内停
	口干，但欲漱水而不欲咽，兼见舌质隐青或有青紫色瘀斑，脉涩	内有瘀血

表1-7 **食欲异常的类型及意义**

类型	特点	临床意义
食欲减退	食欲减退，甚至不想进食	脾胃功能减退
厌食	脘腹胀痛，嗳腐食臭，舌苔厚腻	食滞胃脘
	厌食油腻，脘闷呕恶，便溏不爽，肢体困重	湿热蕴脾
	厌食油腻，胁肋灼热胀痛，口苦泛恶	肝胆湿热
消谷善饥	多饮多尿，形体消瘦	消渴病胃火炽盛，腐熟太过
	大便溏泻	胃强脾弱
饥不欲食	饥不欲食，兼脘痞，干呕呃逆	胃阴虚

六、问睡眠

1. 询问要点 问失眠表现特点（不易入睡、睡后易醒、时时惊醒、夜卧不安）；问嗜睡表现特点（睡意浓、困倦昏沉、食后嗜睡、神疲嗜睡等）；注意兼症，以资鉴别。

2. 一般规律

(1) 失眠有营血不足而心神失养者；有阴虚火旺而内扰心神者；有痰热内扰而心神不安者；有食滞胃脘而夜卧不安者；有心胆气虚，心神不安所致者。

(2) 嗜睡有痰湿内盛、痰湿困脾、中气不足、大病之后、心肾阳虚、热病昏迷、中风昏迷，兼症各有不同。

3. 常见类型　见表1－8。

表1－8　失眠、嗜睡的常见类型及意义

类型	特点	临床意义
失眠	患者经常不易入睡，或睡而易醒，难以复睡，或时时惊醒，睡不安宁，甚至彻夜不眠	心肾不交（心烦不寐） 心脾两虚（心悸难寐） 胆郁痰扰（惊悸易醒） 食滞胃脘（腹胀不寐）
嗜睡	患者精神疲倦，睡意很浓，经常不自主地入睡	痰湿困脾（困倦嗜睡，肢体困重） 脾气亏虚（饭后嗜睡，神疲食少） 阳气亏虚（疲惫嗜睡，畏寒肢冷）

七、问二便

1. 询问要点　问二便应注意询问二便的性状、颜色、气味、时间、便量、排便次数、排便时的感觉以及兼症等。

2. 一般规律　询问大、小便的情况可以直接了解消化功能和水液的盈亏与代谢情况，判断疾病寒热虚实。诚如《景岳全书》所说："二便为一身之门户，无论内伤外感，皆当察此，以辨其寒热虚实。"

3. 常见类型　见表1－9、表1－10。

表1－9　大便异常的类型及意义

类型		特点	临床意义
便次异常	便秘	大便燥结，排便时间延长，便次减少，或时间虽不延长但排便困难	实证：胃肠积热，或腹内结块阻结等 虚证：气血阴津亏损，或阳虚寒凝等
	泄泻	大便次数增多，粪质稀薄不成形，甚至呈水样	实证：外感风寒湿热疫毒之邪，或饮食所伤，食物中毒，痨虫或寄生虫积于肠道，或情志失调，肝气郁滞 虚证：久病脾肾阳气亏虚
便质异常	完谷不化	大便中含有较多未消化食物	实证：新起者多为食滞胃肠 虚证：病久体弱者见之，多属脾虚、肾虚
	溏结不调	大便时干时稀	肝郁脾虚，肝脾不调
	脓血便	大便中含有脓血黏液	痢疾、肠癌
	便血	血自肛门排出，包括血随便出，或便黑如柏油状，或单纯下血	实证：胃肠积热、湿热蕴结、气血瘀滞等 虚证：多因脾胃虚弱，气不统血
排便感异常	肛门灼热	排便时自觉肛门灼热	大肠湿热，或热结旁流，热迫直肠
	里急后重	便前腹痛，急迫欲便，便时窘迫不畅，肛门重坠，便意频数	湿热内阻，肠道气滞

表1－10　小便异常的类型及意义

类型		特点	临床意义
尿次异常	频数	排尿次数增多，时欲小便	实证：湿热蕴结膀胱，热迫气滞 虚证：肾阳虚或肾气不固
	癃闭	小便不畅，点滴而出为癃；小便不通，点滴不出为闭，合称癃闭	实证：瘀血、结石或湿热阻滞 虚证：久病或年老气虚、阳虚

（续表）

类型		特点	临床意义
尿量异常	尿量增多	尿次、尿量皆明显超过正常量次	虚证：阳虚不能蒸化水液 虚实夹杂：燥热阴虚，肾阳偏亢
	尿量减少	尿次、尿量皆明显少于正常量次	实证：尿路损伤、阻塞 虚证：小便化源不足（热盛伤津、腹泻伤津）或水液内停（心阳衰竭及脾、肺、肾功能失常）
排尿感异常	尿道涩痛	排尿时自觉尿道灼热疼痛，小便涩滞不畅	实证：湿热内蕴、结石或瘀血阻塞、肝郁气滞 虚证：阴虚火旺，中气下陷
	余溺不尽	小便之后仍有余溺点滴不净	实证：湿热阻滞 虚证：病久体弱、肾阳亏虚，肾气不固
	小便失禁	小便不能随意控制而自行溢出	实证：湿热瘀血阻滞 虚证：肾气亏虚，脾虚气陷及膀胱虚寒，不能约摄尿液所致
	遗尿	指成人或3岁以上小儿于睡眠中经常不自主地排尿	实证：肝经湿热，下迫膀胱 虚证：禀赋不足，肾气亏虚或脾虚气陷及膀胱虚寒

八、问妇女

1. 询问要点 问月经应注意了解月经的周期，行经的天数，月经的量、色、质，有无闭经或行经腹痛，末次月经日期，以及初潮或绝经年龄等。问带下时，应注意询问带下量的多少、色质和气味等情况。

2. 一般规律

（1）月经的异常可表现为经期异常（月经先期、月经后期、月经先后不定期），经量异常（月经过多、崩漏、月经过少、闭经），经色、经质异常及痛经。

（2）带下的异常主要为稀白带下、黄稠带下及赤白带下。

3. 常见类型 见表1－11。

表1－11　常见月经异常类型及意义

类型	特点	临床意义
月经过多	行经期间月经血量较常量明显增多	血热内扰，迫血妄行 气虚不固，冲任失约 瘀血阻滞，血不归经
崩漏	非正常行经期间阴道出血，势猛量多谓崩；势缓量少，淋漓不断谓漏	热伤冲任，迫血妄行 瘀血阻滞，血不循经 脾气亏虚，血失统摄 肾阳虚衰，冲任不固 肾阴不足，虚火迫血妄行
月经过少	行经期间月经血量较常量明显减少	肾气亏虚，精血不足 寒凝、血瘀、痰湿阻滞
闭经	女子年逾18周岁，月经尚未来潮，或已行经、未受孕、不在哺乳期，停经达3个月以上	肝肾不足，气血亏虚 阴虚血燥，血海空虚

九、问男子

男子在阴茎勃起、排泄精液等方面的异常不仅是男科的常见疾病，也是全身性病理变化的反映。因此，应加以询问，以作为诊断男科或其他疾病的依据。

男子在阴茎勃起、排泄精液等方面的异常，主要可概括为：①阳痿：指患者阴茎不能勃起，或勃起不坚，或坚而不能持久，不能进行性交的症状。阳痿不是患者的不适感觉，而是性功能低下的表现。②遗精：指患者不性交而精液遗泄的症状。其中，清醒时精液流出者，谓之"滑精"；梦而遗精者，谓之"梦遗"。

十、问小儿

问小儿除一般问诊内容外，还要结合小儿的生理病理特点，着重询问出生前后情况、预防接种、传染病史及发病原因。

第三节 问诊训练

问诊的核心是"问"，即问什么和怎样问。历代许多医家对问诊的内容和顺序都有一定的要求或规定，如明·张景岳之"十问歌"，清·陈修园之"问证诗"等。问诊作为一种临床的基本技能，必须经过严格、规范地训练。同时问诊需与其他诊法相结合，互为参考，综合运用，以全面、准确地做出诊断。

案例一

医生：你哪里不舒服？

患者：咳嗽。

医生：有多久啦？

患者：十来天了（注意：患者以"咳嗽"为主症，病程十来天不算长但也不短，咳嗽一症，首当鉴别其为外感咳嗽还是内伤咳嗽，从病程上看还不能判断此为外感或是内伤，可以通过询问其发病原因以及其他兼症来判断其证候）。

医生：还记得十天前是怎么引起咳嗽的吗？

患者：可能是着凉了吧。十多天前天气突然变冷，一下子降温十多度，我没有及时加衣，所以病了这么多天，这些天天气一直都很冷，所以病也总不见好（注意：患者有感受寒邪的病因，但并不能确立是一表证，也有可能是一个表邪入里的里证，要确立其证候，还需对其症状进行了解）。

医生：怕冷吗？有没有发热的症状？

患者：怕冷，有发热，我刚才量了体温有38.5℃（注意：现已知患者有怕冷和发热，但还需鉴别是恶寒发热还是寒热往来，以判断该病的病位）。

医生：怕冷和发热是同时出现还是一阵冷一阵热？

患者：又怕冷又发热。

医生：有汗吗？

患者：没有，除非是吃了退热的药时会出汗（注意：恶寒发热同时出现是表证的特征性症状，且有感受寒邪的病史，加之无汗这一症状，可基本确立这是一个风寒表证。但因本病病程有十来天，是否有寒邪入里化热的证候存在，而成表里同病之证。所以应对其生病以来的情况仔细询问）。

医生：请您详细讲讲生病以来的情况？

患者：好的。十几天前因为着凉了开始出现咳嗽、鼻塞、流鼻涕、又发热又怕冷、头身痛，当时我就服用了感冒药之后好像鼻塞、流鼻涕症状好了一点，可这咳嗽反而加重了。这几天咳嗽得我胸都痛。晚上睡觉都被咳醒（注意：由上可以看出该患者目前是以咳嗽为主症，仔细询问其咳嗽的特点，是干咳还是痰咳，如果是痰咳，那么痰的性状有助于诊断）。

医生：咳嗽有痰吗？是什么样的痰呢？

患者：是白痰，比较稀，痰也多，总觉得咽喉痒痒的（注意：患者有咳嗽痰白质稀等临床表现，加之寒热、头痛等临床表现，可以考虑为表里同病的风寒犯肺证）。

1. 问题

（1）根据病情资料，确定患者的主诉。

（2）根据上述问诊资料，整理出现病史。

（3）针对病情资料初步进行证名诊断。

2. 参考答案

（1）主诉：咳嗽伴恶寒发热10余日。

（2）现病史：10天前因感受寒邪出现咳嗽，恶寒发热，无汗，头身痛，鼻塞，流鼻涕。服药后鼻塞等症状减轻。现症见：咳嗽，咳稀白痰，恶寒发热，体温38.5℃，无汗，头痛，咽痒，舌质淡红，苔薄白，脉浮紧。

（3）诊断：风寒犯肺证。

案例二

医生：你哪里不舒服？

患者：心口痛。

医生：你指给我看看。

患者：在这（手指上腹部胃脘处）。

医生：还有哪里不舒服（胸痛、胸闷、心慌等）？

患者：没有（注意：有些患者称胃痛为心口痛，故须注意疼痛的部位，并且要与心病的真心痛相鉴别，真心痛的疼痛常在左侧胸膺部，即心前区）。

医生：多长时间了？

患者：两天（注意：从病程长短辨虚实，病程长多属虚证，病程短多属实证）。

医生：怎么个痛法？

患者：感觉胃里痛而且胀得很厉害，跟有什么东西堵住一样，很难受（注意：从疼痛的性质辨气血，以胀痛为主，属于气滞，痛如针刺或刀割属于血瘀。本病例以胀痛为主，首先考虑气滞）。

医生：疼痛是一阵阵的，还是一直都痛？

患者：一直都痛（注意：患者持续性疼痛，可初步判断属实证）。

医生：按着会舒服些吗？

患者：不行，不能用力按，按就痛（注意：有拒按的症状进一步证实属实证）。

医生：以前发过吗？

患者：没有。

医生：吃东西怎么样？

患者：不能吃，吃了痛得更厉害（注意：凡属暴痛，疼痛剧烈，甚则拒按，食后痛剧、痛处不移者属实。凡是疼痛日久或反复发作，绵绵不休，痛而喜按，得食痛减者属虚。体格壮实者多实，年高体弱者多虚。新病多实，久病多虚）。

医生：还有哪里不舒服（嗳气、恶心、呕吐等）？

患者：有，嗳气的时候会有股酸酸的、像馊了饭菜的臭味道冲出来。一点都不想吃东西，闻到食物的味道，就作呕。如果能吐出来就好过些（注意：胃脘胀痛拒按，恶食，嗳气腐臭或酸腐等均为伤食症状）。

医生：你吐出来的东西是什么样子？

患者：就是头天吃的饭菜。

医生：发病前有没有吃东西吃得过多？

患者：有，前天来了几位多年不见的朋友，接连吃了几顿，就感觉不舒服了（注意：饮食停滞胃痛多有暴饮暴食的病史。感受外邪也可引起胃脘胀满而痛，主要有外感病史，可见风寒、风热、暑湿等表证）。

医生：口苦不苦？

患者：不苦。（注意：食滞胃脘与湿热蕴脾证鉴别。前者病因为“伤食”，临床上以伤食证为特征。后者病因为“湿热”，由外感湿热，或过食肥甘，湿热蕴脾所致，以口苦而腻，渴不欲饮，或身热起伏，舌红苔黄腻，脉濡数等湿热证为特征）。

医生：大、小便怎么样？

患者：想拉大便，但是总拉不出来，好不容易拉出来了，又感觉拉得不痛快。我平时一贯便秘，现在大便稀稀的，拉大便时肚子痛得厉害，还有大便特别臭。小便还可以（注意：大便不爽符合食滞胃脘的诊断）。

1. 问题

（1）根据病情资料，提出患者的主诉。

（2）根据上述问诊资料，整理出现病史。

（3）根据病情资料进行证名诊断。

2. 参考答案

（1）主诉：胃脘胀痛拒按，伴嗳腐吞酸 2 天余。

（2）现病史：患者因暴饮暴食出现胃胀、胃痛。现症见：胃脘胀满，疼痛拒按，嗳腐酸臭，恶闻食气，恶心、呕吐不消化食物，吐后痛减，大便不爽，舌苔厚腻，脉滑。

（3）诊断：食滞胃脘证。

案例三

医生：你哪里不舒服？

患者：我肚子胀，总不想吃东西。

医生：是整个肚子胀吗？疼不疼？能指指具体部位吗？

患者：整个肚子都胀。不疼。

医生：从什么时候开始的？

患者：快有半年了（注意：大腹胀半年，病程较长，一般为虚性腹胀。但也不能仅凭时间定论。下面应进一步询问腹胀的特点来鉴别诊断）。

医生：具体的描述一下平时肚子胀的情况，肚子是一直胀还是时好时坏？

患者：我这肚子胀有时候轻有时候重，用热水袋敷一敷或用手揉揉会好一些。

医生：吃饭怎么样？

患者：总不想吃东西，觉得肚子胀，吃了东西后又更觉得不好受，好像不消化一样。

医生：二便情况怎么样？

患者：经常腹泻，吃点凉的就更不行了。小便还可以吧。

医生：平时身体怎么样？

患者：稍微活动就觉得累，喘不过气来。有时候还头晕（注意：腹中满胀时好时坏，喜温喜按，不思饮食，气短乏力，大便泄泻均为脾阳虚之证）。

同时望诊可见，形体消瘦，面色萎黄，舌淡苔白，脉濡缓。

1. 问题

（1）根据病情资料，提出患者的主诉。

（2）根据上述问诊资料，整理出现病史。

（3）根据病情资料进行证名诊断。

2. 参考答案

（1）主诉：腹胀食少半年。

（2）现病史：患者半年来腹部时胀，喜温喜按，不思饮食，食后腹胀更甚。现症见：神疲乏力，大便泄泻，舌淡苔白，脉濡缓。

（3）诊断：脾阳虚证。

案例四

医生：你有什么不舒服？

患者：我这里总疼（手指着两胁）（注意：两胁为肝胆二经的循行部位，故胁痛病变主要在肝胆，其成因较多，临床辨证主要依据疼痛的特点及兼证，要注意分清气、血、虚、实）。

医生：多长时间了？知不知道怎么开始的？具体描述怎么个疼法？

患者：我一年前得过急性肝炎，但后来治好了，肝功能检查报告正常（病例记载与患者所述吻合）。这次疼有半年多了，开始的时候累了或是生气了就有点疼，我也没有在意，后来就一直隐隐的疼，好像火烧的一样，累了就会疼得厉害些（注意：临床上根据疼痛的性质往往能判断疾病的性质，如疼痛为胀痛，走窜不定，多为气滞；刺痛，痛有定处，多为瘀血；灼痛多为火热侵袭，灼痛剧烈，病程短多为实火，隐隐灼痛，病程长，多为阴虚。我们从患者描述的情况来看，病程较长，隐隐作痛，痛无休止，且劳累后加重，则可推测为阴虚作痛）。

医生：还有哪里不舒服？

患者：总觉得嗓子干，有时还觉得头晕。两只眼睛也特别涩，经常得点眼药水，可减轻点儿（注意：从上述患者描述的情况来看，均为一派阴虚失养的表现）。

医生：二便情况怎么样？

患者：大便有点干，小便还可以。

医生：平时吃饭怎么样？脾气怎么样？

患者：吃饭还可以，就是口干。我这个人脾气特别躁，有一点不顺心的事情，就会生气，最近特别心烦，觉也睡不好，老做噩梦。

医生：你躺下，我给你检查一下。按诊右胁下未触及肿块，无明显压痛。

同时望诊可见，两颧潮红，舌红少津，脉弦细。

1. 问题

（1）根据病情资料，提出患者的主诉。

（2）根据上述问诊资料，整理出现病史。

（3）根据病情资料进行证名诊断。

2. 参考答案

（1）主诉：两胁隐隐灼痛半年。

（2）现病史：患者1年前曾患甲型肝炎，经治疗获愈。半年前于劳累或生气后出现两胁疼痛，未采取任何治疗，后转为持续性隐痛，劳累或生气后加重。现症见：两胁隐隐灼痛，伴口干，两目干涩，急躁易怒，心烦失眠，两颧潮红，大便略干，舌红少津，脉弦细。

（3）诊断：肝阴不足证。

案例五

一位少女因阴道出血，在其母陪同下来医院就诊。自述是骑自行车时摔伤后腹痛不止。外科检查未发现丝毫损伤的痕迹，透视也未查出疼痛和出血的原因。接诊后，医师根据观察和经验，怀疑其为宫外孕，建议转妇产科进一步检查和治疗。但是患者及其母亲都坚持少女未婚，月经一直正常，何来“宫外孕”而拒绝转诊。

无奈之下医师只好给予患者常规的止痛止血剂治疗。可是当天夜里患者就因宫外孕大出血导致休克而紧急住院，经全力抢救虽保住了性命，但却因宫体破裂，出血过多而不得不摘除了子宫，留下终生遗憾。

1. 问题

（1）患者留下终生遗憾的直接原因是什么？

（2）在这种情况下医师应当怎样来进行问诊，主导医患间的有效沟通？

2. 参考答案

（1）在这个案例中，患者留下终生遗憾的直接原因是患者对医师隐瞒了真情，说了假话，造成宫体破裂，出血过多而不得不摘除了子宫，险些造成误诊和事故。从常理来看，应该说医师是没有责任的，“谁叫你对医师说假话呢？”但是如果真的出了事，患者和其家人很可能这样认为：“病人说假话固然不对，但医师依然应该有正确诊断，谁叫你是医生呢？”这就是说，在患者没有畅所欲言和充分说明时，医师也难辞其咎，也要承担没能主导医患沟通的责任。

（2）在这种情况下医师应当怎样来进行问诊，主导医患间的有效沟通呢？首先，医师要明白，对于上述案例中涉及患者隐私的致病原因（还有如性病、艾滋病、吸毒等致病原因），可能会有其社会、道德伦理、法律的评判和态度。此时医师应努力使患者明白，自己仅关注致病的原因，而不涉及其他方面的评判。医师面对的仅仅是患者，追求的是弄清致病的原因，从而更好地治病。这样就不会在言行方面形成对患者的压力，而仅仅是医者对患者的关怀和同情（也不是怜悯）。其次，在问诊中，当患者有意识地隐瞒病因时，医者不必强硬追问，但可婉转说明如果发现某种疾病（如宫外孕、性病、艾滋病等）会有哪些症状和征兆，会有哪些严重的危害，弄清病因对有效治疗的重要意义等。给患者一个思索、权衡利弊的时间，让患者从思索中体会到“医师是在治病救人”，从而配合治疗。第三，由于问询涉及患者的隐私，因而医师的问诊语调应当是低声轻柔，语速徐缓。所用语气、语调使患者意识到这种谈话仅仅是医患两个人之间的絮语。“不会也不必为外人知道”，患者的隐私已经得到了尊重，从而敞开心扉向医师倾诉，并且会对医师充满感激之情。

第二章　望　诊

望诊，是医生运用视觉对患者神、色、形、态等全身及局部情况、舌象、分泌物和排泄物等进行有目的、有次序地观察，以收集病情资料的一种方法。

望诊直观、方便、快捷，被列为四诊之首。人的精神状态、面部色泽、形体强弱、舌象变化等重要的生命信息主要通过视觉来获取，是其他方法无法代替的。因此，医生能否正确运用望诊，对于病证的诊断至关重要，故有“望而知之谓之神”之说。《医门法律》曰：“凡诊病不知察色之要，如舟子不识风汛，动罹复溺，鲁莽粗疏，医之过也。”故医者应充分重视望诊，并在临床实践，乃至日常生活中充分利用一切时间、环境，训练视觉，培养自己敏锐的观察能力，提高望诊的诊断水平。

【实训目的与要求】

1. 掌握全身及局部望诊的操作规范与注意事项。
2. 掌握望排出物、分泌物的操作规范与注意事项。
3. 熟悉望诊的基本内容。

【实训内容与方法】

1. 4 人一组相互进行系统全面的望诊检查练习。
2. 结合图片进行望诊训练。
3. 结合病例进行望诊与其他诊法的互参训练。

第一节　望诊的方法

一、操作规范

（一）操作准备

1. 房间温度　诊室温度应适宜，必要时可开空调。因为，只有在适宜的温度下，患者的皮肤、肌肉自然放松，气血运行畅通，疾病的征象才可能真实地显露出来。如果室温太低，皮肤、肌肉收缩，气血运行不畅，不仅影响望诊所获资料的真实性，而且，还有可能使患者因受凉而复加它疾。反之，若室温过高，患者面色通红，汗出较多，也可能掩盖病情真相，影响医生判断。

2. 房间光线　望诊应在充足、自然、柔和的光线下进行，如自然光线不足，也可借助于日光灯，但必要时需复查。此外，还须注意避开有色光源的干扰。

3. 隐私保护 望诊时应注意保护患者的隐私权，因此诊室里最好只允许医生和正在就诊的患者在场，其他患者和家属应在诊室之外依序安静等候。此外，在观察患者胸部和前后二阴等处时，应先向患者解释，并征得其同意后在隐蔽环境下进行。男医生观察女性的前阴，要在患者有明确的不适，并有女护士陪同的情况下进行。

4. 望排出物应作如下准备

（1）诊室应准备一只消毒的痰盂或废物桶。

（2）准备一次性手套及用于洗手的消毒液。

（3）诊室应备有洗手池或洗手盆以及消毒毛巾。

（二）操作方法

1. 全身望诊的部位及重点

（1）望神：望神的部位主要包括眼睛、神情、色泽和体态四方面，其中，眼睛是我们观察的重点。

①眼睛：首先，医者应观察眼睛的明亮度，即目光是明亮有泽还是晦暗无光；其次，应观察眼球的运动度，即眼球运动灵活还是运动不灵。具体操作时医者可将示指竖立在患者眼前，并嘱患者眼睛随医者的示指做上下左右移动。若患者眼球移动灵活是有神的表现；反之，若移动迟钝或不能移动均为失神的表现。中医所谓的“瞳神呆滞”、“瞪目直视”、“戴眼反折”均是对目珠运动不灵的描述。

②神情：首先应观察患者的神志是清楚、昏迷还是错乱；思维是有序还是混乱。具体方法可通过询问患者的姓名、年龄、住址等方式，根据患者回答情况来判断。若患者回答正确，反应敏捷为有神；反之，若回答缓慢、不能回答或回答有误是少神、失神或神乱的表现。其次，还应观察患者面部表情是丰富自然还是淡漠无情。

③色泽：观察前应嘱患者清洁面部，尤其是女性患者，应卸妆后进行观察。观察时，首先要看面部颜色为何，其次应注意其面色是否带有红色，是否有光泽，是含蓄隐隐，还是暴露明显。

④体态：望体态包括形体和姿态两部分。

（2）望色：望色的部位应包括全身皮肤和黏膜，但临床上我们重点观察的还是面部的皮肤。在观察面部皮肤的颜色和光泽时，除了观察面部整体的情况，还应观察面部不同区域的情况。

中医认为面部不同区域分候不同脏腑，通过观察面部不同部位的色泽变化，可以诊察相应脏腑的病变。具体分法有两种：

①《灵枢·五色》分候法：即将面部不同部位，分别命名，鼻称明堂，眉间叫阙，额称庭或颜，颊侧称藩，耳门为蔽（图2-1）。然后再将上述不同部位分候五脏，即庭候首面，阙上候咽喉，阙中（印堂）候肺，阙下（下极、山根）候心，下极之下（年寿）候肝，肝部左右候胆，肝下（准头）候脾，方上（脾两旁）候胃，中央（颧下）候大肠，夹大肠候肾，明堂（鼻端）以上候小肠，明堂以下候膀胱子处（图2-2）。

②《素问·刺热》分候法：左颊-肝，右颊-肺，额-心，颏-肾，鼻-脾。

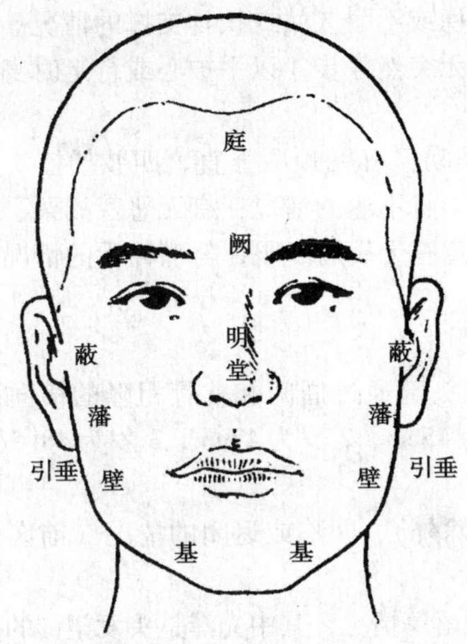

图 2－1 明堂藩蔽图

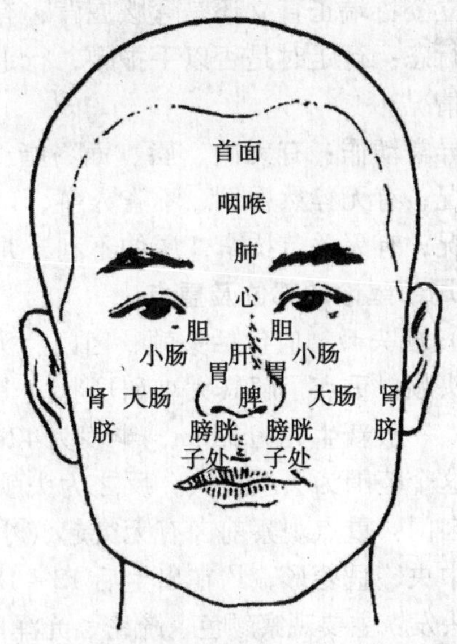

图 2－2 面部脏腑分属部位

（3）望形体：望形体包括形体的强弱、胖瘦和体质类型三个部分。

①形体强弱的判断要点
- 皮肤：润泽还是枯槁。
- 肌肉：结实还是瘦削。
- 骨骼：粗大还是细小。
- 胸廓：宽厚还是狭窄。

②形体胖瘦的判断标准
- 男子
  - BMI＞25 为肥胖。
  - BMI＜20 为消瘦。
- 女子
  - BMI＞24 为肥胖。
  - BMI＜19 为消瘦。

③体质形态的观察要点
- 体型：矮胖、瘦长还是适中。
- 头型：偏圆、偏长还是居中。
- 颈项：粗短、细长还是适中。
- 肩部：宽大、窄小还是居中。
- 胸廓：宽厚、薄平还是适中。
- 姿势：后仰、前屈还是挺直。

通过对上述部位的观察，再结合询问患者平素的寒热喜恶、大便溏结情况，就可对患者的体质形态作出判断［BMI 即国际通用身体质量指数，其计算公式为：BMI＝体重（kg）/身高^2（m^2）。

（4）望姿态

①坐形：坐而仰首还是坐而俯首；是端坐还是屈曲抱腹或抱头。

②卧式：卧时面部朝里还是朝外；仰卧还是俯卧，平卧、斜卧还是侧卧等等。

③立姿：端正直立还是弯腰屈背；有无站立不稳或不耐久站或扶物支撑的情况。

④行态：行走时是否以手护腰；行走之际，有无突然停步，以手护心或行走时身体震动不定的情况。

⑤异常动作：有无睑、唇、面、指（趾）的颤动；有无颈项强直、四肢抽搐、角弓反张的情况；有无猝然昏倒、不省人事、口眼㖞斜、半身不遂的情况；有无恶寒战栗、肢体软弱的情况；有无关节拘挛，屈伸不利，儿童还应注意有无挤眉眨眼，努嘴伸舌的情况。

2. 局部望诊的部位及重点

（1）*望头面*：应包括头颅、囟门、头发和面部。

①头颅：重点了解其大小和形状（其大小是以头部通过眉间和枕骨粗隆的横向周长来衡量的。一般新生儿为34cm，半岁为42cm，1岁为45cm，2岁为47cm，3岁为48.5cm。明显超过这个范围为头颅过大，反之为头颅过小）。

②囟门：重点观察前囟有无突起（小儿哭泣时除外）、凹陷或迟闭的情况（前囟位于头顶前部中央，呈菱形，约在出生后12～18月闭合）。

③头发：主要观察颜色、疏密、光泽以及有无脱落等情况，其中光泽是头发望诊的重点。

④面部：有无面肿、腮肿、面削颧耸或口眼㖞斜；有无特殊面容，如惊恐貌、苦笑貌等等。

（2）*望五官*：包括目、耳、鼻、口、唇、牙齿、牙龈和咽喉。

1）目：中医将眼的不同部位分别命名，并归属五脏，即胞睑属脾称肉轮；两眦属心称血轮；白睛属肺称气轮；黑睛属肝称风轮；瞳仁属肾称水轮，这就是“五轮学说”。临床望目时应注意颜色、形态有无异常，具体顺序可参照如下：①胞睑（肉轮）：颜色是否偏暗；有无红肿或浮肿；睑缘有无溃烂或结节；胞睑有无下垂。②两眦（血轮）：颜色是淡红（正常）还是红赤或淡白。③白睛（气轮）：颜色有无红赤或黄染；有无胬肉攀睛。④黑睛（风轮）：颜色是棕褐色（正常）还是灰白浑浊。⑤瞳仁（水轮）：有无缩小或散大。

眼球运动情况主要观察有无眼球运动异常，如目睛凝视（两眼固定，不能转动）、瞪目直视（固定前视）、横目斜视（固定侧视）、戴眼反折（固定上视）等。此外，还应注意有无眼窝凹陷、眼球突出以及昏睡露睛的情况。

2）耳：主要观察耳廓的色泽、形态及有无耳内病变，具体顺序可参照如下：①色泽：重点观察耳轮有无淡白、青黑、红肿以及干枯焦黑的情况。小儿还当注意其耳背有无红络，耳根有无发凉的情况。②形态：注意耳廓是厚大还是瘦薄以及有无耳轮干枯萎缩及耳轮皮肤甲错。③耳内病变：注意观察耳内有无脓液、耳疖、耳痔、耵聍等。

此外，中医认为耳廓不同部位分属身体不同部位，其分布情况如同一个在子宫内倒置的胎儿，即臀足在上，头颅在下。因此，临床望耳除了观察耳廓大体状况，还应注意耳廓不同部位有无充血、丘疹、脱屑、糜烂、水疱、变色和变形的情况，以判断不同脏腑的病变。

3）鼻：主要观察鼻的色泽、形态及有无鼻内病变，具体顺序可参照如下：①色泽：鼻端有无青、赤、白、黑等颜色变化及有无晦暗枯槁情况。②形态：有无鼻头红肿生疮、鼻端粉刺、鼻柱溃陷、鼻翼煽动的情况。③鼻内病变：观察有无鼻孔干燥、鼻塞流涕、鼻衄（鼻腔出血）及鼻痔（鼻腔息肉）。

4）口：主要观察口之形色、动态有无异常，具体顺序可参照如下：①：观察有无口角流涎、口疮、口糜的情况。小儿应注意有无鹅口疮。②动态：有无口张、口噤、口撮、口㖞、口振、口动的情况。

5）唇：注意观察唇之颜色、形态有无异常：①颜色：注意观察唇之颜色是红润还是淡白、深红、樱桃红、青紫甚至青黑。②形态：注意口唇有无干裂、糜烂、红肿甚至翻卷的情况。

6）牙齿：注意观察牙齿的色泽和动态：①色泽：牙齿是洁白润泽还是光燥如石，甚或燥如枯骨；有无枯黄脱落和牙垢。②动态：有无牙关紧急或咬牙龂齿的情况。

7）牙龈：注意观察牙龈的色泽和形态：①色泽：是淡红润泽（正常），还是呈淡白色；有无红肿的情况。②形态：有无牙缝出血；有无龈肉萎缩，齿根暴露，牙齿松动；有无牙龈溃烂。

8）咽喉：望咽喉时应嘱患者尽量张大口腔，使咽喉部暴露充分，便于医生检查。医生检查时，应注意观察咽喉部以及两侧的喉核（扁桃体）的颜色及形态（包括有无红肿、脓点、溃烂、伪膜等异常情况）。

（3）望躯体：包括颈项、胸胁、腹部、腰背。

1）颈项：颈项是连接头部和躯干的部分，中医将其前部称为颈，后部称为项。望诊主要包括：①外形：注意观察颈部两侧是否对称，气管有无偏移，有无肿块、红肿、瘘管。②动态：观察颈项前屈后仰，左右旋转是否自如，有无项强、项软，颈脉怒张和颈脉搏动。

2）胸胁：横膈以上，锁骨以下躯干正面称胸；胸部两侧，腋下至十一及十二肋骨端的区域叫胁。观察胸胁主要了解其外形和动态有无异常：①外形：注意观察胸廓是否对称，左右、前后径比例是否恰当，有无鸡胸、肋如串珠等骨骼发育异常的情况，两侧乳房大小是否对称等，乳房有无红肿、破溃和流脓，有无包块，以及包块的大小、质地及活动度等。②动态：观察呼吸形式、时间、强度、节律有无改变。

3）腹部：躯干正面，剑突以下至耻骨以上的部位称腹。正常人腹部对称、平坦。观察时注意有无腹部膨隆、凹陷；腹壁有无突起和青筋暴露等外形的异常（仰卧时腹壁高于胸骨与耻骨中点连线为腹部膨隆，反之属腹部凹陷）。

4）腰背：①外形：注意观察腰背部是否对称；立时脊柱是否居中；有无后突和侧弯；脊骨突出是否明显；脊背部有无痈、疽、疮、疖和水疱。②动态：腰背俯仰、转侧是否自如；有无角弓反张和腰部拘急的情况。

（4）望四肢：包括手足、手掌、鱼际和指趾。

①手足：注意观察肢体有无萎缩、肿胀的情况；四肢各个关节有无肿大、变形；小腿有无青筋暴露；下肢有无畸形。观察患者肢体有无运动不灵；手足有无颤动、蠕动、拘急及抽搐的情况。高热神昏的患者还应观察其有无扬手掷足的情况。对于病重神昏的患者还应注意观察有无抚摸床沿、衣被，或双手伸向空中，手指时分时合等异常动作。

②手掌：注意观察手掌的厚薄、润燥及有无脱屑、水疱、皲裂的情况。

③鱼际：观察患者鱼际（大指本节后丰满处）是丰满还是瘦削；颜色有无发青、红赤的情况。

④指趾：观察手指有无挛急、变形；脚趾皮肤有无变黑、溃烂，趾节有无脱落。注意爪

甲颜色是粉红（正常）还是淡白、鲜红、深红、青紫或紫黑。另外，为了观察气血运行是否流畅，医者可用拇指、示指按压患者手指爪甲，并随即放手，观察其甲色变化情况及速度。若按之色白，放手即红，说明气血流畅，其病较轻；反之，按之色白，放之不即红者为气血不畅之象，病情较重。

（5）望二阴

①前阴：观察男女外阴有无收缩、肿胀、生疮和湿疹。男子还应注意有无睾丸异常。女子还应注意阴户中有无东西突出（阴挺）。

②后阴：注意观察肛门有无红肿、裂口、痔疮、瘘管及脱肛的情况。

（6）望皮肤

①色泽：注意皮肤颜色有无发红、发黄或紫黑的情况；有无白斑以及白斑的部位、大小，界限是否清楚。此外，还当注意皮肤有无光泽，进而判断津液的盈亏。

②外形：有无干燥、皲裂、脱屑和粗糙如鱼鳞状的情况；皮肤的弹性如何，有无硬化的情况。

③皮损：有无斑、疹、水疱以及痈、疽、疔、疖。

3. 排出物望诊的重点

（1）痰液的观察要点：察痰液重在观察痰液颜色、质地及痰中是否有血丝等。

（2）小便的观察要点：察小便重在观察颜色和清浊度。正常小便颜色淡黄，清净而不浑浊。疾病时，小便的颜色及清浊度可能会出现改变。

（3）大便的观察要点：察大便重在观察其便色、便质的情况。正常大便颜色黄褐，呈圆条状，不含黏液、脓血和不消化食物。

（三）注意事项

1. 全身和局部望诊

（1）充分暴露，细致观察：诊察时要充分暴露受检部位，以便完整、细致地进行观察。

（2）静心凝神，排除杂念：望诊时医生应集中注意力，排除杂念，这样才能发现异常体征，捕捉到疾病的相关信息。如望神的方法是“以神会神”，即是以医生之神去观察、体会患者之神。临床上，患者的神气常在有意无意之间流露最真，医者若不能清心凝神，专心致志，则所察非真，甚至有误。因此，望神时精神要专一、集中，在与患者接触的短暂时间内就应对神的表现有一个初步的印象。

（3）辨别真假，排除假象：望诊时医者应注意辨识假象。如假神与疾病好转的区别在于二者虽然都是以病情危重为前提，但假神出现多为久病、重病治疗无效的前提下，突然出现个别现象的一时性好转，且与整体病情危重情况不一致。如颧红如妆，目光突然转亮，饮食突然增加等等。而重病真正向愈，则是在治疗有效的基础上，从个别症状的改善，逐渐发展为全身的、稳步的好转，如食欲渐增，面色渐润，身体功能渐复等等。

在对患者的面色、唇色进行望诊时一定要注意是患者本来的颜色还是化妆使然。故对女患者进行面部和口唇的望诊时，一定要在卸妆的情况下进行。观察头发应注意是真发还是假发；头发颜色是本色还是染色；观察头发色泽时还应注意是否刚上了发蜡、发油等。

（4）注意非疾病因素影响：望诊时应注意非疾病因素的影响，如人的面色由于遗传、种族或季节、时辰、地理环境、饮酒、情绪等因素的影响而有相应变化，此属于常色中的主色和客色，而非病色，应注意鉴别。

2. 排出物望诊

（1）望排出物宜在充足的自然光线或接近自然光的光源下进行。尽量避免在背光处及有色光源下观察。

（2）根据不同排出物，选择不同的容器。

（3）采集的排出物应及时观察，不要长时间留置，影响观察结果。

（4）观察完毕，所有的排出物应立即倒入痰盂或废物桶，并将痰盂或废物桶放在指定地点以便清洁消毒后备用。医生随即洗手并消毒，以防交叉感染。

二、操作技巧

（一）全身和局部望诊的操作技巧

1. 了解正常，以常衡变 为了更好地识别病理体征，医者必须熟悉人体各部位组织的正常表现和生理特征，然后再将病理体征与生理特征或表现作比较，这样才能及时发现异常情况，做出正确的判断。

2. 熟悉内容，观察有序 望诊时，医者首先应对望诊的内容非常熟悉，这样才可能避免遗漏和由于对同一部位的反复观察而引起患者的反感和不配合；其次，望诊时还应该遵循一定的顺序，如从上到下，由外至内，先整体，后局部等等。切勿忽上忽下，忽左忽右。此外，对于急症、重症患者应重点观察，以敏锐的观察力，在短时间内对患者的病情作出判断，以便及时抢救治疗。如望神时，只需望目，而暂不要求其他具体内容，待病情缓解后，再作细致观察。

3. 动态观察，注意变化 疾病是发展变化的，决定了疾病中的体征也非一成不变，因此，应以发展、动态的眼光看待体征，并借以推断病情的轻重，预后的吉凶。如望神时，若患者从有神变为少神，再发展为失神，甚至假神，说明病情逐渐加重；反之，若从失神，逐渐变为少神，最后变为有神，说明病情减轻，疾病向愈。又如望面色时，若面色由红润有泽，逐渐变为枯槁无光，说明病情加重；面色由深浓变为浅淡，说明病情由实转虚；面色由疏散变为壅滞，说明病邪渐聚。

（二）排出物望诊的操作技巧

1. 痰液的采集技巧 医者嘱患者将痰液吐入清洁的痰盂中，然后戴上一次性手套，将痰盂置于自然光源充足处认真进行观察。

2. 小便的采集技巧 小便的采集应以新鲜、清洁、晨尿为好，因其浓度较高，易体现病理变化。不能及时送检时，应置冰箱保存。为避免尿道口附近污染物污染，女性应先洗外阴后留尿，成年女性还应注意避开月经期。尿液应用干燥而透明的容器，让患者直接留尿，并静置片刻，便于观察。

3. 大便的采集技巧 采集的大便标本务求新鲜，不可混入尿液。容器应清洁干燥，一般可用纸盒或广口瓶。标本应选取脓血、黏液部分，或粪便表面不同部分及粪端取材，液状粪便可取絮状物部分。

第二节 望诊的内容

一、全身望诊

1. 望神 是医生通过观察人体生命活动的整体表现来判断病情的方法。

由于神与精气的关系密切，所以，观察患者神的有无可以了解精气的盛衰，气血的盈亏及脏腑功能的好坏，进而判断疾病的轻重和预后的吉凶。

临床上神的表现形式多样，按其盛衰可划分为得神、少神、失神和假神；根据其神志异常的不同，又有焦虑恐惧、淡漠痴呆、狂躁不安和猝然昏倒的不同。具体临床表现及意义分别见表2－1和表2－2。

表2－1 得神、少神、失神、假神的表现及临床意义

类型	特点	临床意义
得神（有神）	目光明亮，目珠灵活 神志清楚，表情丰富 面色荣润，含蓄不露 肌肉不削，动作自如	精气充足，体健神旺
少神（神气不足）	目光乏神，两目少动 精神不振，表情较少 面色少华，暗淡不荣 肌肉松软，动作迟缓	正气不足，脏腑机能较弱
失神（无神）	目光晦暗，目珠呆滞 萎靡或神昏，表情淡漠 面色无华，晦暗暴露 形体消瘦，动作艰难	正气虚衰，脏腑机能衰竭
假神（回光返照）	目似有光，但浮光外露 神识似清，但躁动不安 面似有华，但颧红如妆 久病卧床，忽思活动	脏腑精气衰竭已极，正气将脱

表2－2 神乱的表现及临床意义

类型	特点	临床意义
焦虑恐惧	时时恐惧，焦虑不安	心胆气虚，心神失养
淡漠痴呆	神识痴呆，表情淡漠， 喃喃自语，哭笑无常	痰气郁结，蒙蔽心神； 或先天禀赋不足所致
狂躁不安	狂躁妄动，打人骂詈， 胡言乱语，少寐多梦	气郁化火，痰火扰心； 或阳明热盛，邪热扰心； 或瘀血内阻，蒙蔽神明
卒然昏倒	突然昏倒，口吐涎沫， 两目上视，四肢抽搐， 移时苏醒，醒后如常人者	肝风夹痰，闭阻清窍

2. 望色　是指医生通过观察患者全身皮肤（尤其是面部皮肤）的色泽变化，以诊察病情的方法，又称“色诊”。

（1）常色：指人在生理状态时的面部色泽，说明机体气血津液充盈，脏腑功能良好，其特征是明润、含蓄而有血色（即无论何色应兼见红色）。中国人属黄种人，其常色为红黄隐隐，明润含蓄。常色有主色和客色之分。

①主色：是指与生俱来，终生基本不变的面色，往往与种族和遗传有关。

②客色：人体受季节气候、地理环境、饮食情绪等因素影响，发生短暂、轻微的面色变化称为客色。

（2）病色：指人体在疾病状态下面部显示的异常色泽。即除常色以外的所有面部色泽都属病色。病色的特征为晦暗枯槁、鲜明暴露。病色有善色和恶色之分。

①善色：指患者面色虽有异常，但仍明润有泽者，说明脏腑精气未衰，病轻。

②恶色：指患者面色异常且晦暗枯槁者，说明脏腑精气衰败，是病重的表现。

（3）五色主病：病色可分为青、赤、黄、白、黑五种，分别提示不同脏腑和不同性质的疾病，其临床意义见表2－3。

表2－3　　五色主病简表

类型	临床意义
青	寒证、痛证、血瘀和惊风
赤	热证（实热证多满面通红；虚热证多两颧潮红）、戴阳证（颧红如妆）
黄	脾虚和湿证（面色黄而晦暗，面容消瘦为萎黄，属脾胃气虚。面色黄而虚浮者称黄胖，属脾虚湿蕴。一身面目俱黄称黄疸，其中色鲜明者为阳黄，属肝胆湿热；色晦暗者为阴黄，属寒湿困脾）
白	虚证（包括气虚、血虚和阳虚证）、寒证和失血
黑	肾虚（肾阳虚者黑而暗淡；肾阴虚者黑而干焦）、水饮、瘀血

3. 望形　望形，是指观察患者形体的强弱胖瘦、体质形态和异常表现等来诊察病情的方法。

（1）形体强弱

①体强：即体质强壮。表现为骨骼粗大，肌肉充实，皮肤润泽，胸廓宽厚，同时精力充沛，食欲旺盛。说明体魄强壮，内脏坚实，气血旺盛，抗病力强，易于治疗，预后较好。

②体弱：即体质衰弱。表现为骨骼细小，肌肉瘦削，皮肤枯槁，胸廓狭窄，同时精神不振，食少乏力。说明体质虚衰，内脏脆弱，气血不足，抗病力弱，有病难治，预后较差。

（2）形体胖瘦：正常人体形适中，各部组织匀称。过于肥胖或过于消瘦都可能是病理状态。观察形体胖瘦时，应注意与精神状态、食欲食量等结合起来综合判断。

①体胖：体胖能食，肌肉坚实，神旺有力者，多属形气有余，是精气充足、身体健康的表现；体胖食少，肉松皮缓，神疲乏力者，多属形盛气虚，是阳气不足，多痰多湿的表现，易患痰饮、中风、胸痹等病证。

②体瘦：体瘦食多，属中焦有火；体瘦食少，属中气虚弱；体瘦颧红，伴潮热盗汗、口咽干燥者，多是阴虚火旺的表现，易患肺痨等病；若久病、重病，卧床不起，骨瘦如柴者，

为脏腑精气衰竭，气液干枯，属病危。

（3）体质类型：见表2-4。

表2-4　三种不同体质类型的特征及临床意义

类型	特点	临床意义
阴脏人	体形矮胖，头圆、颈粗、肩宽、胸厚、体多后仰	属阴盛阳虚。这类人易感受阴寒病邪，患病后易从阴化寒，多寒湿痰浊内停
阳脏人	体形瘦长，头长、颈细、肩窄、胸窄、体多前屈	属阳盛阴虚。这类人易感受阳热病邪，患病后易于从阳化热，导致伤津、伤阴
平脏人	体形胖瘦适中	属阴阳平衡，气血调匀。是大多数人的体质类型

4. 望态　是观察患者的动静姿态和肢体的异常动作来诊察病情的方法（表2-5、表2-6）。

表2-5　动静姿态异常表

类型	特点	临床意义
坐姿异常	坐而喜伏，少气懒言	肺虚少气
	坐而喜仰，胸胀气粗	肺实气逆
	但坐不得卧，卧则气逆	咳喘肺胀，饮停胸腹
	但卧不得坐，坐则神疲晕眩	夺气、脱血
	坐而欲起	水气、痰饮
	坐卧不安	为烦躁之征，或腹满胀
卧姿异常	卧时喜向外，身轻自能转侧	阳证、热证、实证
	卧时喜向内，身重不能转侧	阴证、寒证、虚证
	卧时踡曲成团	多为阳虚畏寒，或有剧痛
	卧时仰面伸足	阳盛发热
行姿异常	以手护腰，弯腰曲背	腰腿病
	行时身体震颤不定	肝风内动
疼痛姿势	蹙额捧头，俯不欲仰	多为头痛
	叉手扪心，闭目不语	见于心虚怔忡
	两手护乳，唯恐触碰	见于乳痈患者
	以手护腹，俯身前倾	多为腹痛

表2-6　异常动作的表现及临床意义

特点	临床意义
颜面、口唇、眼睑、手指和足趾轻微抖动	在外感热病中，多为热盛动风先兆；在内伤杂病中，多是气血不足，虚风内动之征
猝然昏仆、半身不遂、肢体麻木、舌謇不语，或不经昏仆而仅㖞僻不遂者	属中风，因气血逆乱或风中经络所致。若伴口开目闭，手撒遗尿，是中风脱证；伴牙关紧闭，两手握固，大小便闭者是中风闭证
猝然昏倒，不省人事者，伴四肢抽搐，口吐白沫，口中有怪叫声，移时苏醒，醒后如常	属痫病，多因肝风夹痰，阻闭清窍所致
四肢抽搐，角弓反张，颈项强直，两目上视	常见于小儿惊风、破伤风、痫病、子痫等，因肝风内动所致
肢体筋脉迟缓，痿软无力，肌肉萎缩而无疼痛	属痿病，多由阳明湿热或脾胃气虚，或肝肾不足所致
四肢关节肿痛，以致动作困难者	属痹病，多由风、寒、湿三邪侵犯关节，使关节痹阻不通所致

二、局部望诊

1. 望头面

（1）望头部：见表2-7、表2-8、表2-9。

表2-7　头部形态异常的表现及临床意义

类型	特点	临床意义
头大	小儿头颅均匀增大，颅缝开裂，面部较小	为肾虚水停，见于脑积水患儿
头小	小儿头颅狭小，头顶尖圆，面部相对较大	为肾精不足，发育不良
方颅	小儿前额左右突出，头顶平坦，颅呈方形	为肾精不足或脾胃虚弱，发育不良的表现。可见于佝偻病、先天性梅毒等患儿
头摇	患者头摇不能自主者	属肝风内动

表2-8　囟门异常的表现及临床意义

类型	特点	临床意义
囟填	囟门高突	多属实证，见于温病火邪上攻或颅内水液停聚
囟陷	囟门下陷	多属虚证，见于吐泻伤津、气血不足及先天肾精亏虚
解颅	囟门迟闭	多属脾肾亏虚，发育不良

表2-9　头发异常的表现及临床意义

类型	特点	临床意义
黄	发黄干枯，稀疏易落	多属精血不足
发白	青年白发	属肾虚或劳神伤血或先天禀赋所致
脱发	头发非正常脱落	属血虚受风或为肾虚或为血热化燥所致

（2）望面部：见表2-10、表2-11。

表2-10　面形异常的表现及临床意义

类型	特点	临床意义
面肿	面部浮肿	因外感风邪，肺失宣降或脾肾阳衰，水湿泛溢，或心肾阳衰，水气凌心所致
腮肿	腮部肿大	因外感温毒或阳明热毒上攻所致
面削颧耸	面部肌肉消瘦，两颧高耸，眼窝、颊部凹陷	因气血虚衰，脏腑精气耗竭所致
口眼㖞斜	患侧面肌弛缓，额纹消失，眼不能闭合，鼻唇沟变浅，口角下垂，向健侧歪斜	因风邪中络或肝阳化风，风痰阻络所致

表2-11　特殊面容的特征及临床意义

类型	特点	临床意义
惊愕貌	眼球突出，目光炯炯有神，表情呈惊愕状	痰气郁结，肝郁化火所致，见于瘿病
苦笑貌	面肌痉挛，面部呈现无可奈何的苦笑状	见于破伤风病

2. 望五官

（1）望目：见表2－12。

表2－12　目部异常的表现及临床意义

类型	特点	临床意义
目色异常	全目赤肿	肝经风热
	睑缘赤烂	脾经湿热
	目眦红赤	心经有火
	目眦淡白	血虚之征
	白睛黄染	湿热或寒湿
	白睛红赤	肺经有热
	目眶色黑	肾虚或寒湿下注
目形异常	目胞浮肿	脾肾亏虚
	眼窝凹陷	吐泻伤津或气血虚衰，阴阳竭绝
	眼球突出	因痰浊阻肺或肝郁化火所致
	针眼（睑缘肿起结节如麦粒，红肿不甚者） 眼丹（胞睑漫肿，红肿较重者）	为风热邪毒或脾胃蕴热上攻于目所致
	眼生翳膜	因邪毒侵袭或食滞、痰火、湿热为病或七情郁结或因于外伤所致
	胬肉攀睛	风热壅盛或脾胃湿热或肾阴暗耗，心火上炎所致
目态异常	瞳孔缩小	多属肝胆火炽或劳损肝肾，虚火上扰，或为川乌、草乌、毒蕈、有机磷农药中毒
	瞳孔散大	见于肝胆风火上扰及中毒。多属肾精耗竭，为濒死危象。也可见于肝风内动或精脱神衰之危侯
	目睛凝视（戴眼、直视、斜视、目翻上视）	肝风内动，兼神志昏迷，为脏腑精气将绝；兼项强，抽搐，角弓反张，为太阳经绝证，病危
	昏睡露睛	因脾虚清阳不升，胞睑失养
	胞睑下垂（又称睑废）	双睑下垂者，多为先天不足，脾肾亏虚；单睑下垂者，多因脾气虚衰或外伤所致
	目瞤	因风热外袭或血衰气弱

（2）望耳：见表2－13。

表2－13　耳部异常的表现及临床意义

类型	特点	临床意义
色泽异常	耳轮淡白	多属气血亏虚
	耳轮红肿	多为肝胆湿热或热毒上攻
	耳轮青黑	见于阴寒内盛或有剧痛者
	耳轮焦黑	多属肾精亏虚
形态异常	耳廓瘦小	先天亏损，肾气不足
	耳廓肿大	是邪气充盛之象
	耳轮干枯	多为肾精耗竭，属病危
	耳轮甲错	见于血瘀日久
耳内病变	耳内流脓	多属肝胆湿热或肾阴不足
	耳内赘生物	因湿热痰火上逆，气血瘀滞而成

（3）望鼻：见表2－14。

表2－14 鼻部异常的表现及临床意义

类型	特点	临床意义
色泽异常	鼻端微黄	新病为胃气未伤；久病为胃气来复
	鼻端色白	属气血亏虚，或见于失血患者
	鼻端色赤	属肺脾蕴热
	鼻端色黑	是肾虚寒水内停之象
	鼻端色青	见于阴寒腹痛患者
形态异常	鼻端枯槁	为胃气已衰，属病重
	鼻头生疮	多属胃热或血热
	鼻端粉刺	多因肺胃蕴热
	鼻柱溃陷	多见于梅毒患者或为麻风恶候
	鼻翼煽动	多见于肺热、哮病或肺气衰竭
鼻内病变	鼻流清涕	属外感风寒
	鼻流浊涕	属外感风热
	鼻流脓涕	为外邪侵袭或胆经蕴热上攻所致
	鼻腔出血	因肺胃蕴热或外伤所致

（4）望口与唇：见表2－15、表2－16。

表2－15 唇部异常的表现及临床意义

类型	特点	临床意义
唇色异常	唇色淡白	血虚或失血
	唇色深红	实热之象
	唇色青紫	血瘀之征
	唇色青黑	属寒盛、痛极
	唇色樱桃红	煤气中毒
形态异常	口角流涎	小儿多属脾虚湿盛或胃热；成人多为中风口㖞
	口唇干裂	燥热伤津或阴虚火旺
	口疮、口糜	心脾积热或阴虚火旺
	鹅口疮	正气不足，湿热秽浊上蒸
	人中满唇	脾气将绝之征

表2－16 口态异常的表现及临床意义

特点	临床意义
口张	主虚证或为脾绝或为肺绝
口噤	主实证，见于中风、痫病、惊风、破伤风、马钱子中毒等
口撮	为邪正交争，见于小儿脐风
口僻	为风痰阻络，见于面瘫和中风患者
口振	为阳衰阴盛或邪正剧争所致
口动	为胃气虚弱之征或为热极生风、脾虚生风之象

（5）望齿与龈：见表2－17。

表2－17 牙齿及牙龈异常的表现及临床意义

类型	特点	临床意义
牙齿异常	齿燥如石	热盛津伤，见于温病的极期
	齿燥如枯骨	为肾阴枯竭，见于温病晚期
	牙齿枯黄脱落	为骨绝，属病重
	齿焦有垢	为胃肾热盛，但气液末竭
	齿焦无垢	为胃肾热盛，气液已竭
	牙关紧急	属风痰阻络或热极动风
	咬牙齘齿	热盛动风
	睡中齘齿	多因胃热或虫积所致
牙龈异常	牙龈淡白	血虚或失血
	牙龈红肿	胃火亢盛
	牙缝出血	胃热伤络，气虚不摄，或虚火上炎
	牙龈萎缩	多属肾虚或胃阴不足
	牙龈溃烂	外感疫疠或积毒上攻

（6）望咽喉：见表2－18。

表2－18 咽喉异常的表现及临床意义

特点	临床意义
咽喉红肿溃烂	咽部深红，肿痛明显者为肺胃热毒壅盛所致 咽部嫩红、肿痛不显著为肾阴亏虚，虚火上炎所致。咽部淡红漫肿，多由痰湿凝聚所致 一侧或两侧喉核红肿肥大，形如乳头或蚕蛾者为乳蛾，属肺胃热盛，邪客喉核；或虚火上炎，气血瘀滞所致
咽部伪膜	伪膜松厚，容易拭去者为肺胃热毒；伪膜坚韧，不易去除者为疫毒攻喉，见于白喉患儿

3. 望躯体 见表2－19、表2－20、表2－21、表2－22。

表2－19 颈项形态异常的表现及临床意义

特点	临床意义
颈部结喉处有肿块突起，或大或小，或单侧或双侧，可随吞咽而上下移动者称“瘿瘤”	多因肝郁气结痰凝所致或与地方水土有关
颈侧颌下有肿块如豆，累累如串珠者称“瘰疬”	肺肾阴虚，虚火内灼或外感风火时毒，夹痰结于颈部所致
颈部痈肿、瘰疬溃破后，久不收口，形成管道称“颈瘘”	因痰火久结，气血凝滞，疮孔不收而成
项部拘紧或强硬称“项强”	风寒侵袭，太阳经气不利或温病火邪上攻所致。也可因睡姿不当而成
颈项软弱，抬头无力称“项软”	小儿多因先天不足，肾精亏损或后天失养所致；见于成人多为脏腑精气衰竭之象
安静状态下颈侧人迎脉搏动明显称“颈脉动”	属心阳虚衰，水气凌心。见于喘息或水肿患者

表 2-20　胸胁异常的表现及临床意义

特点	临床意义
扁平胸（胸廓前后径小于左右径的一半者）	见于肺肾阴虚或气阴两虚的患者
桶状胸（胸廓前后径与左右径大致相等者）	见于久病咳喘，肺肾气虚的患者
鸡胸（胸骨下部明显前突，胸廓前后径长而左右径短，肋骨侧壁凹陷，形似鸡之胸廓者）	多属先天不足或后天失养，肾气不充，骨骼发育异常
漏斗胸（胸骨下部内陷，形似漏斗者）	因先天精气亏损，或慢性肺部疾病所致
肋串珠（肋骨与肋软骨连接处变厚增大，状如串珠者）	因肾气不足，或后天失养，发育不良所致
乳痈（妇女哺乳期乳房红肿热痛，乳汁不畅，甚则破溃流脓者）	多因肝气不舒，胃热壅滞；或外感邪毒所致
虚里搏动明显	宗气外泄之征

表 2-21　腹部异常的表现及临床意义

特点	临床意义
鼓胀（腹部膨胀，四肢消瘦者）	肝郁气滞，血瘀水停
气胀（腹部胀大，按时柔软，随按随起，如按气囊）	气机郁滞
水肿（腹部胀大，周身俱肿者）	为肺脾肾三脏功能失调，水湿泛溢所致
积聚（腹部局部膨隆）	气滞血瘀
腹部凹陷（仰卧时前腹壁明显低于胸耻连线）	久病属脾胃虚弱，气血不足；新病为吐泻太过，津液大伤；若腹皮甲错，深凹着脊，形如舟状者，为精气耗竭，属病危

表 2-22　腰背异常的表现及临床意义

特点	临床意义
龟背（指脊骨过度后弯，致使前胸塌陷，背部凸起者，俗称驼背）	由肾气亏虚或脊椎疾患所致，亦可见于老年人。若久病后背弯曲，两肩下垂，称为“曲肩随”，为脏腑精气虚衰之象
脊柱侧弯（指脊柱偏离正中线向左或右歪曲）	小儿多因坐姿不良或先天不足、肾精亏损所致；成人则属一侧胸部有病
脊疳（指患者极度消瘦，以致脊骨突出似锯）	为脏腑精气极度亏损之象，见于慢性重病患者
角弓反张（指患者病中脊背后弯，反折如弓）	为肝风内动，筋脉拘急之象。可见于热极生风之惊风、破伤风、马钱子中毒等患者
腰部拘急（指腰部疼痛，活动受限，转侧不利）	多因寒湿内侵，腰部脉络拘急，或跌仆闪挫，局部气滞血瘀所致

4. 望四肢　见表 2-23、表 2-24、表 2-25。

表 2-23　手足异常的表现及临床意义

特点	临床意义
四肢萎缩	多因气血亏虚或经络闭阻，肢体失养所致
肢体肿胀	兼皮肤发红而疼痛者，多为热壅血瘀所致；皮色不变，按之凹陷不起者为水肿，多因脾肾阳虚，水饮内停所致
膝部肿大	膝部红肿热痛，屈伸不利，见于热痹，为风湿郁久化热所致；若膝部肿大而股胫消瘦者，称“鹤膝风”，多因寒湿久留，气血亏虚所致

（续表）

特点	临床意义
小腿青筋	多因寒湿内侵，络脉血瘀所致
膝内翻（两踝并拢而两膝分离者，又称O形腿）、膝外翻（直立时两膝并拢而两踝分离者，又称X形腿）、足内翻（指踝关节呈固定型内收位）、足外翻（指踝关节呈固定外展位）	先天不足，肾气不充或后天失养，发育不良
肢体痿废（指肢体肌肉萎缩，筋脉弛缓，痿废不用）	常因精津亏虚或湿热浸淫，筋脉失养所致，见于痿病；若一侧上下肢痿废不用者，称为半身不遂，见于中风患者，多因风痰阻闭经络所致；若双下肢痿废不用者，见于截瘫患者，多由腰脊外伤、瘀血阻络所致
四肢抽搐（指四肢筋脉挛急与弛张间作，舒缩交替，动作有力）	多因肝风内动，筋脉拘急所致，见于惊风
手足拘急（指手足筋肉挛急不舒，屈伸不利）	多因寒邪凝滞或气血亏虚，筋脉失养所致
手足颤动（指双手或下肢颤抖或振摇不定，不能自主）	多由血虚筋脉失养或饮酒过度所致，亦可为动风之兆
手足蠕动（指手足时时掣动，动作迟缓无力，类似虫之蠕行）	多为脾胃气虚，筋脉失养，或阴虚动风所致
扬手掷足（指热病之中，神志昏迷，手足躁动不宁）	是内热亢盛，热扰心神之征
循衣摸床，撮空理线（指重病神昏患者，不自主地伸手抚摸衣被、床沿，或伸手向空，手指时分时合）	为病重失神之象

表2－24　掌腕异常的表现及临床意义

特点	临床意义
手掌厚实	是脏气充实之象
手掌瘦薄	是脏气不足之征
掌腕肌肤滑泽	是津液充足之象
掌腕肌肤干涩	是津液不足之征
鹅掌风（手掌水疱、脱屑、粗糙、变厚、干燥皲裂，自觉痒痛者）	因风湿蕴结，或血虚风燥，肤失濡养所致
鱼际大肉未削	胃有生气
鱼际大肉削脱	胃无生气
鱼络色青	胃中有寒
鱼络色赤	胃中有热

表2－25　指趾异常的表现及临床意义

特点	临床意义
手指挛急	多因血虚复感寒邪所致
梭状指（手指关节呈梭状畸形，活动受限）	多由风湿久蕴，痰瘀结聚所致
杵状指（指趾末节膨大如杵者）	久病心肺气虚，血瘀痰阻而成
脱疽（脚趾皮肤紫黑、溃烂，趾节脱落，肉色不鲜，气臭痛剧者）	常因正虚阴火燔灼，外感寒湿之邪，阻滞脉络，气血痹阻，脚趾局部骨肉腐烂所致
瘪螺（指头干瘪，螺纹显露者）	多因吐泻太过，津液暴脱所致

5. 望二阴 见表2-26。

表2-26 二阴异常的表现及临床意义

特点	临床意义
外阴肿胀	阴肿不痒不痛者见于水肿病；男子阴囊肿胀，多为疝病；若阴部红肿热痛者多为肝经湿热下注所致
外阴收缩	多因寒凝肝脉或热入厥阴所致
阴部生疮	多因肝经湿热下注，或感染梅毒所致
外阴湿疹	为肝经湿热或阴虚血燥
阴挺（妇女阴户中有物突出）	多由脾虚气陷，或产后劳伤所致
肛周痈肿	多由湿热下注或外感邪毒所致
肛裂	热结肠燥、阴津不足或湿热下注所致
痔疮	湿热蕴结、血热肠燥，或久坐、负重所致
肛瘘	多因湿热下注所致
脱肛	多由脾虚气陷所致

6. 望皮肤 见表2-27。

表2-27 皮肤异常的表现及临床意义

类型	特点	临床意义
色泽异常	皮肤发赤（丹毒）	上部者多属风热火毒；下部者多属湿热化火；小儿则与胎毒有关
	皮肤发黄（黄疸）	多由湿热熏蒸或寒湿阻遏而成
	皮肤发黑（黑疸）	多由房劳伤肾所致
	皮肤白斑（白癜风）	多因风湿侵袭，气血失和所致
形异态常	皮肤干燥	为津液已伤或营血久亏所致
	肌肤甲错	多属血瘀日久，肌肤失养所致
皮肤病证	斑（皮肤黏膜出现深红色或青紫色片状斑块，平铺于皮肤，抚之不碍手，压之不褪色）	外感温热邪毒，内迫营血；或脾虚血失统摄；或因外伤而致血不循经
	疹（皮肤出现红色或紫红色、粟粒状疹点，高出皮肤，抚之碍手，压之褪色）	常见于麻疹、风疹、瘾疹等病，亦可见于温热病中。多因外感风热时邪或热入营血所致
	白痦（皮肤出现的一种白色小疱疹，晶莹如粟，高出皮肤，根部肤色不变，内含浆液，擦破流水）	多因外感湿热之邪，郁于肌表，汗出不彻所致
	水痘（小儿皮肤出现粉红色斑丘疹，很快变成椭圆形的小水疱。其特点是顶满无脐，晶莹明亮，浆液稀薄，皮薄易破，大小不等，分批出现，常兼有轻度恶寒发热表现）	因外感时邪，内蕴湿热所致
	湿疹（周身皮肤出现红斑，迅速形成丘疹、水疱，破后渗液，出现红色湿润之糜烂面）	多因湿热蕴结，复感风邪，郁于肌肤而发
	痈（患部红肿高大，根盘紧束，焮热疼痛）	属阳证，多为湿热火毒蕴结，气血壅滞所致
	疽（患部漫肿无头，皮色不变，疼痛不已）	属阴证，多为气血亏虚，阴寒凝滞而发
	疔（患部形小如粟。根深如钉，漫肿灼热，麻木疼痛）	因竹木刺伤，或感受疫毒、火毒邪气所致
	疖（患部形小而圆，红肿热痛不甚）	因外感火热毒邪或湿热蕴结所致

三、望排出物

1. 望痰涕 见表2－28、表2－29、表2－30。

表2－28 痰、涕、涎、唾异常的表现及临床意义

类型	特点	临床意义
痰	痰白清稀（寒痰）	因寒邪阻肺或脾阳不足，上犯于肺所致
	痰黄质稠（热痰）	因邪热犯肺，煎津为痰，痰聚于肺所致
	痰少而黏（燥痰）	因燥邪犯肺或肺阴虚津亏所致
	痰白滑量多（湿痰）	因脾失健运，湿聚为痰，上犯于肺所致
	脓血腥臭痰	因热毒蕴肺，化腐成脓所致
	粉红色泡沫痰	为阳虚水泛，水饮凌心射肺所致
涕	鼻流清涕	是外感风寒
	鼻流浊涕	是外感风热
	鼻流浊涕	是湿热蕴阻所致
涎	口流清涎	多属脾胃虚寒
	口流黏涎	多属脾胃湿热
	小儿口角流涎	多由脾虚不摄所致，亦可见于胃热虫积
	睡中流涎	多为胃中有热或宿食内停，痰热内蕴
唾	时吐唾沫	胃中虚冷，肾阳不足
	多唾	胃有宿食，或湿邪留滞所致

表2－29 呕吐物异常的表现及临床意义

特点	临床意义
呕吐物清稀或为清水痰涎	多因胃阳不足或饮停于胃，胃失和降所致
呕吐物秽浊	多因邪热犯胃，胃失和降所致
呕吐不消化食物	多属食积不化，胃气上逆所致
呕吐黄绿苦水	多属肝胆郁热或湿热
吐血色暗红有块，夹有食物残渣	属胃有积热，肝火犯胃，或胃腑血瘀所致

表2－30 二便异常的表现及临床意义

类型	特点	临床意义
大便	大便清稀如水样	多为外感寒湿或饮食生冷，脾失健运所致
	大便黄褐如糜而臭	多为湿热或暑湿伤及胃肠，大肠传导失常所致
	大便有黏冻、脓血	多为湿热邪毒蕴结大肠，肠络受损所致
	大便灰白	多见于黄疸
	大便燥结	多因热盛伤津，阴血亏虚，肠失濡润所致
小便	小便清长	多因阳虚不能蒸化津气所致
	小便短黄	多因热盛伤津，或汗、吐、下、利伤津所致
	尿中带血	多因结石损伤血络，或湿热蕴结膀胱，或阴虚火旺、疫毒或药毒伤肾或脾
	小便浑浊	多因脾肾亏虚或湿热下注所致
	尿中砂石	因湿热蕴结下焦所致

第三节 望诊训练

案例一

李某，女，50 岁，10 年前因出现食欲减退，全身乏力等症状而到某地方医院就诊，经抽血化验，发现其肝功能异常，乙肝表面抗原为阳性，被诊断为“慢性乙型肝炎”，因未予重视，病情逐渐加重。1 年前开始出现腹部肿胀，腹壁青筋暴露，四肢消瘦的情况。西医诊断为“肝硬化腹水”（彩图 1）。

1. 问题

（1）对该患者进行腹部望诊时，可发现哪些异常体征？

（2）该患者属于中医的什么病？其病机为何？

2. 参考答案

（1）对该患者进行腹部望诊时可发现，单腹肿大，四肢消瘦，腹壁青筋暴露，腹部皮肤苍黄等异常体征。

（2）患者所患疾病为中医的鼓胀，其病机为肝郁气滞，血瘀水停。

案例二

张某，女，73 岁，2007 年 1 月初诊。患者自诉于 20 年前一次感冒后出现咳嗽气喘的症状，曾自服止咳糖浆和感冒冲剂，病情不见好转。遂到某医院就诊，确诊为“肺气肿病”，经 1 周左右的住院治疗以后病情好转出院。但自此以后，每到冬天气候寒冷时病情复发。每次发作，均需住院吸氧、静脉输注头孢类抗生素方可缓解。3 天前，因病情再次复发而来中医院就诊，要求中西医结合治疗（彩图 2）。

1. 问题 请根据图片提供的资料，对患者神的状况及坐姿卧式作出判断。

2. 参考答案 首先，我们从照片上看，该患者精神状况较差，且面色暗淡，表情淡漠，卧床不起应属于无神，病情较重。其次，从其坐姿卧势来看，应是但坐不得卧，结合病史，考虑为久病咳喘，饮停胸腹所致。

案例三

吴某，男，63 岁，农民。2003 年 3 月 2 日初诊。患者于 3 年前因感受外邪，始见眼睑、面部浮肿，因未及时治疗，病情迁延，逐渐出现下肢反复肿胀。近两月来病情加重而住院。入院时症见面白无华，两目乏神，精神萎靡，语声低微，下肢浮肿，按之凹陷不起，并伴有腰酸畏寒，大便稀溏，小便量少等症，舌质淡白胖嫩，苔白滑，脉沉细（彩图 3）。

1. 问题 请问该患者的肿胀属气肿还是水肿？其病机为何？

2. 参考答案 该患者下肢肿胀，皮色不红，按之凹陷不起，应为水肿，结合病史及现症考虑为脾肾阳虚，水饮内停所致（对于下肢肿胀，应注意观察其局部皮肤的颜色以及按压后，皮肤恢复的情况，并结合病史及全身症状综合考虑。若患者起病急，病程短，下肢肿胀而皮肤发红，局部疼痛明显者则应考虑为热壅血瘀所致；若患者下肢肿胀，按之凹陷，放手即起，似有弹性者多为气肿，因气阻肌表，瘀阻经脉而成）。

案例四

汤某，男，40 岁，工人。1998 年 9 月 10 日初诊。患者于 5 年前饮酒后出现胃脘疼痛，自服“三九胃泰”等药，症状略有减轻。但自此以后，经常出现胃痛，且食量逐渐减少，体重明显减轻。3 个月前因胃痛难以忍受，服药无效而去某三甲医院就诊。经胃镜检查并作活检确诊“胃癌”。经胃切除手术并放、化疗后，来中医院要求服中药治疗（彩图 4）。

1. 问题

（1）该患者属得神、少神还是失神？其临床意义为何？

（2）神的表现形式除得神、少神、失神神志失常外还有哪种？试述其临床表现及意义。

2. 参考答案

（1）该患者属于失神，其临床意义为正气虚衰，脏腑机能衰竭。

（2）神的表现形式除得神、少神、失神神志失常外还有假神，其临床表现有目似有光，但浮光外露；神识似清，但躁动不安；面似有华，但颧红如妆；久病卧床，忽思活动。其临床意义为脏腑精气衰竭已极，正气将脱。

案例五

唐某，女，23 岁，学生。2004 年 11 月 6 日初诊。患者自述近两个月来，因临近考研，学习用功，经常熬夜，感觉体力不济，食欲不振，失眠多梦，并有心慌的感觉，月经量多，色淡质稀，体重明显减轻，西医诊断为“神经衰弱”、“功能性子宫出血”（彩图 5）。

1. 问题　请问该患者属于何种面色？其临床意义为何？面色苍白和面色白如何区分？

2. 参考答案　该患者的面色应属于苍白。结合其月经状况和临床表现来看，属于心脾气血亏虚证。临床见面色白有苍白、淡白之分，苍白是指面色青白，见于气血虚，是指白而虚浮，多见于阳虚，水湿不化的患者。

第三章 望 舌

望舌，是指通过观察患者的舌质与舌苔变化，以诊察疾病的一种方法。望舌是中医望诊的重要内容，也充分体现中医诊病的特色。

【实训目的与要求】

1. 掌握望舌的操作规范，能正确、熟练地运用舌诊方法。

2. 掌握正常舌象与各种病理舌象的表现及其一般临床意义，能熟练的对临床常见舌象（淡红舌、淡白舌、红舌、绛舌、紫舌、青舌、点刺舌、裂纹舌、僵硬舌、萎软舌、颤动舌、歪斜舌、短缩舌、吐弄舌、老嫩舌、厚薄苔、润燥苔、腐腻苔、剥落苔、真假苔及白、黄、灰黑苔）进行识别。

3. 熟悉舌诊的操作技巧、注意事项。

【实训内容与方法】

1. 望舌方法练习 学生每4～6人分成小组，互相间进行操作练习。

2. 舌象识别练习

（1）由带教老师指导，将学生每10人分成小组，互相进行观察，辨识不同舌象，并进行详细记录。

（2）预先建立舌图片库，教师与学生采取一对一，由教师从舌库中任意调出一张舌图让学生辨认，指出舌图改变的特征与临床意义。

（3）将学生每2～4人分为一组，让学生按照望舌的规范操作，直接观察预先请进课堂、具有不同特点的患者的舌象，并收集病情资料，由带教老师考核其所获舌诊资料的准确性。

（4）请一位患者讲述自己的症状，让学生推测其舌象，再实际观察，分析正误的原因。

3. 揩舌或刮舌练习 学生两人一组，相互进行揩舌或刮舌练习。

4. 与证、症关系训练 采用以症测舌、以舌测证方法进行。

第一节 望舌方法

一、操作规范

（一）操作准备

1. 检查诊室光线是否充足，以柔和充足的自然光线为最佳，若在夜间或诊室光线较暗时可借助日光灯，要尽量避开其他有色光源。

2. 检查是否准备好望舌所需器具（械），如已消毒的压舌板、消毒纱布条、清洁水等。

3. 检查患者的体位是否符合舌诊要求（轻病患者可采用正坐位；重病不能坐位者，可采取仰卧位），对不符合要求者，可以指导患者调整体位，以符合要求。

4. 望舌前，医生应指导患者按照正确的伸舌姿势伸舌，即精神放松，头略上扬，尽量张口，舌体尽量自然伸出，舌尖向下，舌面平展，充分暴露舌面，以保证望舌的顺利进行。

（二）操作方法

1. 望舌时医生的姿势可略高于患者，保证视野平面略高于患者的舌面，以便俯视舌面。

2. 望舌时注意光线必须直接照射于舌面，使舌面明亮，以便于正确进行观察。

3. 望舌一般应当按照基本顺序进行，即先察舌质，再察舌苔：①察舌质：先察舌色，再察舌形，次察舌态。②察舌苔：先察苔色，再察苔质，次察舌苔分布。对舌分部观察时先看舌尖，再看舌中舌边，最后观察舌根部。

4. 望舌时做到迅速敏捷，全面准确，时间不可太长，一般不宜超过30秒。若一次望舌判断不准确，可让患者休息3~5分钟后重新望舌。

5. 对患者伸舌时不符合要求的姿势，医生应予以纠正。如：伸舌时过分用力；患者伸舌时，用牙齿刮舌面；伸舌时，口未充分张开，只露出舌尖；舌体伸出时舌边、尖上卷，或舌肌紧缩或舌体上翘，或左右歪斜等影响舌面充分暴露等情况。

6. 当舌苔过厚，或者出现与病情不相符合的苔质、苔色，为了确定其有根、无根，或是否染苔等，可结合揩舌或刮舌方法，也可直接询问患者在望舌前的饮食、服用药物等情况，以便正确判断。①揩舌：医生用消毒纱布缠绕于右手示指两圈，蘸少许清洁水，力量适中，从舌根向舌尖揩抹3~5次。②刮舌：医生用消毒的压舌板边缘，以适中的力量，在舌面上，从舌根向舌尖刮3~5次。

7. 望舌过程中还可穿插对舌味觉、感觉等情况的询问，以便全面掌握舌诊资料。

8. 观察舌下络脉时，应按照下述方法进行：①患者取端坐位或仰卧位，面向光亮，嘱患者尽量张口，舌尖向上腭方向翘起并轻轻抵于上腭，舌体自然放松，使舌下络脉充分显露，便于观察。切勿用力太过，以免造成假象。②首先观察舌系带两侧大络脉的颜色、长短、粗细，有无怒张、弯曲及紧束等异常改变；然后再观察周围细小络脉的颜色和形态有无异常及结节等改变。同时还应当将舌下络脉改变与舌下肌肉的肥瘦、色泽和舌质的变化互相参考，综合进行分析判断。观察舌下小络脉必要时可借助于放大镜进行观察。

（三）注意事项

1. 注意舌象的生理差异

（1）年龄因素：儿童阴阳稚嫩，脾胃尚弱，生长发育很快，往往处于代谢旺盛而营养相对不足的状态，舌质纹理多细腻而淡嫩，舌苔偏少易剥落；老年人精气渐衰，脏腑功能渐弱，气血运行迟缓，舌色较暗红。

（2）个体因素：由于体质禀赋的差异，舌象可有不同。例如先天性裂纹舌、齿痕舌、地图舌等；肥胖之人舌多偏胖，形体偏瘦者舌多略瘦等。这些情况舌象虽见异常，但一般无临床意义。

(3) 性别因素：男女性别不同一般舌象无明显差异。但是，女性经前期可以出现蕈状乳头充血而舌质偏红，或舌尖部的点刺增大，月经过后可恢复正常，属生理现象。

2. 注意饮食或药物等因素影响　如进食后舌苔可由厚变薄，饮水可使舌苔由燥变润，饮酒或食入辛热之品可使舌色变红或绛；食绿色蔬菜可染绿苔等；应用肾上腺皮质激素、甲状腺激素，可使舌质较红；黄连、核黄素可使舌苔染黄，服用大量镇静剂后舌苔可厚腻，长期服用抗生素，舌苔可见黑腻或霉腐等。

3. 季节因素影响　夏季暑湿盛而苔易厚，易淡黄；秋季燥胜，舌苔多略干燥；冬季严寒，舌常湿润。

此外，牙齿残缺、镶牙、睡觉时张口呼吸、长期吸烟等因素也可致舌象异常，应当注意结合问诊或刮舌、揩舌方法予以鉴别。

二、操作技巧

1. 望舌时医生的操作必须在患者完全信任的基础上进行。要做到这一点，要求医生在望舌前必须和患者有着良好的沟通和亲切的交流，以真诚的语言，渊博的学识和高尚的医德赢得患者的信任，这时患者才会和医生很好地配合，并按照医生要求和指导正确伸舌，保证望舌正确顺利进行。

2. 医生要注意熟悉与舌诊相关的通俗语言或医生工作所在地的方言，在指导患者时要使用患者能够理解的表述方式，这样才能保证舌诊的顺利进行和舌诊记录的准确性。

3. 正确地进行舍舌从症，或舍症从舌。临床观察舌象，首先要审查该舌象属何种病理舌象；其所提示的临床意义是什么；其与四诊其他资料提示的临床意义是否一致。一般情况下，舌象与四诊其他资料的临床意义是一致的，但也有不一致的情况。如出现不一致时医生应当积极的思考和分析其出现的原因，进行病因筛查，以确定该舌象形成的真正原因，正确地作出舍舌从症，或舍症从舌的选择。

4. 正确辨别非病理因素对舌象变化的影响。临床上影响舌象变化的非病理因素较多，如饮食、药物、个体差异等，临证中应当仔细鉴别，其方法如下：

(1) 当舌色、苔色变化比较特别，与病情整个表现不相符合时，应注意询问患者服药、饮食等相关情况，便可以对舌色、苔色的真假作出判断。

(2) 个体因素主要指先天因素。先天因素所致舌象异常，主要有裂纹舌、齿痕舌等。尽管这些情况在人群中出现比率并不高（5‰），但也必须注意和病理舌象相鉴别：①凡属先天性的裂纹舌或齿痕舌必然是与生俱来，而病理性的则是在疾病的过程中形成，并随着病情的转归而改变。②病理性裂纹舌，其裂纹中无舌苔的覆盖；先天性者，则裂纹中常有舌苔覆盖，且无不适之感。

此外，对齿痕舌除应排除先天性原因之外，还应注意口腔牙齿的残缺或排列异常的影响。一般情况下，病理的齿痕舌往往和胖大舌同时并见，而且舌两边的齿痕一般常呈现对称性。若舌体并不胖大而有齿痕，而且齿痕仅见于舌边的某一部位，这种情况常提示该齿痕多系牙齿的残缺或排列异常所致，这时可嘱患者张开口腔，观察其牙齿的具体情况，以明确齿痕形成原因，防止诊断失误。

先天性舌系带过短，也可影响舌体伸出，应当注意与短缩舌象鉴别。先天性舌系带过短者伸舌虽然受限，但舌的神色形态与全身情况良好。短缩舌则伸出困难，甚者舌不能抵齿，并随不同的证情而伴有不同的病理表现。

5. 对刮舌方法的灵活运用。刮舌方法除医生亲自操作外，也可让患者自己用牙齿刮舌以代替医生用刮舌板刮舌的方法。其具体操作是，嘱患者将舌体尽量伸出，再以上牙紧贴舌面，然后用上牙以自己能够承受的力量从舌根向舌尖缓缓刮下。这种刮舌的方法，力量可由患者恰当的控制，也可以避免刮舌板消毒不严对患者舌体造成污染。

第二节　望舌内容

望舌的基本内容包括望舌质、望舌苔和望舌下络脉三部分。舌质是指舌的红色的肌肉组织，望舌质分望舌神、望舌色、望舌形、望舌态四方面；舌苔是指附着于舌面上的苔状物，望舌苔分望苔色与苔质两方面；舌下络脉是舌的腹面的络脉与细络，望舌下络脉分望络脉的颜色、形状、充盈度三方面。

一、正常舌象与意义

1. 正常舌象的特征　舌质淡红、鲜明、润泽；舌体大小适中，柔软而运动灵活；舌苔均匀、薄白而干湿适中。简称为“淡红舌，薄白苔”。

2. 正常的舌下络脉　隐现于舌下，脉色暗红偏蓝色，脉形柔软，无弯曲紧束等。不超过舌下纵长的1/3。

3. 意义　心气旺盛，胃气充足，气血运行正常，为气血调和的征象。

二、异常舌象与意义

（一）舌质异常与意义（表3－1）

表3－1　舌质异常的表现及临床意义

	类型	特点	临床意义
望舌神	荣舌（有神舌）	舌色红润，鲜明光泽，运动自如	见于健康之人或初病轻浅，预后良好者
	枯舌（无神舌）	舌色晦暗，活动呆滞	气血、阴阳皆衰，生机已微，预后较差
望舌色	淡红舌	舌色淡红润泽	见于健康之人；若外感初起，病情轻浅，气血内脏未伤
	淡白舌	舌色较正常舌淡	主虚证、寒证或气血两亏
		若舌全无血色则称枯白舌	为夺气、脱血
	红舌	较淡红舌色深，甚者呈鲜红	主热证
	绛舌	较红舌色更深	热入营血或阴虚火旺，或血行不畅
	青紫舌	全舌色呈紫暗，或绛紫，或青紫，或舌的局部呈现青紫色的斑、点	轻者气血运行不畅，甚者瘀血

（续表）

类型		特点	临床意义
望舌形	老舌	舌质纹理粗糙，形色坚敛苍老	主实证
	嫩舌	舌体浮胖娇嫩，纹理细腻，舌色浅淡	主虚证
	胖大舌	较正常舌体大而厚，甚者伸舌满口	主水湿痰饮证
	肿胀舌	舌体红肿而大，盈口满嘴，甚者不能闭口，不能缩回	主热郁、中毒
	薄瘦舌	舌体瘦小而薄	主气血两虚，阴虚火旺
	点、刺舌	点：指鼓起于舌面的红色、白色或黑色星点 刺：指舌面上的软刺高起突出舌面，形成芒刺，摸之棘手	主热盛
	裂纹舌	舌面上有深浅不一，形态各异的沟裂	主阴血亏虚
望舌态	强硬舌	舌体不柔，运动不灵	热入心包；高热伤津；痰浊内阻；中风或中风先兆
	痿软舌	舌体软弱，屈伸无力	气血俱虚；阴亏津伤
	颤动舌	舌体震颤抖动，不能自主	肝风内动
	歪斜舌	舌体偏于一侧	中风或中风先兆
	吐弄舌	舌伸出口外，不即回缩为“吐舌”；反复微吐即缩，或吐出后掉动不停，舐口唇四周，叫作“弄舌”	心、脾二经有热或疫毒攻心，或正气已绝或为动风先兆，或小儿智力不全
	短缩舌	舌体紧缩，不能伸长	寒凝；痰阻；津伤；阴血亏虚
	舌纵	舌伸长于口外，内收困难	为实热内踞，痰火扰心；气虚之证
	舌麻痹	舌体麻木，运动不灵	气血虚、肝风内动或风气夹痰，阻滞舌络

（二）舌苔异常与意义（表3－2）

表3－2　　舌苔异常的表现及临床意义

类型		特点		临床意义
厚薄苔	薄苔	透过舌苔能隐隐见到舌质（称见底）	一般反映病位的深浅	薄苔病位浅，常见于外感表证，或内伤轻病
	厚苔	透过舌苔不能见到舌质（称不见底）		厚苔病位深，常见于内有痰饮、湿浊、食积等里证
润燥苔	润苔	舌苔干湿适中	可了解津液的盛衰	津液未伤
	滑苔	舌苔津液过多，甚者伸舌欲滴		痰饮水湿内停
	燥苔	舌苔干燥少津		热盛伤津
	糙苔	舌质毫无水分，苔质粗糙，甚者糙裂		热盛津涸
腻腐苔	腻苔	苔质颗粒细腻致密，揩之不去，刮之不脱，舌面如涂油腻状黏液		湿浊、痰饮、食积、湿热
	腐苔	苔质颗粒疏松，粗大而厚，形如豆腐渣堆积舌面，揩之可去		食积胃肠，痰浊内蕴
剥落苔		舌苔全部或部分脱落者		胃气大伤，胃阴枯竭，气血两虚
真假苔	真苔	舌苔坚敛着实，紧贴舌面，刮之难去，像从舌体长出来的，也称“有根苔”	胃气阴的存亡	邪气较盛，胃气阴尚存，预后较好
	假苔	苔不着实，似浮涂舌上，刮之即去，不像从舌上生出来的，称为“无根苔”		胃气阴衰败，预后不良
望苔色	白苔	舌面苔垢呈现白色		主表证、寒证
	黄苔	舌苔呈现黄色		主里证、热证
	灰苔	苔色浅黑		主里证，常见于里热证，也见于寒湿证
	黑苔	苔色深灰		主里证，或为热极，或为寒盛

（三）舌下络脉异常与意义

"舌下络脉"分布在舌下，通过经络与脏腑气血发生直接联系。因此，脏腑气血一旦出现病变，也必然会影响到"舌下络脉"，出现颜色、形状与充盈度等的变化。望舌下络脉对瘀血的诊断更有意义。一般认为色深多瘀多热，色淡多虚多寒，粗长怒张多气滞血瘀，细短紧束多寒凝阳虚。常见舌下络脉异常表现与意义见表3－3。

表3－3　舌下络脉异常的表现及临床意义

特点	临床意义
舌下络脉短细，周围小络脉不显	多属气血虚
舌下络脉粗胀，呈青紫或紫黑或迂曲，甚者结节如珠	多为瘀血之征
络脉色青紫粗胀，弯曲柔软，或周围有结节色不深者	多是气滞血瘀
色青或淡紫，脉形直而紧束者	为寒凝血瘀或阳虚气血不畅
舌底瘀丝，色青或紫，在脉络之间有紫色瘀点	提示血瘀证早期及郁证

（四）危重舌象与意义（表3－4）

表3－4　危重舌象与临床意义

类型	特点	临床意义
猪腰舌	舌光绛而干如镜面，暗红似去膜之猪腰	胃气将绝，阴液耗竭之象
砂皮舌	舌面粗糙有刺，似鲨鱼皮，且干枯燥裂	津液枯竭之危象
干荔舌	舌敛缩如荔枝干肉，干红而无津	热极津枯重证
火柿舌	舌质晦暗，青紫而干，如猪肝色或红如火柿色	为气血败坏之候
赭黑舌	舌色绛紫带黑	为肾将绝之候
雪花舌	舌起白苔如雪花片	为脾阳将绝之候
饭花舌	舌底干燥，苔白或黄，状如豆渣或碎饭粒	病多危重
强直舌	舌本强直，转动不灵，语言謇涩	病多难治
卷缩舌	舌卷短缩	为肝气将绝
质蓝苔黑舌	舌质由淡紫转蓝，舌苔由淡转灰黑	病多危重难治

注：参考《感症宝筏》。

第三节　望舌训练

舌体虽为方寸之大的肌性器官，位于口腔，但却蕴藏着丰富的人体的生理病理信息。要准确地捕捉这些重要的信息，就必须准确地掌握舌诊方法。

一、望舌方法训练

（一）目的

训练学生望舌的规范操作。

（二）方法

在复习强化正确望舌姿势、方法及注意事项的理论知识基础上，将学生以小组为单位

（每组4～6人），两两成对，互相进行望舌操作练习，次第循环。

二、舌象识别训练

（一）目的

训练学生正确运用望舌方法，并能比较正确地辨识正常舌象与各种异常舌象。

（二）方法

1. 在带教老师指导下，将学生以小组为单位（每组10人），互相进行观察，辨识不同舌象。记录其他9名同学的舌象表现，同时选择一名表现比较显著的同学舌象做个体舌象报告。舌象简单记录如表3－5。

表3－5　舌象记录表

姓名	性别	年龄	舌色	舌形	舌态	苔色	苔质	综合判定	临床意义

2. 预先建立舌象图片库，教师与学生采取一对一的方式，由教师从舌象图片库中任意抽出一张舌图让学生辨认（每位学生辨认舌图不少于20张）并指出舌图改变的特征与临床意义。辨认结束，由教师根据学生辨认的准确程度进行计分或决定是否需要重新安排辨认。

3. 将学生每4～6人分为一组，让学生直接观察预先请进课堂的，具有不同特点舌象的患者的舌象，并收集病情资料，由带教老师考核其所获舌诊资料的准确性。

三、舌证关系训练

（一）目的

利用案例训练学生对患者舌象与临床证、症相关规律的理解与记忆，为舌诊的临床应用打下基础。

（二）方法

采用以症测舌和以舌测证两种方法进行。

1. 以症测舌

案例一：李某，女，36岁，工人。咳嗽，咳痰黄稠量多，胸痛1周。患者于1周前因衣着不慎而受凉，初起鼻塞流清涕，恶寒微发热，曾服用六君子汤加苏梗、川朴等数剂，咳嗽加重，咳剧时胸痛连腹，痰黄稠量多，咽干而痒，口干但饮水不多，大便稍干，小便色黄，咽红，脉滑数。余无特殊可记。

问题：①该患者最可能出现的舌象？为什么？②应诊断为何证？

参考答案：①最可能出现的舌象是舌红，苔黄腻。因为根据患者临床表现，呈现一派痰热内盛之象，由于有热，舌的脉络扩张，舌部血液充盈，故见舌红；痰热内盛反映于舌可见苔黄腻。②为痰热壅肺证。

案例二：张某，男，35 岁，已婚。咳嗽两年，咳痰带血丝 3 个月。患者于两年前开始咳嗽，时轻时重，一直未系统诊治。近 3 个月来咳嗽加剧，时有痰中带血，即来医院诊治。经 X 线拍片确诊为“肺结核”。痰量不多，声音嘶哑，形体较前消瘦，口燥咽干，午后潮热，颧红，盗汗，腰酸，梦遗，大便干结，小便短赤，脉细数。

问题：①该患者最可能出现的舌象？为什么？②应诊断为何证？

参考答案：①最可能出现的舌象是舌红少苔。因为根据临床表现所见，该患者呈现一派阴虚内热之象。阴虚机体无阴上潮于舌而生苔，故少苔；阴虚内热，脉络扩张，舌部血液充盈，故见舌红。②为肺肾阴虚证。

案例三：秦某，男，45 岁。水肿，反复发作 2 年，加重半月。患者两年前于一次感冒后自感倦怠不适，眼睑浮肿，尿量减少，在当地医院诊断为“急性肾炎”住院治疗，病情好转而出院。出院后半年病情基本稳定。近半月来，由于劳累过度又出现浮肿，病情较前明显加重，下肢较甚，按之凹陷，尿量减少，畏寒怯冷，腰痛，乏力，面色淡白，腹胀便溏，纳减呕恶，脉沉细无力。

问题：①该患者最可能出现的舌象？为什么？②应诊断为何证？

参考答案：①最可能出现的舌象是舌淡胖嫩或有齿痕，苔白润滑。因为根据患者目前所表现的临床症状（畏寒怯冷，腰痛，乏力，面色淡白，腹胀便溏，纳减呕恶，脉沉细无力）分析，可知其属脾肾阳虚，温化失职，水湿泛滥而成。由于阳气虚衰，无力行血于舌，故见舌色淡而嫩；水湿内盛，上泛于舌，故见舌胖大苔白滑；舌胖大受到牙齿压迫，故舌边可见齿痕。②为脾肾阳虚证。

2. 以舌测证

案例一：王某，男性，52 岁，司机。以胃脘灼烧，常喜食冷为主症，舌红苔黄。

问题：①以舌测证。②该患者还可能有哪些症状？为什么？③若该患者舌象为舌瘦小而裂纹，光红无苔时，应当首先考虑何证？怎样进一步确诊？

参考答案：①以舌测证：舌红反映热证，苔黄为实热熏灼而成，再结合患者胃脘灼烧，常喜食冷，可知该患者为胃火炽盛证。②该患者还可能有口干欲冷饮，吞酸嘈杂，消谷善饥，口臭，牙龈肿痛或溃烂，尿黄便秘，脉数有力。因为根据患者的主症与舌象来看，初步可考虑为胃火炽盛证。由于胃火炽盛，灼伤津液，故口干欲冷饮，便秘尿黄；胃火炽盛，纳化功能亢进，可见消谷善饥；胃火亢上，蒸腾腐浊之气上逆则口臭，吞酸嘈杂；胃火循经上冲，胃经气血壅滞，故见牙龈肿痛或溃烂；实火内盛，气血运行加速，故脉数有力。③若该患者舌象为舌瘦小而裂纹，光红无苔时，应当首先考虑胃阴虚证。因为，舌瘦小而裂纹为舌肌失养的表现，舌光红无苔是胃阴不足，虚火熏灼之象。要进一步确诊，还应注意全面收集病情资料，审查患者是否同时还表现有饥不欲食，嘈杂或干呕，口干，脉细数等阴虚表现，若具备者即可确诊。

案例二：张某，女，27 岁，工人。该患者以心悸，多梦为主症，舌淡苔白。

问题：①以舌测证。②该患者还可能有哪些症状？为什么？③若该患者舌象为舌红苔黄时，应当首先考虑何证？怎样进一步确诊？

参考答案：①以舌测证：舌淡苔白，一般反映虚证、寒证，该患者主症中并无寒象和机能活动衰减的表现，据此可排除寒证与虚证中的气虚；就心悸、失眠症状既可见于心阴虚证，又可见于心血虚证。但阴虚舌象一般为舌红少苔甚至无苔。然而，该患者舌淡苔白，又可排除心阴虚证，故初步诊断该患者属心血虚证。②该患者还可能有失眠、健忘、眩晕、面舌唇爪等色淡无华、脉细弱症状。根据患者的主症与舌象结合分析，初步印象为心血虚证。心血虚，心神失养，故可见失眠健忘；血虚清窍，肌肤黏膜失养，故可见眩晕，面舌唇爪等色淡无华；血虚脉道失于充盈，故脉细弱。③若该患者舌象为舌红苔黄时，应当首先考虑为心火炽盛证。因为，舌红当主热证。心的热证当有虚热（心阴虚）与实热（心火亢盛）之别。若属虚热，一般舌象应为舌红少苔或者光红无苔。该患者舌红苔黄，乃属实热内盛，熏灼于舌而成。要进一步确诊，还应注意全面收集病情资料，审查患者是否还同时表现为心烦，面赤，口干欲饮，尿黄便干，或舌体生疮，腐烂肿痛，脉数有力等实火内炽症状，若具备者即可确诊。

案例三：杨某，男，62 岁，教师。该患者以咳嗽，咳痰量多而黏稠易咳为主症，舌淡苔白黏腻。

问题：①以舌测证。②该患者还可能有哪些症状？为什么？③若该患者舌象为舌淡胖苔白润滑，应当首先考虑何证？怎样进一步确诊？

参考答案：①以舌测证：舌淡一般反映寒证或气血虚。该患者主症中既无寒象表现，也无气血不足的症状，初步可以排除寒证或气血虚证；舌苔白黏腻一般反映痰浊，这恰与该患者主症的临床意义合拍，故初步考虑该患者为痰浊阻肺证。②可能还有胸闷，痰色白，重者气喘痰鸣，脉滑等痰浊内盛之症。③若该患者舌红苔黄腻，应当首先考虑痰热壅肺证。要进一步确诊应进一步检查患者的痰色、有无热象、脉象等进行综合分析判断。若患者痰色黄，身热烦躁，脉象滑数等痰热见证者即可确诊。

第四章 望小儿指纹

望小儿指纹是通过观察小儿浮露于示指桡侧脉络（即示指掌侧的浅静脉）色泽与形态的变化来诊察病情的方法。

望指纹是儿科诊断的方法之一，适用于3岁以下的幼儿。因幼儿脉部短小，切脉时只能以“一指定三关”，加之诊病时又每多哭闹，易使切脉失其真象，故脉诊多不准确。3岁以内小儿的皮肤娇嫩，“指纹”显示清晰，易于观察，所以可望指纹来诊察疾病。

【实训目的与要求】

1. 掌握望小儿指纹的基本要求与正常表现。
2. 熟悉望小儿指纹的操作规范与流程、注意事项。可以熟练、准确地操作。
3. 熟悉望小儿指纹的基本内容。熟悉小儿指纹正常络脉的特征和异常络脉的特征及其意义。
4. 熟悉望小儿指纹现代研究方法及研究进展。

【实训内容与方法】

1. 组织学生复习望小儿指纹的操作方法、注意事项及操作技巧。
2. 教师做操作示范，其间可结合注意事项做错误操作让学生判断正误，如推指从风关至命关等，以加深学生的理解和印象。
3. 将学生分为两人一组，相互演练至操作方法熟练，为进入临床实际操作做准备。注意风气关的定位。
4. 预先建立小儿指纹图片库，教师与学生采取一对一，由教师从小儿指纹库中任意调出一张指纹图让学生辨认，指出指纹图的特征与临床意义。
5. 将学生分组进入临床观察患儿指纹，学会如何推察小儿指纹，并作详细记录。据临床观察所得指纹资料结合理论知识进行分析锻炼，提高辨识诊病能力。操作开始至结束由带教教师在旁边审核其准确性。

第一节 望小儿指纹的方法

一、操作规范

（一）操作准备

望小儿指纹前应选择比较安静的诊室。必须先让小儿在较为安静的环境中休息片刻，以适应环境，减少各种因素的干扰，这样诊察到的指纹才更符合原本的生理或病理状态。

（二）操作方法

1. 三关定位

（1）风关（又名寅关）：示指的第三指节（近端，即掌指横纹至第二节横纹之间）。

（2）气关（又名卯关）：示指的第二指节（中间，即第二节横纹至第三横纹之间）。

（3）命关（又名辰关）：示指的第一指节（远端末节，即第三横纹至指端）。

2. 向光 诊察时让家属抱小儿在光线明亮处，以自然光线为好。

3. 握指 诊者用左手握小儿示指。

4. 推指 以右手大拇指侧面用力适中从命关向气关、风关（由远及近）直推，推数次，示指上的纹形愈推愈明显，便于观察。

5. 诊察 在三关的部位上仔细观察指纹的形态色泽变化，诊察内在的变化。

二、注意事项

1. 注意小儿卧位时，如果侧卧则下面手臂受压，或上臂扭转，或手臂过高或过低，与心脏不在一个水平面时，都可以影响气血的运行，使指纹色泽形态失真。

2. 医生诊察所用手指或小儿指纹局部有皮肤等病变时则不宜用该侧作望小儿指纹操作。

3. 医生应严格按照望小儿指纹的方法进行操作。推指时切不可从风关推向命关；用力不可过大或过轻。

4. 重视个体差异，体质有强弱胖瘦之别，反映在指纹上也各有不同，应综合考虑。

5. 诊病时小儿易哭闹，而使小儿指纹观察困难，医生在望小儿指纹时面部表情宜和蔼可亲，或使用玩具，消除小儿对医生的恐惧感及陌生感，使小儿保持安静。

6. 注意四时对小儿指纹的影响。

7. 注重指纹与证合参，注意指纹色泽形态变化与患儿临床表现之间的内在联系。

三、操作技巧

1. 方法 对于不配合的小儿，在望指纹时，可使用玩具或玩游戏，转移小儿注意力，待小儿伸手时，借此机会握住小儿示指进行操作察看小儿指纹。对于婴儿手指握拳的可轻挠婴儿手心，待婴儿手指伸开时，握住婴儿示指进行操作察看指纹。

2. 指纹与症合参 小儿指纹色泽形态变化反映了机体内在的变化，与患儿的临床表现有深刻的内在联系，因此在望小儿指纹时从整体观念出发，从指纹色泽形态变化测证，从症测指纹色泽形态变化，指纹与证结合，既有助于我们在望小儿指纹训练中深刻体会指纹色泽形态变化，也可以帮助我们准确判断病情，及时发现指纹与证不符的复杂现象并作出相应的诊断。

第二节 望小儿指纹内容

作为儿科临床常用的一种辅助诊察方法，观察小儿指纹的形色变化可以协助诊察脏腑气血的盛衰，病位的表里，病性的寒热虚实以及判断病情的轻重和预后。

一、正常指纹

正常小儿指纹的表现是浅红微黄，隐现于风关之内，即不明显浮露，也不超出风关。其形态多为斜行，单支，粗细适中。指纹的长短与年龄有关，1 岁以内的最长，随年龄增长而缩短。

二、异常指纹与意义

对小儿异常指纹的观察应注意其沉浮、颜色、长短、形状四个方面的变化。

1. 常见指纹特征及临床意义（表 4－1）

表 4－1 常见指纹特征及临床意义

类型	特点	临床意义
浮沉	浮显	病在表，多见于外感表证
	沉隐	主病在里，多见于脏腑病变
颜色	鲜红	属外感表证
	紫红	为里热证
	青色	主惊、主风、主痛
	紫黑	为血络瘀闭，病情危重
	淡白	为虚证
长短	显于风关	表明邪气初起，邪浅病轻，可见于外感初起
	达于气关	其色较深，为邪气渐深，病情渐重
	达于命关	其色更深，为邪入脏腑，病情严重
	透关射甲	其色紫黑，多病情凶险，预后不良
形状	指纹增粗	其分支显见，多属实证、热证
	指纹变细	其分支不显，多属虚证、寒证

2. 综合判断（表 4－2）

表 4－2 综合特点及意义

特点	临床意义
浮显，色鲜红，显于风关，指纹增粗	主外感表证；属实证；为病初起，邪浅病轻
沉隐，色紫红，达于气关，指纹增粗	主里热证；属实证；为邪气渐深，病情渐重
沉隐，青色，达于气关，指纹变细	主里寒证、主惊风；病情较重
沉隐，色紫黑，达于命关，指纹变细，分支不显	主血瘀，病情严重；若透关射甲，为血络瘀闭，多病情凶险，预后不良
沉隐，淡白，达于命关，指纹变细，分支不显	主虚证、寒证；病在里；病情较重

3. 三关的意义 根据指纹显现的部位判别疾病的轻重。达于风关，属病轻；达于气关，属病重；达于命关属病危。若达于指端，叫“透关射甲”，属病凶险，预后不佳。

第三节 望小儿指纹训练

通过望小儿指纹来判断或诊断疾病，只是中医的诊病方法之一。临床中若完全靠指纹来诊病，难免会有所偏颇，应与其他诊法相结合，四诊合参，互为参考，综合运用，认真辨证，方能保证诊断准确。望指纹在实际临床应用中主要包括指纹与症合参、以指纹测症和以症测指纹。

一、指纹与症合参

案例一 王某，男，2岁半，因“发热1天，伴鼻塞流涕”就诊。患儿于1天前受凉后开始发热，伴鼻塞流涕，打喷嚏，身疼不适，纳少，口干思饮，体温38.8℃，咽红，舌红，苔薄，指纹浮红紫增粗显于风关。

（1）诊断疾病：患儿有受凉史，症见发热，鼻塞流涕，打喷嚏，身疼不适，符合感冒诊断。

（2）辨明证型：患儿受凉后，感受外邪，正邪交争，故见发热；风热犯肺，肺卫失于宣发，则见口干思饮，咽红，舌红，苔薄黄。结合患儿指纹浮红紫增粗显于风关，主外感表证，属实证，可辨知患儿为外感风热证，为病初起，邪浅病轻。

案例二 刘某，女，2岁，因“反复恶心呕吐3月余”就诊。患儿近3个月来经常恶心呕吐，一般为朝食暮吐，吐出清稀胃内容物，夹有少量不消化食物，腹部隐痛，大便不调，面色白，四肢欠温，舌淡苔白，指纹沉隐变细，淡白，达于命关，分支不显。

（1）诊断疾病：患儿以恶心呕吐，朝食暮吐，吐出清稀胃内容物，夹有少量不消化食物为主症，符合呕吐诊断。

（2）辨明证型：小儿脏腑娇嫩，脾胃本虚，脾阳不振，运化失健，寒凝中脘，胃气上逆，则恶心呕吐频发，朝食暮吐，吐出清稀胃内容物，夹有少量不消化食物；阳虚脉络失于温养，故见腹痛隐隐，大便不调，面色白，四肢欠温；舌淡苔白为虚寒之象；指纹沉隐变细，淡白，达于命关，分支不显主虚证、寒证，病在里。由此可辨知患儿为脾胃虚寒证。

二、以症测指纹

案例一 李某，男，1岁，因“腹泻1天”就诊。患儿1天前因饮食不当致腹泻，日行4～5次，大便酸臭、稀溏，夹有乳片及不消化的食物残渣，嗳气频作酸馊，恶心欲吐，腹部胀痛哭闹，矢气臭秽，进食减少，舌苔厚腻。

（1）诊断疾病：患儿有饮食不当史，腹泻1天，日行4～5次，符合泄泻的诊断。

（2）辨明证型：患儿病前有饮食不节病史，临床表现有大便次数增多，粪质改变，大便酸臭，嗳气频作酸馊，且伴有恶心欲吐，腹部胀痛哭闹，矢气臭秽，进食减少等食停中脘表现，舌苔厚腻为食滞湿阻之象。故辨证为伤食泻。

（3）以症测指纹：患儿饮食不节而致大便次数增多，粪质改变，大便酸臭，嗳气频作酸馊，且伴有恶心欲吐，腹部胀痛哭闹，矢气臭秽，进食减少等食停中脘表现，舌苔厚腻为食滞湿阻之象。食滞湿阻气血运行不畅，故可推断患儿指纹沉隐增粗。

案例二 夏某，女，2岁，因“食欲不振两个月”来诊。患儿两个月前因感冒发热持续1周，经治疗感冒痊愈，但食欲不振两个月，曾服用健脾消食导滞的中成药，效果不显。患儿面色少华，精神尚可，活动同正常儿；皮肤较干燥，伴有口唇干裂，口渴喜饮，大便干结难解，3~4日一行，粪便如“羊屎”。舌质红，苔少花剥。

（1）诊断疾病：患儿食欲不振两个月，但精神尚好，活动正常，符合厌食症的诊断。

（2）辨明证型：小儿脏腑娇嫩，温热病后，津液耗伤，脾胃阴液不足，运化功能失常，则食欲不振，不思进食；口干喜饮，大便干结乃脾胃阴虚，胃火偏旺所致；舌质红，少苔花剥为气阴不足之象。

（3）以症测指纹：小儿温热病后，津液耗伤，脾胃阴液不足，运化功能失常，则产生食欲不振，不思进食的现象；口干喜饮，大便干结乃脾胃阴虚，胃火偏旺所致；舌质红，少苔花剥为气阴不足之象。气阴不足脉络运行不畅，失于濡养，推断患儿指纹可见淡滞，沉隐变细，分支不显。

三、以指纹测症

案例一 陈某，男，2岁1个月，因“手足蠕动，时作时止1天”就诊。患儿十余天前因饮食不洁致呕吐泄泻，每日泻下十余次，经治疗症状迁延反复，患儿精神不佳，1天前开始出现手足蠕动，时作时止，大便清稀，自汗出，精神委顿，舌质淡，苔薄白，指纹沉隐，淡白，达于命关，指纹变细，分支不显。

（1）诊断疾病：患儿有因饮食不洁致呕吐泄泻史，表现为起病缓慢，震颤无力，符合慢惊风的诊断。

（2）辨明证型：患儿泄泻，阳气外泄，脾肾阳虚，筋脉失于温养，故见手足蠕动；阳虚不能温养心神故精神委顿；阳气虚则自汗出；脾阳气虚运化失健，故大便清稀；舌质淡，苔薄白，指纹沉隐，淡白，达于命关，指纹变细，分支不显为虚寒之象。属脾肾阳虚证。

（3）以指纹测症：患儿指纹沉隐，淡白，达于命关，指纹变细，分支不显，主虚证、寒证，病在里。还应见四肢不温，食欲不振，面白少华等脾肾阳虚症状。

案例二 李某，女，3岁。因“双下肢皮肤瘀点，反复发作1个月余”就诊。患儿1个多月前无明显诱因出现双下肢皮肤瘀点、瘀斑，色青紫，大小不一，扪之不高出皮肤，在当地医院就诊。查血小板计数为$50\times10^9/L$，诊为“原发性血小板减少性紫癜”。予激素、止血等治疗，瘀点、瘀斑时好时差，反复不愈，遂转中医治疗。来诊时症见：双下肢明显瘀点、瘀斑，色青淡紫，神疲乏力，纳差，大便时有溏泻，无发热，舌质淡，苔白，指纹沉隐变细，分支不显，淡白，达于命关。体格检查：精神欠佳，浅表淋巴结无异常肿大，心肺未闻异常，腹软不胀，肝脾未扪及，双下肢及臀部见皮肤瘀点、瘀斑，不高出皮肤，压之不褪色，关节无红、肿、畸形。实验室检查：血小板计数为$50\times10^9/L$，血红蛋白为100g/L，肝功能正常，大小便常规均正常，出血时间延长。

（1）诊断疾病：患者以双下肢皮肤瘀点、瘀斑为主症，紫癜呈非对称分布，血小板减少，出血时间延长，无发热，轻度贫血，无淋巴结、肝、脾肿大，符合血小板减少性紫癜的诊断。

（2）辨明证型：小儿脾常不足，脾气虚不能摄血，血不循常道，溢于肌肤，发为紫癜；反复发作，气血耗损，故神疲乏力；脾虚失于健运故纳差，大便时有溏泻；舌淡，苔白，指纹沉隐，淡白，达于命关，指纹变细，分支不显均为气血两虚之征，病情较重。

（3）以指纹测症：患儿指纹沉隐，淡白，达于命关，指纹变细，分支不显，主虚证、寒证，病在里，可推断还有四肢欠温，面色少华症状。

第五章 闻诊

闻诊是指医生通过自己的听觉和嗅觉以诊察疾病的一种方法，包括听声音和嗅气味两个方面的内容。听声音是指诊察患者的语言、呼吸、咳嗽、呕吐、呃逆、嗳气、叹息、喷嚏、肠鸣等各种声响。嗅气味是指嗅患者体内所发出的各种气味以及分泌物、排泄物和病室的气味。

【实训目的与要求】

1. 掌握声重、音哑和失音、呻吟、谵语、郑声、言謇、喘、哮、短气、少气、咳嗽、呕吐、呃逆、嗳气、喷嚏、鼻鼾的特征及临床意义；顿咳、白喉的特征；喘与哮、短气与少气、失言与失语、呃逆与嗳气的区别。

2. 熟悉病理性声音的规律；独语、错语、呓语、狂言、夺气、太息、呵欠、肠鸣的特点和临床意义；口气异常及痰、涕、二便、经、带、恶露、呕吐物、病体气味、病室之气变化的临床意义。

3. 了解闻声音、语言的特点及出现病理性肠鸣的常见因素。

【实训内容与方法】

1. 10 人 1 组进行声音辨别，注意区别声音的高低、呼吸的急缓等。

2. 10 人 1 组进行气味辨别，注意区别口臭的有无、汗气的有无等。有条件时可采用口臭仪进行测量。

第一节 闻诊的方法

一、操作规范

（一）操作准备

1. 创造良好闻诊环境 闻诊应在单独的诊室中进行，首先要检查诊室是否通风透气，空气是否清新，有无异常气味的污染，要尽量避免人多拥挤嘈杂、空气不流通的情况，创造一个良好的闻诊环境。

2. 加强对自身的约束 进行闻诊时，医生自身的感觉器官（耳及鼻）必须保持正常状态。因此，接诊前医生应尽量注意避免进食大蒜、韭菜、榴莲等有特殊气味的食物，更不能吸烟、饮酒，以免自身产生不良气味而干扰和妨碍对患者的诊察。

（二）操作方法

闻诊在临床中简便易行，关键在于医生调整好自己的状态，才能保证闻诊的顺利进行。

一般情况下，闻诊是与望诊、问诊、切诊同步进行，医生在望诊、问诊、切诊的同时通过自己的感觉器官（耳及鼻）来听患者发出的声音，嗅察患者身体及排出物的气味。

听声音的诊察对患者的体位姿态没有特殊要求，但最好能与患者保持合适的距离，以便于对患者声音的高低、强弱、清浊、缓急等变化进行诊察；嗅气味包括患者身体的气味以及其所住病房的气味，若对患者身体某些隐蔽部位散发的异常气味进行诊察时，可要求患者给予适当的配合，以免出现误诊、漏诊。

二、注意事项

（一）注意正常声音的生理差异

1. 性别因素　男女性别不同，发音器官和脏腑气血有明显差异，故其声音具有不同特点。一般男性多声低而浊，女性多声高而清，属生理现象。

2. 年龄因素　儿童阴阳稚嫩，声尖清脆；老年人精气渐衰，脏腑功能渐弱，发声质浑厚而低沉；青壮年气血充盛，脏腑功能较强，发声则洪亮清晰。

3. 情志因素　语声与情感变化密切相关，如喜时发声欢悦而和畅，怒时发声忿厉而急疾，悲哀发声悲惨而断续，敬则发声正直而严肃，爱则发声温柔而和悦。

4. 禀赋因素　由于先天禀赋体质的差异，语声可有较大的差别。如先天性声音嘶哑、男声似女声的表现等。这些声音情况虽见异常，但一般无临床意义。

（二）注意饮食环境对气味的影响

1. 饮食因素　正常人身体一般无异常气味，但若进食大蒜、韭菜、榴莲等有特殊气味的食物，或吸烟、饮酒后，口中可散发相应的气味，不属病态。

2. 气候因素　夏季气候炎热，出汗过多，未及时淋浴时身体所散发的汗味，亦应与病理之汗味相鉴别。

3. 环境因素　有的人居住地卫生环境较差，或在室内存放汽油、油漆等化学物品，接触或走入其室内可闻到相应气味异常，亦应注意鉴别。

三、操作技巧

（一）听声音的技巧

1. 注意发声的高低　医生在听患者讲述病情时，若患者发声高亢有力者，多为阳证、实证、热证；发声低微细弱者，则为阴证、虚证、寒证。

2. 注意语言的多寡　若患者自述病史语言连续多言者，是阳盛气实、机能亢奋的表现；断续懒言者，是禀赋不足、气血虚损的征象。

3. 注意呼吸的气息　一般情况下，呼吸气粗，疾出疾入为实；呼吸气微，徐出徐入为虚。但临床亦可见久病肺肾之气欲绝，气粗而断续者为假实之证；温热病热在心包，气微而昏沉者为假虚之证，须注意结合其他三诊，进行鉴别。

4. 注意咳声及咳痰　若听到患者咳声重浊，考虑多为外感风寒或痰湿聚肺；咳声低微为肺气虚损；咳声不扬，多为热邪犯肺，肺津被灼；干咳无痰，多为燥邪犯肺或阴虚肺燥；

咳声沉闷，痰多易咳，多为痰湿阻肺。特别要注意的是，咳嗽常伴咳痰，故闻诊除听辨咳声外，必须结合痰的量、色、质等异常变化，以及发病的时间、兼症等，以辨别病证的寒热虚实。

5. 注意呕吐的缓急 一般情况下，吐势徐缓，声音微弱，多为虚寒证；吐势较猛，声音壮厉，多为实热证。总之，呕吐暴病者多实，久病者多虚。但临床尚需根据呕吐的声音、吐势，呕吐物的性状、气味来辨病证的寒热虚实。

（二）嗅气味的技巧

1. 注意口气生理与病理的不同 生理性的口气异常，多见于正常人进食大蒜、韭菜、榴莲等有特殊气味的食物，或吸烟、饮酒后，口中散发出相应的气味；而病理性口气异常，轻者多见于口腔不洁、龋齿及消化不良，重者多属胃热、食积或内有疮疡溃脓所致。

2. 注意汗气生理与病理的不同 一般人在体力活动、气候炎热、衣被过厚等情况下出汗较多，若未及时清洗，会有轻微汗气；但若汗气腥膻或阵阵膻臊难闻，多因湿热郁蒸所致。

3. 注意环境的影响 有的人居住地卫生环境较差，或在室内存放有汽油、油漆等化学物品等，接触或走入其室内可闻到相应气味异常，亦应注意鉴别。

4. 注意四诊合参 对口、鼻或身体其他隐蔽部位发出的异常气味，不应局限于闻诊，而应结合望诊、问诊、切诊进行综合诊察，以作出正确诊断。

第二节 闻诊内容

一、听声音

（一）正常声音

1. 共同特点 发声自然，声调和谐，柔和圆润，语言流畅，应答自如，言与意符。

2. 影响因素 性别、年龄、禀赋及情志变化。

（二）病变声音

1. 语声

（1）闻诊要点：语声、语调及异常声响。

（2）临床意义：判断正气的盛衰、邪气的性质及病情的轻重。

（3）一般规律：①语声高亢有力，声音连续：阳证、实证、热证。②语声低微细弱，声音断续：阴证、虚证、寒证。

（4）语声异常与意义：见表5-1。

表 5-1 异常语声及临床意义

类型	特点	临床意义
声重	语音沉闷而不清晰	外感风寒或痰湿阻滞
音哑和失音	音哑：发声嘶哑；失音：欲语无声（古称“喑”）	新病：外感风寒或风热，或痰浊壅滞，肺失宣降，即金实不鸣；久病：肺肾阴虚，虚火灼肺，津枯肺损，即金破不鸣；暴怒叫喊或持续喧讲为气阴耗伤，喉咙失润
呻吟	病痛难忍发出哼哼声	身有痛楚或胀满。注意结合护处必痛的姿态判断病痛部位
惊呼	突然发出的惊叫声	剧痛或惊恐

2. 语言

（1）闻诊要点：观察语言表达、应答能力及吐字的清晰度。

（2）临床意义：“言为心声”，主要反映心神病变。

（3）一般规律：①沉默寡言，声低断续：虚证、寒证。②烦躁多言，声高连续：实证、热证。

（4）语言异常与意义：见表 5-2。

表 5-2 异常语言及临床意义

类型	特点	临床意义
谵语	神识不清，语无伦次，声高有力	热扰心神之实证，即“实则谵语”
郑声	神识不清，语言重复，时断时续，语声低弱	心气大伤，心神散乱之虚证，即“虚则郑声”
独语	自言自语，喃喃不休，见人语止，首尾不续	气不足失养；或气郁痰结，蒙蔽心窍
错语	语言错乱，语后自知，不能自主	心脾两虚失养；或痰瘀气滞阻遏心神
狂言	狂躁妄言，语无伦次，精神错乱	情志不遂，气郁化火，痰火扰心
言謇	神志清楚，语不流利，吐字不清	风痰阻络所致

3. 呼吸

（1）闻诊要点：呼吸频率的快慢、节律的均匀度、气息的强弱粗细、呼吸音的清浊等。

（2）临床意义：主要反映肺肾病变，并能判断五脏以及宗气的虚实。

（3）一般规律：①呼吸气粗，疾出疾入：热证、实证。②呼吸气微，徐出徐入：寒证、虚证。

（4）呼吸异常与意义：见表 5-3。

表 5-3 异常呼吸及临床意义

类型	特点	临床意义
喘	呼吸困难，短促急迫，张口抬肩，鼻翼煽动，不能平卧	肺气上逆
	发作急骤，气粗声高息涌，以呼出为快，仰首目突，形体壮实，脉实有力	外邪袭肺、实热壅肺、痰饮阻肺，肺失宣降，气逆于上
	发作徐缓，气怯声低息微，以深吸为快，动则喘甚，形体虚弱，脉虚无力	肺肾亏虚，摄纳无权，气浮于上
哮	呼吸喘促，喉间哮鸣。常反复发作，缠绵难愈	宿痰内伏、外邪引动；或感受外邪、肺气逆滞所致

（续表）

类型	特点		临床意义
气短	呼吸短促，息促而不能接续，气急而不伴痰鸣	虚证：气短息微，兼体瘦神疲，头晕乏力	肺气不足或元气大虚
		实证：气短息粗，兼胸部窒闷，胸腹胀满	痰饮、气滞、瘀阻
少气	呼吸微弱而声低，气少不足以息		诸虚劳损、体质虚弱

注：喘与哮的区别为，喘以气息急迫困难为重点，哮以喉间哮鸣为特征。喘不兼哮，哮必兼喘。

4. 咳嗽

（1）闻诊要点：咳声的特点以及咳痰量、色、质的变化。

（2）临床意义：肺主咳，多属肺脏病变；亦可因其他脏腑病变累及肺脏。

（3）常见咳声与意义：见表5－4。

表5－4　常见咳声及临床意义

特点	临床意义
咳声重浊，痰白清稀	外感风寒（寒咳）
咳声沉闷，痰多易咳	痰湿聚肺（痰咳）
咳声不扬，痰稠色黄难咳	热邪犯肺（热咳）
干咳无痰或少痰	燥邪犯肺或阴虚肺燥（燥咳）
咳声低微	肺气不足（虚咳）
咳声短促，连续不断，咳后有鸡啼样回声（顿咳）	风邪与痰热搏结（百日咳）
咳声如犬吠，伴语声嘶哑，吸气困难	肺肾阴虚，火毒攻喉（白喉）

5. 呕吐、呃逆、嗳气

（1）闻诊要点：呕吐声响强弱，吐势缓急，呕吐物的性状、气味及兼症；呃声的高低强弱、间歇时间的长短以及病情的新久等；嗳气的强弱、气味以及兼症等。

（2）临床意义：脾主运化、胃主受纳，多属脾胃病变。

（3）常见呕吐、呃逆、嗳气与意义：见表5－5。

表5－5　常见呕吐、呃逆、嗳气及临床意义

类型	特点	临床意义
呕吐	呕声微弱，吐势徐缓，吐物清稀，气味淡薄	虚证、寒证
	呕声壮厉，吐势较猛，吐物黏稠，或酸或苦	实证、热证
	喷射状呕吐	热扰神明
	餐后同进食者多发吐泻	多为食物中毒
	吐利、腹痛并作	霍乱或类霍乱
	朝食暮吐或暮食朝吐	脾肾阳虚（胃反）
	口干欲饮，饮入即吐	痰饮内停（水逆证）
呃逆	呃声频作，高亢而短，其声有力	实证、热证
	呃声低沉而长，声弱无力	虚证、寒证
	新病呃逆，其声有力	寒邪或热邪客胃
	久病、重病呃逆不止，声低气怯无力	胃气衰败之危候
嗳气	嗳气酸腐，兼脘胀厌食	宿食内停
	嗳声频而响亮，因情志而作	肝气犯胃
	嗳声低沉断续，无酸腐气味，兼纳少腹胀	胃虚气逆
	嗳声频作，无酸腐气味，兼胃脘冷痛	寒邪客胃

6. 太息、喷嚏、鼻鼾、肠鸣

（1）闻诊要点：太息是情志抑郁，长吁短叹；喷嚏的次数及有无兼症；鼻鼾的声响及神志表现；肠鸣发生的部位、声响强弱。

（2）常见太息、喷嚏、鼻鼾、肠鸣与意义：见表5－6。

表5－6　喷嚏、鼻鼾、肠鸣鉴别表

类型	特点	临床意义
喷嚏	新病喷嚏频作，兼恶寒发热、鼻流清涕	外感风寒
	久病阳虚，突然喷嚏	阳气回复，病趋好转
鼻鼾	熟睡时鼾声大	鼻病或睡姿不当
	神昏鼾声不绝	热入心包或中风（中脏腑）
肠鸣	肠鸣发自胃脘，其声辘辘下行	痰饮停胃
	肠鸣发自脘腹，得温得食则减	中气不足
	腹中肠鸣如雷，脘腹痞满便泄	风寒湿客于胃肠
	肠鸣声完全消失，腹满胀痛拒按	胃肠气滞不通重证

二、嗅气味

病体之气与病室之气特点与意义见表5－7。

表5－7　病体之气与病室之气特点及临床意义

类型		特点	临床意义
病体之气	口气	口臭	口腔不洁、龋齿或消化不良
		口气臭秽	胃热
		口气酸臭	食滞胃肠
		口气腐臭	内有疮疡溃脓或牙疳病
	汗气	汗气腥膻	风湿热邪久蕴皮肤
		汗气臭秽	瘟疫病热毒内盛
		腋下汗气膻臊	湿热郁蒸（狐臭）
	痰涕之气	咳痰黄稠而臭	肺热壅盛
		咳吐浊痰脓血腥臭	热毒炽盛（肺痈）
		咳痰清稀量多，无特异气味	寒饮停肺
		鼻流清涕，无特异气味	外感风寒表证
		久流浊涕腥秽如鱼脑	湿热上蒸（鼻渊）
	呕吐物之气	呕吐物清稀无气味	胃寒
		呕吐物酸臭而秽浊	胃热
		呕吐脓血气味腥臭	肠痈
	大便	臭秽难闻	肠有郁热
		溏泻而腥	脾胃虚寒
		臭如败卵，矢气酸臭	食积大肠
	小便	臊臭，黄赤浑浊	膀胱湿热
		散发烂苹果气味	消渴病
	月经	经血臭秽	热证
		经血气腥	寒证
	带下	臭秽黄稠	湿热
		腥臭清稀	寒湿
		奇臭而色杂	多为癌病

（续表）

类型	特点	临床意义
病室之气	病室臭气触人	瘟疫病
	病室尸臭气	脏腑衰败
	病室血腥气	失血证或术后
	病室腐臭气	溃腐疮疡
	病室尿臊气	水肿病晚期
	病室有烂苹果气味	消渴病晚期

第三节　闻诊训练

案例一

王某，男，23岁，学生。两天来自觉周身发热，怕风怕冷，头痛鼻塞，咳嗽。昨起发热，咳嗽加重，微恶风寒，痰稠色黄，鼻塞流浊涕，口渴咽痛，稍有汗出，舌苔薄黄，脉浮数。

1. 问题

（1）通过闻诊可能听到该患者的声音有何特点？为什么？

（2）咳嗽与何脏关系最为密切？为什么？

（3）如何根据咳声的特点区别病证的寒热虚实？

2. 参考答案

（1）通过闻诊可能听到该患者的声音特点。语声重浊，咳声不畅。因为根据患者临床表现，呈现一派风热犯肺之象。风热犯肺，肺失宣降，鼻窍不利，灼津为痰，痰阻气道，故可闻及咳声重浊不畅。

（2）咳嗽与肺脏关系最为密切。因肺为娇脏，不耐寒热，又直通天阳之气，故极易受邪以致肺失宣降，肺气上逆而咳嗽，故曰“肺主咳”。除肺脏本身病变可发生咳嗽外，又因肺贯百脉而通他脏，故五脏六腑有病，亦可由脉络影响到肺而引起咳嗽。

（3）一般咳声重浊紧闷，多属实证；咳声轻清低微，多属虚证；咳声不扬，痰稠而黄，多属热证；咳有痰声，痰多易咳，多属痰湿证。

案例二

陈某，男，56岁，干部。患者10年来常觉头晕胀痛，耳鸣，烦躁易怒。半年前曾因大怒后突然昏倒，因抢救及时而获救。现口眼歪斜，不能言语，时感四肢麻木，左半身不能活动，舌红，苔黄腻，脉弦滑。

1. 问题

（1）患者为何出现不能言语？

（2）失语与失音如何区别？

2. 参考答案

（1）言为心声，语言的异常主要是心神的病变。不能言语属于中风重症的一种症状。该患者的症状是由恼怒致心气暗耗，肝阳偏亢，日久肝风内动，痰浊瘀血阻滞经络所致。

（2）失音是声音不能发出，语而无声。临床有实有虚，属实者古人称之为金实不鸣，属虚者谓之金破不鸣。失语是患者不能言语，多见于脑部病变，风痰阻蔽清窍之征，如中风失语即是。

案例三

吴某，男，36 岁，民工。1 个月前因患“大叶性肺炎”住院治疗。出院后，一直食欲不振，胃脘不适，自认为病后体虚，大进温补之品，此后不仅未见好转，反见干呕时作，口渴心烦，胃脘隐痛，知饥而不欲饮食，大便干结，小便短黄，舌红少津苔薄白，脉弦细偏数。

1. 问题

（1）患者进温补之剂后为何反出现干呕、呃逆病情加重？

（2）干呕、呃逆、嗳气如何区别？

2. 参考答案

（1）患者前因患肺炎，热盛伤阴，胃阴不足，胃失滋润。此后又大进温补，伤阴更甚。胃喜润恶燥，以和降为顺。阴既不足，虚热内生，热郁于胃，胃气不和，故进温补之剂后干呕、呃逆病情加重。

（2）呕吐中有声无物谓之干呕；呃逆指声自咽部冲出，发出一种不由自主的呃呃声；嗳气指胃中气体上出咽喉而发出的长而缓的声音，三者表现不同，但均为胃失和降，胃气上逆所致，均属脾胃病变。

案例四

李某，男，55 岁，工人。平时喜嗜烟酒，工作劳累，45 岁后动则气喘汗出，伴头眩目晕，耳鸣眼花，腰酸脚软，食欲不振，神疲乏力。查见面色淡白，形体瘦弱，脉弱沉细，两尺尤甚。

1. 问题

（1）通过闻诊可能听到该患者的声音有何特点？为什么？

（2）该患者最可能出现的舌象？

（3）实喘与虚喘如何区别？

2. 参考答案

（1）闻诊可能听到该患者的声音特点是，少气懒言，息短不续，语声低沉。因患者工作劳累，久病体虚，肺肾不足，摄纳无权，气虚上浮所致。

（2）最可能出现的舌象是舌淡嫩，苔白润。

（3）实喘发病急骤，呼吸深长，气粗声高息涌，胸中胀满，唯以呼出为快，多为风寒袭肺或痰热壅肺，肺失宣肃所致；虚喘病势缓慢，时轻时重，喘声低微，呼吸短促难续，得一长息为快，动则喘甚，是肺肾亏虚，气失摄纳所致。

案例五

鲍某，女，53岁，家庭主妇。家属代诉患者多年来心胸狭窄，平素多疑猜忌，10天前与人争吵后突然精神失常，自称心中灼热，口中黏，狂饮，拒食，大便数日未行，某医院诊为“老年性精神病”，脉弦滑而数。

1. 问题

（1）通过闻诊可能听到该患者的语言有何变化？为什么？

（2）该患者最可能出现的舌象？

（3）如何鉴别狂言和郑声？

2. 参考答案

（1）通过闻诊可能听到该患者的语言变化是，狂躁狂言，语无伦次，骂詈不避亲疏。因其多年来心胸狭窄，平素多疑猜忌，10天前与人争吵后突然精神失常，是属情志不遂，气郁化火，痰火互结，痰火扰神所致。其心中灼热，口中黏，狂饮，拒食，大便数日未行，亦说明其属阳热实证。

（2）最可能出现的舌象是舌质红绛，苔黄燥腻。

（3）两者皆为语言错乱，多属心神为病，但有虚实不同。患者精神神志错乱，语无伦次，狂躁妄言，为狂言，多属痰火扰心之阳热实证。患者神志不清，语言重复，声低无力，时断时续者，为郑声，常见于心气大伤，精神散乱之虚证。

案例六

王某，男，30岁。3天前吃火锅，过食辛辣肥甘之品，当日即发生腹泻。自服“黄连素”、“痢特灵”等药治疗未效，今日腹泻加重伴呕吐前来医院就诊。自述腹痛，泻下急迫不爽，粪色黄褐，脘痞，泛恶呕吐，吐物酸臭秽浊，烦热口渴，肢体困重，肛门灼热，小便短黄，舌红苔黄腻，脉滑数。

1. 问题

（1）通过闻诊可能嗅到该患者的排出物有何气味？为什么？

（2）该患者最可能出现的舌象？

（3）辨析气味的一般规律是什么？

2. 参考答案

（1）通过闻诊可能嗅到该患者的大便气味臭秽，臭如败卵，矢气酸臭；呕吐物气味酸腐。因为患者过食辛辣肥甘之品，以致食滞胃肠，胃中浊气上泛，肠内腐气充斥，大肠传导失司。

（2）最可能出现的舌象是舌苔厚腻。

（3）辨析气味的一般规律是，气味酸腐臭秽者，多属实热；气味不重或微有腥臭者，多属虚寒。

第六章　脉　诊

脉诊又称“切脉”，是中医诊病辨证的特色诊法之一。脉诊是医生用手指切按患者体表较浅部位动脉搏动的形象，以了解病情，判断病证的一种方法。

传统脉诊要依靠医者手指的灵敏触觉来体验识别的，经验非常重要，因此，学习脉诊既要熟悉脉学的基本理论、基本知识，又要掌握切脉的基本技能，反复训练，仔细体会，才能逐步识别各种脉象，做到心中明了，指下易辨，有效地运用于临床。

【实训目的与要求】

1. 熟悉诊脉意义。

2. 掌握寸口脉诊的方法，可以熟练地表述并准确操作；了解遍诊法、三部诊法的诊脉部位。

3. 掌握常见脉象（浮、沉、迟、数、实、洪、细、弦、紧、滑、涩、濡、缓、弱、微、促、结、代）的特征与临床意义，相兼脉的结合与主病规律。并能熟练地辨别浮、沉、迟、数、洪、细、弦、滑、弱、促、结、代等临床常见脉象。

4. 熟悉脉诊的操作、注意事项，熟悉诊妇人脉、诊小儿脉的特殊性。

5. 掌握脉象要素及正常脉象的特征，了解脉象的生理变异。

6. 掌握脉象八要素分析方法。

7. 熟悉长、短、芤、革、牢、散、动、疾脉的特征和临床意义，了解真脏脉的特征和临床意义。

【实训内容与方法】

1. 脉诊练习　首先向学生讲述正确的诊脉姿势、方法及注意事项，然后将学生以小组为单位，每组2～4人，互相进行操作练习。包括寸口脉诊的定位、指法的运用。

2. 指感练习　利用脉象模拟仪，反复练习，体会不同脉象的指下标准。

3. 脉象鉴别　利用八要素分析法，填写脉象诊查分析表，区别相似脉象。

4. 脉象判别　首先向学生讲述常见脉象及正常脉象指感要求，然后将学生每4人分为1组，将1组学生依次编号，其中1人为受试者，受试者蒙上眼睛诊察其他3人脉象，休息1分钟后，从3名学生中抽取1名，请受试者再度诊察，并说出该学生为几号及其脉象特征。

第一节 脉诊方法

一、操作规范

（一）操作准备

1. 诊脉前应选择比较安静的诊室，准备脉枕。

2. 医生应修剪指甲，避免诊脉时留下甲痕。

3. 诊脉前，医生必须让患者在较为安静的环境中休息片刻，以减少各种因素的干扰，这样诊察到的脉象才更符合原本的生理或病理状态。

4. 诊室应尽可能保持安静，有条件时一对一的诊察方式更有利于患者的放松，有利于获得更加准确的脉象信息。

（二）操作方法

1. 患者体位 诊脉时患者应取正坐位或仰卧位，前臂自然向前平展，与心脏置于同一水平，手腕伸直，手掌向上，手指微微弯曲，在腕关节下面垫一松软的脉枕，使寸口部位充分伸展，局部气血畅通，便于诊察脉象。

2. 医生指法 诊脉指法主要包括选指、布指、运指三部分。

（1）选指：医生用左手或右手的示指、中指和无名指三个手指指目诊察，指目是指尖和指腹交界棱起之处，是手指触觉较灵敏的部位。诊脉者的手指指端要平齐，即三指平齐，手指略呈弓形，与受诊者体表约呈45°为宜，这样的角度可以使指目紧贴于脉搏搏动处。

（2）布指：中指定关，医生先以中指按在掌后高骨内侧动脉处，然后示指按在关前（腕侧）定寸，无名指按在关后（肘侧）定尺。布指的疏密要与患者手臂长短与医生手指粗细相适应，如患者的手臂长或医者手指较细者，布指宜疏，反之宜密。定寸时可选取太渊穴所在位置（腕横纹上），定尺时可考虑按寸到关的距离确定关到尺的长度以明确尺的位置。寸关尺不是一个点，而是一段脉管的诊察范围。

（3）运指：医生运用指力的轻重、挪移及布指变化以体察脉象。注意诊察患者的脉位（浮沉、长短）、脉次（至数与均匀度）、脉形（大小、软硬、紧张度等）、脉势（强弱与流利度等）及左右手寸关尺各部表现。

常用具体指法包括：①举法：是指医生用较轻的指力，按在寸口脉搏跳动部位，以体察脉搏部位的方法。亦称“轻取”或“浮取”。②按法：是指医生用较重的指力，甚至按到筋骨体察脉象的方法。此法又称“重取”或“沉取”。医生手指用力适中，按至肌肉以体察脉象的方法称为“中取”。③寻法：寻是指切脉时指力从轻到重，或从重到轻，左右推寻，调节最适当指力的方法。在寸口三部细细寻找脉动最明显的部位，统称寻法，以捕获最丰富的脉象信息。④循法：循是指切脉时三指沿寸口脉长轴循行，诊察脉之长短，比较寸关尺三部脉象的特点。⑤总按：总按即三指同时用力诊脉的方法。从总体上辨别寸关尺三部和左右两手脉象的形态、脉位的浮沉等。总按时一般指力均匀，但亦有三指用力不一致的情况。⑥单诊：用一个手指诊察一部脉象的方法。主要用于分别了解寸关尺各部脉象的形态特征。

首先应先用总按的方法，从总体上辨别脉象的形态、脉位的浮沉，然后再使用循法和单诊手法等辨别左右手寸关尺各部脉象的形态特征。

3. 平息　医生在诊脉时注意调匀呼吸，即所谓“平息”。一方面医生保持呼吸调匀，清心宁神，可以自己的呼吸计算患者的脉搏至数；另一方面，平息有利于医生思想集中，可以仔细地辨别脉象。

4. 切脉时间　一般每次诊脉每手应不少于 1 分钟，两手以 3 分钟左右为宜。

诊脉时需注意每次诊脉的时间至少应在五十动，一则有利于仔细辨别脉象变化，再则切脉时初按和久按的指感有可能不同，对临床辨证有一定意义，所以切脉的时间要适当长些。

5. 小儿脉诊法　小儿寸口部位甚短，一般用“一指（拇指或示指）定关法”，不必细分寸、关、尺三部。

具体操作方法是，用左手握住小儿的手，对 3 岁以下的小儿，可用右手大拇指按于小儿掌后高骨部脉上，不分三部，以定至数为主；对 4 岁以上的小儿，则以高骨中线为关，以一指向两侧转动以寻察三部；七八岁小儿，则可挪动拇指诊三部；9～10 岁以上，可以次第下指，依寸、关、尺三部诊脉；15 岁以上，可按成人三部脉法进行辨析。

二、注意事项

1. 注意患者卧位时，如果侧卧则下面手臂受压，或上臂扭转，或手臂过高或过低，与心脏不在一个水平面时，都可以影响气血的运行，使脉象失真。

2. 医生诊脉所用三指或患者诊脉局部有皮肤病变时则不宜用该侧作诊脉操作。

3. 诊脉过程中如察其脉律不匀、有间歇的现象时，应适当延长诊脉时间，应注意间歇出现是否有规律。

4. 重视生理异常脉位，常见有反关脉与斜飞脉。

5. 重视个体差异，患者有男女老幼的不同，体质有强弱胖瘦之别，反映在脉象上也各有不同，应综合考虑。

6. 排除情志干扰，情志变化可使脉搏跳动发生相应改变，应注意排除由于一时性情志变化所引发的脉象改变。

7. 结合四时分析，四时对人体的生理病理活动有重要影响，诊脉也不例外。中医素有春弦、夏洪、秋（毛）浮、冬（石）沉之说，应引起注意。

8. 注重脉证合参，注意脉象与患者临床表现之间的内在联系。

三、操作技巧

（一）八要素分析法

中医脉象的辨识主要依靠手指的感觉，体会脉搏的部位、至数、力度和形态等方面。将复杂的脉象表现按八要素分析辨别是一种执简驭繁的重要方法。

脉象的各种因素，大致归纳为脉象的部位、至数、长度、宽度、力度、流利度、紧张度和均匀度八个方面。每种脉象可用不同的脉象要素来描述与区分。

在二十八脉中，有些脉象仅主要表现为某一个脉象要素方面的改变。如：浮脉、沉脉主要表现在脉位上的异常，浮脉主要是脉位浮；沉脉主要是脉位沉。迟脉、数脉、疾脉主要表现为至数方面的改变，迟脉至数慢，一息三至；数脉至数快，一息六至；疾脉更快，一息七至以上。滑脉、涩脉主要在于流利度的改变，滑脉往来流利，涩脉往来艰涩。弦脉主要表现为紧张度的增高，如按琴弦。细脉主要表现在脉宽的细小。长脉、短脉主要在脉长度方面的异常，前者脉长，后者脉短。虚脉、实脉的特点主要在于脉力的异常，虚脉无力，实脉过分有力。这些脉象在其他七个脉象要素方面则一般没有明显的变化。若有变化，则属于相兼脉，如浮数脉、沉细脉、弦滑脉、沉涩脉等等。而有些脉象本身就表现为两个或两个以上脉象要素方面的变化。如：促脉、结脉表现为至数与均匀度的改变，促脉数而脉律不齐，结脉缓而脉律不齐。洪脉、弱脉表现为脉位、脉力、脉宽上的改变，洪脉浮大而有力，弱脉沉细而无力。濡脉表现为脉位、脉宽、紧张度、脉力的变化，即浮细软而无力。

因此，按此脉象八要素可以将二十八脉归类与分解，在脉诊训练中应将脉象按八要素要求逐一列表登记，然后找出与正常有别之处，根据其特异性再确定具体的脉象名称，进而推导其病理意义（表6－1）。

表6－1　脉象诊察分析表

姓名　　性别　　年龄

总体表现	左寸	右寸	左关	右关	左尺	右尺
脉位						
脉率						
脉长						
脉宽						
脉势（力）						
流利度						
紧张度						
均匀度（含脉力与脉律）						
脉象综合判定						
临床意义						

（二）脉证合参

脉象表现反映了机体内在的变化，与患者的临床表现有深刻的内在联系，因此在诊脉时从整体观念出发，从脉测证，从证测脉，脉证结合，既有助于我们在脉诊训练中深刻体会脉象，也可以帮助我们准确判断病情，及时发现脉证不符的复杂现象并作出相应的诊断。

第二节　脉诊内容

一、正常脉象

正常脉象是指正常人在生理条件下出现的脉象，亦称平脉。平脉反映机体气血充盈，脏腑功能健旺，阴阳平和，精神安宁的生理状态，是健康的征象。平脉是生理功能的反映，与人体内外环境有着密切的关系，具有一定的变化规律和范围，而不是固定不变的一二种脉象。

1. 正常脉象的特点　正常脉象的特点是，一息四至或五至，相当于每分钟72～80次，不浮不沉，不大不小，从容和缓，柔和有力，节律一致，寸关尺三部均可触及，沉取不绝。这些特点在脉学中称为有胃、有神、有根。

（1）胃：亦称胃气。脉有胃气表现脉象和缓，从容流利。脉象有无胃气有助于判断机体的健康状况及疾病的轻重。

（2）神：脉神的特征归纳为柔和有力，节律整齐。

（3）根：脉之有根关系到肾。脉之有根主要表现在尺脉有力，沉取不绝两个方面，所以有“尺以候肾”、“沉取候肾”的说法。

2. 正常脉象的八要素特征　任何一种脉象都具有“位、数、形、势”四种属性，即具有部位、至数、节律、粗细、长短、强弱、硬度和流利度八个方面的特征，正常脉象的八要素特征如下：

（1）脉位：脉位居中，不浮不沉。

（2）脉率：脉一息四至或五至，相当于每分钟72～80次。

（3）脉律：节律均匀整齐。

（4）脉宽：脉大小适中。

（5）脉长：脉长短适中，不越本位。

（6）脉势：脉搏有力，寸关尺三部均可触及，沉取不绝。

（7）紧张度：脉应指有力而不失柔和。

（8）流利度：脉势和缓，从容流利。

3. 脉位变异

（1）斜飞脉：寸口不见脉搏，而由尺部斜向手背，称为斜飞脉。

（2）反关脉：脉象出现于寸口的背侧，称为反关脉。

斜飞脉与反关脉属桡动脉解剖位置的变异，不属于病脉。其脉象多有浮象，临床诊此脉时以察其至数及强弱为主。

二、病理脉象

见表6－2、表6－3。

表6－2　常见脉象（相类脉）及临床意义

类型		特点	临床意义
浮脉类（轻取即得）	浮	举之有余，按之不足	表证，亦主虚阳外越证
	洪	脉形阔大，来盛去衰，状若波涛，应指浮大有力	主热证，亦主阴精耗竭，孤阳外越（浮取盛大，沉取无根）
	濡	浮细而软	诸虚或湿困
	散	浮大无根，伴节律不齐或脉力不匀	元气耗散，脏腑之气将绝
	芤	浮大中空，如按葱管	失血，伤精
	革	浮弦搏指，中空外坚	亡血，失精，半产，漏下

（续表）

类型		特点	临床意义
沉脉类（重按始得）	沉	轻取不应，重按始得	里证
	伏	重按着骨始得，甚或伏而不见	邪闭，厥病，痛极
	弱	极软而沉细	阳气虚衰，气血俱虚
	牢	沉按实大弦长	阴寒内盛，疝气，癥瘕
迟脉（一息不足四至）	迟	一息不足四至	寒证，亦见于邪热结聚，里实热证
	缓	一息四至，脉势纵缓	脾虚气血不足，湿邪困阻
	涩	往来艰涩，如轻刀刮竹	伤精血少，痰食内停，气滞血瘀
	结	脉率缓慢而有不规则歇止	阴盛气结，寒痰瘀血，气血虚衰
数类脉（一息五至以上）	数	一息五六至	主热证，亦主虚阳外浮
	疾	一息七至以上	阳亢无制，真阴垂绝，或阳气将绝
	促	脉率较速或快慢不定，有不规则歇止	阳盛实热，或邪实阻滞
	动	多见关部具滑数短的特征	惊恐，疼痛
虚类脉（应指无力）	虚	举之无力，按之空虚，应指松软	主虚证
	细	脉细如线，应指明显	气血俱虚，诸虚劳损，亦主伤寒，痛极，湿证
	微	极细极软，按之微绝，若有若无	阴阳气血诸虚，阳气暴脱
	代	脉缓一止，止有定数，良久方来	脏气衰微，亦主痹痛，跌仆，七情过激
	短	脉动应指不及三部，寸关多见	主气病，有力气郁，无力气损
实脉类（应指有力）	实	举按皆有力	主实证
	滑	往来流利，应指圆滑	痰饮，食滞，实证，孕脉，青壮年常脉
	弦	端直以长，如按琴弦	肝胆病痛证，饮证，亦常见老人健康者
	紧	脉形紧急，如牵绳转索，左右弹指	实寒证，疼痛证，宿食
	长	脉位超过三部	主阳证，实证，热证，平人
	大	脉体宽大	见于正常人，病中出现，提示病重

表6－3　相兼脉象及临床意义

类型		临床意义
浮脉类	浮紧脉	主表寒证，或风寒痹病疼痛
	浮缓脉	主太阳中风证
	浮数脉	主表热证
	浮滑脉	主表证夹痰
沉脉类	沉迟脉	主里寒证
	沉弦脉	主肝气郁滞，或水饮内停
	沉涩脉	主血瘀，尤常见于阳虚寒凝血瘀者
	沉缓脉	主脾肾阳虚，水湿内停诸证
	沉细数脉	主阴虚内热或血虚
弦脉类	弦紧脉	主寒主痛，常见于肝郁气滞或寒滞肝脉
	弦数脉	主肝郁化火或肝胆湿热，肝阳上亢
	弦滑数脉	主肝火夹痰，肝胆湿热，肝阳上扰，痰火内蕴
	弦细脉	主肝肾阴虚或血虚肝郁，或肝郁脾虚
数脉	滑数脉	主痰热，湿热或食积内热
	洪数脉	主气分热盛，多见于外感热病

三、相似脉鉴别

见表6－4、表6－5、表6－6、表6－7、表6－8、表6－9、表6－10、表6－11、表6－12。

表6－4　**相似脉部位比较表**

类型		特点
脉位表浅	浮脉	举之有余，重按稍减而不空，脉形不大不小
	芤脉	浮大中空，有边无中
	濡脉	浮细而无力
	革脉	浮取弦大搏指，外急中空，如按鼓皮
	散脉	浮而无根，至数不齐，脉力不匀
脉位在皮下深层	沉脉	重按始得
	伏脉	脉位更深更沉，须推筋着骨始得，甚则暂时伏而不见
	牢脉	沉取实大弦长，坚牢不移
	弱脉	沉而软小无力

表6－5　**相似脉至数比较表**

类型		特点
脉率快于正常脉象	数脉	一息五至以上，不足七至
	疾脉	一息七八至
	促脉	不仅脉率每息在五至以上，且有不规则的歇止
脉率慢于正常脉象	迟脉	一息不足四至
	缓脉	虽为一息四至，但脉来怠缓无力
	结脉	不仅脉率不及四至，而且有不规则的歇止

表6－6　**相似脉节律比较表**

类型	特点
促脉	数而时止，止无定数
结脉	缓而时一止而复来，止无定数
代脉	缓而时止，止有定数
涩脉	脉律不齐，似止非止，往来艰涩，形态不匀
散脉	脉律不齐，浮散无根

表6－7　**相似脉脉宽比较表**

类型	特点
细脉	脉细如线，应指明显
濡脉	脉浮细而软，轻取即得
弱脉	脉极沉细而软，重按乃得
微脉	脉细极软，似有若无

表6－8　**相似脉脉长比较表**

类型		特点
具有长的特征的脉象	长脉	脉动应指超逾三部
	弦脉	端直以长，如按琴弦
	牢脉	长而沉实弦
	洪脉	脉长而来盛去衰
	实脉	脉长而大，举按有力
具有短的特征的脉象	短脉	脉动应指不及三部，且常兼迟涩
	动脉	短而滑数

表 6－9　相似脉紧张度比较表

类型		特点
脉体较硬	弦脉	脉长而坚硬，如按琴弦
	紧脉	紧张有力，如按绳索，在脉势绷急和脉形宽大两方面超过弦脉
	革脉	浮大搏指，弦急中空，如按鼓皮
脉体柔软	濡脉	脉浮细而软
	弱脉	沉而软小无力

表 6－10　相似脉流利度比较表

类型		特点
脉来流利	滑脉	往来流利圆滑，如珠走盘
	数脉	频率快，一息五至以上
	动脉	动则短而滑数，厥厥动摇
脉来艰涩	涩脉	如轻刀刮竹

表 6－11　真脏脉特征表

类型	特点	脉象
无胃之脉	无冲和之意，应指坚搏	偃刀脉、转豆脉、弹石脉
无根之脉	虚大无根，或微弱不应指	釜沸脉、鱼翔脉、虾游脉、麻促脉
无神之脉	脉律无序，脉形散乱	雀啄脉、屋漏脉、解索脉

表 6－12　七怪脉形态及临床意义

类型	特点	脉象
雀啄连来三五啄	脉位较深，脉来数急，三五不调，止而复作	脾胃之气将绝
屋漏半日一滴落	脉位较深，脉良久一滴间歇不匀	胃气、营气俱绝
弹石硬来寻即散	脉位深，脉来急促，坚硬如弹石	肾绝
搭指散乱真解索	脉位较深，乍疏乍密，散乱无序	肾与命门皆亡
鱼翔似有又似无	脉位表浅，头定尾摇，至数不清，似有似无	三阴寒极，亡阳之候
虾游静中跳一跃	脉位表浅，如虾跃水，伴急促躁动	神魂将去
更有釜沸涌如羹	脉位表浅，浮数之极，至数不清，泛泛无根	三阳热极，阴液枯竭

第三节　脉诊训练

脉诊为中医特色的诊断方法之一，在中医临床中发挥着重要作用。同时脉诊需与其他诊法相结合，互为参考，综合运用，以全面、准确地做出诊断。

一、脉诊方法练习

1. 目的　使学生掌握正确的诊脉方法，为进一步体察脉象打下基础。

2. 方法　首先向学生讲述正确的诊脉姿势、方法及注意事项，然后将学生分为若干小组，以小组为单位，每组 2～4 人，互相进行操作练习。包括寸口脉诊的定位、指法的运用等，要求边说边做，表达准确，动作到位。最后请部分动作不到位的学生当众示范，并请其他学生指出其存在的不足。

二、脉象辨别训练

1. 目的　利用脉象模拟仪锻炼学生对脉象的分辨能力，学会区别不同的相近脉象。

2. 方法　将学生两人一组，利用脉象模拟装置分组进行脉象辨别联系。脉象分组如下：①迟、缓、结、代。②数、滑、疾、促。③散、微、濡、弱。④弦、细、紧、涩。⑤浮、沉、伏、牢。⑥虚、实、洪、动。

首先让学生复习每组脉象的表现，让学生在脉象模拟装置上体察，然后采用盲法，让学生辨别给出的脉象，由一组开始逐渐扩展。

三、脉象要素分析法

1. 目的　利用脉象要素分析法锻炼学生对脉象的全面把握能力，学会对脉象的综合判断。

2. 方法　学生每 10 人一组，分别利用八要素分析法，诊察填写其余 9 人的脉象诊查分析表，然后教师指定学生对已诊察的对象进行再一次诊察，口头报告八要素分析情况，教师对照填写的表格对其诊察的一致性进行评估（表 6－13）。

表 6－13　**脉象诊查分析表**

姓名	脉位	脉率	脉律	脉宽	脉长	脉势	紧张度	流利度	综合判断	临床意义

四、脉象判别与记忆训练

1. 目的　锻炼学生对患者脉象的辨识与脉象特征的记忆能力，学会区别不同人的不同脉象。

2. 方法　首先向学生讲述常见脉象及正常脉象指感要求，然后将学生每 4 人分为 1 组，将一组学生依次编号，其中 1 人为受试者，受试者蒙上眼睛诊察其他 3 人脉象，休息 1 分钟后，从 3 名学生中抽取 1 名，请受试者再度诊察，并说出该学生为几号及其脉象特征。依次进行。

五、脉证关系练习

利用案例锻炼学生对患者脉象与临床表现相关关系的理解与记忆，为脉诊在临床应用打基础。分为以脉测证和以症测脉两部分。

（一）以脉测证

案例一 顾某，女，32岁，农民。因月经量多，淋漓不尽半月之久而来诊。自诉上个月因劳动繁重，加之家事繁忙，因而本次行经时，月经骤下量多，经医生注射止血针，血量虽然减少，但至今已半月，仍淋漓不断，血色淡红，面部虚浮，舌质浅淡，舌苔薄白，指下加压方能触及脉搏跳动，脉管细小如线，应指明显，脉跳软弱无力。

（1）以脉测证：该患者的脉象表现可概括为沉而柔细无力，为弱脉，弱脉主病为阳气虚衰或气血俱虚。从上述症状和体征中可了解到患者并无畏寒等阳虚见症，可以诊断该患者脉弱是因气血虚弱所致。

（2）患者还可能存在的症状：气虚见症，如气短、乏力、精神不振、自汗等。

（3）证候诊断：脾不统血证。

案例二 吴某，男，50岁，军人。患者有高血压病史近10年，近几年来出现胸闷、心悸、阵发性心前区刺痛，每因劳累、情绪激动、受凉、饱食后诱发，经某医院诊断为“冠状动脉硬化性心脏病”。舌质淡红，有散在瘀斑，苔薄白，脉来细小有涩滞不畅的感觉。血压为148/98mmHg，总胆固醇为5．67mmol/L。

（1）以脉测证：患者脉象可判断为细涩，脉细主病为气血虚及湿证，脉涩主病为精伤、血少、气滞、血瘀、痰湿内停，结合患者的症状可了解患者脉细涩多因瘀血所致。

（2）患者还可能存在的症状：瘀血见症，如疼痛常在夜间加重，面色黧黑，肌肤甲错，唇甲青紫，皮下瘀斑，或皮肤丝状红缕，或腹壁青筋怒张等。

（3）证候诊断：心脉痹阻证。

案例三 周某，女，41岁，工人。患者有胃病2年余，曾反复发作，出现胃脘部疼痛胀满不适，服药治疗后近半年来未有明显胃部不适感。3天前患者贪食柿子，而出现胃部疼痛难忍，热敷疼痛可有减轻，受凉加重，时有恶心，伴有脘腹胀满不适，嗳气较多，身重，精神不振，食欲较差。舌淡红，苔白腻，脉管紧张度高，如按琴弦，且圆滑流利。

（1）以脉测证：患者脉象可判断为弦滑，脉弦主病为肝胆病、痰饮、诸痛、疟疾，脉滑主病为痰饮、食滞、实热，结合患者的症状可了解患者脉弦滑多因痰凝气滞所致。

（2）患者还可能存在的症状：痰饮见症，如胸闷，痰多黏稠，纳呆，头晕目眩，肢体麻木，喉中异物感等。

（3）证候诊断：痰凝气滞证。

（二）以症测脉

案例一 姜某，男，11岁，学生。1个月前开始有轻微咳嗽，未予重视。近半月来咳嗽加重，但不咳痰，夜间盗汗，午后低烧，咽干微渴，食纳欠佳，大便稍干，小便如常，舌质淡红苔少。X光胸透报告右上肺浸润型肺结核。

（1）以症测脉：患者有夜间盗汗、苔少等阴虚的典型症状，阴虚生热而又有午后低热，由此推测患者可能会有阴虚的脉象。

（2）患者可能存在的脉象：脉细数。

（3）证候诊断：肺阴虚证。

案例二 张某，女，16岁，学生。夜间遗尿12年，患者自4岁开始，经常夜间遗尿，遇冷加重。曾经检查，未发现器质性病变。近1年来症状加重，每隔二三天或五六天，特别是入冬以来，每隔一二天即发作1次，多于熟睡中尿自遗。平时头晕神疲，腰膝酸软，小便清长，睡眠、食欲、大便尚可，月经正常。面色淡白，舌淡红少苔。

（1）以症测脉：患者夜间尿频，遇冷加重，近1年有熟睡中尿自遗，入冬明显，小便清长，为气虚不固之象，同时有阳气温煦推动不足。阳气不足难以鼓动血脉运行而会有脉象无力，其推动不足血液不能充盈脉道而有脉细，该患者病程较长，日久病在里，脉位可能较深。

（2）患者可能存在的脉象：脉沉细无力。

（3）证候诊断：肾气不固证。

案例三 胡某，男，40岁。患者平时常在小饭店及小吃摊暴饮暴食，曾有多次食后腹泻史，自服黄连素或庆大霉素后缓解，一直未予重视。昨晚在外饮酒进餐后于半夜出现腹痛拘急，随即腹泻6次，初为不成形，甚如水样，后见大便夹有赤白黏冻，伴有发热，里急后重，便后腹痛不减，恶心，无呕吐，无便血，苔黄腻。实验室检查：血常规：白细胞为$12.6\times10^9/L$，中性粒细胞为82%。大便常规：白细胞+++，红细胞+。

（1）以症测脉：患者腹痛拘急，大便夹有赤白黏冻，伴有发热，里急后重，便后腹痛不减，恶心。因饮食不洁，饮酒醇甘，以致湿热蕴蒸，壅滞肠中，气机不畅，传导失常，故见腹痛拘急，里急后重，便后腹痛不减；湿热熏灼，肠中血络受损，气血壅滞，腐败为脓血，故见下利赤白黏冻；湿热中阻，胃失和降，故有恶心；里热较盛，邪正交争，故有发热。

（2）患者可能存在的脉象：脉滑数。

（3）证候诊断：肠道湿热证。

附：脉象判别指感标准

1. 平脉 即正常人的脉象。一息四至，不浮不沉，脉位适中。寸、关、尺三部可及，尺脉沉取有一定力量。脉搏从容和缓，不大不小，柔和有力。节律均匀、一致。其指感要求：

（1）脉搏频率为每分钟60～90次（小儿脉率可超过每分钟100次）。

（2）随诊脉手指压力的增加，脉动感觉由弱渐强，又由强渐弱。

（3）在寸、关、尺三部均可触及脉动，尺脉沉取有一定力量。

（4）脉搏从容和缓，不大不小，柔和有力。

（5）节律均匀，无间歇。

2. 浮脉 浮脉举之有余，按之不足。其指感要求：

（1）浮脉，脉搏显现部位浅表，轻触脉诊部位，不加压力即可感觉脉跳。

（2）加压后脉搏跳动不如加压前更为明显。

（3）搏动长度可及三部，脉宽大小等不拘。

（4）凡符合濡、芤、革、散、洪脉诊断要求者不判定为浮脉。

3. 沉脉 举之不足，按之有余。其指感要求：

（1）轻触脉诊部位，不加压力不能感觉脉跳；切脉轻取、中取时脉不明显，重取时脉跳明显。

（2）加压到一定程度后（按到骨骼）脉搏跳动最明显；尚有进一步加压的余地。

（3）搏动长度可及三部，脉宽大小等不拘。

（4）凡符合伏、牢、弱脉诊断要求者不判定为沉脉。

4. 散脉 浮散无根，稍按则无。节律不整，脉力不均。其指感要求：

（1）轻触脉诊部位，不加压力或稍加压力可感觉脉跳；进一步加压则很难感觉脉动。

（2）节律不齐。

（3）脉力强弱不匀。

（4）脉体软宽。

（5）脉长分布一般不会同时出现在三部。

5. 伏脉 重按推筋着骨始得，甚则暂伏而不显。其指感要求：

（1）轻触脉诊部位，不加很大压力不能感觉脉跳；加压到一定程度后（按到骨骼）脉搏跳动才明显；没有进一步加压的余地。

（2）伏脉并非无脉，一般脉搏搏动较微弱。

（3）脉可及三部，脉宽大小等不拘。

6. 迟脉 脉来迟慢，一息不足四至。其指感要求：

（1）脉动每分钟不足60次。

（2）脉象形态不拘。

（3）脉律基本规整，无间歇。

7. 缓脉 脉来和缓，一息四至。其指感要求：

（1）每分钟脉搏搏动在60～71次之间。

（2）无间歇，脉宽可大于正常。

（3）缓脉指下感觉可与平脉类似，但较平脉略感乏力。

8. 数脉 脉来急促，一息五至以上而不满七至。其指感要求：

（1）每分钟脉搏搏动在91～120次之间。

（2）脉象形态与脉力不拘。

（3）脉律规整，无间歇。

（4）凡符合动脉诊断要求者不判定为数脉。

9. 疾脉 脉来急疾，一息七八至。其指感要求：

（1）每分钟脉搏搏动在121次以上。

（2）脉来急速，有滑脉样感觉。

（3）脉律基本规整，无间歇。

10. 洪脉 脉体宽大，充实有力，来盛去衰，状若波涛汹涌。其指感要求：

（1）脉位浮取搏动明显。

（2）脉搏跳动有力，脉管粗大。

（3）大起大落，有来盛去衰的感觉。

（4）脉宽大于正常，脉长超逾三部。

11. 细脉　脉细如线，应指明显。其指感要求：

（1）感觉脉管纤细，脉宽小于正常。

（2）可清楚感觉到脉搏跳动。

（3）脉长可及三部。

12. 虚脉　三部脉举之无力，按之空虚。其指感要求：

（1）切脉时应指无力，按之空虚，感觉脉跳无力。

（2）脉宽大于正常或小于正常。

（3）脉长可及三部。

13. 弱脉　极软而沉细。其指感要求：

（1）轻触脉诊部位，不加压力不能感觉脉跳；切脉轻取、中取时脉不明显，重取时可感觉脉动。

（2）细弱无力，搏动不明显，不任重按，变化缓慢。

（3）脉宽小于正常。

（4）脉长可及三部。

（5）具有沉脉特征；具有细脉特征。

14. 微脉　极细极软，按之欲绝，若有若无。其指感要求：

（1）脉搏跳动不清晰，极其微弱。

（2）脉管极细极软。

（3）重按起落不明显，似有似无。

（4）节律不匀，至数不清。

（5）脉宽小于正常。

15. 实脉　三部脉举按均有力。其指感要求：

（1）切脉时浮取、中取、沉取皆有力。

（2）脉体宽大，其势来盛去亦盛，感觉脉跳有力。

（3）寸关尺均有明显脉搏跳动。

16. 滑脉　往来流利，应指圆滑，如盘走珠。其指感要求：

（1）感觉脉率明显快于实际脉率。

（2）指下有流利感。应指圆滑，往来之间有一种回旋前进的感觉。

（3）脉位、脉宽不拘。

17. 动脉　见于关部，滑数有力。其指感要求：

（1）每分钟脉搏搏动在 91 ~ 120 次之间。

（2）脉律规整，无间歇。

（3）感觉脉率明显快于实际脉率。

（4）切脉时寸尺不显，关部明显，亦可仅见于寸部或尺部。

（5）指下滑数如珠。

（6）脉势有力。脉宽近似正常。

（7）具有滑脉特征；具有数脉特征；具有短脉特征。

18. 涩脉 形细而行迟，往来艰涩不畅，脉势不匀。其指感要求：

（1）感觉脉律明显慢于实际脉律；以 5 秒为单位计算，每单位之间脉率差大于 1 次以上。

（2）每分钟脉搏搏动少于 72 次。

（3）脉来涩滞不畅。指下无润滑感觉，脉搏起伏徐缓。

（4）脉体较细。

19. 弦脉 端直以长，如按琴弦。其指感要求：

（1）切脉时感觉脉管紧张度较高，有按在琴弦上的感觉。

（2）浮中沉三候均可见弦脉，但以中、沉取多见。

（3）感觉到脉搏有平直感，直起直落。

（4）脉宽较细或正常。

（5）脉长可及三部。

20. 紧脉 绷急弹指，状如牵绳转索。其指感要求：

（1）切脉时感觉脉管紧张度高，脉宽较大，有按在绷直的绳上的感觉；脉管与周围组织截然鲜明。

（2）感觉到脉搏有平直感与跳动感。

（3）脉长逾于三部。

21. 革脉 浮而搏指，中空外坚，如按鼓皮。其指感要求：

（1）切脉时浮取即搏指强直，重按中空，如按鼓皮，内虚空而外绷急。

（2）具有弦脉特征。

（3）脉宽增大。

（4）脉长可及三部。

22. 牢脉 沉实有力、形大弦长。其指感要求：

（1）轻触脉诊部位，不加压力不能感觉脉跳；切脉轻取、中取时脉不明显，重取时脉象有力。

（2）切脉时感觉脉管紧张度较高，有按在琴弦上的感觉，感觉到脉搏有平直感，直起直落。

（3）具有沉脉特征；具有弦脉特征。

（4）脉长超过三部。

23. 濡脉 浮细无力而软。其指感要求：

（1）脉搏显现部位浅表，轻触脉诊部位，不加压力即可感觉脉跳。加压后脉搏跳动不如加压前更为明显。

（2）细软无力，重按则无。

（3）脉宽小于正常。

（4）具有浮脉特征；具有细脉特征。

24. 结脉 脉来缓慢，时有中止，止无定数。其指感要求：

（1）每分钟脉搏搏动少于 90 次。

（2）伴有提前搏动和代偿间歇，间歇无规律。或三五至，或八九至，或数十至一停歇。

（3）停歇有两种形式，一是在一次常态搏动之后，紧接有一次小的搏动，其后有一段时限延长的歇止，而后复动；二是在一次常态搏动之后，有一段时限延长的歇止，而后复动。

25. 代脉 脉来一止，止有定数，良久方还。其指感要求：

（1）切脉时，脉来迟缓，每分钟脉搏搏动少于 90 次。

（2）有间歇，但间歇有规律，常见二联脉、三联脉，间歇时间较长。

（3）脉力参差不均，强弱交替，总体偏弱。

（4）脉宽不拘。

26. 促脉 脉来数而时有一止，止无定数。其指感要求：

（1）每分钟脉搏搏动 90 ~ 160 次。

（2）伴有提前搏动和代偿间歇，间歇无规律。

27. 芤脉 浮大中空，如按葱管。其指感要求：

（1）诊脉时有中空的感觉，边实中软。

（2）脉管粗大。

（3）脉力不足。

（4）脉位浮。

28. 短脉 其指感要求：

（1）寸尺二部脉象或其中之一无法感知脉搏动。

（2）脉象表现不数不滑。

29. 长脉 其指感要求：

（1）寸、关、尺三部脉象基本相同。

（2）在寸之前或尺之后有明显脉跳，与寸、关、尺三部脉象基本相同。

第七章 按诊

按诊是医生用手直接触摸或按压患者某些部位，以了解局部冷热、润燥、软硬、压痛、肿块或其他异常变化，从而推断疾病部位、性质和病情轻重等情况的一种诊断方法。

按诊是切诊的重要组成部分，是诊法中不容忽视的一环。按诊不仅可以进一步确定望诊之所见，补充望诊之不足，而且亦可为问诊提示重点，特别是对脘腹部疾病的诊断有着更为重要的作用，通过按诊可以进一步探明疾病的部位、性质和程度，使其表现客观化。

【实训目的与要求】

1. 熟悉按诊的意义、注意事项。
2. 掌握按诊的手法，能熟练地表述并准确操作。熟悉按诊的操作规范。
3. 熟悉按额、按头颈、按胸胁、按脘腹、按肌肤、按手足的内容与意义。

【实训内容与方法】

1. 按诊手法练习 首先向学生讲述正确的按诊姿势、方法及注意事项，然后将学生以小组为单位，每组2～4人，互相进行操作练习。

2. 颈部按诊训练 练习甲状腺和颈部淋巴结的检查方法。区别正常状态和异常表现。先由老师做检体示教，学生两人一组，互相进行操作练习，填写检查结果记录表。

3. 胸部按诊训练目的 胸部叩击法练习。先由老师做检体示教，学生两人一组，互相进行操作练习，填写检查结果记录表。

4. 区别腹部常见阳性体征 学生2～4人一组，利用腹部触诊电子标准化模拟患者进行肝脾触诊、胆囊触痛、墨菲征阳性、腹部压痛、反跳痛等操作练习。

5. 肌肤按诊训练 肌肤按诊手法练习，肌肤的寒热、润燥、滑涩、疼痛、肿胀、疮疡等各种不同表现及意义。由老师先做检体示教，学生2～4人一组，互相进行操作练习，填写检查结果记录表。

第一节 按诊方法

一、操作规范

（一）操作准备

1. 检查患者前要注意诊室的光线、室温，保证环境安静。
2. 医生应事先修剪指甲，避免按诊时刺激患者。
3. 天冷检查时，患者医生要事先把手暖和。

4. 要准备好诊断床的被褥、被单、低枕。

（二）操作方法

1. 按诊体位 根据检查的目的和部位不同，采取不同的体位。

一般患者应取坐位或仰卧位或侧卧位。患者取坐位时，医生应面对患者而坐或站立进行，用左手稍扶病体，右手触摸按压某一局部。这种体位多用于皮肤、手足、腧穴的按诊。

按胸腹部时，患者须采取仰卧位，头垫低枕，全身放松，两手臂自然放在躯干两侧，两腿自然伸直，医生站在患者右侧，用右手或双手对患者胸腹某些部位进行切按。在切按患者腹内肿块或腹肌紧张度时，可让患者屈起双膝，使腹肌松弛或做深呼吸，以便于切按。

检查肝、脾时，可分别向左、向右侧卧位。右侧位按诊时，患者右下肢伸直，左下肢屈髋、屈膝；左侧位按诊时，患者左下肢伸直，右下肢屈髋、屈膝，进行触摸推寻。检查肾时可用坐位或立位。对腹部肿瘤的按诊，可采取肘膝位，患者用两肘、两膝趴在检查床上，医生站在患者左侧，用右手稍抚患者腰背部，左手按摸推寻患者腹部。

2. 按诊的手法 主要有触、摸、按、叩四法。

（1）*触法*：触法是医生将自然并拢的第二、第三、第四、第五手指掌面或全手掌轻轻接触或轻柔地进行滑动触摸患者局部皮肤，以了解肌肤的凉热、润燥等情况，用于分辨病属外感还是内伤，是否汗出，以及阳气津血的盈亏。

（2）*摸法*：摸法是医生用指掌稍用力寻抚局部，探明局部的感觉情况，以辨别病位及病性的虚实。

（3）*按法*：按法是以重手按压或推寻局部，以了解深部有无压痛或肿块，肿块的形态、大小，质地的软硬、光滑度、活动程度等，以辨脏腑虚实和邪气的痼结情况。

（4）*叩法*：叩法又称叩击法。是医生用手叩击患者身体某部，使之震动产生叩击音、波动感或震动感，以此确定被检查部位的脏器状态有无异常。

叩击法有直接叩击法和间接叩击法两种：①直接叩击法：是医生用屈曲的中指指尖或并拢的二、三、四、五指的掌面直接叩击或拍打身体需要检查部位，通过叩击手指的感觉和拍击的反响来判断病变部位的情况。这种方法主要适用于胸、腹部面积较广的病变。②间接叩击法：有拳掌叩击法和指指叩击法。拳掌叩击法是医生用左手掌平贴在患者的检查部位，右手握成空拳叩击左手背，边叩边询问患者叩击部位有无局部疼痛等感觉，医生根据患者感觉以及左手震动感，以推测病变部位、性质和程度。这种方法临床常用以诊察腹部和腰部疾病。指指叩击法是医生用左手中指第二指节紧贴患者需检查的部位，其他手指稍微抬起，勿与体表接触，右手指自然弯曲，第二、四、五指微翘起，以中指指端叩击左手中指第二指节前端，叩击方向应与叩击部位垂直，叩时应用腕关节与掌指关节活动之力，叩击力量要均匀适中，叩击动作要灵活、短促、富有弹性，叩击后右手中指应立即抬起，每次连叩 2～3 下，可反复进行。此法患者可采取坐位或仰卧位，常用于对胸背腹及肋间的诊察。

二、注意事项

1. 根据疾病的部位和性质不同，选择相应的体位和方法。
2. 操作手法要轻巧柔和、规范，避免突然暴力或冷手按诊。
3. 按诊操作必须细致、精确、规范、全面而有重点。
4. 检查时依次暴露各被检部位，力求系统、全面，但要避免反复翻动患者。
5. 按诊综合检查的顺序一般是先触摸，后按压，由轻而重，由浅入深，从健康部位开始，逐渐移向病变区域，先远后近，先上后下，先左后右地进行。
6. 诊尺肤应注意左、右尺肤的对比。
7. 按手足应注意左右比较，或作手足心与手足背比较。
8. 注意争取患者的主动配合，使患者能准确地反映病位的感觉。
9. 要边检查边注意观察患者的反应及表情变化，以了解病痛所在的准确部位及程度。
10. 对精神紧张或有痛苦者要给以安慰和解释，亦可边按诊检查边与患者交谈，转移其注意力而减少腹肌紧张，以便顺利完成检查。

三、操作技巧

1. 按额部的方法及技巧 检查患者时，医生用手背（手心）触及患者额部，探测患者有无发热，低热还是高热。同时以患者的手心作对照，若患者手心热甚于额部，是虚热；若额部热于手心，是外感表热证。这种方法多用于小儿。

2. 按头部的方法及技巧 囟门触诊时，小儿取坐位或立位。检查者双手掌各置于小儿左、右颞部，拇指按在额部，以中指、示指检查囟门，注意其大小，闭合与否，充实度，有无隆起和凹陷，有无搏动等。测量时应以囟门的对边中点连线为准。

3. 按颈部的方法及技巧

（1）甲状腺（瘿瘤）触诊：①双手触诊法：被检查者取坐位，平视，解开领口，使颈部充分暴露，医生站在被检者身后，触诊时嘱患者做吞咽动作，随吞咽而上下移动者即为甲状腺。检查左叶时，医生右手示指和中指在甲状软骨下气管右侧向左轻推甲状腺右叶，左手示、中、环三指触摸甲状腺的轮廓大小及表面情况，有无压痛及震颤。用同样方法检查右叶甲状腺。也可在患者前面进行，医生以左手拇指置于甲状软骨下气管右侧向左轻推右叶，右手三指触摸甲状腺左叶。用同样方法检查右叶甲状腺。②单手触诊法：被检查者取坐位，平视，解开领口，使颈部充分暴露，医生站在被检者对面。医生右手拇指置于环状软骨下气管右侧，将甲状腺轻推向左侧，示、中、环三指触摸甲状腺左叶的轮廓、大小及表面情况。医生用左手检查甲状腺右叶。

触诊甲状腺时应注意动作轻柔，并按次序检查。先在正常头位，再在头前倾位，最后在头后仰位触诊甲状腺，以确定其两叶的下缘与轮廓，比较两叶的大小、形态是否规则，有无结节感或分叶状、质度、表面光滑度、有无压痛、有无震颤等。

（2）颈部淋巴结（瘰疬）触诊：被检查者取坐位，医生站在被检者身后，触诊时让被检查者头稍低，或偏向检查侧，以使皮肤或肌肉松弛，便于触诊。医生手指紧贴检查部位，由浅入深进行滑动触诊，一般顺序是，耳前、耳后、乳突区、枕骨下区、颈后三角、颈前三角（颌下、颏下）。

触诊颈部淋巴结时应注意动作轻柔，并按次序检查。检查时应注意其部位、大小、数目、硬度、压痛、活动度、有无粘连、局部皮肤有无变化等。

4. 按胸胁的方法及技巧

（1）*胸部按诊*：患者采取坐位或仰卧位，然后充分暴露检查部位。医生站在患者右侧，用右手或双手对患者进行按诊。

胸部压痛检查时，用手指或手掌轻压胸壁，检查有无压痛，疼痛的部位、程度和性质。胸部叩击检查时，受检者一般取坐位或仰卧位，姿势对称，肌肉放松，呼吸均匀。检查前胸时，胸部稍向前挺。检查腋部时，将该侧手臂举起置于头上。检查背部时，两肩应下垂，身体稍向前，头略低，必要时取两手交叉抱肩或抱肘位。侧卧位进行叩诊时，必须两侧卧位对比检查，排除体位不同而引起的差异。

（2）*乳房按诊*：乳房按诊时，被检查者取坐位，先两臂下垂，然后双臂高举超过头部或双手叉腰再进行检查。当仰卧位检查时，可垫小枕头抬高肩部使乳房能较对称地位于胸壁上，以便详细检查。按诊检查先由健侧乳房开始，后检查患侧。检查者的手指和手掌应平置在乳房上，应用指腹轻施压力，以旋转或来回滑动进行触诊。避免用手指抓捏乳腺，以防将正常乳腺组织误诊为肿块。检查左侧乳房时由外上象限开始，按顺时针方向进行，按诊至四个象限检查完毕，最后检查乳头。检查右侧乳房，方法同左侧，但沿逆时针方向进行。

乳房按诊时，要注意乳房的硬度、弹性，有无肿块或结节以及其性质，有无压痛等。

（3）*虚里按诊*：虚里按诊时，一般患者采取坐位和仰卧位，医生位于患者右侧，用右手全掌或指腹平抚左乳下第四、第五肋间，乳头下稍内侧的心尖搏动处，并调节压力，注意诊察其动气之强弱、至数和聚散等。

（4）*胁部按诊*：肝胆位居右胁，肝胆经脉分布两胁，故按胁肋主要是了解肝胆疾病。脾脏叩诊区在左侧腋中线上第 9 ~ 11 肋间，宽为 4 ~ 7cm 的部位，左胁部按诊应考虑排除脾脏病变。按胁部常采取仰卧位或侧卧位，除在胸侧腋下至肋弓部位进行按、叩外，还应从上腹部中线向两侧肋弓方向轻循，并按至肋弓下，以了解胁内脏器状况。

5. 按脘腹的方法及技巧 按诊时，根据所诊脏腑的不同，首先确定诊区目标。一般肝脏诊区位于大腹右上方至右肋缘下及剑突下方；脾脏诊区位于大腹左侧上方至左肋缘下方；胆位于大腹右侧腹直肌外缘与肋缘交界处；胃位于上腹部偏左；肠位于脐周围（十二指肠在脐右上方，小肠及肠管在脐周围），乙状结肠在左髂窝部，盲肠位于右下腹；肾脏诊区位于腰部左右肋缘下方；膀胱、胞宫位于小腹部耻骨联合的上方；胞宫附件位于左右少腹部。

诊区目标确定后再考虑按诊应采取的体位和方法。通常采用仰卧位或侧卧位。取坐位时，医生应在受检者右侧，左手稍扶患者肩背部，右手第二、三、四、五指自然并拢，用指腹或示指桡侧按腹；取仰卧位时，受检者两腿稍屈曲，医生应在受检者右侧，右手第二、三、四、五指自然并拢，用指腹或示指桡侧按寻。无明确病痛部位时，腹部按诊一般先从左下腹开始，按逆时针方向，由下而上，先左后右进行全腹检查；如果有明显痞块或疼痛时，按诊应先从正常部位逐渐移向病变部位。按时应由浅入深，由轻而重，指力适中。边按边询问，边观察患者表情。注意了解局部手感情况，有无胀满、痞块、软硬程度，以及有无压痛、压痛程度等。进行下腹部检查必要时应嘱患者排尿，以免将充盈的膀胱误认为腹部包块，有时也需排出大便。

（1）肝脏的按诊：受检者宜取仰卧位，两膝关节屈起，医生位于受检者右侧，以左手掌及四指置于受检者右腰部并向上托，大拇指固定于右肋下缘，以右手平放于脐部右侧，用并拢的四指尖部或示指桡侧对着肋缘，随受检者呼气时，手指压向腹深部，受检者再次吸气时，右手手指向肋缘方向推进，但勿随腹壁抬起，如此，逐渐向肋缘移动，直到触到肝缘或肋缘为止，需在右锁骨中线上及前正中线上，分别触诊肝缘并测量其与肋缘或剑突根部的距离，用厘米表示。

（2）胆的按诊：常用单手滑行触诊法或钩指触诊法。被检者宜取仰卧位，两膝关节屈起，医生位于受检者右侧，以左手掌平放于受检者右肋下部，拇指与其余四指垂直，四指与右肋弓垂直，拇指指腹勾压于右肋下胆囊点处，然后嘱受检者深吸气，观察患者在深吸气过程中胆囊下移时碰到用力按压的拇指的感觉及表现。

（3）脾脏的按诊：可用右手单手触诊，也可用双手触诊法。双手触诊检查时，受检者可采取仰卧位，两腿稍屈曲，医生左手绕过受检者腹前方，手掌置于受检者左腰部第7~10肋处，将脾从后向前托起。右手掌平放于上腹部，与左侧肋弓垂直，以稍弯曲的手指末端轻轻压向腹深部，并随受检者腹式呼吸运动逐渐由下向上，每个部位触2~3次，每次移动不超过1cm，直至触到脾缘或左肋缘。若仰卧位不易触到时，可嘱受检者取右侧卧位，右下肢伸直，左下肢屈曲。

（4）肾脏的按诊：一般用双手触诊法。受检者可采取仰卧位或立位。卧位触诊右肾时，医生站在受检者右侧，嘱受检者两腿屈曲并做较深呼吸，医生左手平放于右后腰部肾区，将后腹壁推向前方。右手掌平放在右季肋部，以微曲的指端置于肋缘下方，随受检者呼吸将右手逐渐压向腹深部，前后两手相互配合寻按肾脏。触诊左肾时，医生左手越过受检者前方而托起左腰部，右手掌横放在受检者左上腹部，如上法进行寻按。

6. 按肌肤的方法及技巧

（1）按肌肤：按肌肤时，受检者可根据病变部位不同，选择适宜体位，以充分暴露被检查部位为原则，医生位于患者右侧，右手手指自然并拢，掌面平贴肌肤之上轻轻滑动，以诊肌肤的寒热、润燥、滑涩，有无皮疹、结节、肿胀、疼痛等。若患者有疼痛时，医生应在局部进行轻重不同程度的按压，以找准疼痛的部位、范围、程度和性质。若发现有结节时，应对结节进一步按诊，可用右手拇指与示指寻其结节边缘及根部，以确定结节的大小、形态、软硬程度、活动情况等。若诊察有肿胀时，医生应用右手拇指或示指在肿胀部位进行按压，以掌握肿胀的范围、性质等。疮疡按诊，医生可用两手拇指和示指自然伸出，其余三指自然屈曲，用两示指寻按疮疡根底及周围肿胀状况，未破溃的疮疡，可用两手示指对应夹按，或用一示指轻按疮疡顶部，另一手示指置于疮疡旁侧，诊其软硬，有无波动感，以了解成脓的程度。

（2）按尺肤：受检者可采取坐位或仰卧位。诊左尺肤时，医生用右手握住患者上臂近肘处，左手握住患者手掌，同时向桡侧转辗前臂，使前臂内侧面向上平放，尺肤部充分暴露，医生用指腹或手掌平贴尺肤处并上下滑动来感觉尺肤的寒热、滑涩、缓急（紧张度）；诊右尺肤时，医生操作手法同上，左、右手置换位置，方向相反。

7. 按手足的方法及技巧 按手足时患者可取坐位或卧位（仰、侧皆可），充分暴露手足。医生可单手抚摸，亦可用双手分别抚握患者双手足，并作左右比较，或作手足心与手足背比较。按诊的重点在手足心寒热的程度。

第二节 按诊内容

按诊的运用相当广泛，涉及全身各部分，尤其是对腹部疾病的诊察更为重要。临床常用的按诊检查有按额部、按头颈部、按胸胁、按脘腹、按肌肤、按手足等。

一、按额部

额部属心，按额部的冷暖，可以探测心阳的盛衰。

二、按头颈部

按头颈部不仅可以诊查头之局部病变，而且可以测知与其相关的脏腑的疾病。

（一）按头部

按头部在临床上常用来诊察婴儿囟门的情况。按婴儿囟门，应注意有无高而凸起或是低陷的变异。囟门的高凸或低陷见局部望诊中所述。

（二）按颈部

按颈部必须注意有无肿大、瘿肿、结节，与周围组织有无粘连等。

1. 瘿肿 质地形态随瘤的性质而变。肉瘤柔软如棉团，外形如碗覆盖于上；筋瘤质地坚硬，青筋盘曲；血瘤软硬相间，半球状或扁平状隆起，边缘明显，有时可触及波动，皮肤上血丝压之可暂时褪色；气瘤软而不坚，或消或长；骨瘤坚硬如石，紧贴于骨，按推不动。

2. 瘰疬 颈部的结节三五成串，历历可数，日久可粘连成片，按之不动，质地坚硬，可有压痛，日久也可溃破。

三、按胸胁

胸胁即前胸和侧胸部的统称。前胸部即缺盆（锁骨上窝）至横膈以上。侧胸部又称胁肋部或胁部，即胸部两侧，为腋下至十一十二肋骨端的区域。

传统上“胸”指缺盆下，腹之上有骨之处；胸骨体下端尖突谓之“鸠尾”；肌肉部分谓之“膺”；肋骨下之软肋处谓之“季肋”；左乳下心尖搏动处为“虚里”。

胸内藏心肺，胁内包括肝胆。所以胸胁按诊除可排除局部皮肤、经络、骨骼病变外，主要是用以诊察心、肺、肝、胆、乳房等脏器组织的病变（表7－1）。

表7－1 按胸胁的基本内容

部位	特点	临床意义
胸部	前胸高突，叩之膨膨然而音清	肺胀
	按之胸痛，叩之音浊或呈实音	饮停胸膈，痰热壅肺
	胸部压痛，有局限性青紫肿胀	外伤
虚里	搏动迟弱，或久病体虚而动数	心阳不足
	按之其动微弱	宗气内虚
	动而应衣	宗气外泄
	虚里搏动数急而时有一止	宗气不守
	按之弹手，洪大而搏，或绝而不应	心气衰绝
	胸高而喘，虚里搏动散漫而数	心肺气绝
	虚里动高，聚而不散	热甚（外感热邪、小儿食滞或痘疹将发）
乳房	有形如鸡卵的硬结肿块，边界清楚，表面光滑，推之活动而不痛	乳核
	有结节如梅李，边缘不清，皮肉相连，病变发展缓慢，日久破溃，流稀脓夹有豆渣样物	乳痨
	块肿质硬，形状不规则，高低不平，边界不清，腋窝多可扪及肿块	乳癌
胁部	胁痛喜按，胁下按之空虚无力	肝虚
	右胁下肿块，摸之有热感，疼痛拒按	肝痈
	胁下肿块，刺痛拒按	气滞血瘀
	右胁下肿块，质硬，表面平或呈小结节状，边缘锐利，压痛不明显	肝积
	右胁下肿块，质地坚硬，按之表面凹凸不平，边缘不规则，常有压痛	肝癌疑似征
	右侧腹直肌外缘与肋缘交界处附近触到梨形囊状物，并有压痛	胆石、胆胀
	疟疾后左胁下可触及痞块，按之硬者	疟母

四、按脘腹

脘腹泛指心下（剑突）至毛际（耻骨联合）的体表部位。大体分为心下、胃脘、大腹、小腹、少腹等部分，其区域划分见图7－1。

按腹部主要是诊断肝、胆、脾、胃、肾、小肠、大肠、膀胱、胞宫及其附件组织的病证（表7－2）。

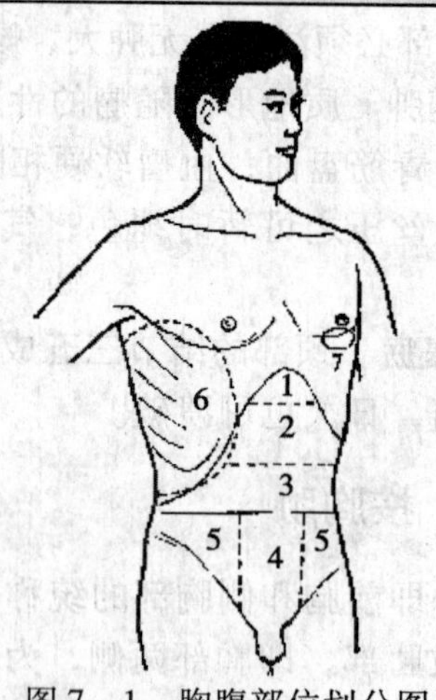

图7－1 胸腹部位划分图
1. 心下 2. 胃脘 3. 大腹 4. 小腹 5. 少腹 6. 胁肋 7. 虚里

五、按肌肤

按肌肤是指触摸按压某些部位的肌肤，通过诊察其寒热、润燥、滑涩、疼痛、肿胀、皮疹、疮疡等情况，以分析病情的寒热虚实及气血阴阳盛衰的诊断方法。

表 7－2 按脘腹的基本内容

部位			特点	临床意义
胃脘部	胃腑	痞满	按之柔软，无压痛	虚证
			按之较硬，有抵抗感和压痛	实证
腹部	肝、胆、脾、胃、肾、小肠、大肠、膀胱、胞宫	冷热	按之肌肤凉而喜热	寒证
			按之肌肤热而喜凉	热证
		疼痛	腹痛喜按	虚证
			腹痛拒按	实证
		腹满	脘腹部按之手下饱满充实而有弹性、有压痛	实满
			若脘腹部虽然膨满，但按之手下虚软而缺乏弹性，无压痛	虚满
		腹部胀大	一手轻拍腹壁，另一手则有波动感，按之如囊裹水，以手叩之呈移动性浊音	水鼓
			一手轻轻叩拍腹壁，另一手无波动感，以手叩之呈鼓音	气鼓
		肿块	肿块推之不移，肿块痛有定处	癥积，病属血分
			肿块推之可移，或痛无定处，聚散不定	瘕聚，病属气分
			腹中结块，按之起伏聚散，往来不定，或按之形如条索状，久按转移不定，或按之手下如蚯蚓蠕动	虫积
			左少腹作痛，按之累累有硬块	肠中有宿粪
			右少腹作痛而拒按，或出现反跳痛，或按之有包块应手	肠痈

（一）诊寒热

按肌肤的寒热可了解人体阴阳的盛衰、病邪的性质等（表 7－3）。

表 7－3 按肌肤寒热的基本内容

特点	临床意义
肌肤寒冷，体温偏低	阳气衰少
肌肤冷而大汗淋漓，脉微欲绝	亡阳
肌肤灼热，体温升高	实热证
汗出如油，四肢肌肤尚温而脉躁疾无力	亡阴
身灼热而肢厥冷	真热假寒证
外感病汗出热退身凉	表邪已解
皮肤无汗而灼热	热甚
身热初按热甚，久按热反转轻	热在表
久按其热反甚	热在里
肌肤初扪之不觉很热，但扪之稍久即感灼手	湿热内蕴

（二）诊润燥滑涩

通过触摸患者皮肤的滑润和燥涩，可以了解汗出与否及气血津液的盈亏（表 7－4）。

表 7-4 按肌肤润燥滑涩的基本内容

类型	特点	临床意义
诊皮肤润燥	皮肤干燥	尚未出汗
	皮肤湿润	身已出汗
	干瘪	津液不足
诊皮肤滑涩	肌肤滑润	气血充盛
	肌肤枯涩	气血不足
	肌肤甲错	血虚失荣或瘀血

（三）诊疼痛

通过触摸肌肤疼痛的程度可以分辨疾病的虚实（表 7-5）。

表 7-5 按肌肤疼痛的基本内容

特点	临床意义
肌肤濡软，按之痛减	虚证
硬痛拒按	实证
轻按即痛	病在表浅
重按方痛	病在深部

（四）诊肿胀

用重手按压肌肤肿胀程度，以辨别水肿和气肿（表 7-6）。

表 7-6 肌肤水肿和气肿的鉴别

特点	临床意义
按之凹陷，不能即起	水肿
按之凹陷，举手即起	气肿

（五）诊疮疡

触按疮疡局部的凉热、软硬，可判断证之阴阳寒热（表 7-7）。

表 7-7 疮疡按诊的鉴别

特点	临床意义
肿硬不热	寒证
肿处灼手而有压痛	热证
根盘平塌漫肿	虚证
根盘收束而隆起	实证
患处坚硬	多无脓
边硬顶软	已成脓

（六）诊尺肤

诊尺肤即通过触摸患者肘部内侧至掌后横纹处之间的肌肤，以了解疾病寒热虚实性质的诊察方法（表 7-8）。

表 7－8 按尺肤的基本内容

特点	临床意义
尺肤部热甚	热证
尺肤部凉	泄泻、少气
按尺肤窅而不起	风水
尺肤粗糙如枯鱼之鳞	精血不足，或有瘀血内阻

六、按手足

按手足是通过触摸患者手足部位的冷热程度，以判断病情的寒热虚实及表里内外顺逆（表 7－9）。

表 7－9 按手足冷热的基本内容

类型	特点	临床意义
手足冷热	手足俱冷	阳虚寒盛，属寒证
	手足俱热	阳盛热炽，属热证
手足寒热比较	手足背热甚于手足心	外感发热
	手足心热甚于手足背	内伤发热
	额上热甚于手心热	表热
	手心热甚于额上热	里热
小儿手足寒热	指尖冷	惊厥
	中指独热	外感风寒
	中指指尖独冷	麻痘将发
阳气存亡	阳虚证四肢犹温	阳气尚存
	阳虚证四肢厥冷	病情深重
顺逆	热证见手足热	顺候
	热证反见手足逆冷	逆候

第三节 按诊训练

按诊是诊法中不容忽视的一环，对于探明疾病的部位、性质和程度有非常重要的作用，在临床运用时要正确进行操作，并必须与其他诊法相结合使用，以全面、准确地做出诊断。

一、按诊手法训练

1. 目的 训练学生按诊手法的规范操作。

2. 方法 学生 2～4 人一组，1～2 人轮流扮被检者，其余人为检查者。检查者对被检者实施触、摸、按、叩检查。教师和学生共同对检查者的手法进行点评。

二、颈部按诊训练

1. 目的 训练学生用正确方法对甲状腺和颈部淋巴结进行按诊检查。区别正常状态和异常表现。

2. 方法 先看示教片或由老师做检体示教，学生两人一组，互相检查，老师作指导。检查完毕，将检查的结果填入记录表中（表7-10）。

表7-10 **颈部按诊记录表**

受试者编号：________姓名：________性别：________年龄：________民族：________

婚姻：________职业：________单位：________

有关病史：________________________________

检查部位	检查项目	结果
甲状腺	大小	
	形态	
	对称性	
	硬度	
	光滑度	
	结节	
	压痛	
	震颤	
颈部淋巴结	部位	
	大小	
	质地	
	数量	
	活动度	
	粘连	
	压痛	
	皮肤情况	

检测者签名：________班级：________ 实验日期：________

三、胸部按诊训练

1. 目的 训练学生正确运用叩击法对胸部进行检查，并能区分清音、浊音、实音、过清音及鼓音。

2. 方法 由老师先做检体示教，学生2~4人一组，互相检查，老师作指导。检查完毕，将检查的结果填入记录表中（表7-11、表7-12）。

表7-11 **胸部叩诊检查记录表**

叩击音	部位					
	前胸左	前胸右	侧胸左	侧胸右	背部左	背部右
清音						
浊音						
实音						
过清音						
鼓音						

表 7－12　　胸部按诊记录表

按诊部位	表现特点	部位
胸部压痛		
虚里搏动		
乳房肿块		

四、腹部按诊训练

1. 目的　利用腹部触诊电子标准化模拟患者训练学生肝脾触诊、胆囊触痛、莫菲征阳性、腹部压痛和反跳痛检查的正确手法，锻炼学生对腹部常见阳性体征的分辨能力。

2. 方法　学生 2～4 人一组，利用腹部触诊电子标准化模拟患者进行肝脾触诊、胆囊触痛、墨非征阳性、腹部压痛、反跳痛等操作练习（表 7－13）。

表 7－13　　腹部按诊检查记录表

按诊部位	表现特点		部位
胃脘部	压痛		
	软硬度		
腹部	软硬度		
	冷热		
	压痛		
	反跳痛		
	波动感		
	移动性浊音		
	肿块大小形态		
	肿块活动度		
	肿块数量		

五、肌肤按诊训练

1. 目的　训练学生运用正确按诊手法检查肌肤，并能区分肌肤的寒热、润燥、滑涩、疼痛、肿胀、疮疡等各种不同表现，了解其临床意义。

2. 方法　由老师先做检体示教，学生 2～4 人一组，互相检查，老师作指导。检查完毕，将检查的结果填入记录表中（表 7－14）。

表 7－14　　肌肤按诊记录表

受试者编号：________姓名：________性别：________年龄：________民族：________

婚姻：________职业：________单位：________

有关病史：________________________________

检查内容	检查手法	检查部位	临床意义
寒热			
润燥滑涩			
疼痛			
肿胀			
疮疡			
其他			

检测者签名：________ 班级：________ 实验日期：________

六、症证关系练习

利用案例锻炼学生针对患者的不同主诉进行正确思维，并加强学生对中医证的理解和内容的掌握，为按诊在临床应用打下基础。分为以症测证和以证测症两部分。

（一）以症测证

案例一 江某，男，32岁，工人。右腰部酸胀1年余，阵发性剧痛3天。1年前，患者即感腰部酸胀，未加注意。3天前，突发右腰部阵发性绞痛，并牵引右少腹作痛，伴小便频数。检查：右腰部有叩击痛，舌红，苔薄白，脉弦细数。尿常规：红细胞（++++），白细胞（++）。腰部拍片诊断为右肾结石（1.2cm×1cm）。

（1）问题：①本患者应诊为何证？右腰部叩击痛有何临床意义？②如何鉴别肾阴虚证、肾阳虚证？

（2）参考答案

1）以症测证：该病例以腰部酸胀，疼痛为主诉。腰部酸痛可见于肾阴虚证、肾阳虚证、膀胱湿热证。从上诉症状和体征中可了解患者并无肾阴虚证、肾阳虚证的见症。该病例突发右腰部阵发性绞痛，并牵引右少腹作痛，右腰部有叩击痛，伴小便频数，乃湿热阻滞膀胱所致，证候诊断为膀胱湿热证。

2）肾阴虚证与肾阳虚证的鉴别：①肾阴虚证：多为腰膝酸软疼痛，喜按，无叩击痛，且有眩晕耳鸣，失眠多梦，男子阳强易举，遗精，妇女经少经闭，或见崩漏，形体消瘦，五心烦热，潮热盗汗，咽干颧红，溲黄便干，舌红少津，脉细数等。②肾阳虚证：多为腰膝酸冷疼痛，喜按喜温，无叩击痛，并有面色白或黧黑，头目眩晕，精神萎靡，形寒肢冷，尤以下肢为甚；或阳痿，妇女宫寒不孕；或大便久泄不止，完谷不化，五更泄泻；或浮肿，腰以下为甚，按之凹陷不起，甚则腹部胀满，全身肿胀，心悸咳喘，舌淡胖苔白，脉沉弱等。

案例二 张某，男，49岁，农民。腹部包块3月余。3个月前患者自觉右上腹经常疼痛，初作肝炎治疗无效，渐至右胁下缘高起，日益增大，按之坚硬作痛，饮食减少，形体消瘦。检查：面色晦暗，右胁下连中脘高突如盘，按之凹凸不平，坚硬如石，固定不移，重按则痛，舌质紫暗，脉涩。

（1）问题：①本患者应诊为何证？②如何鉴别气滞证、虫积证？

（2）参考答案

1）以症测证：该病例以腹部发现包块为主诉，临床上腹部包块多见于气滞证、血瘀证、虫积证。从上诉症状和体征中可了解患者并无气滞证、虫积证的见症。该病例腹部包块，按之凹凸不平，坚硬如石，固定不移，重按则痛，且伴面色晦暗，舌质紫暗，脉涩等瘀血内阻，瘀浊外露之征，说明其腹部包块是瘀血日积不散，凝结成块所致，证候诊断为血瘀证。

2）气滞证与虫积证的鉴别：①气滞证：所致包块的特点是推之可移，按之无形，痛无定处，聚散不定，且伴有局部胀痛或窜痛，症状时轻时重，痛胀随嗳气、矢气、肠鸣而减轻，症状随情绪变化而减轻或加重，脉弦。②虫积证：特点是腹中结块，按之起伏聚散，往来不定，或按之形如条索状，久按转移不定，或按之手下如蚯蚓蠕动，常伴有脐周腹痛时作，或绞痛，或攻痛，疼痛剧烈，或呕吐蛔虫，大便排虫，肛门瘙痒，面色淡白或萎黄，形体消瘦，唇淡、舌淡，脉细弱或弦等。

（二）以证测症

1. 胃气虚证、寒饮停胃证、脾胃湿热证

（1）问题：①三证型的常见临床表现各有哪些？②指出三证型的共有主症、不同按诊特点及不同主症分别是什么？

（2）参考答案

1）三证型常见的临床表现：①胃气虚证：胃脘痞胀，食后胀甚，或隐隐作痛，按之觉舒，食欲减退，嗳气，面色萎黄，少气，神疲乏力，声低懒言，舌质淡，苔薄白，脉虚弱。②寒饮停胃证：脘腹痞胀，胃脘有振水声，呕吐清水痰涎，口淡不渴，眩晕，舌苔白滑，脉沉弦。③脾胃湿热证：脘腹痞满，纳呆，恶心呕吐，厌食油腻，口甜而黏腻，便溏不爽，肢体困重，或身黄、目黄，色泽鲜明如橘皮色，小便黄，或身热起伏，汗出热不解，或皮肤瘙痒，舌红苔黄腻，脉濡数。

2）脘腹痞满可成为胃气虚证、寒饮停胃证、脾胃湿热证三证的共有主症。不同的是胃气虚证胃脘痞胀，按之手下虚软而缺乏弹性，并可有胃脘隐痛，食欲减退，嗳气，面色萎黄，神疲乏力等主症；寒饮停胃证脘腹痞胀，按之胀痛而有形，推之胃脘有振水声，并可有呕吐清水痰涎的主症；脾胃湿热证的脘腹痞满，按之手下饱满充实而有弹性，可有纳呆，恶心呕吐，厌食油腻，口甜而黏腻，便溏不爽，肢体困重等主症。

2. 风热表证、热邪壅肺证、湿热蕴脾证

（1）问题：①三证型的常见临床表现各有哪些？②指出三证型的共有主症、不同按诊特点及不同主症分别是什么？

（2）参考答案

1）三证型常见的临床表现：①风热表证：发热，肌肤灼热，微恶风寒，头痛，咽喉痒或痛，鼻塞流浊涕，口干微渴，或有汗，舌边尖红，苔薄黄，脉浮数。②热邪壅肺证：发热，肌肤灼手，面红目赤，咳嗽，气喘，鼻煽气灼，胸痛，咽喉红肿疼痛，口渴，小便短赤，大便秘结，舌红苔黄而干，脉洪数。③湿热蕴脾证：脘腹胀闷，身重，发热，或肌肤初扪之不觉热，扪之稍久即感灼手，汗出热不解，口中黏腻，便溏不爽，或面目肌肤发黄，色泽鲜明，小便短黄，舌红苔黄腻，脉濡数。

2）由上可知，发热，按之肌肤灼热可成为风热表证、热邪壅肺证、湿热蕴脾证的共同主症。但风热表证的特点是肌肤灼热初按热盛，久按热反转轻，且可能还具备微恶风寒，头痛，咽喉痒或痛，鼻塞流浊涕，脉浮数等主症。热邪壅肺证的特点是肌肤灼手，久按热更甚，尚可具备咳嗽，气喘，胸痛，咽喉红肿疼痛等主症。湿热蕴脾证的特点是肌肤初扪之不觉热，扪之稍久即感灼手，且可具备汗出热不解，脘腹胀闷，身重，口中黏腻，便溏不爽等主症。

中篇 辨证

第八章 辨证的方法

第一节 证与辨证体系

证是对疾病当前的病位与病性等本质所作出的判断。证的相关信息是通过望、闻、问、切等诊察手段所获得的资料表现出来的，四诊是辨证的前提和依据。但是，面对相同的临床资料，不同的辨证思维，其结论是不同的。例如，患者“恶寒重发热轻、咳嗽、气喘、头身痛、脉浮紧”是表寒证，但如果忽略了中医的辨证思维，套用西医的诊断，以为“病毒感染”辨为热证，则导致辨证错误。因此，辨证的正确与否，取决于辨证思维的合理性。

一、中医辨证的基本过程

在疾病的诊治过程中，临床医师需要通过各种临床资料来了解患者当前的状况，也就是透过疾病的现象看疾病的本质。在长期的临床实践中，中医学建立了行之有效的辨证理论、方法和体系，包括八纲辨证、气血津液辨证、脏腑辨证、病因辨证、经络辨证、六经辨证、卫气营血辨证、三焦辨证等。运用这些辨证方法，对疾病的相关信息、证候进行综合分析，进而确定患者疾病当前的病位、病性等本质并归纳出相应的证名，即为辨证的过程。这个过程即是各种辨证方法的具体应用过程，也是辨证思维的具体体现过程。中医辨证的基本过程如下：

辨证
↓
以中医的理论为指导
↓
分析　归纳
↓
四诊（望、闻、问、切）患者的临床资料（症状、体征等）+实验室等辅助检查
↓　判断
疾病当前的病位、病性
↓　诊断
完整的证名例如：

四诊：（望、闻、问、切）食少、腹胀、便溏、神疲乏力、舌淡、脉弱

↓ 判断

疾病当前的病位：脾；病性：气虚

↓ 诊断

完整的证名：脾气虚证

到目前为止，四诊所收集的症（症状和体征）依然是辨证的主要依据，因此，症的全面、规范和准确是辨证正确与否的前提。

二、中医证的特点

1. 整体性 证候表现具有整体性特点，临床资料是辨证的主要依据，根据整体观念的原理，临床资料除了症（症状、体征）外，还包括地理、气候、季节、饮食习惯、先天因素等，也包含部分理化检查的结果。

2. 动态性 证具有动态变化的特点，疾病过程中，不同的时期，辨证的结论常常是不同的。辨证是辨现在证，疾病的发生、发展过程只能作为辨现在证的参考。

3. 兼杂性 由于疾病本身的复杂性，单一的证很少见，证候普遍存在着相兼错杂的特点。此外，由于病情的复杂性，部分疾病在特定的状态可能出现与病证本质相反的假象，因此，证候存在着真假。

三、辨证的基本要求

1. 临床资料全面准确 通常情况下，症是辨证的主要依据，但是，当症状不明显、不典型时，地理、气候、季节、生活习惯、体质因素往往是辨证的关键。当患者以某一症状为主诉就诊时，应注意分析可能存在的其他症状，如腹胀，兼以食少、神疲乏力、便溏、脉虚应辨为脾气虚证；如果兼胸胁胀闷、太息、脉弦为主症则应辨为肝郁气滞证。怕冷，应辨别是畏寒或者恶寒，二者的辨证意义是不同的。因此，在四诊过程中，临床资料收集应尽可能全面、准确、规范。

2. 证之主次务求分明 临床上，证往往是错综复杂的，因此，要注意分清轻重缓急。作为辨证要求，应尽量辨明证的主次，这也是立法选方用药的需要。由于病证的复杂性及脏腑的相关性，临床上两种或两种以上证的复合、兼夹存在现象十分普遍。因此，当难以用单一证型来概括临床表现时，可以考虑有复合证、兼夹证的存在，如脾气虚兼血瘀证。

3. 首先考虑常见证 疾病的发生和证候演变具有一定规律，常见证与多发证是临床上经常见到的、比较普遍的，所以应首先考虑到这些诊断，这种方法可以简化辨证的复杂性。一般认为，各辨证体系中所列，诸如脾气虚证、血虚证、太阳中风证、卫分证等均为常见证、多发证。

4. 不断修正完善辨证结论 证候有由不典型到典型、由简单到复杂的过程，再因其他因素的干扰，使证的临床表现出现差异。所以辨证有一个从表到里、从现象到本质、从感性到理性的认识过程。初诊时所提出的证名往往只是一种初步诊断，其正确与否还有待于验

证，尤其在复诊中应对前次诊断进行认真分析，故辨证需不断予以修正和补充完善。如咳嗽，初起由外邪犯肺所致，病变以肺为中心，病机为肺气不宣；若病久反复发作或治疗不当，可由实转虚，病变渐累及心、肾等脏。

第二节　证的要素提取

各种辨证方法虽然角度不同，但结论都是“证”。在分析各种证的实质时，可以发现其所包含的内容无非是病位和病性两方面，即反映病变部位与阶段的心、肝、胃、气分、血分等，和反映病变性质的风、寒、湿、热、气虚、血虚、瘀血等。任何复杂的“证”，都是由病位、病性等要素的排列组合而构成的。

因此，辨证的关键和基本要求主要在于明确现阶段的病位与病性。掌握每一病位和病性要素的概念、主要表现，并了解其相互间的一般组合关系，便能抓住辨证的实质，就可对各种疾病进行辨证诊断。

例如：①患者反复五更泄泻，完谷不化两年，伴见面色白，形寒肢冷，腰膝及下腹冷痛，面浮身肿，小便不利，舌质淡胖，舌苔白滑，脉沉迟无力。辨为“脾肾阳虚证”，病位在脾、肾，病性为阳虚。②患者反复咳嗽 10 年，气喘、心悸 1 年，伴气短，胸闷，动则尤甚，吐痰清稀，语声低怯，自汗乏力，面色淡白，舌淡苔白，脉弱。经过辨证分析，其病位在心、肺，病性为气虚，组合后的辨证结论为“心肺气虚证”。

一、辨病位要素

辨病位，即辨别确定病变现阶段证所在的位置。其中又可分为空间性病位和时间（层次）性病位。大的病位概念有表、里（以及半表半里）、病在上、病在下。具体的病位有心、心神（或称脑、心包）、肺、脾、肝、肾、胃、胆、小肠、大肠、膀胱、三焦（上焦、中焦、下焦），以及胞宫、精室、清窍、咽喉、口唇、齿龈、头、鼻、目、肌肤、筋骨、经脉、脑络等，皆为空间病位概念。时间（层次）性病位，如卫分、气分、营分、血分，太阳、阳明、少阳、太阴、少阴、厥阴等，随着病程的阶段变化，而有浅深层次的含义。

每一病位各有其特定的主症，如心悸、心痛等为病位在心的主症；如咳嗽、气喘等为病位在肺的主症；如食少、腹胀、便溏等为病位在脾的主症；精神抑郁、急躁多怒、胸胁少腹胀痛、眩晕、肢体震颤、抽搐等为病位在肝的主症；腰膝酸软或疼痛、耳鸣耳聋、齿摇发脱、阳痿、遗精、经闭、水肿等为病位在肾的主症。又如新起恶寒发热、头身疼痛、脉浮等为表证的特定证候；身热夜甚、心烦不寐、神昏谵语、斑疹隐隐、舌绛等为营分证的主要表现。认识和掌握每一病位的特定表现，是辨别病位要素的关键。

例如：①患者反复咳嗽 20 年，气喘 10 年，伴神疲、少气、乏力、语声低微、舌淡苔薄白、脉弱，病位在肺。但如果兼有心悸、胸闷，则病位在肺、心。②患者脘腹胀闷，并有食少、神疲乏力、便溏、舌淡苔薄白、脉弱，病位在脾。但如果兼胸胁胀闷、太息、脉弦细，则病位在脾、肝。

二、辨病性要素

证中属于病性的概念，可有笼统与具体之分。虚、实，阴、阳，标、本等，属于抽象笼统的病性概念。具体的病性概念主要有风、寒、暑、湿、燥、火（热）、痰、饮、水停、食积、虫积、石阻、气滞、气逆、气闭、血瘀、血热、血寒、气虚、气陷、气不固、气脱、血虚、血脱、阴虚、亡阴、阳虚、亡阳、津液亏虚、精亏、喜、怒、忧、思、悲、恐等。

每一病性概念都应有特定的证候表现。如身体困重、关节肌肉酸痛、食欲不振、腹胀、便溏、舌苔滑腻、脉濡等为湿的证候；气短、乏力、神疲、舌淡、脉弱等为气虚的表现；气虚基础上出现畏寒或形寒肢冷等为阳虚的表现；面色淡白或萎黄、唇舌爪甲色淡、脉细等为血虚的表现；潮热、盗汗、五心烦热、舌红少苔、脉细数等为阴虚的表现。掌握每一病性的基本临床表现，便有利于辨别证的性质。

例如：①患者发热（T39.5℃）、咳嗽、气喘、汗多、口渴引饮、舌红苔黄、脉洪数，病性属热。如果兼有痰多色黄黏稠、苔黄腻、脉滑数，则病性属热、痰。如果兼有神疲少气乏力、脉细数，则病性除热外，还有气虚、津亏（热邪耗气伤津）。②患者双膝关节疼痛、畏寒肢冷、口淡不渴、舌淡苔白、脉沉紧，病性属寒。如果兼有神疲少气乏力、动则益甚，则病性除寒外，还有阳虚、气虚。

确定病性，是辨证中最重要、最困难之处。病性的辨别结果，直接关系到治疗方法的确定。因此，辨病性是辨证中最重要的环节，对任何疾病的辨证都不可缺少。

第三节　证的确定

由于临床疾病是错综复杂的，因此，单纯的证是很少见的，在提取证的要素基础上，处理好证的相兼错杂是辨证的关键。为了辨明疾病发生发展某一阶段证的要素，要注意如下几点：

一、探求病因

探求病因是指询问病史找病因，通过审症求病因。辨病因就是探求病证发生的根本原因。任何病证都可寻求到其发病的原因，一般可通过问诊，直接询问发病时的各种因素，如湿痹多因久居湿地、淋雨涉水所致，泄泻多因饮食不洁、过食生冷所致，肝气郁结多因情志不畅、肝失疏泄等。但有些病因不能直接获得，故对病因的探求更重要的是通过审症求因，即从对病情资料的分析来探求病证之因。如外感风邪发病，病因是风寒或是风热，只有对临床表现的分析才可以认识；又如气滞、血瘀、食积、痰饮等病理变化作为继发性病因，也是通过审症而求得的。因此，探求病因是辨别病位、病性的重要步骤。

二、落实病位

致病因素作用于人体而发病时，一般总是有一定的部位，如脏腑、经络、五官九窍、四肢百骸等。病位不仅要落实在脏腑等具体部位上，而且应该结合从生理病理变化去探求病位之所在。另外，病证传变的层次也可视作病位，如表与里是病位，卫、气、营、血是病位等。常用定病位的方法有如下4种。

1. 表里定位法　是病证横向传变的定位方法，在外感病证中运用广泛。六经病证中，太阳主表，少阳为半表半里，三阴主里；而卫气营血病证，是病位由表入里的传变顺序。

2. 上下定位法　是病证纵向传变的定位方法，在六淫邪气致病和湿热温病辨证中运用。如风邪侵上，湿邪伤下；湿热温病辨证中有上、中、下三部位之不同。

3. 气血津液定位法　是辨别病在气、在血的定位方法，通常运用于杂病辨证中。一般新病在气，久病及血；病轻浅者位在气分，病深重者在血分。

4. 脏腑经络定位法　是辨别证候在不同脏腑部位的定位方法。此定位法涉及的范围较广。结合脏器与病因方面的关系定位，如风伤肝、火伤心、湿伤脾、燥伤肺、寒伤肾等；结合脏腑所属经络循行路线定位，如肝之经脉绕阴器、抵少腹、布胁肋等，因此上述部位的病变可定位在肝；结合五脏与五体、五志、五液等的关系定位，如肝开窍于目、在体为筋、其华在爪、在志为怒、在液为泪，故以上方面的表现可定位在肝；结合脏腑各自生理特点和临床病理表现定位，如肺主气，肺病表现有咳嗽、气喘等，因此见咳、喘等可定位在肺。

此外，发病时间往往也是辨证定位的重要依据之一。如初病病位多在表，久病病位多在里；疼痛夜间发作或入夜尤甚多病在血；五更泄泻病位在脾肾等。

三、分辨病性

辨病性就是分清证的性质。病证的发生，根本在于邪正斗争引起的阴阳失调，故病性总体表现为寒热、虚实的属性。

1. 寒热定性　可从病因的寒热定性，在外感时病中，如感受寒邪多为寒证，感受热邪多为热证。但应注意在某些情况下，病性与病因不一致，如阳盛体质的人，感受寒邪可从阳化热而表现为热证。但主要从临床表现特点定性，如寒证以冷（凉）、白、稀、润、静为特点，热证以温（热）、红（黄）、稠、干、动为特点。也应注意在内伤杂病中，某些证并无明显的偏寒偏热的属性，如脾气下陷证、肾精不足证等。

2. 虚实定性　从病因与症状特点定性，邪气盛则实，故六淫、痰饮、食积、瘀血等有形之邪所致病证可定性为实；精气夺则虚，故先天不足、后天失养、久病重病、房劳过度等所致病证可定性为虚。从体质特点定性，素体强壮者多实，素体虚弱者多虚。从临床表现特点定性，凡机体处于虚弱、衰退、不足状态，抗病能力低下者，可定性为虚；凡机体处于亢奋、有余、兴奋状态，邪正交争剧烈者，可定性为实。对病证属性的定性，除寒与热、虚与实外，还要注意他们之间的错杂与真假。一般而言，有明显寒热者，多从阴阳盛衰辨之；无明显寒热者，多从气血虚实辨之。具体虚实要素的辨别还要依据各要素的临床表现特点，如有固定刺痛、肿块、出血等特征可辨为血瘀。

此外，作为临床辨证还要判断病情和病势。判断病情是指辨别病情的轻重、标本、缓急等。辨病情就是辨别疾病浅深、轻重的程度。一般表证病较轻浅，里证病较深重。判断病势是指把握病变发展演变的趋势，推测病证的转归与预后。详审病势的目的在于从整体动态中推测病证的预后和转归，要将病证特点、患者体质、病邪性质、感邪轻重、治疗作用等因素结合考虑。如外感时病病势急，内伤杂病病势缓；体质强者抗病能力亦强，病证亦趋好转，否则易趋恶化；感受火热之邪病势多急，感受寒湿之邪病势多缓；感邪轻预后较好，感邪重预后较差。

四、阐释病机

辨病机就是阐明病证发生发展变化的机理，也就是将病因、病位、病性等内容有机地结合起来，揭示其内在的联系，得出对病证发生发展变化的整体、动态的全面认识。因为病因、病位、病性等都只是侧重于病变过程中某一方面的认识，而病机则能全面解释临床表现发生的机理。通过辨病机可以判断疾病的病位、病性，病机主要从临床症状的分析而确立，有的单一的症即可反映病机，如盗汗为阴虚，舌红苔少亦为阴虚；但病机复杂的，需结合多方面病情资料分析，如潮热有阳明腑实、湿温、阴虚等多种病机。

五、确定证名

病位、病性确定之后，就要把它们排列组合，形成常用的规范名称，即证名。证名是辨证的结论。

1. 通常情况下，证名由病位加病性组成（包括病因的要素在内），如表热证、脾气虚证；或多个病位加多个病性组成，如湿热蕴脾证，由湿、热和脾组成，脾胃湿热证，由湿、热和脾、胃组成。有时为了表述准确，常在病位和病性之间加入代表病机或趋势的动词，构成证名，如湿热蕴脾证中“蕴”代表病机的动词，脾气下陷证中的“下”代表趋势。临床上，同一患者往往存在着多种不同的病理变化，几个不同的证名同时存在，应根据轻重缓急进行排列，通常情况下，重者、急者在前，轻者、缓者在后。如肝、脾、气滞、气虚，根据肝、脾的生理病理特点，气滞以肝为主，气虚以脾为主，因此，证名是肝郁脾虚。

2. 某些特殊情况下，证名中只有病性而没有具体病位，如血虚证、气滞血瘀证等，但不能只有病位而没有病性。

3. 证名应力求简洁扼要、精练确切、结构严谨、符合逻辑。只有这样，才能获得表述中医辨证概念的最佳形式。习惯上证名由 2 个字、3 个字或 4 个字组成，如气虚、脾气虚、肝胃不和等。必须说明的是，传统的中医文献中，由于历史原因，证名存在不规范的情况，应逐步完善。

第九章　八纲辨证

八纲是指表、里、寒、热、虚、实、阴、阳八个纲领。八纲辨证，即运用八纲，对四诊所获得的病情资料进行分析综合，从而辨别疾病当前阶段病变部位的浅深、病情性质的寒热、邪正斗争的盛衰和病证类别的阴阳，以作为辨证纲领的方法。

【实训目的与要求】

1. 掌握八纲辨证的基本证候。
2. 掌握表证与里证、寒证与热证、虚证与实证的鉴别要点。
3. 掌握阳虚证和阴虚证、亡阳证和亡阴证的鉴别要点。
4. 熟悉八纲证候之间相兼、错杂、真假及转化等关系。
5. 初步学会对临床病例进行八纲辨证。

【实训内容与方法】

1. 八纲辨证的基本内容。使学生全面理解和掌握八纲辨证的基本内容，为该辨证方法的综合运用打下良好的理论基础。

2. 八纲辨证实训案例。训练学生对八纲辨证的综合运用能力。

第一节　八纲辨证的基本内容

一、八纲辨证的基本证候

（一）表里辨证

表里是辨别病变部位在外在内或病位浅深的两个纲领。临床辨证时，一般把外邪侵犯肌表，病位浅者，称为表证；病在脏腑，病位深者，称为里证。表里证候的辨别主要以临床表现为依据，故不能把表里机械地理解为固定的解剖部位。

1. 表证、里证（表9－1）

一般来说，表证具有起病急、病位浅、病程短、病情相对较轻的特点。表证是正气抗邪于外的表现，故不能简单地将表证理解为皮肤等浅表部位的病变，也不能认为皮毛的病变一定都是表证。

表9-1 表里辨证的基本内容

	概念	临床表现	证候分析
表证	六淫、疫疠等邪气经皮毛、口鼻侵入机体，正（卫）气抗邪于肤表浅层，以新起恶寒发热为主要表现的轻浅证候，多见于外感病初期	恶寒发热 头身疼痛 喷嚏、鼻塞流清涕，咽喉痒痛 微有咳嗽、气喘 舌淡红，苔薄白 脉浮	外邪袭表，正邪相争，卫阳被遏则恶寒，正气抗邪则发热 外邪束表，经气被郁，不通则痛 皮毛口鼻受病，内应于肺，鼻咽不利 外邪束肺，肺气失宣 病邪在表，尚未入里 正邪相争于表，脉气鼓动于外
里证	病变部位在内，脏腑、气血、骨髓等受病所表现的证候	以内在脏腑症状为主要表现，如咳喘、心悸、腹痛、呕泻、腰酸等	里证形成的原因不同，其证候、机理亦各不相同
半表半里证	病变既非完全在表，又未完全入里，病位处于表里进退变化之中，以寒热往来等为主要表现的证候	寒热往来 胸胁苦满 心烦喜呕，默默不欲饮食 口苦，咽干，目眩 脉弦	邪正相争于半表半里，正胜则发热，邪胜则恶寒 邪郁少阳，经气不利 邪热扰胃，胃失和降 邪气上扰 少阳经气被郁之象

不同的里证，可表现为不同的证候。里证的范围极为广泛，凡不是表证及半表半里证的特定证候，一般都属里证范畴。里证病情一般相对较重，病位较深，病程较长。里证可见于外感疾病的中、后期阶段，或内伤疾病的全过程。此外，里证的病位虽然同属于“里”，但仍有浅深轻重之别。一般病变在腑、在上、在气者，病位较浅，病情较轻；病变在脏、在下、在血者，病位较深，病情较重。

半表半里证又称为少阳病证，是外感病邪在由表入里的过程中，邪正分争于半表半里，少阳经气被郁，枢机不利所表现的证候。

2. 表证、里证、半表半里证的鉴别（表9-2）

表9-2 表证、里证、半表半里证的鉴别

鉴别点	表证	里证	半表半里证
寒热症状	发热恶寒同时并见	但热不寒或但寒不热	寒热往来
内脏证候是否突出	以头身疼痛，鼻塞或喷嚏为常见症状，内在脏腑证候不明显	以内脏证候为主症，如咳喘、心悸、腹痛、呕泻、腰酸等	具有胸胁苦满、心烦喜呕等特征性证候
舌苔	变化不明显	变化多端	变化不明显
脉象	浮脉	沉脉或其他多种脉象	弦脉

表证与里证的辨别主要是审察寒热症状，内脏证候是否突出，以及舌象、脉象等变化。此外，尚应参考起病的缓急、病情的轻重、病程的长短等。

（二）寒热辨证

寒热是辨别疾病性质的两个纲领。寒证与热证实际是机体阴阳偏盛、偏衰的具体表现，阴盛或阳虚则表现为寒证，阳盛或阴虚则表现为热证。

1. 寒证、热证（表9－3）

表9－3　寒热辨证的基本内容

	概念	临床表现	证候分析
寒证	感受寒邪或阳虚阴盛，机体功能活动低下所表现的具有“冷、凉”特点的证候	恶寒或畏寒，肢冷踡卧，冷痛，喜暖，面色白	寒邪凝滞，阳气被郁，或机体阳虚阴盛，失于温煦
		口淡不渴，痰、涎、涕清稀，小便清长，大便稀溏，苔白而润	阳气虚弱，寒水不消，津液未伤
		脉紧或迟	寒性收引，筋脉凝滞
热证	感受热邪，或脏腑阳热亢盛，或阴虚阳亢，导致机体功能活动亢进所表现的具有“温、热”特点的证候	发热，恶热喜冷，面赤，烦躁不宁，舌红，苔黄，脉数	阳热亢盛，邪热蒸腾，血行加速
		口渴欲饮，痰、涕黄稠，大便干结，小便短黄，舌燥少津	热盛伤津

寒证有实寒证、虚寒证，或表寒证、里寒证的不同，表寒证属实寒证范畴，虚寒证属里寒证范畴。因虚寒证将在“阳虚证”中加以论述，表寒证将在“证候相兼”中加以说明，故本表格所反映的主要是里实寒证的临床表现。

热证有实热证、虚热证，或表热证、里热证的不同，表热证属实热证范畴，虚热证属里热证范畴。因里虚热证将在“阴虚证”中加以论述，表热证将在“证候相兼”中加以说明，故本表格所反映的主要是里实热证的临床表现。

寒证与寒象，热证与热象有所不同。临床寒、热证的表现较为复杂，会有假象的存在，寒证未必总见寒象，热证也未必总见热象。因此，寒热辨证不能孤立地根据个别症状做出判断，而应当四诊合参，综合分析。辨清寒证与热证对于认识疾病的性质和指导治疗具有重要意义，是运用“寒者热之，热者寒之”治疗法则的依据。

2. 寒证、热证的鉴别（表9－4）

表9－4　寒证、热证的鉴别

鉴别点	寒证	热证
寒热喜恶	恶寒或畏寒，喜暖	恶热，喜冷
口渴	口淡不渴	渴喜冷饮
面色	白	红
四肢	肢冷踡卧，或冷痛喜温	肢热伸展，烦躁不宁
分泌物、排泄物	小便清长，大便稀溏，痰、涎、涕等分泌物、排泄物清稀	小便短赤，大便干结，痰、涎、涕等分泌物、排泄物黄稠
舌象	舌淡苔白润	舌红苔黄燥
脉象	迟或紧	数

恶寒发热，对寒热的喜恶，口渴与否，面色的赤白，四肢的温凉，二便等分泌物、排泄物，舌象，脉象等，是辨别寒证与热证的重要依据。

（三）虚实辨证

虚实是辨别邪正盛衰的两个纲领。“实”主要指邪气盛实，“虚”主要指正气不足，虚实辨证主要反映病变过程中人体正气的强弱和致病邪气的盛衰。

1. 虚证、实证（表9－5）

表9－5　虚实辨证的基本内容

	概念	临床表现
虚证	阴阳、气血、津液、精髓等正气亏虚，而邪气不著，表现为不足、松弛、衰退特征的证候	一般久病多虚，耗损过多者多虚，体质素弱者多虚，其症状根据气虚、血虚、阴虚、阳虚、津伤、精亏之不同，以及虚损之脏腑所在而各有差异
实证	感受外邪，或阴阳气血失调，病理产物蓄积，以邪气盛实、正气不虚，邪正相争为基本病理，表现为有余、亢盛、停聚特征的证候	一般新起、暴病者多实，病情急剧者多实，体质壮实者多实，其症状根据感邪性质和病理产物的不同，以及病邪侵袭、停积部位的不同而各有差异

虚证的形成多因先天禀赋不足，后天失调或疾病耗损所致。如饮食失调，营血生化之源不足；思虑太过、悲哀惊恐、过度劳倦等耗伤气血营阴；房事不节耗损肾精元气；久病失治、误治损伤正气；大吐、大泻、大汗、出血、失精等耗损阴阳气血，均可形成虚证。

实证的形成多因六淫侵袭，正气奋起抗邪，或内脏功能失调，气化失职，气机阻滞，形成痰、饮、水、湿、脓、瘀血、宿食等有形病理物质，壅聚停积于体内。因此，外感之风邪、寒邪、暑邪、湿邪、热邪、燥邪、疫毒为病，以及痰阻、饮停、水泛、食积、虫积、气滞、血瘀、脓毒等病理改变，一般都属实证的范畴。

通过虚实辨证，可以了解病体的邪正盛衰，为治疗提供依据。如实证宜攻，虚证宜补，虚实辨证准确，攻补方能相宜，才能免犯“虚虚实实”之误。

2. 虚证、实证的鉴别（表9－6）

表9－6　虚证、实证的鉴别

鉴别点	虚证	实证
病程	较长，多为慢性久病	较短，多为急性新病
体质	多虚弱	多壮实
精神	多萎靡	多亢奋
声息	声低息微	声高气粗
疼痛	喜按	拒按
胸腹胀满	按之不痛，胀满时减	按之疼痛，胀满不减
发热	多为低热	多为高热
怕冷	畏寒，得衣近火则减	恶寒，添衣加被不减
舌象	质嫩，苔少或无苔	质老，苔厚腻
脉象	无力	有力

虚证和实证主要可从病程、体质及症状、舌脉等方面加以鉴别。但表格中所列的虚实症状不是绝对的，临证需在四诊合参的基础之上，综合地分析判断。

（四）阴阳辨证

阴阳是反映病证类别的两个纲领。由于阴、阳分别代表事物相互对立的两个方面，它无所不指，也无所定指，故疾病的性质、证候的类别及其临床表现，一般都可用阴、阳进行概括和归类。八纲中其他六类证候，也可以用阴阳二纲来概括，即表证、热证、实证均属阳证；里证、虚证、寒证均属阴证。因此，阴阳两纲可以统帅其他六纲而成为八纲中的总纲。具体的阴阳辨证，主要是指阴阳虚损证候，包括阴虚证、阳虚证、亡阴证和亡阳证。

1. 阴证、阳证（表9-7）

表9-7　　阴阳辨证的基本内容

	概念	临床表现	证候分析
阴证	凡见抑制、沉静、衰退、晦暗等表现的里证、虚证、寒证，以及症状偏于身体的内部或下部，或病邪性质为阴邪致病，病情变化较慢之证候，均属阴证范畴	精神萎靡，声低乏力	气虚机能低下
		身重踡卧，畏冷肢凉，口淡不渴，小便清长或短少，大便溏泄气腥	阳虚或阴寒内盛
		舌淡胖嫩，脉沉迟、微弱、细	气虚、阳虚、寒盛之象
阳证	凡见兴奋、躁动、亢进、明亮等表现的表证、热证、实证，以及症状偏于身体外部与上部，或病邪性质为阳邪致病，病情变化较快之证候，均属阳证范畴	恶寒发热并见	外邪袭表之表证
		面红，肌肤灼热，烦躁不安，口干渴饮，小便短赤涩痛	里热炽盛之热证
		语声高亢，呼吸气粗，喘促痰鸣，大便秘结或奇臭	邪实内盛
		舌红绛，苔黄黑起刺，脉浮数、洪大、滑实	火热内炽之象

阴证与阳证的划分是相对而言的，如与表证相对而言，里证属于阴证，但里证又有寒热、虚实之分，相对于里寒证与里虚证而言，里热证与里实证则又归于阳证范畴。因此，临床上对具体病证进行归类时，会存在阴中有阳，阳中有阴的情况。

2. 阴虚证与阳虚证（表9-8）

表9-8　　阴虚证和阳虚证的内容

	概念	临床表现	证候分析
阳虚证	体内阳气亏虚，其温养、推动等作用减退，以畏寒肢凉为主要表现的虚寒证候	畏寒肢凉，或自汗	阳虚失煦，或固摄失职
		口淡不渴，或喜热饮	水湿不化，津不上承
		面色皖白，尿清或尿少不利	阳虚不能蒸腾、气化水液
		神疲，乏力，气短	阳气不足，功能减退
		舌淡胖嫩，苔白滑，脉沉迟（或数）无力	阳虚水停之象
阴虚证	体内阴液亏少而无以制阳，滋润、濡养等作用减退，以咽干、五心烦热、盗汗、脉细数等为主要表现的虚热证候	形体消瘦，口燥咽干	阴液亏少，机体失养
		小便短黄，大便干结	津亏化源不足，肠道失润
		两颧潮红，五心烦热，潮热，盗汗	阴不制阳，虚火内扰
		舌红少津或少苔，脉细数	阴虚阳亢之征

阳虚证主要是因久病损伤，阳气亏虚，或气虚进一步发展；或久居寒凉之处，或过服寒凉清苦之品，阳气逐渐耗伤；或年高而命门之火渐衰。阳虚可见于许多脏器组织的病变，临床常见者有心阳虚证、脾阳虚证、胃阳虚证、肾阳虚证等。阳虚证常与气虚并存，即阳气亏虚证；阳虚易感寒邪，亦可发展为亡阳，或阳损及阴而致阴阳两虚。此外，阳虚可导致气滞、血瘀、水泛、痰饮等病理变化。

阴虚证主要是因热病之后，或杂病日久，伤耗阴液；情志过极，火邪内生，久而伤及阴精；房事不节，耗伤阴精；过服温燥之品，使阴液暗耗。阴虚证可见于多个脏器组织的病变，临床常见有肺阴虚证、心阴虚证、胃阴虚证、脾阴虚证、肝阴虚证、肾阴虚证等。阴虚可与气虚、血虚、阳虚、阳亢、精亏、津液亏虚以及燥邪等证候同时存在，或互为因果；阴虚可发展为亡阴，亦可阴损及阳而致阴阳两虚，并可导致动风、气滞、血瘀、水停等病理变化。

3. 亡阳证与亡阴证（表9－9）

表9－9 亡阳证与亡阴证的内容

	概念	临床表现	证候分析
亡阳证	阳气极度衰微而欲脱，以冷汗淋漓、四肢厥冷、面色苍白、脉微欲绝等为主要表现的危重证候	冷汗淋漓，汗质稀淡 肌肤不温，手足厥冷 面色苍白，舌淡 呼吸气弱，神情淡漠，脉微欲绝	阳气欲脱，固摄无权，津液外泄 阳气极度衰竭，失于温煦 阳气虚脱，血行凝滞，不能上荣 元气虚衰，鼓动无力
亡阴证	阴液严重耗损而欲竭，以汗出如油、身灼烦渴、唇焦面赤、脉细数疾等为主要表现的危重证候	汗出如油，热而黏手 目眶凹陷，皮肤皱瘪， 小便极少 身灼烦渴，面赤唇焦，呼吸急促，脉细数疾	阴不制阳，热迫津泄 阴脱失于濡润 化源不足 阴竭阳浮，虚热内扰

亡阳多是在阳气由虚而衰的基础上的进一步发展，但亦可因阴寒之邪极盛而致阳气暴伤，或因大汗、失精、大失血等阴血消亡而阳随阴脱，或因剧毒刺激、严重外伤、瘀痰阻塞心窍等而使阳气暴脱。亡阴多是在病久阴液亏虚基础上的进一步发展而阴竭，也可因壮热不退、大吐大泻、大汗不止、大量出血、严重烧伤致阴液暴失而成。由于阴阳互根，所以亡阴与亡阳可相互累及而最终导致阴阳同损俱亡。但具体证候中，常有先后、主次之别。

4. 亡阳证、亡阴证的鉴别（表9－10）

表9－10 亡阴证与亡阳证的鉴别

鉴别点	亡阳证	亡阴证
汗液	稀冷如水，味淡	热而黏手，味咸
寒热	身冷畏寒	身热恶热
四肢	厥冷	温热
面色	苍白	面赤颧红
呼吸	微弱	急促
口渴	不渴或欲热饮	口渴饮冷
意识	神情淡漠	虚烦躁扰
唇舌	唇舌淡白、苔白润	唇舌干红
脉象	脉微欲绝	脉细数疾

亡阳和亡阴均出现于疾病的危重阶段，故必须及时、准确地辨识。在病情危重的基础上，若突然汗出，往往是亡阴或亡阳之兆，根据汗质的稀冷如水或黏热如油，结合病情，身凉或身灼、四肢厥逆或温热、面白或面赤、脉微或数疾等，不难辨别。

二、八纲证候之间的关系

八纲中每纲各自概括着疾病某一方面的病理本质，然而其各个方面往往是相互联系的，如寒热病性、邪正相争不能离开表里病位而存在，反之亦没有可以离开寒热虚实而独立存在的表证或里证。八纲证候间的相互关系，主要可以归纳为证候相兼、证候错杂、证候真假和证候转化四个方面。

（一）证候相兼（表9－11）

表9－11　证候相兼的基本内容

类型		临床表现	证候分析
表寒证（表实证）		恶寒重发热轻，无汗，头身疼痛，苔薄白而润，脉浮紧	风寒表证；风寒袭表，肺卫失宣所致
表热证		发热微恶风寒，头痛，或有汗，口干微渴，咽痛，舌边尖红，苔薄白或薄黄欠润，脉浮数	风热表证；风热犯表，营卫失调所致
表虚证	外感	发热轻而恶风，汗出，脉浮缓	伤风表证；风邪外袭，营卫失调
	内伤	自汗，畏风，易感冒，兼面色淡白，倦怠乏力，气短，纳少便溏，舌淡苔白，脉虚	卫表不固证；肺脾气虚，卫阳不固

广义证候相兼指各种证候相兼存在。本处所指为狭义的证候相兼，是指在疾病某一阶段，相兼证候中没有表与里、寒与热、虚与实等相反的证候同时存在。临床常见的有表寒证、表热证、表虚证、里实寒证、里实热证、里虚寒证、里虚热证等。里实寒证、里实热证在寒热辨证中已有相关叙述；里虚寒证即阳虚证，里虚热证即阴虚证，不再赘述。

（二）证候错杂

证候错杂是指在疾病的某一阶段，表现为表与里、寒与热、虚与实等病位、病性相反的证候同时存在（表9－12）。

表9－12　证候错杂的基本内容

类型		临床表现	证候分析
表里同病	表里俱寒	恶寒重发热轻，头身痛，流清涕，脘腹冷痛，大便溏泄，脉迟或浮紧	素体脾胃虚寒，复感风寒，或外感寒邪，同时伤及表里
	表里俱热	发热重恶寒轻，咽痛，咳嗽气喘，便秘尿黄，舌红苔黄，脉数或浮数	素有内热，复感风热，或外感风热未罢，传及于里
	表里俱实	恶寒发热，鼻塞流涕，脘腹胀满，厌食便秘，脉浮紧	饮食停滞，复感风寒
	表实里虚	恶寒发热，无汗，头身疼痛，神疲乏力，少气懒言，心悸失眠，舌淡脉弱	素体气血虚弱，复感风寒
寒热错杂	上热下寒	胸中烦热，频欲呕吐，又见腹痛喜暖，大便稀溏	胃有实热，脾阳虚弱，胃热肠寒
	上寒下热	胃脘冷痛，食少，呕吐清涎，又见小便短赤，尿频，尿痛	寒邪客胃，膀胱湿热
	表热里寒	发热微恶风寒、头痛、咽喉肿痛，又见肠鸣腹痛，下利清谷	素体阳气不足，复感风热
	表寒里热	恶寒发热，头身疼痛，无汗，又见心烦口渴，咳喘痰黄，舌红脉数	表寒未罢，又传入里化热，或先有里热，复感风寒
虚实错杂	虚证夹实	低热不退，神疲乏力，口干口渴，舌红绛，苔少或无，脉细数	温热病后期，余热未尽，气阴两虚，邪少虚多
	实证夹虚	壮热，面赤，烦躁，便秘，舌红，脉洪大，口渴，尿黄，舌苔干裂	外感温热病里热炽盛，津液受损，邪多虚少
	虚实病重	畏寒肢冷，腰膝酸冷，脉沉细，又见肢体浮肿，腹大如鼓，小便短少	脾肾阳虚，水湿内停

表里同病是指同一患者既有表证的症状，又有里证的表现。表里同病证的成因有三，一

是初病即同时出现表证与里证；二是表证未罢，又及于里；三是内伤病未愈而又感外邪。表里同病中之表寒里热和表热里寒，按习惯归于寒热错杂；而表虚里实和表里俱虚，虽临床也存在相关的证候，但因对表虚的界定不一，在此就不再论述。

寒热错杂是指同一患者既有寒证的症状，又有热证的表现。寒热错杂诸证的成因有三，一是在疾病发展过程中，部分寒邪入里化热；二是先有热证，复感寒邪，或先有寒证，复感热邪；三是机体阴阳失调，出现寒热错杂。

虚实错杂是指同一患者同时存在虚证和实证的证候表现。虚实错杂诸证的成因有二，一是病患实证，邪气太盛，损伤正气，以致正气虚损，同时出现虚证；二是病患虚证，正气不足，无力祛除病邪，以致病理产物停积体内，或复感外邪，而又同时出现实证。

（三）证候真假

当某些疾病发展到一定程度，可表现出一些与病证本质不一致，甚至相反的“假象”，掩盖了疾病的本质，此即所谓证候的真假。当出现证候真假时，一定要注意全面分析，去伪存真，抓住疾病的本质，以避免治疗上“虚虚实实”、“寒寒热热”之误（表9－13）。

表9－13　证候真假的基本内容

类型			临床表现	证候分析
寒热真假	真热假寒	假象	四肢凉甚至厥冷，脉沉伏或迟	邪热内盛，阳气郁闭于内，不能布达于外
			神识昏沉，面色紫暗	邪热内闭，气血不畅
		真象	胸腹灼热，烦渴饮冷，口鼻气灼，咽干口臭，甚则神昏谵语，便干尿黄，舌红苔黄而干，脉数有力	邪热内盛，伤津耗液
	真寒假热	假象	自觉发热，颧颊部泛红如妆，躁扰不宁，口渴咽痛，脉浮大或数	阴盛于内，格阳于外
		真象	欲盖衣被，喜热饮，且饮水不多，咽不红肿，脉按之无力	阳气虚衰，肢体失于温煦，水液失于输布气化
			四肢厥冷，下利清谷，小便清长或尿少浮肿，舌淡苔白	阳虚水停之象
虚实真假	真实假虚	假象	神情默默，倦怠懒言，身体羸瘦，脉象沉细	邪实阻滞经脉，气血不能畅达
		真象	语时声高气粗，活动觉舒，脉象按之有力，脘腹硬满，疼痛拒按，舌质苍老，舌苔厚腻	火热、痰食、湿热、瘀血等邪气或病理产物积聚之实证征象
	真虚假实	假象	腹胀满或痛，呼吸喘促，或二便闭塞，脉数	脏腑虚衰，气血亏损，运化无力，气机不畅
		真象	腹部胀满时有缓解，或按之柔软无肿块而喜按	脾虚不运
			喘促而气短息弱	肺肾气虚，摄纳无权
			粪质不硬	阳气虚失于温运
			神疲乏力，面色萎黄或淡白，舌淡胖嫩，脉虚弱	诸虚不足之象

寒热真假包括真寒假热证和真热假寒证两种类型。真寒假热证是指内有真寒而外见某些假热之象的“寒极似热”之证候，又称虚阳浮越证、阴盛格阳证、戴阳证。真热假寒证是指内有真热而外见某些假寒之象的“热极似寒”之证候，又称热极肢厥证、阳盛格阴证。

寒热真假的鉴别，以胸腹冷热、口渴饮水、寒热喜恶、二便、舌象、脉象等表现作为诊断的主要依据。其中表现于内部、中心的症状为准、为真，肢末、外部的症状可能为假象。因此胸腹部的冷热是辨别寒热真假的关键，一般胸腹灼热者为热证，胸腹部冷者为寒证。临证当结合病变过程仔细审查。

虚实真假包括真虚假实证和真实假虚证两种类型。真实假虚证是指本质为实证，却出现某些类似虚证表现的证候，即所谓“大实有羸状”。真虚假实证是指本质为虚证，却出现某些类似实证表现的证候，即所谓“至虚有盛候”。

虚实真假的鉴别，关键在于脉象的有力无力，有神无神，其中尤以沉取之象为真谛；其次是舌质的嫩胖与苍老，言语呼吸的高亢粗壮与低怯微弱；此外，患者体质状况、发病原因、病程长短以及治疗经过等也是辨证的依据。

（四）证候转化

证候转化是疾病在其发展变化过程中，其病位、病性或邪正盛衰在一定的条件下发生转化，由一种证候转化为对立的另一种证候。证候转化后的结果有两种可能，一是病情由浅及深、由轻而重，向病情加重方向转化；二是病情由重而轻、由深而浅，向痊愈方向转化。八纲证候的转化有表里出入、寒热转化、虚实转化三种情况（表9－14）。

表9－14　证候转化的基本内容

类型		临床表现	证候分析
表里出入	由表入里	先见恶寒发热，头痛身痛，苔薄白，脉浮；后见恶寒消失，不恶寒反恶热，兼壮热，口渴引饮，舌红苔黄，脉数	表邪不从外解，入里化热而形成里热证
	由里出表	先见壮热，烦躁，胸闷，咳嗽喘息；后汗出热退，或斑疹外透，烦躁、胸闷、咳嗽、喘息等症随之减轻	邪热或热毒从外透达
寒热转化	寒证化热	初为关节冷痛、重着、麻木，继则患处红肿灼痛	寒湿痹病，病久或过服温燥之品，寒证化热
	热证转寒	疫毒痢初期，高热烦渴，泻利不止，骤然出现四肢厥冷，面色苍白，脉微欲绝等症	失治误治，热证转寒，阳气亡脱
虚实转化	实证转虚	初为壮热面赤，烦躁，甚或神昏谵语，舌红苔黄，脉洪大，治疗后热退身凉，但精神萎靡，形体消瘦，口咽干燥，手足蠕动，舌红而干，舌苔光剥，脉细数	病邪亢盛，久积体内，治疗过度，邪去而阴伤
	虚证转实	年老体弱，倦怠乏力，气短，舌淡苔薄，脉弱，日久又见腹胀，大便秘结	正虚脏腑功能减退致痰、食、血、水湿内停

表里出入是指在一定的条件下，病邪由表入里，或由里出表，致使表里证候发生相应的变化。由表入里是指先出现表证，后因病邪亢盛、正气素虚、护理不当、失治误治或抗邪能力降低等原因，以致表邪不解，内传入里，致使表证消失而出现里证。里邪出表，是指某些里证在治疗及时、护理得当时，机体抗邪能力增强，驱邪外出，从而表现出汗出热退、疹出热退等病邪向外透达的症状或体征，病情亦随之向愈。所以，里邪出表并非里证转化为表证，而是表明邪有出路，病情好转。

寒热转化是指寒证或热证在一定的条件下相互转化，寒证化热，或热证转寒。寒证化热是指先出现寒证，后出现热证，同时寒证表现消失。常见于外感寒邪未及时发散，而机体阳气偏盛，当阳热内郁到一定程度，则寒邪化热，形成热证；或是寒湿之邪郁遏，而机体阳气不衰，由寒而化热；或因使用温燥之品太过，使得寒证从阳而转化为热证。热证转寒是指原为热证，后出现寒证，而热证随之消失。常见于热毒邪气严重的情况之下，或因失治、误治，以致邪气过盛，耗伤正气，正不胜邪，机能衰败，阳气耗散，从而转为虚寒证，甚至出现亡阳的证候。

虚实转化是指在疾病的发展过程中，由于正邪双方力量对比发生变化，致使邪正之间的盛衰关系发生了本质的变化。实证转虚是疾病变化的一般规律，而虚证转实常常是证候的虚实夹杂，多为因虚致实而成本虚标实之候。实证转虚多因病程日久，或失治误治，正气损伤而不足以御邪所致，或邪虽去而正气已伤，由实证转化为虚证；虚证转实是指正气不足，脏腑功能衰退，机体组织失去濡润充养，或脏腑气机受阻，以致气血阻滞，痰、食、血、水湿等病理产物蓄积，邪气内盛上升为矛盾的主要方面，从而表现为以实为主的证候。

第二节　八纲辨证实训案例

案例一

李某，女，31岁。患者因两天前冒雨受凉而发热，兼有头痛，未行治疗，因发热不退前来就诊。症见发热微恶风寒（体温38.5℃），汗出热不解，伴头痛，鼻塞，时流黄稠浊涕，喉核红肿，咽喉疼痛，舌尖略红，苔薄略黄，脉浮数。

1. 分步分析

（1）确定主诉：发热微恶风寒伴头痛2天。

1）发热微恶风寒提示：①恶寒发热并见，病位可能在表。②发热重恶寒轻，可能为风热外袭，邪正相争故发热；卫阳被遏，故微恶风寒。

2）头痛提示：①风热上袭，清阳被扰。②太阳经气不利，不通则痛。

（2）判定病位：①发热恶寒同时并见：病位在表。②鼻塞流涕：支持病位在表，外邪侵袭，肺气失宣。③发病2日，病程不长、支持病位在表。

（3）辨别病性：①发热微恶风寒：风热袭表之发热特点。②鼻塞，时流黄涕：风热上袭，肺气失宣，病性属热。③喉核红肿，咽喉疼痛：风热之邪熏蒸咽喉，支持热证的判断。

（4）分析舌脉：①舌尖略红，苔薄略黄：风热袭表之象。②脉浮数：浮主表，数主热。

2. 辨证结论　表热实证（风热表证）。

案例二

张某，男，28岁。患者昨晚因游泳受凉，微觉头痛，怕冷，今晨起症状加重，鼻塞流涕，前来就诊。症见恶寒发热（体温38.9℃），恶寒明显，无汗，伴头痛，全身酸痛，鼻塞声重，时流清涕，舌淡红，苔薄白，脉浮紧。

1. 分步分析

（1）确定主诉：恶寒发热伴鼻塞流清涕1天。

1）恶寒发热提示：①恶寒发热并见，病位可能在表。②恶寒与发热孰轻孰重，是判断感邪性质和病性的关键。

2）鼻塞流清涕提示：①外邪犯肺，邪阻鼻窍。②风寒犯肺，津液未伤，故为清涕。

（2）判定病位：①发热恶寒同时并见：病位在表。②鼻塞流涕：支持病位在表，外邪侵袭，肺气失宣。③发病1日，病程不长，支持病位在表。

（3）辨别病性：①恶寒发热，恶寒明显：风寒袭表之象。②鼻塞声重，时流清涕：风寒犯肺，邪阻鼻窍，肺气失宣，病性属寒。③头痛：风寒之邪循经上犯，阻遏清阳，不通则痛。④全身酸痛：风寒之邪阻滞经络，气血运行不畅。⑤无汗：风寒束表，卫阳被遏。

（4）分析舌脉：①舌淡红，苔薄白：风寒袭表之象。②脉浮紧：浮主表，紧主寒。

2. 辨证结论 表实寒证（风寒表证）。

案例三

郁某，男，24岁。患者今天进食过多冷饮之后，突然出现腹痛剧烈，前来就诊。症见胃脘冷痛拒按，痛势剧烈，得温稍减，遇寒加重，面色苍白，恶心呕吐，吐物清稀，吐后痛减，恶寒肢冷，舌苔白润，脉沉紧。

1. 分步分析

（1）确定主诉：突发胃脘冷痛拒按，痛势剧烈1天。

胃脘冷痛提示：①多为感受寒邪，故疼痛为冷痛。②寒邪直中胃腑，故胃脘冷痛。③拒按、痛剧，提示病证属实无虚。

（2）判定病位：①胃脘冷痛：病位在胃脘，属里。②恶寒肢冷：但寒不热，病位在里。

（3）辨别病性：①胃脘冷痛，痛势剧烈：寒邪侵犯胃肠，凝滞气机，证候属寒。②遇寒加重，得温稍减：遇寒气机凝滞加重。③恶心呕吐，吐物清稀：寒邪犯胃，胃气上逆。④吐后痛减：吐后气机暂得通畅。⑤恶寒肢冷，面色苍白：寒邪阻遏，阳气不能外达，血行不畅。

（4）分析舌脉：①舌苔白润：阴寒内盛，津液未伤之象。②脉沉紧：沉主里，紧主寒。

2. 辨证结论 里实寒证（胃寒证）。

案例四

徐某，女，32岁。患者3年前于产后出现畏寒肢冷，秋冬尤甚，得温可缓。症见畏寒肢冷，肌肤手足俱冷，腰膝酸冷，面色淡白，神疲乏力，头晕，动则自汗，小腹冷痛，食少，食后腹胀，大便溏薄，完谷不化，口淡不渴，小便清长，夜尿频多，舌质淡胖，边有齿印，苔白滑，脉沉迟无力。

1. 分步分析

（1）确定主诉：畏寒肢冷反复发作3年，伴腰膝酸冷、便溏。

1）畏寒肢冷提示：①多为虚寒证。②病位在里不在表。

2）腰膝酸冷，大便溏薄提示：①腰膝酸冷，病位在肾，肾多虚证，支持虚寒证的判断。②大便易溏，病位在脾，结合前症，可能为脾阳虚。

（2）判定病位：①畏寒肢冷：但寒不热，病位在里。②腰膝酸冷，大便溏薄：支持里证，具体病位在肾和脾。③病延3年，病程较长，支持里证判断。

（3）辨别病性：①畏寒肢冷，肌肤手足俱冷：阳虚不能温煦全身。②腰膝酸冷：肾阳虚腰膝失于温养。③面色淡白，神疲乏力，头晕：阳气不足，不能化生及推动气血上荣于头面及周身。④小腹冷痛，食少，食后腹胀，大便溏薄，完谷不化：脾阳虚寒从中生，寒凝气滞，温运失职。⑤小便清长，夜尿频多：肾阳虚气化失职。⑥病延3年，病久多虚，支持虚证判断。

（4）分析舌脉：①舌质淡胖，边有齿印，苔白滑：阳虚水停之象。②脉沉迟无力：沉主里，迟主寒，无力主虚。

2. 辨证结论 里虚寒证（脾肾阳虚证）。

案例五

于某，男，45岁。患者4天前因受凉而头痛，恶寒发热，经抗生素及“小柴胡颗粒”治疗后病情未见好转，前来就诊。现症见高热不退，不恶寒反恶热，满面通红，汗出较多，口干喜饮，呼吸气粗，头晕头痛，失眠多梦，咽喉红肿，喉核肿大，大便秘结，小便短黄，舌质红，苔黄燥，脉洪数。

1. 分步分析

（1）确定主诉：高热、咽痛4天，伴口渴便秘。

1）高热、咽痛提示：①但热不寒，病位可能在里，为里证。②壮热为里实热证的发热特点。③咽喉为肺胃之门户，咽痛伴见高热，提示病位可能在肺。

2）口渴便秘提示：①为里热证的常见症状，支持里证的判断。②结合壮热，多为里实热证，为邪热伤津之象。

（2）判定病位：①高热不退，不恶寒反恶热：但热不寒，病位多在里。②失眠多梦：内在脏腑的症状，支持病位属里。

（3）辨别病性：①高热不退，不恶寒反恶热，满面通红：里热炽盛，蒸腾于外。②汗出较多，口渴饮冷，小便短黄：邪热炽盛，迫津外泄，热盛伤津。③呼吸气粗：邪热蕴肺，肺失清肃。④头晕头痛：邪热上扰，气血壅滞，清阳失展。⑤失眠多梦：热扰心神。⑥咽喉红肿，喉核肿大：肺胃热盛，蒸达于咽喉。⑦大便秘结：邪热炽盛，伤津耗液，肠腑失润，传化失职。

（4）分析舌脉：①舌质红，苔黄燥：邪热内聚之象。②脉洪数：洪主热甚，数主热。

2. 辨证结论 里实热证（肺热炽盛证）。

案例六

吴某，女，31岁。患者半年前不明原因出现失眠，近半月加重。现症见失眠多梦，甚至彻夜不眠，伴夜晚潮热，骨蒸潮热，五心烦热，寐时汗出，平素头晕目眩，耳鸣如蝉，视物模糊不清，两目干涩，腰膝酸软，胁肋隐痛，口渴欲饮，大便秘结，小便短黄，月经量少，形体消瘦，脱发明显，舌质瘦薄而红，苔少，脉细数。

1. 分步分析

（1）确定主诉：失眠、盗汗半年，加重半月。

1）失眠提示：①病位在里，为里证。②病逾半年，病程较长，支持里证的判断。

2）盗汗提示：①阴虚为患，病位在里。②阴虚内热，证属虚热。

(2) 判定病位：①失眠盗汗：病位在脏腑属里。②腰膝酸软，胁肋隐痛：病位在肝、肾，支持病位在里的判断。③病延半年，多为里证。

(3) 辨别病性：①失眠多梦，严重则彻夜不眠：阴虚火旺，虚阳上扰，心神不宁。②胁肋隐痛：肝肾阴虚，肝络失滋，经气不利。③头晕目眩，耳鸣如蝉，视物模糊不清，两目干涩，腰膝酸软：肝肾阴虚，不能上养清窍，濡养腰膝。④月经量少：肝肾阴虚，冲任失充。⑤脱发明显：肾虚精血不充。⑥夜晚潮热，盗汗，骨蒸潮热，五心烦热，口渴欲饮，大便秘结，小便短黄，形体消瘦：阴虚虚火内炽。

(4) 分析舌脉：①舌质瘦薄而红，苔少：阴虚虚热内扰之象。②脉细数：细主虚，数主热。

2. 辨证结论　里虚热证（肝肾阴虚证）。

案例七

严某，男，67岁。患者素有慢性咳喘病史10年，1个月前因感寒而复发，失于治疗，两小时前突然病情加重。症见呼吸急促，呼多吸少，喉间痰鸣，不能平卧，神情淡漠，面色苍白，冷汗淋漓，四肢厥冷，口唇青紫，舌质紫暗，苔白滑，脉微细欲绝。

1. 分步分析

(1) 确定主诉：突发冷汗淋漓，四肢厥冷两小时。

1）冷汗淋漓，四肢厥冷提示：①阳气虚衰，温煦、固摄失职，病位在里。②阳虚生寒，证属虚寒。

2）突然发作两小时提示：①病势较急。②结合冷汗淋漓，四肢厥冷，提示病情危重，多为亡阳。

(2) 判定病位：①四肢厥冷：但寒不热，病位在里。②突然冷汗淋漓，面色苍白：病在脏腑、血脉，支持病位在里的判断。

(3) 辨别病性：①冷汗淋漓：阳气衰微，津随气泄。②四肢厥冷：阳衰失于温煦。③呼吸急促，呼多吸少，喉间痰鸣，不能平卧：阳气衰微欲脱，功能衰减，肾不纳气。④神情淡漠：阳虚推动无力。⑤口唇青紫：阳虚寒凝，血行不畅。

(4) 分析舌脉：①舌质紫暗，苔白滑：阳气衰微，阴寒凝滞之象。②脉微细欲绝：阳气衰微，鼓动无力。

2. 辨证结论　里虚寒证（亡阳证）。

案例八

尹某，男，47岁。患者今日因冒着酷暑露天参与施工，3小时前突感体力不支，头晕，大汗不止而被送入医院。症见汗出如油，热而黏手，口渴多饮而渴不解，神情烦躁，呼吸急促，肌肤灼热，皮肤皱瘪，小便极少，面赤颧红，口唇干燥，舌干红，苔薄而干，脉虚细疾。

1. 分步分析

（1）确定主诉：汗出不止，热而黏手，伴烦热口渴 3 小时。

1）汗出不止，热而黏手提示：①暑热炽盛，迫津外泄。②津液大伤，阴液枯竭，证属虚热。

2）烦热口渴提示：①阴液亏竭，阴不制阳。②阴液大伤，不能上承口舌。

3）病发 3 小时提示：①病势较急。②结合汗出不止，热而黏手，提示病情危重，多为亡阴。

（2）判定病位：①肌肤灼热，虚烦躁扰：但热不寒，病位在里。②汗出不止，口渴不解：支持病位在里，为津伤重症。

（3）辨别病性：①汗出如油，热而黏手：暑热伤津，迫津外泄。②口渴不解，神情烦躁：阴液欲绝，虚热内扰。③肌肤灼热，面赤颧红，呼吸急促：阴津枯竭，阴不制阳。④口唇干燥，皮肤皱瘪：阴液严重耗损。

（4）分析舌脉：①舌干红，苔薄而干：阴液大伤之象。②脉虚细疾：阴液欲绝，阴不制阳。

2. 辨证结论 里虚热证（亡阴证）。

第十章 气血津液辨证

气血津液辨证是对八纲辨证在气、血、津液不同层面的深化和具体化，也是对病因病性辨证的必要补充。其辨证的目的重在判断有无气血津液的亏损或运行障碍。

【实训目的与要求】

1. 掌握气虚证、气陷证、气不固证、气脱证、气滞证、气逆证、气闭证的临床特征及辨证方法。
2. 掌握血虚证、血脱证、血瘀证的临床特征及辨证方法。
3. 熟悉血虚证、血瘀证的成因；血热证、血寒证的辨证方法。
4. 掌握津液亏虚证、痰证、饮证、水停证的基本临床表现。阳水与阴水的鉴别方法。
5. 掌握气血两虚证、气虚血瘀证、气不摄血证、气随血脱证、气滞血瘀证的辨证方法。
6. 掌握气血津液辨证方法，熟练运用气血津液辨证理论，对临床常见证进行辨证诊断。

【实训内容与方法】

1. 气血津液辨证的基本内容。概括介绍气血津液辨证方法、主要内容及辨证分析要点。
2. 气血津液辨证的综合运用。通过病例分析的练习与讨论，提高学生的辨证分析能力。学生以小组为单位（每组10人），进行相关病例分析练习，选举学生代表发言，最后由老师概括总结。

第一节　气病辨证

气具有推动、温煦、防御、固摄、气化、营养及中介作用，是激发和调控人体生命活动的动力源泉。气的种类包括元气，宗气，营气，卫气，脏腑、经络之气。人体的气机调畅（升降出入运动协调平衡）极其重要。气机失调包括气滞（运行不畅或阻滞不通）、气逆（上升太过或下降不及或横行逆乱）、气陷（下降太过或上升不及）、气脱（突然大量外泄）、气闭（郁闭于内）等。

气的病证很多，其性质按虚、实划分。虚证主要涉及气虚、气陷、气不固、气脱四证；实证主要有气滞证、气逆证、气闭证三证。常见症状有神疲、乏力、气短、自汗、动则加重、脏器下垂、慢性出血、二便失禁、滑精、气息微弱、脉虚或微、胀闷或胀痛、窜痛、咳喘、呃逆、嗳气、呕吐等。

辨证时，应先根据其主诉及特征性症状，初步判定其病位所在及病性虚实，然后全面分析所有症状，准确判断病位、病性，最后根据舌脉表现对诊断结果进行验证。由于气、血、津液与脏腑的功能活动紧密相连，因此，要将气血津液辨证内容与相关脏腑的功能失调结合起来，并同“脏腑辨证”内容相互参照。

一、与气病有关的特征表现

（一）气病虚证的特征表现

气病虚证中（气虚、气陷、气不固、气脱证）以气虚证为病理基础。气虚证以神疲乏力、气短懒言、动则加重、脉虚或弱为主要特征。气陷证因气虚升举无力，清阳之气下陷所致。除气虚一般表现外，主要以清阳不升（头晕气坠）和脏器下垂（胃下垂、阴挺、脱肛）等气陷表现为特征。气不固证因气虚对精、血、津液等固摄功能减退所致，以气虚证一般表现和汗、尿排泄过多，或慢性出血，或二便失禁、滑精、滑胎等不固表现为特征。气脱证因元气衰极而突然外脱所致，病势危重，以气息微弱、汗出不止、面色苍白、二便失禁、脉微等气脱表现为特征。

临证时应注意，气虚常涉及心、肺、脾、肾、胃等相关脏腑，临床常见心气虚证、肺气虚证、脾气虚证、肾气虚证、胃气虚证、心肺气虚证、肺肾气虚证、脾肺气虚证等。除见气虚证一般表现外，还有各脏腑气虚的特征（定位）表现，如脾气虚证以食少、腹胀、便溏或泄泻等脾失健运表现为特征，肺气虚证以久病咳喘无力、咳痰清稀等肺失宣肃、肺气上逆表现为特征，要抓住辨证要点。

（二）气病实证的特征表现

气病实证主要有气滞证、气逆证、气闭证。气滞证以胸胁脘腹或损伤部位的胀满、痞闷或胀痛、窜痛为主要特征。临床常见肝气郁滞证、胃肠气滞证、肝胃气滞证等，临证时应注意辨别气滞的部位及气滞的原因。气逆证常发生于肺、胃、肝。肺气上逆以咳嗽、气喘为特征；胃气上逆以恶心、呕吐、呃逆、嗳气为特征；肝气上逆以头目胀痛、眩晕耳鸣、面红目赤、吐血，甚至晕厥为特征。气闭证以突发昏厥、窒息，或绞痛、肢冷、二便不通为主要特征。

（三）与气病有关的舌脉表现

气病虚证的典型脉象多为虚脉、弱脉、缓脉，气脱时可见微脉；气病虚证的舌象可见淡嫩舌，或见齿痕，苔白。气病实证的典型脉象多为弦脉；其舌象一般可无明显变化。

（四）气病证治纲要（表10-1）

表 10－1 气病证治简表

证型		病机	辨证要点	临床表现	舌象	脉象	治法	代表方剂
虚	气虚证	元气不足，功能减退	神疲，乏力，气短，动则加重，脉虚	神疲乏力，气短声低，少气懒言，或头晕目眩，自汗，活动加重	淡嫩	虚	益气补虚	四君子汤
	气陷证	气虚无力升举，清阳之气下陷	形体瘦弱，脏器下垂，气短，气坠	脘腹坠胀，久泻久痢，便意频频，或胃、肾下垂，或脱肛，或阴挺，或眼睑下垂，伴头晕眼花，神疲乏力，气短	舌淡	虚	补中益气	补中益气汤
	气不固证	气虚固摄功能减退	病体虚弱，自汗或二便、精、经等不固及气虚证	自汗不止，或余沥不尽，遗尿，二便失禁；或崩漏、月经过多；或滑精早泄，或滑胎，伴疲乏气短，面白	舌淡	虚	益气固摄	玉屏风散、菟丝子丸、归脾汤
	气脱证	元气外脱，虚衰已极	病势危重，气息微弱，汗出不止，面色苍白，脉微	呼吸微弱而不规则，汗出不止，面色苍白，脉微，神识朦胧，二便失禁，口开目合，手撒身软	舌淡	微	益气回阳固脱	独参汤
实	气滞证	气机阻滞，运行不畅	胸胁脘腹等处胀闷或胀痛、窜痛，痛胀常随气行而舒	胸胁脘腹等处胀闷或疼痛（胀痛、窜痛、攻痛），部位不定，时轻时重，痛胀常随气行（嗳气、太息、肠鸣矢气）而舒	变化不显	弦	行气止痛	柴胡疏肝散
	气逆证	气机失调，气上冲逆	咳嗽、气喘，或呕吐、呃逆、嗳气，或头痛眩晕	咳嗽，气喘；呃逆，嗳气，恶心，呕吐；头痛，眩晕，甚至昏厥	变化不显	弦	降气止逆	苏子降气汤、旋覆代赭汤、天麻钩藤饮
	气闭证	邪气阻闭，气机闭塞	突发昏厥、窒息，或绞痛、肢冷、二便不通	突然昏仆或神昏，喘急窒息，或头、胸、腰、腹等处绞痛，四肢厥冷，胸闷腹胀，二便不通	变化不显	沉弦	开闭利窍	通关散

二、气病辨证案例分析

案例一

韩某，男，30岁，4年前患急性乙型肝炎，经住院治疗后痊愈出院。近1年来工作比较繁忙劳累，身体略感不适，倦怠乏力，但未去诊治。近1个月来上症加重，且经常自汗，活动后尤甚，遂来中医院就诊。现症见自汗，精神疲惫，倦怠乏力，动则尤甚，有时头晕，腹胀，纳食一般，二便尚可。查体面色淡白，舌质淡，苔薄白，脉沉无力。

1. 分步分析

（1）确定主诉：倦怠乏力1年，加重伴自汗1个月。

1）倦怠乏力提示：①可能是气虚，脏腑功能低下所致。②也可能是阳虚所致，但患者无畏寒肢冷等虚寒征象，故可排除之。

2）自汗提示气虚固摄失职。

（2）判断病位病性：①自汗，精神疲惫，倦怠乏力，动则尤甚：气虚证最突出的临床特征。②患病1年，因工作繁忙劳累所致：久病多虚，过劳耗气多虚。③头晕，面色淡白：气虚不能推动气血上荣。

（3）分析舌脉：舌质淡，苔薄白，脉虚均为气虚之征。

2. 辨证结论 气虚证（脾气虚证）。

3. 鉴别诊断 与阳虚证鉴别。两证均可出现气虚证的一般表现，但本证没有畏寒肢冷等虚寒征象，即无阳虚证的特征表现。

案例二

刘某，男，42岁。患者素体瘦弱，近3年来经常感觉神疲乏力，食少脘痞，腹胀便溏，进食后胃脘部坠胀不适，1个月前因上症加重而来就诊。现症见胃脘坠胀不舒，食后尤甚，倦怠乏力，纳食减少，大便溏薄，舌淡嫩苔白，脉弱。

1. 分步分析

（1）确定主诉：胃脘部坠胀不适3年，加重1个月。

胃脘坠胀不舒，食后尤甚，提示气虚无力升举，导致清阳之气下陷。

（2）判断病位病性：①胃脘部坠胀不适，食后尤甚：属气陷证的特征表现。②食少脘痞、腹胀便溏：属中气不足，健运失职的特征表现。③患者素体瘦弱，近3年来经常神疲乏力：属气虚，脏腑功能低下所致。

（3）分析舌脉：舌淡苔白，脉缓弱，为气虚之征。

2. 辨证结论 气陷证（脾虚气陷证）。

3. 鉴别诊断 气陷证应与气虚证、气不固证鉴别：①气陷证因气虚无力升举，清阳之气下陷所致，多由气虚证发展而来。临床以形体瘦弱，腹部坠胀，或内脏下垂，或久泻久痢等气陷表现与气虚证并见为特征。②气不固证因气虚导致气对精、血、津液的固摄功能减退所致。在气虚证基础上，主要以精（滑精、早泄）、血（各种出血）、津液（汗多、尿多）等不能固摄的表现为特征。③气虚证因元气不足，脏腑组织功能减退所致。主要以神疲乏力，气短声低，少气懒言，动则加重为辨证要点。

案例三

刘某，男，25岁。1周前因暴怒之后出现频繁呃逆，声高而短，不能自制，并逐渐加剧，言语对答时亦无歇止，除睡眠外，几无片刻休止。伴有胃脘胀闷，纳食减少，口干便秘，舌质淡红苔白，脉弦。

1. 分步分析

（1）确定主诉：频繁呃逆，声高而短1周。

频繁呃逆，声高而短，不能自制提示气机升降失常，气逆于上。

（2）判断病位病性：①频繁呃逆，声高而短，不能自制：属气逆证（胃失和降、胃气上逆）的特征表现。②胃脘胀闷，纳食减少，便秘：属气机不畅，胃之受纳腐熟和降功能异常的表现。③暴怒之后出现情志异常导致气机逆乱：属实证。

（3）分析舌脉：舌淡红，苔白，脉弦，为气机不畅之征。

2. 辨证结论　气逆证（肝气犯胃证）。

3. 鉴别诊断　气逆证应与气滞证鉴别：①气滞证因气机阻滞，运行不畅所致，临床常见肝气郁滞证、胃肠气滞证、肝胃气滞证。主要以胸胁、脘腹或损伤部位的胀闷或疼痛（胀痛、窜痛、攻撑作痛）为特征。②气逆证因气机失调，应降反升或升发太过所致，临床常见于肺、胃、肝气上逆。本证患者以频繁呃逆为主症，当属气逆证。

第二节　血病辨证

血行脉中，内流脏腑，外至肌肤，无处不到。若脏腑失调，或外邪侵扰，使血的生成或运行障碍，功能失常，就可出现相应的临床证候。

血病辨证以虚、实、寒、热为纲，常见证候可概括为血虚（血脱）、血瘀、血热、血寒 4 种。其中以血虚证（血脱证）、血瘀证为重要内容。

一、与血病有关的特征表现

（一）血病证候的特征表现

1. 血虚（血脱）证　以皮肤组织黏膜淡白（面、唇、舌、甲、睑）为基本特征。其中，血虚证以面白无华或萎黄、头晕心悸、失眠多梦、舌淡脉细为特征表现。血脱证有严重的失血病史，并以突然面色苍白、眩晕、心悸、舌淡、脉微或芤为特征表现（应注意辨识内出血）。

2. 血瘀证　以疼痛（局部刺痛、拒按、夜甚）、肿块（质硬固定）、出血（色紫暗夹血块或黑色）、色泽（面唇肌肤色泽紫暗或有瘀斑，舌有瘀点瘀斑等）、脉（细涩，或结或代，或无脉）为特征表现（气虚、气滞、寒凝、痰阻、热壅、外伤等原因均可导致，注意了解发病原因）。

3. 血热证　以血分热盛（身热烦躁，舌质红绛，脉滑数）及热盛动血（出血鲜红量多，或头面部出现阳斑）或阳性疮痈（疮痈红肿热痛）为特征表现。

4. 血寒证　具有寒、痛、瘀的临床特点，以局部青紫肿胀、冷痛或拘急掣痛、得温痛减、舌淡紫而润、脉沉紧或弦涩为特征表现。

（二）与血病有关的舌脉表现

血虚证舌象特征为淡白舌，典型脉象为细脉，或细数，或弱脉，血脱时可见微脉或芤脉。血瘀证舌紫暗，或见瘀点瘀斑，舌下络脉青紫怒张，脉象细涩或结或代。血热证舌质红或绛，苔黄燥，脉象滑数或弦数。血寒证舌色暗红，苔白，脉沉弦。

（三）血病证治纲要（表10－2）

表10－2 血病证治简表

证型		病机	辨证要点	临床表现	舌象	脉象	治法	代表方剂
虚	血虚证	血液亏虚，脏腑百脉失养	面色淡白或萎黄，头晕，唇舌睑甲淡白，脉细无力	面白无华或萎黄，眼睑、唇、舌、爪甲色淡，头晕眼花，心悸健忘，失眠多梦，或手足发麻，或妇女月经量少色淡，或月经后期，或闭经	淡嫩	细无力	补血益气	四物汤 当归补血汤
	血脱证	血液亡脱，血脉空虚	突然面色苍白，眩晕，心悸，舌淡，脉微或芤	大失血或严重血虚患者，突然出现面色苍白，眩晕，心悸，气短	枯白	微或芤	益气固脱补血	生脉散
实	血瘀证	血行受阻，瘀滞不畅	疼痛、肿块、出血、色泽、脉象等改变	局部刺痛，固定拒按，肿块质硬，出血紫暗，面唇舌色紫暗	紫暗	细涩	活血化瘀	血府逐瘀汤
	血寒证	寒凝气滞，血行不畅	手足或少腹冷痛，肤色、经色、舌色紫暗	手足、少腹、小腹、巅顶等处冷痛拘急，喜暖恶寒；肤色紫暗发凉，形寒肢冷，月经愆期，经色紫暗，夹有血块	紫暗	沉迟弦涩	温经散寒	当归四逆汤
	血热证	火热炽盛，热迫血分	各种出血和热盛的表现	咯血，吐血，尿血，衄血，便血，月经先期，崩漏，血色鲜红质稠，伴发热、烦渴	红绛	数疾	清热凉血	犀角地黄汤

二、血病辨证案例分析

案例一

李某，女，30岁。几年来由于工作繁忙而劳累，经常饮食不调、快餐应付。近3个月来，经常感觉头晕眼花，神疲健忘，胃脘不适，遂来就诊。现症见：头晕眼花，神疲健忘，心悸，胃脘不适，纳少，二便尚可，月经基本正常。查体：面色少华，眼睑、口唇、舌色淡白，苔白，脉细无力。

1. 分步分析

（1）确定主诉：头晕眼花、神疲健忘1年。

头晕眼花、神疲健忘1年，提示头目组织失于濡养，属虚证，多因血虚失养所致。

（2）判断病位病性：①头晕眼花、神疲健忘、心悸：血虚，头目及脏腑组织失于濡养。②面色少华，眼睑、口唇、舌色淡白：血虚，不能上荣、外荣所致。③因工作繁忙劳碌而致病：劳伤气血。

（3）分析舌脉：舌淡苔白，脉细无力，皆为血液亏虚，失于充盈之征。

2. 辨证结论 血虚证。

案例二

刘某，女，32岁，患者1小时前因分娩大出血不止，出现心悸，头晕，半小时后晕厥。查：面色苍白，唇甲色淡，舌淡苔白，脉细数。

1. 分步分析

（1）确定主诉：心悸、头晕1小时，晕厥30分钟。

突然出现心悸、头晕、晕厥、面色苍白提示：①可能是血脱证。②上症于分娩大出血之后出现，提示属于产后大失血所致的血脱证。

（2）判断病位病性：①皮肤黏膜组织（面唇舌甲）颜色淡白：判断其病位在血分，属虚证。②眩晕，心悸，气短，面色苍白，唇舌甲色淡：血液亡脱、全身失血濡养所致。③本证发生在分娩大出血1小时后：是导致血脱危急重证的直接原因。

（3）分析舌脉：舌淡苔白，脉细数，皆为血液亡脱，失于充盈之征。

2. 辨证结论 血脱证。

案例三

张某，男，51岁。1年前患者因车祸头部外伤后出现头部刺痛，以两侧及后头部疼痛明显，伴有头晕，记忆力逐渐减退，经常失眠，自服“安神补脑液”等药物，无效。现症见：头痛、头晕，失眠、健忘，饮食尚可，二便正常。查体：面色晦暗，舌质紫暗，脉细涩。

1. 分步分析

（1）确定主诉：头部刺痛，伴头晕健忘1年。

1）刺痛为血瘀疼痛的特征，头部刺痛提示瘀血阻滞于脑络。头晕健忘提示脑络失养。

2）上症于车祸头部外伤后出现，提示由于外伤后，瘀血内停、内阻所致。

（2）判断病位病性：①头部刺痛，伴头晕健忘、失眠：瘀血阻滞脑络，气血运行不畅。②面色晦暗，舌质紫暗，脉细涩：血行不畅之征。③头部外伤后出现上症：导致瘀血阻滞的诱发因素。

（3）分析舌脉：舌质紫暗，脉细涩，为血行不畅之征。

2. 辨证结论 血瘀证（瘀阻脑络证）。

第三节 津液病辨证

津液病变主要因肺、脾、肾三脏功能失常而致，有津液不足和水液停聚两个方面。凡外感六淫，或内伤七情，或饮食所伤等因素，影响肺、脾、肾的功能，均可使津液失于正常的输布与排泄，进而导致水液停聚体内，形成痰证、饮证、水停证。

一、与津液病有关的特征表现

（一）津液病证候的特征表现

1. 口鼻、舌、咽喉、肌肤干燥，口渴喜饮，尿少便结（轻者），或肌肤干瘪无弹性、目眶深陷、骨瘦如柴、尿极少或无尿等（重者），为津液亏虚之候。

2. 颜面、眼睑、肢体或全身浮肿，小便短少不利，身体困重，舌淡胖苔白滑，脉濡缓等，为水液内停之候。

3. 咳喘胸闷痰多，喉间痰鸣，体胖，神志错乱，局部肿块质软圆滑，苔腻，脉滑等，为痰浊内盛之候。

4. 咳吐痰涎清稀量多，胃肠有振水音，呕吐清水，胸胁胀闷或疼痛，叩之音浊，苔白滑，脉弦，为饮邪内停之征。

（二）与津液病有关的舌脉表现

津液亏虚证舌红少津，脉象细数无力。痰证苔腻（白腻或黄腻），脉滑。饮证苔白滑，脉弦。水停证舌淡胖苔白滑，脉濡缓。

（三）津液病证治纲要（表10-3）

表10-3 津液病证治简表

证型		病机	辨证要点	临床表现	舌象	脉象	治法	代表方剂
虚	津液亏虚证	津液亏虚，组织失养	肌肤、口唇、舌咽干燥，尿少便干	口燥咽干，渴欲饮水，唇焦而裂，鼻孔干燥，目眶凹陷，皮肤干枯无泽，小便短少，大便干结	舌红少津	细数	生津增液润燥	增液汤，沙参麦冬汤
实	痰证	痰浊内盛，随气升降，气机不畅	痰多，胸闷，呕恶，眩晕，体胖，或局部有圆滑包块，苔腻，脉滑	胸闷，咳喘，痰多黏稠，喉中痰鸣，脘痞，纳呆，恶心，呕吐痰涎，头晕目眩，表情淡漠，神昏神乱，肢体麻木，半身不遂，瘰疬气瘿，痰核乳癖，喉中异物感	苔白腻或黄腻	滑或滑数	理气化痰	二陈汤或涤痰汤
	饮证	水饮停聚，气机不畅	胸闷脘痞，呕吐清水，咳吐清稀痰涎，肋间饱满，苔滑	脘腹痞满，泛吐清水，脘腹部水声辘辘；咳吐清稀痰涎，或喉中有哮鸣声，胸闷心悸，倚息不得平卧；或肋间饱满，咳唾引痛；头晕目眩	苔白滑	弦或滑	温化水饮	苓桂术甘汤或十枣汤
	水停证	津液代谢障碍，水液停聚，泛溢肌肤	浮肿，小便短少不利，舌淡胖，苔白滑或白腻	头面、肢体或全身浮肿，按之凹陷不易起，或腹胀如鼓，叩之音浊，小便短少不利，身体困重	舌淡胖苔白滑或白腻	濡缓	利水消肿，发汗利小便	五苓散合五皮饮

二、津液病辨证案例分析

案例一

王某，男，13岁。患者于两周前发热恶寒、咽痛，自服红霉素治疗略见好转。但3天前突然出现眼睑浮肿，小便短少不利，浮肿渐及四肢周身，伴发热、恶寒，遂来就诊。查：T 37.9℃，P 92次/分，R 18次/分，BP 150/90mmHg。神志清，眼睑浮肿，咽部充血，扁桃体Ⅱ度肿大，舌质红苔薄黄，脉浮数。双下肢指压痕阳性。

1. 分步分析

（1）确定主诉：发热恶寒、咽痛两周，伴眼睑浮肿、小便不利3天。

1）眼睑浮肿、小便不利，提示水液输布代谢障碍，水湿内停，属水停证，可能与肺、脾、肾功能异常有关。

2）患者眼睑先肿，并于外感两周后出现，提示属于阳水，为风水相搏所致，故可排除脾、肾两脏。

（2）判断病位病性：①根据主症特征及其发病特点判断，证属水停证（阳水，风水相搏证）。由于外邪犯肺，肺卫失宣，通调水道失职所致。②恶寒、发热、咽痛：风热袭表，风热上扰所致。③眼睑浮肿，小便不利，浮肿渐及四肢周身，双下肢指压痕阳性：肺失宣降，通调失职，膀胱气化失司，水湿内停，外溢肌肤。

（3）分析舌脉：舌质红，苔薄黄，脉浮数，属风热袭表之征。

2. 辨证结论　阳水（风水相搏证）。

3. 鉴别诊断　应与阴水相鉴别。阴水多因久病脾肾阳气虚衰所致，起病缓，病程长，属于虚实夹杂证。足胫、下肢先肿，渐至全身，腰以下肿甚，按之凹陷难复，小便短少，常兼脾、肾阳虚的表现。而本证（阳水）是因风热之邪侵袭肺卫所致，发病急，病程短，属实证。眼睑、颜面先肿，迅速遍及全身，皮薄光亮，小便短少，初期兼见表证，由此可资鉴别。

案例二

李某，男，42 岁，工人。平素性格内向，情志抑郁。两个月前患者发现左侧颈前喉结旁有一肿物，逐渐长大，按之不痛，自觉胸胁胀闷，喜太息，纳差。查体：颈前肿物表面光滑，质较软，吞咽时可上下移动，舌淡红，苔薄白，脉弦。

1. 分步分析

（1）确定主诉：左侧颈前喉结旁肿物两个月。

左侧颈前喉结旁肿物，吞咽时可上下移动，提示病位在颈前，属于瘿瘤。

（2）判断病位病性：①患者性格内向，胸胁胀闷，喜太息：肝失疏泄条达，气机郁滞不畅。②左侧颈前喉结旁肿物，按之不痛，质软光滑，可随吞咽上下移动：为瘿瘤，由于气郁生痰，痰气搏结于颈部所致。

（3）分析舌脉：舌淡红苔薄白，脉弦，为肝郁气滞之征。

2. 辨证结论　痰证（痰气郁结证）。

案例三

高某，男，27 岁。3 年前因感受外邪出现恶寒发热、咽痛、咳嗽等症，自服“消炎药”治疗略见好转。1 周后出现眼睑、面部浮肿，继之全身浮肿，小便短少，遂就诊于当地医院，诊断为“急性肾炎”收住院治疗，好转后出院。之后每因感冒或劳累之后而发，反复出现下肢浮肿，曾住院 3 次。两周前因劳累后病情再次复发。现症见面白虚浮，神疲乏力，畏寒肢冷，下肢浮肿，腰以下肿甚，按之凹陷，小便短少，腰膝酸冷，纳少腹胀，舌淡胖，苔白滑，脉沉迟无力。

1. 分步分析

（1）确定主诉：浮肿、尿少反复发作 3 年，加重 1 周。

1）浮肿、尿少反复发作 3 年，提示水液代谢障碍，水湿内停，属水停证。

2）首次浮肿前曾感受外邪，有表证特征，随后出现颜面、眼睑浮肿，尿少，提示 3 年前属于阳水。

3）之后因感冒或劳累反复出现下肢浮肿、尿少，腰以下肿甚，提示病情迁延日久，耗伤正气，导致气化、温运失职，形成阴水（由阳水转化为阴水）。

（2）判断病位病性：①首次发病，因感受外邪所致，发病急、病程短、有表证特征：实证（阳水）。②目前反复出现下肢浮肿、尿少，腰以下肿甚，伴腰膝酸冷，纳少腹胀：虚实夹杂证（本虚标实），属阴水。脾肾气化温运失职，水湿内停，外溢肌肤所致。③面白虚浮，神疲乏力，畏寒肢冷：阳气亏虚，推动、温煦无力。④根据主症特征及其发病特点判断，证属水停证（阴水）。

（3）分析舌脉：舌淡胖，苔白滑，提示阳气亏虚，水寒之气内盛；脉沉迟无力，沉主里，迟主寒，无力主虚，提示机体阳气亏虚。

2. 辨证结论 水停证（阴水证，脾肾阳虚证）。

第四节 气血同病辨证

气血互根互化，相互依存。气能生血、行血、摄血，血能载气，两者相互促进、相互影响。气血同病中临床以虚证居多，如气血两虚证、气不摄血证、气随血脱证；另外还有气虚血瘀证、气滞血瘀证。

气滞血瘀证与气血两虚证的病机常互为因果；气不摄血证与气虚血瘀证的病机演变，气虚在先，为因、为本，出血或血瘀在后，为果、为标。气不摄血证与气随血脱证，均有出血及元气亏虚的表现。临证时要注意了解其因果、主次、轻重、缓急，抓住各自的辨证要点。

一、与气血同病有关的特征表现

（一）气血同病的特征表现

1. 气血两虚证 气虚证和血虚证表现并见，即以神疲乏力、气短懒言等气虚表现和面色淡白或萎黄、眩晕、心悸等血虚表现共见为特征。

2. 气不摄血证 气虚证和出血表现并见，即以崩漏、肌衄、便血等慢性出血表现与神疲乏力、面白气短、舌淡脉弱等气虚表现并见为特征。

3. 气随血脱证 血脱证和气脱表现并见，即在大失血的同时，以出现气少息微、大汗淋漓、神情淡漠等气脱征象为特征（应注意辨别内出血，多伴有疼痛等表现）。

4. 气滞血瘀证 气滞证和血瘀证表现并见，即以局部胀满、刺痛、拒按，面色晦暗，舌紫或有瘀斑，脉弦涩为特征。

5. 气虚血瘀证 气虚证和血瘀证表现并见，即以神疲乏力、气短，兼局部肿硬、刺痛或瘫痪，舌淡紫或有瘀点瘀斑为特征。

（二）与气血同病有关的舌脉表现

气血两虚证与气不摄血证舌淡白，脉弱；气随血脱证舌色枯白，脉微；气虚血瘀证舌淡紫或有瘀点瘀斑，脉细涩；气滞血瘀证舌紫暗或有瘀斑，脉弦涩。

（三）气血同病证治纲要（表 10－4）

表 10－4　　气血同病证治简表

证型		病机	辨证要点	临床表现	舌象	脉象	治法	代表方剂
虚	气血两虚证	气血亏虚，肌体失养	神疲乏力，眩晕，面色淡白或萎黄	神疲乏力，气短懒言，面白无华或萎黄，眩晕心悸，失眠健忘，唇甲色淡，或食少乏味，或手足麻木	舌淡苔白	弱	益气补血	八珍汤
	气不摄血证	气虚摄血无力，血溢脉外	病体虚弱，以精、血、津液等不固和气虚证并见	面色淡白，神疲乏力，气短懒言，食少纳呆；吐血、便血、尿血、崩漏、衄血（齿衄、肌衄）等慢性出血；头晕心悸	舌淡苔白	弱或芤	益气摄血	归脾汤
	气虚血瘀证	气虚推动无力，血液瘀滞不畅	神疲乏力、气短，兼局部肿硬、刺痛或瘫痪，舌淡紫或有瘀点瘀斑	面色淡白，神疲乏力，气短懒言，食少纳呆；局部青紫、肿胀，刺痛不移而拒按，或肢体瘫痪、麻木，或可触及肿块	舌淡紫或有瘀点瘀斑	细涩	益气活血	补阳还五汤
	气随血脱证	大量失血，元气随血外脱	大出血时，出现面色苍白，大汗淋漓，气少息微，神情淡漠或昏愦	大量失血时（呕血、便血、产后大失血或外伤等），出现气少息微，面色苍白，大汗淋漓，神情淡漠或昏愦	舌淡	脉微欲绝或浮数无根	益气摄血固脱	独参汤或参附汤
实	气滞血瘀证	气机郁滞，血行瘀阻	局部胀满、刺痛拒按，面色晦暗，舌紫或有瘀斑，脉弦涩	胸胁、乳房等胀闷、疼痛，情志抑郁。或局部刺痛、拒按、肿胀，青筋暴露或丝状血缕，面色晦暗，肌肤甲错。痛经、闭经，脉涩或结代	舌紫暗或有瘀点瘀斑	弦涩	理气活血化瘀	血府逐瘀汤

二、气血同病辨证案例分析

案例一

王某，女，45 岁。3 年来经常头晕气短，疲乏无力，每次月经量多，淋漓十余日方止，经色淡红，超声检查提示“子宫肌瘤”，遂于两个月前行子宫切除手术。手术后已两个月，仍感头晕眼花，神疲乏力，气短自汗，动则尤甚，面唇色淡，形体消瘦，舌质淡嫩，脉弱。

1. 分步分析

（1）确定主诉：头晕眼花、神疲乏力 3 年，加重两个月。

1）头晕眼花，提示血虚或气血亏虚；神疲乏力，提示气虚。

2）病程 3 年提示久病，多虚证。

（2）判断病位病性：①长期慢性失血（月经量多，淋漓不止）：病久不愈，耗伤气血。②经常头晕气短，神疲乏力，动则尤甚，自汗：气虚，脏腑功能低下。③头晕眼花，面唇舌色淡白，脉细：血虚失于荣养、充盈。

(3) 分析舌脉：舌淡嫩，苔白，为气血亏虚之征；脉细无力，乃气血亏虚，脉道不充，鼓动无力之象。

2. 辨证结论 气血两虚证。

案例二

田某，女性，23岁。1996年5月11日就诊。患者1年前发现牙龈每天多次出血，继之下肢出现小紫点，月经量多，每次8天，经常神疲乏力，头晕气短，经检查发现血小板减少，被确诊为“血小板减少性紫癜”，用激素及中药治疗半年，因无显效而停止。查：患者面白无华，唇舌色淡，苔薄白，脉弱。

1. 分步分析

(1) 确定主诉：牙龈、皮下出血，月经量多，伴神疲乏力1年。

1) 患者牙龈、皮下出血，月经量多，每次8天，提示身体有多处出血，可因气虚不能摄血，或因热邪迫血妄行所致。

2) 伴神疲乏力，提示为气虚、统血无权所致。

3) 长期慢性失血病程1年，提示为久病，属于虚证。

(2) 判断病位病性：①持续1年身体多处慢性失血：提示久病耗损，必然导致虚证(血虚)。②神疲乏力，头晕气短：提示气虚，脏腑功能低下。③牙龈、皮下出血，月经量多，经期延长：气虚不能统摄血液所致。④面白无华，唇舌色淡：血虚不能上荣。⑤因气虚失血日久，加之生血无力，必然导致血虚，最终出现气血两虚的病理表现。但是，本证目前以失血和气虚为主要矛盾。

(3) 分析舌脉：舌淡，苔薄白，脉弱，为气血亏虚，充盈不足，鼓动无力所致。

2. 辨证结论 气不摄血证。

3. 鉴别诊断 应与气随血脱证鉴别。两证都有出血和气的亏损表现，但其虚损先后时间及轻重程度有别：①气不摄血证。因气虚不能统摄血液导致出血。其气虚在前，出血在后；出血颜色略淡，多呈小量持续出血，多属慢性过程。②气随血脱证。因大量失血导致气随血液暴脱于外。其大出血在前，气脱在后；出血势急量多，病情急重，可出现气脱亡阳之危候。

案例三

朴某，女，27岁，已婚，停经两个月，于2006年4月10日就诊。患者当日中午与朋友聚餐时，突然自觉腹部疼痛，停止进餐休息2小时后，疼痛未见好转，遂去附近医院就诊。医生简单诊察、了解病情后，诊为“腹痛待查”，予“止痛药”，嘱患者回家休息。回家后，患者腹痛逐渐加剧，持续不解，遂又去医院就诊（发病已3小时）。经查妊娠试验呈阳性反应。在医院待诊过程中，患者心悸、眩晕，左下腹剧痛难忍，突然出现面色苍白，大汗淋漓，呼吸微弱，唇舌淡白，苔薄白，脉微欲绝。

1. 分步分析

(1) 确定主诉：左下腹疼痛2小时，加重伴面色苍白1小时。

1) 左下腹疼痛，提示病位在左侧少腹部，病变可能涉及结肠、输卵管及卵巢。

2）发病急，病程短，腹痛逐渐加剧，持续不解，提示属实证。

3）面色苍白，脉微欲绝，提示病情危重，属气脱，或血脱，或气随血脱，或亡阳证。

（2）判断病位病性：①已婚女性，停经两个月后，突然出现左下腹剧痛：提示气机突然闭阻不通（不通则痛）。②心悸、眩晕、唇舌淡白、面色苍白，脉微欲绝：属血脱表现，因血脱脏腑组织失养、血脉不充所致。③面色苍白、大汗淋漓、呼吸微弱、脉微欲绝：属气脱危候，因元气突然外脱，推动、固摄无权所致。④气脱危重证候，在女性妊娠两个月及左下腹部剧痛之后出现：提示先有血脱（因异位妊娠破裂导致大量内出血所致），并进一步导致气脱（气随血脱）。

（3）分析舌脉：舌淡苔薄白，脉微，为气血大衰，充盈、推动无力所致。

2. 辨证结论　气随血脱证。

第十一章 脏腑辨证

脏腑辨证，是在认识脏腑生理功能和病理变化的基础上，对四诊所获得的临床资料进行综合分析，以判断疾病的病因病机，确定脏腑证型的一种辨证方法。简言之，即以脏腑为纲，对疾病进行辨证。

【实训目的与要求】

1. 熟悉脏腑证候特点，常见脏腑证名。
2. 熟悉脏腑辨证的基本方法。
3. 熟悉辨证技巧。
4. 掌握脏腑辨证的基本证候。

【实训内容与方法】

1. 对于脏腑证候特点，常见脏腑证名，脏腑辨证的基本要求，脏腑辨证的基本证候，课前教师以提问方式为主，并就学生提问过程中所出现的问题及时纠正讲解，强化学生的熟悉和掌握程度。

2. 对于辨证技巧，课堂上通过临床病例的分析与讨论，结合错误辨别训练，介绍如何在实际临床中合理运用辨证技巧，加深同学的理解。

第一节 脏腑辨证的基本内容

一、脏腑证候特点

脏腑证候是临床各科进行诊断的重要基础，在中医学辨证体系中占有突出的地位。中医临床应用的证候辨证方法颇多，如八纲辨证、病性辨证及六经辨证、卫气营血辨证、三焦辨证等，尽管它们各具特色，各有侧重，但均与脏腑定位密切相关，最终大多要落实到脏腑证候上来。

脏腑证候可分为脏病证候、腑病证候、脏腑兼病证候三方面，其中脏病证候是脏腑证候的主体。一般脏病证候多虚，腑病证候多实。

脏腑证候的内容较为系统、完整，纲目清楚，明确具体，便于中医辨证思维的应用与拓展；脏腑证候有明确的病位与病性，可以直接指导临床治疗。

二、常见脏腑证名

1. 心病证候名　心气虚证、心阳虚证、心阳虚脱证、心血虚证、心阴虚证、心火亢盛证、心脉痹阻证、痰蒙心神证、痰火扰神证、瘀阻脑络证。

2. 肺病证候名　肺阴虚证、风寒犯肺证、风热犯肺证、燥邪犯肺证、肺热炽盛证、痰热壅肺证等。

3. 脾病证候名　脾气虚证、脾虚气陷证、脾阳虚证、脾不统血证、寒湿困脾证、湿热蕴脾证。

4. 肝病证候名　肝血虚证、肝阴虚证、肝郁气滞证、肝火炽盛证、肝阳上亢证、肝风内动证、寒滞肝脉证。

5. 肾病证候名　肾阳虚证、肾阴虚证、肾精不足证、肾气不固证、肾虚水泛证。

6. 腑病证候名　胃阴虚证、大肠津亏证、胃阳虚证、寒饮停胃证、寒滞胃肠证、胃热证、食滞胃脘证、胃肠气滞证、肠道湿热证、膀胱湿热证、胆郁痰扰证。

7. 脏腑兼病证候名　心肾不交证、心肾阳虚证、心肺气虚证、心脾两虚证、心肝血虚证、脾肺气虚证、肺肾阴虚证、肝火犯肺证、肝胃不和证、肝脾不调证、肝肾阴虚证、脾肾阳虚证等。

三、脏腑辨证的基本要求

1．要密切联系中医基础理论的藏象学说　脏腑生理功能及其病理变化是脏腑辨证的理论依据。脏腑病证是脏腑功能失调反映于外的客观征象。由于各脏腑的生理功能不同，所以它反映出来的症状、体征也不相同。根据脏腑不同的生理功能及其病理变化来分辨病证，这是脏腑辨证的理论依据。所以熟悉各脏腑的生理功能及其病变特点，则是脏腑辨证的基本方法。

2．要从整体观角度分析脏腑病变所属证候　人体是以五脏为中心的有机整体，脏腑之间、脏腑与各组织器官之间，在生理上相互联系，在病理上则相互影响。因此，在进行脏腑辨证时，一定要从整体观念出发，分析脏腑病变所属证候，仔细审辨其内在联系。这样，才能全面而正确地判断病情。

3．要注意与八纲、病因、气血津液各种辨证方法的相互关系　脏腑辨证不单是以辨明病证所在脏腑的病位为满足，还应分辨出脏腑病位上的病因和病性。例如在脏腑实证中，有寒、热、痰、瘀、水、湿等不同；在脏腑虚证中，又有阴、阳、气、血虚之别。只有探明病因、病性、病机，才能为立法、处方、用药提供确切依据。脏腑辨证与病因、病性辨证之间有着相互交织的纵横关系，临床既可按脏腑病位为纲，区分不同的病因、病性，也可在辨别病因、病性的基础上，再根据脏腑的病理特点而确定脏腑病位。因此，八纲、病因、气血津液辨证是脏腑辨证的基础。

4．要抓住各证候的主要症状，对相似的证候进行鉴别诊断　脏腑的证候类型繁多，各证候的临床表现异常复杂。要想准确地掌握各证的临床特点，必须抓准各证的主要脉症，反复地进行鉴别。尤其对类同的证候，要重点审察其同中之异的症状和体征。

5．要加强对临床病例的分析与讨论 脏腑辨证是临床各科最基本、最普遍的辨证方法。在学习过程中必须加强对临床病例的分析与讨论，才能深刻理解和掌握脏腑辨证的基本规律和思维方法；才能为进一步学习临床各科打下坚实的理论基础，这也是提高临床辨证水平的重要途径。

四、辨证技巧

脏腑辨证是临床各科的诊断基础，是辨证体系中的重要组成部分。简言之，脏腑辨证是以脏腑为纲，对疾病进行辨证。

脏腑生理功能及其病理变化是脏腑辨证的理论依据，故熟悉各脏腑的生理功能及其病变特点，是脏腑辨证的基本方法。

病因病性辨证是脏腑辨证的基础，二者之间有着相互交织的纵横关系，临床既可按脏腑病位为纲，区分不同的病因病性，也可在辨别病因病性的基础上，再根据脏腑的病理特点，确定脏腑病位。

此外，在进行脏腑辨证时，要从整体观角度分析脏腑病变所属证候，以便全面而正确地判断病情。

第二节 脏腑辨证实训案例

一、心病辨证实训

病位在心的相关证候均属于心病辨证的范畴。心居胸中，心包络卫护其外。手少阴心经循臂内后缘，与小肠经互为表里。心主血脉，推动血液在脉内运行，以濡养脏腑、组织、官窍；心主神明，为人体精神和意识思维活动的中枢，是生命活动的主宰；心开窍于舌。病理情况下，心病以主血脉及主神明的功能失常为主要表现，常见症状为心悸、怔忡、心痛、心烦失眠、健忘、易惊、神昏谵语、口舌生疮，脉结、代或促等。在进行心病辨证时，首先根据患者主症确定病位，结合相关症状判断病性。其次综合分析病情资料，对病位、病性做出准确判断，最后根据患者舌脉的表现，得出完整的证名。

（一）与心病有关的定位表现

1. 心经循行部位的疼痛 典型表现为心痛，痛引肩背内臂。

2. 心主血脉的功能失常 心悸，怔忡，脉结、代、促等。

3. 心主神明的功能失常 心烦，失眠多梦，健忘，易惊，神昏谵语等。

4. 心开窍于舌，导致舌的病变 舌痛、舌疮等。

具备上述表现之一者，均可考虑病变发生于心。

（二）与心病有关的定性表现

心病的证候有虚实之分。

1. 心的虚证 有阴、阳、气、血亏虚，均可致心主血脉的功能减弱，从而以心悸为主要表现。依病性不同，兼症亦不同。气属阳，心气虚证进一步发展可成为心阳虚证，二者均属心脏功能减退所引起的虚证，表现乏力、气短、自汗、脉弱等。心阳虚证除此之外，须抓住两个特点，一是必兼寒象；二是阳虚不能化水，多兼水饮内停之象。血属阴，心血虚证进一步发展可成为心阴虚证，二者均属心脏阴血亏虚的证候，表现为心悸、失眠、健忘等。心血虚，其亏在血，多有久病或失血病史，表现为脏腑、组织失于濡养。心阴虚，其亏在阴，表现一派虚热之象。

此外，心阳虚脱证在临床上属急危重证，是在心阳虚的基础上，突然出现亡阳证的表现，治疗应急救回阳固脱。

2. 心的实证 主要由火扰、痰阻、寒凝、气滞、血瘀等引起。心火亢盛证以火热内扰为基本病机，表现一派火热扰神及火热炎上的症状，如心烦、吐衄、口舌生疮等。痰阻、寒凝、气滞、血瘀痹阻心脉，形成心脉痹阻证，以心胸掣痛为主症。依病因不同，疼痛性质亦不同。临床上，寒凝心脉是心脉痹阻证中病情较重的，而气滞心脉是心脉痹阻证中病情较轻的，痰阻心脉多发于肥胖患者，血瘀常与其他三种病因相兼而出现，如寒凝血瘀、气滞血瘀等等。

心的实证还有痰蒙心神证及痰火扰神证，以神志异常为辨证要点，前者主要表现为精神抑郁，后者主要表现为狂躁妄动。瘀阻脑络证以头晕、头痛及瘀血症状为辨证依据。

（三）与心病有关的舌脉表现

舌为心之苗窍，心病时，依病性不同，舌可出现相应病理变化。如热证时表现为舌质红，或口舌生疮；寒证时舌淡苔白；气虚或血虚时，舌体失充，舌色淡白；血瘀时，舌有瘀点、瘀斑、舌质紫暗或舌下络脉曲张；痰浊内盛时，舌苔腻等。

心病常见脉象有脉弱、结、代、促或细等，依病性不同而有差别，如心血虚、心阴虚为细脉，心脉痹阻可见结、代、促、涩脉等。

（四）心病辨证简表（表11－1）

（五）案例分析

案例一 王某，女，40岁。2003年5月23日就诊。患者于1年前行心脏瓣膜置换术后，出现心悸，失眠，日渐加重，继之出现头晕，在当地医院就诊，查心电图示多发室性期前收缩、心肌缺血。经静点“碟脉灵”，口服“利多卡因”等药物，未见好转。1周前，因休息不好病情加重。现症见：心悸，失眠，心烦，头晕，饮食及二便尚可。查体：面色淡白，口唇、眼睑色淡，舌淡白，舌体瘦小，苔薄白，脉促而无力。心电图示心律失常，为多发室性期前收缩、心肌缺血。

（1）分步分析

1）确定主诉：心悸、失眠1年，加重1周。

心悸提示病位在心；失眠提示病位在心神。

表 11－1 心病证候

证型		病机	辨证要点	临床表现	舌象	脉象	治法	代表方剂
虚	心血虚证	心血亏虚，心神失养	心悸、失眠及血虚症状	心悸，健忘，失眠多梦，头晕，面色淡白无华或萎黄	舌色淡	脉细无力	养血安神	圣愈汤加减
	心阴虚证	心阴亏损，虚热内扰	心烦、心悸失眠及阴虚症状	心悸，心烦，失眠多梦，潮热，盗汗，五心烦热	舌红，少苔	脉细数	滋阴安神	天王补心丹加减
	心气虚证	心气不足，鼓动无力	心悸、神疲及气虚症状	心悸，胸闷，神疲乏力，气短，自汗，动则加剧	舌淡	脉虚	补益心气	养心汤加减
	心阳虚证	心阳虚衰，鼓动无力，虚寒内生	心悸、怔忡、心胸憋闷及阳虚症状	心悸，怔忡，心胸憋闷或痛，自汗，气短，畏冷肢凉，面唇青紫	舌淡胖或紫暗苔白滑	脉弱、结、代	温通心阳	保元汤加减
	心阳虚脱证	心阳衰极，阳气暴脱	心悸，胸痛，冷汗，肢厥，脉微	心阳虚证的基础上，突然冷汗淋漓，四肢厥冷，呼吸微弱，面色苍白，或心痛剧烈，口唇青紫，神志模糊或昏迷	舌质青紫	脉微欲绝	益气回阳，救逆固脱	参附汤或独参汤加减
实	心火亢盛证	心火亢盛，内扰心神	发热、心烦、吐衄、舌赤生疮、尿赤与实火症状共见	发热，心烦失眠，面赤口渴，便秘尿赤，或口舌生疮，或小便赤涩灼痛，尿血或狂躁谵妄，神识不清或见吐血、衄血	舌尖红绛，苔黄	脉数有力	清心泻火	导赤散
	心脉痹阻证	瘀血、痰浊、阴寒、气滞等因素阻痹心脉，不通则痛	心悸怔忡，心胸憋闷作痛，痛引肩背内臂，时作时止及瘀血、痰浊、阴寒、气滞症状	瘀血：痛如针刺	舌暗或有青紫斑点	脉细涩或结、代	活血化瘀，通脉止痛	血府逐瘀汤
				痰浊：心胸闷痛，体胖痰多，身重困倦	舌苔白腻	脉沉滑或沉涩	通阳泄浊，豁痰开结	栝蒌薤白半夏汤
				阴寒：心痛遇寒痛剧，得温痛减，形寒肢冷	舌淡苔白	脉沉迟或沉紧	祛寒活血，宣痹通阳	当归四逆汤
				气滞：心胸胀痛，胁胀，善太息	舌淡红	脉弦	疏调气机，和血舒脉	柴胡疏肝散
	痰蒙心神证	痰蒙心神，神明失司	神志抑郁，错乱，痴呆，昏迷与痰浊症状	精神抑郁，表情淡漠，神志痴呆，喃喃独语，举止失常，或突然昏仆，不省人事，口吐涎沫，喉有痰声，面色晦滞，脘闷呕恶	苔白腻	脉滑	涤痰开窍，醒神	涤痰汤
	痰火扰神证	痰火扰神，神机逆乱	神志狂躁，神昏谵语，及痰热症状	发热烦躁，面赤口渴，气粗，吐痰色黄，或喉间痰鸣，胸闷，或见神昏谵语；或见狂躁妄动，打人毁物，胡言乱语，哭笑无常	舌质红，苔黄腻	脉滑数	清泻肝火，涤痰醒神	生铁落饮
	瘀阻脑络证	瘀阻脑络，清窍不利	头痛、头晕及瘀血症状	头痛、头晕经久不愈，痛处固定不移，痛如锥刺；或健忘，失眠，心悸，或面晦不泽	舌质紫暗或有瘀点瘀斑	脉细涩	通窍活血化瘀	通窍活血汤

2）判定病位：①心悸提示病位在心。②失眠、心烦提示病位在心神。本证涉及病位有心、心神。心主神明，因此，病位主要在心，波及心神。

3）辨别病性：①面色淡白，口唇、眼睑色淡为血虚，失于濡养。②头晕可因血虚、痰浊、肝火、肾虚精亏等原因引起。血虚引起的头晕，伴有面色淡白，口唇及爪甲色淡等；痰浊引起的头晕，伴有头重、肢倦等痰湿内阻的表现；肝火上炎引起的头晕，应伴有急躁易怒、口苦、头胀等表现；肾虚精亏引起者，应伴有腰膝酸软等表现，该患者以血虚为主要表现，因此可判断头晕为血虚引起，辨病性为血虚。

4）分析舌脉：①舌淡白，舌体瘦小：血虚，舌体失充。②脉促而无力：阴血亏耗，脉气不续。

（2）辨证结论：心血虚证。

（3）鉴别诊断：①与心阴虚证相鉴别：二者均有心悸、失眠的表现，但阴虚必有虚热之象，表现为五心烦热，颧红，盗汗，脉细数等。该患者因术后失血，造成血虚，有失血史，且以失于濡养症状为主，如头晕、面色淡白等，无虚热之象，由此可鉴别。②与心脾两虚证相鉴别：心血虚证有失血、忧思劳神等病史，导致心血亏虚，表现为面、唇、睑、爪甲色淡白，心悸，失眠，健忘等失于濡养的症状；心脾两虚证除心悸、健忘等心血虚表现外，还有脾虚证候，表现为食欲减退，腹胀便溏，面色萎黄等。该患者无脾虚的症状，因此可排除心脾两虚证。

案例二　车某，男，41岁。2002年1月9日初诊。自述心悸、心烦1年余，曾至当地医院就诊，查心电图示窦性心动过速，诊断为“心神经官能症”，经多次治疗，效果不佳。现症见：心悸，心烦，失眠，手足心热，口干，午后时有面部烘热。舌尖红，苔少，脉细数。

（1）分步分析

1）确定主诉：心悸、心烦1年。

心悸提示病位在心；心烦提示病位在心神。

2）判定病位：①心悸提示病位在心。②心烦、失眠提示病位在心神，为心神被扰所致。

3）辨别病性：①手足心热为阴虚，虚热内扰。②口干提示阴液不足。③午后时有面部烘热为阴虚，虚热内扰。

4）分析舌脉：舌尖红，苔少，脉细数为阴虚之象。

（2）辨证结论：心阴虚证。

（3）鉴别诊断：应与心肾不交证相鉴别。二证均有心烦、失眠、心悸等表现，但心阴虚证重在心，心肾不交证重在心、肾。心肾不交证除心阴虚的表现外，还会有腰酸膝软、耳聋耳鸣等肾阴虚的症状。经询问，该患不具备肾病的定位表现，故可排除心肾不交证，辨证为心阴虚证。临床上，要注意仔细询问。

案例三　李某，女，65岁。2004年6月15日就诊。该患者于半年前劳累后出现心悸，胸闷不适，经休息后，未见缓解。继之出现乏力，自汗，活动后诸症加剧，自服“地奥心血康”等药物，病情无好转，遂于今日来诊。现症见：心悸，胸闷，气短，乏力，自汗，眠差，饮食可，二便如常。面色淡白，舌质淡，苔薄白，脉虚。

（1）分步分析

1）确定主诉：心悸、胸闷半年。

心悸提示病位在心；胸闷提示病位在心或肺；从半年时间上判断可能为虚证。

2）判定病位：①心悸可判断病位在心。②胸闷提示病位在心或肺。肺病之胸闷，见于肺气虚、痰湿阻肺、热邪壅肺等，无论何证，除具有胸闷症状外，须具备肺病的定位症状，如咳嗽、痰多、喘促等；心病之胸闷，可因心气虚、心阳虚引起，因心之鼓动无力所致，除胸闷外，具备心的定位症状，如心悸等。该患者不具备肺的定位症状，而以心悸为主症，可判断胸闷为心病引起。

3）辨别病性：①气短，乏力，自汗，动则加剧，为气虚之象。②面色淡白，因气虚运血无力，气血不足，血失充荣所致。

4）分析舌脉：舌质淡，脉虚为气虚运血无力之象。

（2）辨证结论：心气虚证。

（3）鉴别诊断：应与心阳虚证相鉴别。二者均属心功能减退所引起的虚证。由于阳气不足，鼓动无力，气不足以运血，表现为气短，乏力，心悸，自汗，脉虚等症。但二者相比较，心气虚证较轻微，心阳虚证常在心气虚证的基础上进一步发展而来。所以，心阳虚证除上述表现外，必兼虚寒之象，表现为畏寒肢冷等；此外，阳虚不能化水，多兼水饮内停之象，如肢体浮肿，心下悸动等。而该患者不具备上述心阳虚证的表现，可判断为心气虚证。

案例四 王某，男，50岁，重体力劳动者。2002年5月19日就诊。患者两年前出现心悸，伴有心神不宁，失眠，动则汗出，静点“参脉注射液”略有好转。1个月前因家中琐事思虑过度，病情加重，一直未治疗。现症见：心悸，失眠，手足心热，乏力，气短，活动后加剧。颧红，舌质淡，边尖红，脉细数。心电图示左前分支传导阻滞。

（1）分步分析

1）确定主诉：心悸两年，加重1个月。

心悸提示病位在心；病程较长，可能为虚证。

2）判定病位：①心悸提示病位在心。②失眠提示病位在心神。

3）辨别病性：①手足心热、颧红为阴虚。②乏力、气短，活动后加剧为气虚。患者劳倦过度，素有气虚，日久不愈，加之思虑过度伤及心阴，而成气阴两虚之证，涉及病性有两个。

4）分析舌脉：舌质淡，边尖红，脉细数均为气阴两虚之象。

（2）辨证结论：心气阴两虚证。

（3）鉴别诊断：与心气虚证、心阴虚证、心气血两虚证相鉴别。心气虚证重在气虚，有心悸、气短、乏力、自汗等脏腑功能减退的表现，无虚热之象。心阴虚证重在阴虚，故虚热症状明显，心神不宁、五心烦热、颧红、盗汗等。心气血两虚证除心气虚的症状外，还表现为心血虚的症状，面色不华、头晕、眼花、舌质淡等，但无虚热之象。心气阴两虚证不仅有气虚的表现，出现乏力、气短、动则加剧、脉虚等症，且心阴不足，阴虚火旺，可见五心烦热、颧红、盗汗等虚热的征象。该患兼有气虚及阴虚的表现，辨证为心气阴两虚证。

案例五 王某，男，50岁。2004年1月1日7:10急诊。自述1年前出现心痛，此后遇寒冷病情较易发作，伴有心悸，常含服“硝酸甘油”及口服“丹参滴丸”维持至今。今晨6:00下夜班时突然心前区疼痛剧烈，放射至咽喉部，含服“硝酸甘油”5粒，略有缓解，随即来诊。平素怕冷明显。现症见：心痛，心悸，气短，恶寒，头身疼痛不适，小便清长，眠差，喜热饮。面唇青紫，四肢凉，舌质隐青有瘀斑，脉沉紧。

(1) 分步分析

1) 确定主诉：反复心痛 1 年，加重 1 小时。

心痛提示病位在心；心前区疼痛放射至咽喉部，提示有心脉的痹阻不通；心痛遇寒冷加重提示病性可能是阳虚或寒凝。

2) 判定病位：根据心前区疼痛并放散至咽喉部，判断病位在心。

3) 辨别病性：①疼痛遇寒加重，且疼痛剧烈为寒邪凝滞，不通则痛。②平素怕冷考虑为素体阳虚。③恶寒，伴头身疼痛，四肢凉，加之心痛剧烈考虑为实寒证。⑤面唇青紫，舌质隐青有瘀斑为瘀血之象。④小便清长，喜热饮为寒证。该患者为心阳素虚，复感寒邪，以致寒凝血瘀，因此，病性为寒凝血瘀。

4) 分析舌脉：①舌质隐青有瘀斑：寒凝血瘀。②脉沉紧：寒凝。

(2) 辨证结论：心脉痹阻证（寒凝血瘀）。

临床上，血瘀常与气滞、寒凝、痰浊等相兼出现，本证在寒凝基础上，出现血瘀之象，辨证为寒凝血瘀之心脉痹阻证。

(3) 鉴别诊断：与心阳虚血瘀之心脉痹阻证相鉴别。该证属本虚标实之证，临床表现可见心脉痹阻不通的胸闷心痛之证，但其心痛不剧烈，伴有阳虚之象，如畏寒肢冷等。而寒凝血瘀之心脉痹阻证，多复感寒邪，心痛剧烈，伴有实寒证的表现，如恶寒等，由此可鉴别。

二、肺病辨证实训

肺居胸中与大肠互为表里。肺主气，司呼吸，朝百脉，主宣发肃降，通调水道，外合皮毛，开窍于鼻。

肺病以呼吸功能异常，水液输布障碍，卫外功能失调及宣降功能失司为主要病理改变。常见症状有胸闷或胸痛，气喘，咳嗽，咳痰，甚则痰中带血或咳吐腥臭脓痰，咽喉疼痛或干痒，声音重浊或嘶哑，鼻塞流涕，恶风寒，自汗，易感冒，浮肿等。对肺病辨证应在四诊资料基础上，从病性与病位入手，结合病因病机及伴有症状进行全面分析作出判断。

(一) 与肺病有关的定位表现

1. 肺失宣降，可见气喘，咳嗽，咳痰等症状。若火壅肺络，可见痰中带血或咳吐腥臭脓痰等症状。

2. 肺经不利，可见胸闷或胸痛，鼻塞，咽痛，声音变异等症状。

3. 卫表不固，可见自汗，恶风寒等外感症状。

4. 宗气不足，可见神疲乏力，少气懒言等症状。

5. 津失输布，可见浮肿，多起于颜面等症状。

凡具备上述表现之一者，均可考虑肺部病变。但以 1 项和 2 项所述为主。

(二) 与肺病有关的定性表现

1. 依痰辨病性　肺主宣发肃降，通调水道，因病因病机不同，肺病证候有虚有实，无论虚证实证，都影响肺的生理功能，使输布气津失常，在临床上多伴有咳痰之症，因此，掌握痰的形质特征，有利于肺病的辨证。一般来讲，肺气虚证、风寒犯肺证、痰湿阻肺证其痰质清稀色白；而肺阴虚证、燥邪犯肺证多见干咳少痰，痰质黏稠；风热犯肺证、热邪壅肺证，因皆为阳邪为患，故痰质黏稠色黄。

2. 肺病虚证辨别 肺病虚证主要有肺气虚和肺阴虚证。两证除一般虚证所表现的病程较长，咳喘无力表现外。主要以气虚功能减弱与阴虚虚热内扰为鉴别点。肺气虚证临床表现为少气不足以息，动则益甚，咳痰色白清稀，面色淡白，声低懒言，神疲体倦，自汗畏风，易于感冒，舌淡苔白，脉虚。以咳喘无力，咳痰清稀与气虚见症为审证要点。肺阴虚证临床表现为干咳无痰，或痰少而黏，不易咳出，甚至痰中带血，口燥咽干，声音嘶哑，形体消瘦，五心烦热，午后潮热，颧红盗汗，舌红少苔，脉细数。以干咳无痰或痰少而黏与阴虚见症为审证要点。

3. 肺病实证辨别 肺实证主要有风寒犯肺证、风热犯肺证、燥邪犯肺证、肺热炽盛证、痰热壅肺证和寒痰阻肺证。

风热犯肺证与痰热壅肺证病性属热，在临床上均以咳嗽，痰稠色黄为特征。但病位重点、病情轻重及兼症有所不同，故表里病位有别。风热犯肺证多因外感风热，肺卫失宣所致，其肺脏症状较轻，但咳而不喘，兼有一派表热症，如发热重，微恶风寒，鼻塞流浊涕，咽喉肿痛，舌尖红苔薄黄，脉浮数等风热表证，其病情较轻，病程较短，预后良好。痰热壅肺证多因邪热内盛，内壅于肺所致，病位在肺，属里实热证，以咳喘，痰多，胸痛气急为主症，兼有一派里热症，如见壮热面赤，咽喉红肿，便干溲黄，舌红苔黄，脉数或滑数等一派热邪炽盛临床表现；其病情较重，病程略长。

风寒犯肺证与寒痰阻肺证病性属寒，在临床上均见有咳嗽，痰白，但在病位上风寒袭肺属表寒证，而痰湿阻肺属里寒证，应加以鉴别。风寒犯肺证因外感风寒之邪，导致肺卫失宣，临床表现以咳嗽，痰稀色白兼微恶寒发热，鼻塞流清涕，身痛无汗等风寒表证为特征，发病较急，痛程较短，症状较轻，容易治愈。寒痰阻肺证病因复杂，可因肺脏宿疾、复感外邪或其他原因诱发所致，临床以咳喘息促，或哮鸣有声，胸中满闷，痰多易咳色白及形寒肢冷等里寒证表现为特征，无风寒表证表现，发病较缓，病程较长，症状较重，治疗颇为棘手。

（三）与肺病有关的舌脉表现

肺病的脉象因寒、热、虚、实不同而有不同表现。肺气虚和肺阴虚证同属虚证，前者为弱脉，后者为细数脉。风寒犯肺证、风热犯肺证与燥邪犯肺证同属表证，因邪气性质不同分别为浮紧脉和浮数脉。痰热壅肺证见有数脉或滑数脉，寒痰阻肺证则见弦脉或滑脉。

肺病的舌象为，肺阴虚证、风热犯肺证和痰热壅肺证均可见有红舌，但肺阴虚为舌红少苔，风热犯肺为舌尖红薄黄苔，而痰热壅肺则见舌红苔黄。肺气虚为舌淡苔白。寒痰阻肺证为舌淡苔白腻或白滑。风寒犯肺证与燥邪犯肺证同属表证，故舌质变化不大，根据邪气性质舌苔有别，前者见苔薄白，后者苔薄而干燥少津。

（四）肺病辨证简表（表11-2）

表11-2　肺病证候

证型		病机	辨证要点	临床表现	舌象	脉象	治法	代表方剂
虚证	肺气虚证	肺气亏虚，呼吸及卫外功能失司	咳喘无力，咳痰清稀伴有气虚证	咳喘无力，少气不足以息，动则益甚，咳痰色白清稀，面色淡白，声低懒言，神疲体倦，自汗畏风，易于感冒	舌淡苔白	脉虚弱	补气固表，益肺平喘	玉屏风散，补肺汤
	肺阴虚证	肺阴亏虚，虚热内扰	干咳或痰少而黏及阴虚内热证共见	干咳无痰，或痰少而黏，不易咳出，甚至痰中带血，口燥咽干，声音嘶哑，形体消瘦，五心烦热，午后潮热，颧红盗汗	舌红少苔	脉细数	养阴清热，润肺止咳	百合固金汤
实证	风寒犯肺证	风寒外袭，肺卫失宣	咳嗽气喘，痰白清稀伴风寒表证	咳嗽，咳痰色白清稀，喉痒不适，微恶寒发热，鼻塞流清涕，身痛无汗	舌苔薄白	脉浮紧	疏风散寒，宣肺止咳	三拗汤
	风热犯肺证	风热之邪袭表，肺失宣降	咳嗽，痰黄稠，咽痛与表热证并见	咳嗽，痰稠色黄，鼻塞，流浊涕，咽喉肿痛，发热微恶风寒，口微渴	舌尖红，苔薄黄	脉浮数	疏风清热，宣肺止咳	桑菊饮
	燥邪犯肺证	燥邪袭肺，肺失清肃	干咳或痰少难咳，口、鼻、唇干燥及表证并见	干咳，或痰少质黏难咳，甚则胸痛，痰中带血，或见鼻衄，口、鼻、唇、咽干燥，便干尿少，微有发热恶风寒，无汗或少汗	舌质变化不大，舌苔薄而干燥少津	脉浮数或浮紧	疏风清肺，润燥止咳	桑杏汤，清燥救肺汤
	肺热炽盛证	风热之邪入里，蕴结于肺	咳喘，痰多黄稠或脓血腥臭痰与里实热证并见	咳嗽，痰稠色黄，气喘息粗，鼻煽气灼，咽喉红肿疼痛，或喉中痰鸣，或咳吐脓血腥臭痰。胸痛，壮热汗出，口渴饮冷，小便短黄，大便秘结	舌红苔黄	脉数或洪数	清热利肺，止咳化痰	麻杏石甘汤
	痰热壅肺证	痰热交结，壅滞于肺	发热，咳喘，痰多黄稠	咳嗽，咳痰黄稠而量多，胸闷，气喘息粗，甚则鼻翼煽动，喉中痰鸣，或咳吐脓血腥臭痰，胸痛，发热口渴，烦躁不安，小便短黄，大便秘结	舌红苔黄腻	脉滑数	清热化痰，止咳平喘	千金苇茎汤
	寒痰阻肺证	寒饮或痰浊停于肺	咳喘，痰白量多易咳及形寒肢冷等寒证并见	咳嗽，痰多色白，质稠或清稀，易咳，胸闷，气喘，或喉间有哮鸣声，恶寒，肢冷	舌淡苔白腻或白滑	脉弦或滑	宣肺止咳，燥湿化痰	二陈汤

（五）案例分析

案例一　覃某，男，56岁。咳嗽，气喘反复发作10年，经常容易感冒，平素自服止咳平喘药对症治疗。近1个月来因感冒，咳喘又复发而来诊。现咳喘无力，少气短息，动则尤甚，心胸憋闷，咳痰清稀，面色淡白，神疲乏力，畏风自汗，时有头部昏沉，四肢无力，舌淡苔白，脉弱。

（1）分步分析

1）确定主诉：咳喘反复发作10年。

咳喘提示病位可能在肺或肾；反复发作10年提示病性为虚证。

2）判定病位：①疾病表现为心胸憋闷：肺脏所居部位。②反复咳喘：确定病位在肺。

3）辨别病性：①咳喘无力，少气短息：宗气不足。②面色淡白，神疲乏力，四肢无力，时有头部昏沉：气不充身。③畏风自汗，动则尤甚，容易感冒：气失固摄。④咳痰清稀：无热象。

4）分析舌脉：①舌淡苔白：气虚不能上荣。②脉弱：气虚鼓动乏力。

（2）辨证结论：肺气虚证。

（3）鉴别诊断：本证病位在肺，病性为气虚似无疑义，但病程长，有累及肾的可能，故诊断时应注意肺气虚证与肺肾气虚证的鉴别。

两证均属气虚范畴，且涉及的病位都有肺，故在临床均可见久咳喘息，乏力少气，声低懒言之症。但由于病位不同而异。肺气虚则宗气不足，全身机能衰退，故见声音低怯，神疲体倦；肺气虚，不能固密肌表，故自汗畏风。肺肾气虚证主要表现在肾气不足，摄纳无权，故见喘促呼多吸少，腰膝酸软之症。

案例二 张某，男，18 岁。昨天运动后汗出当风，当晚自觉头痛，肢体酸重，随即卧床休息，夜里感到发冷，全身寒战，无汗出，头痛加重，加一条毛毯寒冷仍不能缓解，体温38.7℃。服用“百服宁”2 片，有汗出，1 小时后，测量体温 37.2℃。今晨起咳嗽加重，咳痰稀白，喉痒微痛，仍恶寒发热，无汗，鼻塞流清涕。体检：咽微赤，体温 38℃，可闻及咳声，舌淡红，苔薄白，脉浮紧。

（1）分步分析

1）确定主诉：咳嗽，恶寒发热，鼻塞两天。

咳痰，鼻塞提示病位可能在表；恶寒发热提示病位在肺。

2）判定病位：①汗出当风，头痛，肢体酸重，恶寒发热：外邪束表。②咳嗽，鼻塞，喉痒微痛：病位在肺。

3）辨别病性：①恶寒发热，无汗出：外感阴寒之邪。②咳痰稀白，鼻流清涕：寒证。

4）分析舌脉：①舌淡红，苔薄白：舌质淡红未影响脏腑，苔薄主表，苔白主寒。②脉浮紧：浮脉主表，紧脉主寒证，脉浮紧为风寒表证。

（2）辨证结论：风寒犯肺证。

三、脾病辨证实训

脾位于中焦，居膈之下，胃的左方，与胃相表里。脾为太阴湿土之脏，性喜燥而恶湿，主升。由于脾主运化水谷精微，是人体摄取营养物质的重要器官，从而确立了脾为后天之本的特殊地位。然而，由于脾主运化的生理活动是在胃主受纳腐熟的基础上进行的，脾与胃共同完成了对饮食物的消化、吸收与转输，故历来常把脾与胃合论，而称脾胃同为后天之本。因此，本节所讨论的虽为脾病辨证，但事实上我们不可能也不会完全排除有关胃的临床表现。脾病的临床常见症状有：腹胀腹痛，纳呆食少，便溏或泄泻，形体消瘦，肢体困重或浮肿，头晕目眩，内脏下垂，慢性出血，涎液增多或减少，口淡乏味，口甜或口黏腻等。

局部病变首先定位，方能定性。因此，在辨脾病证候时，应当先根据患者的主诉，对应脾病的临床常见症状，初步判定病变现阶段所处的位置，并根据脾的发病学特点及不同病性所特有的证候特征（如气短，乏力，神疲，舌淡，脉弱等为气虚证的基本表现），辨识疾病当前的本质属性，然后通过对患者全身症状、体征等病情资料的综合分析，最后确定为标准的、规范的证名。

（一）与脾病有关的定位表现

1. 脾失健运的特征性症状为腹胀腹痛，纳呆食少，便溏或泄泻等。

2. 脾升清转输功能异常的特征性症状为上见头晕目眩，中见脘腹胀满，下见便溏泄泻等。

3. 脾升举内脏无力的特征性症状为内脏下垂（如胃下垂、肾下垂、肝下垂等），子宫脱垂（阴挺），脱肛（直肠脱垂）等。

4. 脾失健运，湿浊内生，口味异常的特征性症状为口淡，或口甜，或口黏腻等。

5. 脾统血、摄血无力的特征性症状一般表现为人体下部和肌肉皮下的慢性出血征，如皮下紫斑、便血、崩漏等。

6. 脾合肉、主四肢功能异常的一般常见症状为形体消瘦，肢体困重，甚则痿废不用等。

7. 脾在液为涎，涎水分泌化生异常的一般常见症状为口涎自溢，或口干舌燥。

凡具备上述1、2、3、4、5之任何一项者，即可考虑病变位置在脾；6、7两项均属脾病的一般临床常见症状，因此，临床见之，可以认为是脾病的反映，抑或是其他脏腑病变影响脾脏功能的结果。

（二）与脾病有关的定性表现

1. 脾的虚性类证 包括脾气虚证以及脾阳虚证、脾虚气陷证、脾不统血证。脾气虚证除一般的声低气短，少气懒言，神疲乏力，舌质淡嫩，脉虚，或有头晕目眩，自汗，动则诸症加重等气虚证候表现外，当以脾气不足，运化失职的特征性症状，如食少，腹胀，便溏或泄泻等为主症；脾阳虚证多由脾气虚发展而致，是脾气虚证在严重阶段普遍出现的必然结果。因此，脾阳虚证是在脾气虚证的基础上，明显表现有阳气亏损，温化不足的虚寒征象，如畏寒喜暖，面色白，四肢冷凉，小便清长，舌质淡胖，舌苔白滑，脉沉迟无力等；脾虚气陷证亦多由脾气虚进一步发展而来，因此，脾虚气陷证亦是在脾气虚证的基础上，主要表现为脾气不升，而反下陷的临床特征，如升举内脏无力所致的胃下垂、肾下垂、子宫脱垂（阴挺）、脱肛（直肠脱垂），或清气不升，浊气不降所致的头晕目眩，脘腹胀满，泄泻或小便浑浊如米泔等症状；脾不统血证除脾气虚证的一般反应外，主要表现为各种慢性出血，尤其是人体下部和肌肉皮下的出血，如便血，崩漏，皮肤紫斑等。值得注意的是，出血色淡，质地清稀当属气虚出血证的典型特征。若为便血，则常为黑色柏油样。总之，以上四证在病理上有一定的内在联系，即脾气虚是脾虚性类证的病理基础，甚至贯穿于整个脾病的过程中。故在临床上四者既有脾气亏虚，健运失职的共性表现，又有各自不同的个性特征，这就要求在辨脾病虚证时，应注意归纳（类）法、类（对）比法的应用。

值得提及的是，五脏之阴阳并不是对五脏之气血属性的概括，而是与气血相并列的一类基本的生命物质，因此，脾理应有脾气、脾血、脾阴、脾阳之不同属性化分，只缘脾阴的概念至今尚未弄清，脾血也历来很少提及，且概念深广，莫衷一是，故从略。

2. 脾的实性类证 包括寒湿困脾证及湿热蕴脾证。寒湿困脾证除一般的头痛昏蒙如裹，肢体酸痛重着，涕清唾涎增多，妇女带下清稀腥秽，舌苔秽浊腐腻，脉濡缓等寒湿致病的特征性表现外，主要以脘腹痞满作胀，腹痛隐隐，肠鸣泄泻，纳呆口腻，泛恶欲呕等寒湿困脾，脾失温运的表现为主症；湿热蕴脾证除一般的身热不扬，闷乱神昏，肢体困重，渴不多饮，大便黏腻不爽，小便短赤频急，妇女带下色黄，质黏稠臭秽，舌苔黄腻，脉濡数等湿热致病的特征性表现外，主要以脘腹痞闷发胀，呕恶厌食，口中黏甜，大便泻利等湿热蕴脾，脾失健运的表现为主症。可见，湿阻中焦是寒湿困脾证、湿热蕴脾证个性中带有普遍规律的共性表现，而偏寒、偏热当属二者的个性特征。因脾之实证较为复杂，故临证时多应采用类（对）比一法，并准确判定寒、热、虚、实之孰多孰少，孰主孰次。

脾病虽有虚、实之分，但常以虚证为多。实证多暂病，常限于脾之自病，而影响全身者少；虚证多久病，并必然影响全身，导致各种各样的疾病，即所谓“脾胃不足，百病丛生”。李东垣《脾胃论》一书，无不以此立论。再者，脾虚可生湿，湿邪常困脾，终致虚实夹杂，本虚而标实，此乃脾病的又一临床特点。总之，临证辨识脾病，须注意其病变的广泛性、可变性和复杂性。

（三）与脾病有关的舌脉表现

脾病多虚多湿，故舌象一般表现为舌质淡嫩，或淡胖有齿痕，舌苔白，或白滑，或白腻。如脾气虚证以及脾虚气陷证、脾不统血证均表现为舌淡苔白；脾阳虚证及寒湿困脾证均表现为舌质淡胖或有齿痕，苔白滑或白腻；湿热蕴脾证可表现为舌质红，苔黄腻等。

脾病的典型脉象为缓脉。如脾气虚证及脾虚气陷证的脉象均表现为缓或弱；脾阳虚证的脉象沉迟无力；脾不统血证的脉象细而无力；寒湿困脾证的脉象濡缓或沉细；湿热蕴脾证的脉象濡数或滑数等。

（四）脾病辨证简表（表11-3）

（五）案例分析

案例一 李某，男，32岁，工人。2007年6月5日初诊。诉有慢性乙型肝炎病史5年，肝功能基本正常。近因工厂加班频繁，1周来食不知味，甚至不思饮食，纳食减少，脘腹胀满，食后尤甚，倦怠乏力，神疲嗜卧，少气懒言，大便稀溏，小便尚可。经西药“护肝”治疗无显效，遂来诊治。T：36.5℃，P：68次/分，BP：120/75mmHg，精神欠佳，形体消瘦，面色萎黄无华，舌质淡嫩，舌苔薄白，脉缓无力。

（1）分步分析

1）确定主诉：不欲食，纳少，脘腹胀满1周。

不欲食，纳少，脘腹胀满1周提示：①病位可能在脾与胃。②病性可能是脾虚，健运失职所致；亦可能是胃虚，纳腐无力引起。③病名可能是虚劳。

2）判定病位：不欲食，纳少，脘腹胀满，食后胀甚，便溏是脾病突出的临床特征性症状，据此即可判定患者当前病变位置在脾。

3）辨别病性：①倦怠乏力，神疲嗜卧，少气懒言：气虚证的标志性症状。②形体消瘦，面色萎黄无华：可以认为是脾气虚弱，气血化源不足，肌肉、面部失养的必然结果。③患病5年：依病久多虚之规律，可知患者素体虚弱。

4）分析舌脉：舌质淡嫩，舌苔薄白，脉缓无力均为脾气虚弱之征，可资验证。

表 11-3 脾病证候

证型		病机	辨证要点	临床表现	舌象	脉象	治法	代表方剂
虚证	脾气虚证	脾气不足，运化失职	食少、腹胀、便溏与气虚症状共见	不欲食，纳少，脘腹胀满，食后胀甚，或饭后嗜卧，或饥饿时饱胀，口淡乏味，大便溏薄，肢体倦怠，神疲乏力，少气懒言，形体消瘦，或肥胖、浮肿，面色淡黄或萎黄	舌质淡，苔薄白	脉缓或弱	健脾益气	四君子汤
	脾虚气陷证	脾气虚弱，中气下陷	脘腹重坠、内脏下垂与气虚症状共见	脘腹重坠作胀，食后益甚，尤以脐腹以下为著，或便意频数，肛门重坠，或久泄久痢，甚或脱肛，或小便浑浊如米泔，或内脏、子宫下垂，气短懒言，神疲乏力，头晕目眩，面白无华，食少，便溏，消瘦	舌质淡，苔薄白	脉缓或弱	补中益气，升阳举陷	补中益气汤
	脾阳虚证	脾阳虚衰，失于温运，阴寒内生	食少、腹胀腹痛、便溏与虚寒症状共见	食少，腹胀，大腹隐痛，喜温喜按，畏寒肢冷，面白少华或虚浮，口淡不渴，大便稀溏，甚至完谷不化，或肢体浮肿，小便短少，妇女白带清稀量多	舌质淡胖或有齿痕，苔白滑	脉沉迟无力	温中健脾	理中汤
	脾不统血证	脾气虚弱，不能统摄血液	各种慢性出血与气血两虚的症状共见	各种慢性出血，如便血、尿血、吐血、肌衄、齿衄、鼻衄、紫斑，妇女月经过多、崩漏，食少，便溏，神疲乏力，气短懒言，面色萎黄，消瘦	舌质淡，苔薄白	脉细无力	益气摄血	归脾汤
实证	寒湿困脾证	寒湿内盛，困阻脾阳，脾失温运	纳呆、腹胀、便溏、身重、苔白腻	脘腹痞闷胀痛，纳呆口腻，泛恶欲呕，口淡不渴，大便溏薄，头身困重，倦怠嗜卧，或小便短少，肢体肿胀，或身目发黄，面色晦暗不泽如烟熏，或妇女白带量多清稀	舌质淡胖，舌苔白滑或白腻	脉濡缓或沉细	温中化湿和胃	胃苓汤或实脾饮
	湿热蕴脾证	湿热内蕴，脾失健运	腹胀纳呆、发热、身重、便溏不爽、苔黄腻	脘腹胀闷，纳呆，恶心欲呕，口甜黏腻，渴不多饮，肢体困重，便溏不爽，小便短黄，或身热不扬，汗出热不解，或见面目发黄色鲜明，或皮肤发痒	舌质红，苔黄腻	脉濡数或滑数	清热利湿化浊	甘露消毒丹（饮）

（2）辨证结论：脾气虚证。

（3）鉴别诊断：①本例患者虽有肝病病史，但目前肝病的临床表现，如胸胁、少腹胀满疼痛，精神抑郁，烦躁易怒等症状尚无或不明显。②历代虽以脾和胃同论，但胃病的特征性症状，如胃脘疼痛、恶心、呕吐、呃逆、嗳气等症状尚无。③气虚证可表现为全身性多器官功能的减退，但本例患者则主要表现为一派脾脏功能不足的证候。

案例二 赵某，女，36 岁，干部。2007 年 5 月 12 日初诊。诉 3 年来月经周期常提前 1 周以上不等，出血量多，行经七八日，甚至十余日方净，血色淡，质清稀，皮肤常有紫斑，以经期尤著，平素常感神疲乏力，倦怠嗜卧，头晕目眩，气短懒言，四肢麻木，小腹空坠，纳少，便溏，腹胀。现月经来潮第 6 天，因诸症加重，故来诊治。T：36.1℃，P：84 次/

分，BP：90/60mmHg，精神不振，形体偏瘦，双下肢可见散在大小不等的青紫色斑块，压之不褪色，抚之不碍手，面色萎黄不华，舌质淡，苔薄白，脉细无力。白细胞 $6.0\times10^9/L$，红细胞 $3.2\times10^{12}/L$，血红蛋白 102g/L。B 超：子宫及附件未见异常。

（1）分步分析

1）确定主诉：月经先期、量多，伴皮肤紫斑 3 年。

月经先期、量多 3 年提示：①可能是脾气虚弱，无力统摄血液所致。②可能因肾气亏虚，固摄无力引起。③病名可能是崩漏。

皮下紫斑提示：①可能是脾虚血失统摄。②可能是阳衰寒凝气血。③可能是热毒内迫营血。④可能是外伤，血溢肌肤，未能消散。

2）判定病位：①腹胀，纳少，便溏，小腹空坠：脾病最为突出的临床特征性症状。②形体消瘦：一般多考虑病位在脾。③双下肢皮下紫斑，压之不褪色，抚之不碍手：一般认为系脾不统血的特征性表现。由上可知，本例患者当前病变位置在脾。

3）辨别病性：①神疲乏力，倦怠嗜卧，气短懒言，头晕目眩，小腹空坠：气虚证的标志性症状。②月经先期而量多，血色淡，质清稀：病性属虚的特征。③行经七八日，乃至十余日方净，无血块而色淡：是气虚无力摄血的特征性症状。④四肢麻木，面色萎黄不华：可以认为是出血过多，导致血虚不荣的结果。

4）分析舌脉：舌质淡，脉细无力均为脾气虚弱，气血两虚之征，可资验证。

（2）辨证结论：脾不统血证。

（3）鉴别诊断：①病位之辨：月经先期而量多，有因脾、因肾、因肝之不同。因脾虚而血失统摄者，一般表现为人体下部和肌肉皮下的慢性出血，且脾病证候显见；因肾气不固所致者，常有气损及阳而兼肾阳不足的临床表现；若责之于肝者，其经色当为深红或紫红而非淡红，质黏稠而非清稀，且肝火炽盛之象应明显可见。本例患者则以脾病之证候最为突出。②病性鉴别：一般而言，月经先期量多，血色淡，质清稀者，多属虚；色深红或紫红，质稠黏者，当属热。本例虚象彰显而热象尚无。

案例三 张某，女，40 岁，经商。2007 年 8 月 2 日初诊。诉反复性泄泻已年余，稍食生冷或油腻之品则更为显著。近月余因居处潮湿，复增头昏沉痛，肢体酸困等症。在某中医院服中药（五积散加减）治疗，头痛略减，但余症无变化，并增口渴、尿黄等症，遂来诊治。现症见：脘腹胀闷隐痛，腹泻，排便黏腻不爽，纳呆食少，渴不多饮，口甜黏腻，小便短黄，偶发恶心欲呕，肢体困重，白带量多色黄，气味腥臭，舌质红，苔黄腻，脉濡数。T：36.5℃，P：92 次/分，BP：102/66mmHg。

（1）分步分析

1）确定主诉：泄泻年余，食生冷、油腻则甚。

泄泻年余，食生冷、油腻则甚提示：①病位极可能在脾。②病性可能为是寒湿内盛困阻脾阳，脾失健运所致。③亦可考虑是否因胃家素虚，不胜生冷、油腻所伤。④病名可能是泄泻。

2）判定病位：①腹胀、腹痛、泄泻、食少：脾病最为突出的临床特征性症状。②泛恶欲吐，口甜黏腻，脘腹痞满，泄泻，排便黏腻不爽：是湿阻中焦，清阳不升，浊阴不降的特征性表现。由上可知，本例患者当前病变位置在脾。

3）辨别病性：①反复性泄泻年余，稍食生冷、油腻则加重：说明素有脾虚湿盛，复伤生冷油腻，寒气伤中，终致寒湿内盛，困阻脾阳，脾失健运所致。②新增头身肢体酸困疼痛：是六淫之湿邪外困的特征。③渴不多饮，口甜黏腻，排便不爽，小便短黄：知为过服温燥之药，致久聚之寒湿化热，湿热内蕴之故。④白带量多色黄，气味腥臭：湿热下注的重要标志。

4）分析舌脉：舌质红，苔黄腻，脉濡数，均为湿热内蕴之征，可资验证。

（2）辨证结论：湿热蕴脾证。

案例四　李某，男，3岁。于2007年4月13日初诊。患儿食欲欠佳已逾半年。两天前因恣食生冷瓜果而骤发腹痛、腹泻，便质若水，日3～5次不等，肠鸣辘辘，不欲食，纳少，遂来就诊。查T：36.6℃，P：116次/分，体重12kg，精神欠佳，发尚育可。叩击腹部如鼓之膨膨然，稍有凉感而压痛，四肢不温，指纹淡白，显于风关。舌质淡胖，苔白滑腻，脉濡缓无力。大便常规：脂肪球（++）

（1）分步分析

1）确定主诉：腹泻、腹痛两天。

腹泻、腹痛两天提示：①病位可能在脾。②病性可能属虚实夹杂证。③病名可能为泄泻。

2）判定病位：①腹胀、腹痛、腹泻，不欲食而纳少：脾病最为突出的临床特征性症状。②肠鸣辘辘：《灵枢·口问》云："中气不足，……肠为之苦鸣。"据上可知，本例患者当前病变位置在脾。

3）辨别病性：①因恣食生冷而致腹痛、腹泻骤发，且腹胀如鼓：可知素体虚弱而内有湿邪，复伤生冷，寒气伤中，终致寒湿内盛，阻遏脾阳，健运失职，以实为主的虚实夹杂证。②食欲欠佳半年有余，纳少：依病久多虚之规律，可知脾胃素来不健。③肢冷腹凉：病性属寒的征象。

4）分析舌脉：舌质淡胖，苔白滑腻，脉濡缓无力，均为脾虚湿盛之象。

（2）辨证结论：寒湿困脾证。

（3）鉴别诊断：泄泻一病，当首辨虚、实、寒、热，凡病势急骤，腹痛拒按者，多属实证；凡病势徐缓，腹痛喜按者，多属虚证；粪质清稀若水，腹痛喜暖者，多属寒湿证；泻下急迫，肛门灼热者，多属湿热证。本患儿因恣食生冷而致腹痛、腹泻骤发，便质若水，肠鸣辘辘，足见寒湿之象显著。

案例五　赵某，男，54岁，干部。于2007年10月23日初诊。诉近两年每因劳累过度则足跗浮肿，平素喜暖怕冷，手足凉甚，口淡不渴，神疲乏力，活动后易出汗，纳呆腹胀，常于晨起后腹泻，呈鸭便状，曾经中医、西医治疗，均未显效。1周来因出差在外，操劳过度而导致足跗浮肿加重，遂来就诊。查T：36.8℃，P：62次/分，R：18次/分，BP：102/64mmHg。眼睑轻度浮肿，面色萎黄，足跗浮肿，按之没指如泥。舌质淡胖，舌苔薄滑，脉沉缓无力。尿常规：蛋白（±），红细胞0～1个/HP，颗粒管型0～1个/LP。

（1）分步分析

1）确定主诉：足跗浮肿两年，劳则加重。

足跗浮肿两年，劳则加重提示：①可能是脾阳虚衰，水湿不化，转输不利而泛溢肌肤所致。②可能系肾阳不足，蒸腾气化无力，水湿内停，泛溢肌肤而引起。③病性可能属阴水范畴。④病名可能是水肿病。

2）判定病位：①纳呆，腹胀，便溏，面色萎黄：是脾病最为突出的临床特征性症状。②晨起后泄泻：一般认为晨泄系脾胃之所应。据上可知，本例患者当前病变位置在脾。

3）辨别病性：①神疲乏力，活动后易出汗：气虚证的标志性症状。②畏寒喜暖，手足不温，口淡不渴：是辨为阳虚证的主要依据。③水肿发于足跗，按之凹陷如泥，眼睑浮肿：阳气亏虚，水湿不化，水液停聚之征。④足跗浮肿已两年之久，每因劳累则加重：说明该患者素体虚弱。

4）分析舌脉：舌淡胖，苔薄滑，脉沉缓无力，均为脾阳亏虚，运化失职之征，可资验证。

（2）辨证结论：脾阳虚证。

（3）鉴别诊断：①水肿一病，当首辨阴水与阳水。阳水者，多由外邪引发，以发病急、病程短，发展快，多由面目开始，继而肿及全身为特点，属表，属实；阴水者，多由素体虚弱而导致，以发病缓，病程长，发展慢，多由下肢开始，继而肿及全身为特点，属里，属虚。本例患者当属阴水范畴。须知，阴水关乎脾肾。②水肿诚然可因于肺失通调，脾失转输，肾失开阖，三焦失于决渎，但本例患者唯以脾病证候为著，而肺、肾、三焦证候尚不明显。③眼睑浮肿可谓水肿见于上，但无其他阳水之征。

案例六 程某，女，37岁，律师。于2007年6月21日初诊。诉1年来带下量明显增多，色白，质稠无臭味，绵绵不断，过劳更著。平素喜暖怕冷，口淡不渴，四肢不温，精神倦怠，乏力，饮食量少，大便不成形。查T：36.4℃，P：68次/分，R：18次/分，BP：90/60mmHg。神志清楚，形体偏胖，舌淡胖有齿痕，苔白腻，脉缓弱。

（1）分步分析

1）确定主诉：带下量多1年，色白，质稠。

带下量多1年，色白，质稠提示：①病位可能在脾。②病位可能在肾。③根据带下病多为湿邪所致之病机，病性可能为脾气虚弱，中阳不振，水湿下注之寒湿带下证。④病名可能为带下病。

2）判定病位：食少、便溏是脾病最为突出的临床特征性症状，据此即可判定患者当前病变位置在脾。

3）辨别病性：①精神倦怠，乏力：气虚证的标志性症状。②畏寒喜暖，四肢不温，口淡不渴：是辨为阳虚证的主要依据。③带下色白、量多，质稠无臭味：脾气亏虚，寒湿下注之明征。④带下量多1年，劳则益甚：可知素体亏虚而湿盛。

4）分析舌脉：舌淡胖有齿痕，苔白腻，脉缓弱：均为脾气虚弱，中阳不振，脾失健运之征象。

（2）辨证结论：脾阳虚证。

（3）鉴别诊断：①带下疾病，关乎脾与肾、肝三脏，本例患者始终以脾病证候表现突出，而肝肾两脏证候尚无或不明显。②辨带下疾病，贵在分辨带下的色、质与气味。一般而言，带下色白、质稠、无臭味者，多属脾虚，尤以中阳不振为要。本例患者既无带下色淡、质清稀等肾阳亏虚之征，更无带下色黄或赤或赤白相兼等肝火之象。

案例七　邱某，男，78岁，退休干部。2007年5月23日初诊。诉患肺结核、肺纤维化30余年。近因发热、咯血、胸痛在省某医院住院治疗。出院两周来，因排便困难而来诊。现症见：大便并不干硬，但排出困难，用力努挣则汗出气短，便后乏力特甚，且脘腹胀满，食后胀甚，纳少，肢倦懒言。查T：36.3℃，P：69次/分，R：16次/分，BP：108/64mmHg。精神不振，形体偏瘦，腹部虽然胀满但按之手下虚软而无压痛，面色淡白无华，舌质淡，苔薄白，脉虚无力。

（1）分步分析

1）确定主诉：排便困难两周，伴汗出、气短、乏力。

排便困难两周，伴汗出、气短，乏力提示：①病位可能在肾。②病位可能在脾。③病性可能是气虚，大肠传送无力所致，亦可能是肾亏失司引起。④病名可能是便秘。

2）判定病位：脘腹胀满，食后胀甚，纳少是脾病最为突出的临床特征性症状，据此即可判定患者当前病变位置在脾。

3）辨别病性：①大便并不干硬，但排出困难，用力努挣则气短汗出，便后乏力尤甚，精神不振，肢倦懒言，面色淡白无华：均系气虚证的标志性症状。②脘腹胀满，但按之手下虚软而无压痛：是虚证腹胀的特征。③患者年老体虚且为久病之后，当知病性属虚。

4）分析舌脉：舌淡苔薄白，脉虚无力，均为肺脾气虚弱之征，可资验证。

（2）辨证结论：脾气虚证。

（3）鉴别诊断：①病位之辨：便秘虽与大肠传导功能至为密切，但亦关乎肺、脾、胃、肾、肝等脏腑。本例患者则以脾病证候表现最为突出，而其他脏腑证候均不明显。②病性之辨：便秘的病理属性可概括为虚、实、寒、热四个方面，本例患者主要表现为气虚证候，而寒象及实象、热象均无。③年老久病之人多虚证，壮年新病之人多实证。

四、肝病辨证实训

肝位于右胁，为风木之脏，既能贮藏有形之血，又可疏泄无形之气。肝之特性以血为体；以气为用，故肝有体阴用阳之说。肝病常见症状有胸胁少腹胀痛窜痛，情志抑郁或易怒，头晕胀痛，肢体震颤，手足抽搐，目不适，月经不调等。在进行肝病辨证时应先根据主诉初步判定病位，并考虑相关的病性，然后全面分析所表现的症状，对该证候的病位、病性分步作出判断，最后根据舌脉表现对诊断结果进行验证。

（一）与肝病有关的定位表现

1. 肝经循行部位的胀痛不适等，如胸胁少腹的胀满疼痛等。

2. 肝风内动的表现。《素问·至真要大论》云："诸风掉眩，皆属于肝。"根据中医相关理论，所有以肢体抽搐、眩晕、震颤等为主要表现的证候均属于肝的病变。

3. 气机逆乱，精神情志的异常变化，如抑郁、善太息等。

4. 肝不藏血，导致与肝相关组织的失养，如视力减退、两目干涩、经少肢麻等。

5. 阴虚阳亢的表现，如眩晕耳鸣、头目胀痛、面红、烦躁、腰膝酸软等。

凡具备上述表现之一者，均可考虑病变发生于肝或波及于肝。

（二）与肝病有关的定性表现

1. 肝的虚证 主要有肝血虚证与肝阴虚证。肝血虚证除一般血虚证所表现的白、晕、麻、细等血虚失濡的症状之外，主要以眼目、筋脉失养的症状为主；肝阴虚证除一般阴虚证所表现的热、赤、干、少等虚热症状之外，主要以头晕、目涩、胁痛为主。无论血虚还是阴虚，症状进一步发展均可导致肝风内动，形成阴虚风动或血虚生风，前者以眩晕，手足震颤、蠕动与阴虚症状共见为主；后者以眩晕、肢麻、震颤、拘急、瞤动、瘙痒等与血虚症状共见为辨证依据。

2. 肝的实证 主要有肝郁气滞证与肝火炽盛证、肝胆湿热证、胆郁痰扰证，此外还有肝风内动中的热极生风。肝郁气滞多与情志因素有关，以气滞证为基础表现，常见情志抑郁、胸胁或少腹胀痛等；肝火炽盛以头痛、烦躁、耳鸣、胁痛等与实热症状共见为辨证依据；热极生风则以高热、神昏、抽搐为主要的辨证依据；肝胆湿热证以身目发黄、胁肋胀痛及湿热症状共见为辨证依据。胆郁痰扰证以胆怯、惊悸、烦躁、失眠、眩晕、呕恶及痰热症状共见为辨证依据。

3. 肝的本虚标实证 主要有肝阳上亢证和肝风内动中的肝阳化风证，前者以眩晕耳鸣、头目胀痛、面红、烦躁、腰膝酸软等为主要的辨证依据，头重脚轻是其标志性症状之一；肝阳化风证以眩晕、肢麻震颤、头胀痛、面赤，甚至突然昏仆、口眼㖞斜、半身不遂等为主要的辨证依据，常见于中风的患者。

（三）与肝病有关的舌脉表现

肝病的典型脉象为弦脉，肝血虚与血虚生风为弦细脉，肝阴虚与阴虚风动为弦细数脉，肝郁气滞为弦脉，肝火炽盛与热极生风为弦数脉，肝阳上亢脉弦有力或弦细数脉，肝阳化风为弦细有力脉。

肝病的舌象一般依据病性而定，如肝血虚舌色白，肝阴虚舌红少苔，肝火炽盛舌红苔黄等。

（四）肝病辨证简表（表11－4）

（五）案例分析

案例一 王某，女，48岁。患者遇事忧郁，情志不遂，近半年来经前数日感少腹胀痛难忍，曾服中药效不显。症见经前少腹胀痛、拒按，胸胁、乳房作胀，月经量少、淋漓不畅，血色紫暗有块，舌质微暗，边有瘀点，脉沉弦。

（1）分步分析

1）确定主诉：经前数日感少腹胀痛难忍半年。

少腹胀痛提示：①病位可能在肝。②疼痛性质为胀痛，可能与气滞有关。

经前疼痛难忍提示：①病变性质可能为实证。②其疾病可能为妇科病的痛经。

2）判定病位：①疾病表现部位为少腹、胸胁、乳房：肝经循行部位。②表现的生理病理异常与月经有关：确定病位在肝。

表 11－4　　肝病证候

证型			病机	辨证要点	临床表现	舌象	脉象	治法	代表方剂
虚	肝血虚证		血液亏损，肝失濡养	眩晕、视力减退、经少、肢麻手颤等与血虚症状共见	头晕眼花，视力减退或夜盲，或见肢体麻木，关节拘急，手足震颤，肌肉瞤动，或妇女月经量少，色淡，甚则闭经，爪甲不荣，面白无华	舌淡	脉细	滋补肝血	补肝汤
	肝阴虚证		阴液亏损，肝失濡润，虚热内扰	头晕、目涩、胁痛等与虚热症状共见	头晕眼花，两目干涩，视力减退，或胁肋隐隐灼痛，面部烘热或两颧潮红，或手足蠕动，口咽干燥，五心烦热，潮热盗汗	舌红少苔乏津	脉弦细数	柔肝滋肾，育阴潜阳	一贯煎，杞菊地黄丸
实	肝郁气滞证		肝失疏泄，气机郁滞	情志抑郁、胸胁或少腹胀痛	情志抑郁，善太息，胸胁、少腹胀满疼痛，走窜不定。或咽部异物感，或颈部瘿瘤、瘰疬，或胁下肿块。妇女可见乳房作胀疼痛，月经不调，痛经。病情轻重与情绪变化的关系密切	舌苔薄白	脉弦	疏肝理气	柴胡疏肝散，逍遥散
	肝火炽盛证		肝火炽盛，气火上逆	头痛、烦躁、耳鸣、胁痛等与火热症状共见	头晕胀痛，痛如刀劈，面红目赤，口苦口干，急躁易怒，耳鸣如潮，甚或突发耳聋，失眠，噩梦纷纭，或胁肋灼痛，吐血、衄血，小便短黄，大便秘结	舌红苔黄	脉弦数	清泻肝火	当归龙荟丸，龙胆泻肝汤
	肝阳上亢证		阳亢于上，阴亏于下	眩晕耳鸣、头目胀痛、面红、烦躁、腰膝酸软	眩晕耳鸣，头目胀痛，面红目赤，急躁易怒，失眠多梦，头重脚轻，腰膝酸软	舌红少津	脉弦有力或弦细数	平肝潜阳	天麻钩藤饮
	肝风内动证	肝阳化风证	肝阳上亢，肝风内动	眩晕、肢麻震颤、头胀痛、面赤，甚至突然昏仆、口眼㖞斜、半身不遂	眩晕欲仆，步履不稳，头胀头痛，急躁易怒，耳鸣，项强，头摇，肢体震颤，手足麻木，语言謇涩，面赤，甚至突然昏仆，口眼㖞斜，半身不遂，舌强语謇	舌红，或有腻苔	脉弦细有力	平肝息风，滋阴潜阳	镇肝熄风汤
		热极生风证	邪热炽盛，热极动风	高热、神昏、抽搐	高热口渴，烦躁谵语或神昏，颈项强直，两目上视，手足抽搐，角弓反张，牙关紧闭	舌质红绛，苔黄燥	脉弦数	凉肝息风	羚角钩藤汤
		阴虚动风证	肝阴亏虚，虚风内动	眩晕，手足震颤、蠕动与阴虚内热症状共见	手足震颤、蠕动，或肢体抽搐，眩晕耳鸣，口燥咽干，形体消瘦，五心烦热，潮热颧红	舌红少津	脉弦细数	滋阴息风	大定风珠
		血虚生风证	肝血亏虚，虚风内动	眩晕、肢麻、震颤、拘急、瞤动、瘙痒等与血虚症状共见	眩晕，肢体震颤、麻木，手足拘急，肌肉瞤动，皮肤瘙痒，爪甲不荣，面白无华	舌质淡白	脉细或弱	滋阴养血，柔肝息风	四物汤加味
	寒滞肝脉证		寒邪侵袭，凝滞肝经	少腹、前阴、巅顶冷痛与实寒症状共见	少腹冷痛，阴部坠胀作痛，或阴器收缩引痛，或巅顶冷痛，得温则减，遇寒痛增，恶寒肢冷	舌淡，苔白润	脉沉紧或弦紧	暖肝散寒	暖肝煎

3）辨别病性：①疼痛性质为胀痛、拒按：气滞。②胸胁、乳房作胀：气滞。③月经量少、淋漓不畅，血色紫暗有块：确定病性为气滞证，有气滞引发血瘀的征兆。

4）分析舌脉：①舌质微暗，边有瘀点：气血运行不畅。②脉沉弦：沉主里，弦主肝气郁滞。

（2）辨证结论：肝郁气滞证。

（3）鉴别诊断：血色紫暗有块应与血瘀证鉴别。两者疼痛性质不同，血瘀证表现为刺痛，本例为胀痛，与血瘀证不符，无其他血瘀表现，考虑本证目前以肝郁气滞为主。

案例二 邹某，男，48岁。半月以来连续晕厥两次，发作时头眩晕如坐舟车，头不敢转动，行走须人搀扶，不能阅书报，一阅即头晕，现自觉头重脚轻，腰膝酸软，眩晕，心烦易怒，失眠多梦，小便黄，舌质红，苔白少津，脉弦数。

（1）分步分析

1）确定主诉：眩晕半月余，伴晕厥两次。

眩晕提示：①病位可能在肝。②病位可能在肾。

2）判定病位：①发作时头眩晕如坐舟车，头不敢转动：阳亢症状。②伴心烦易怒，失眠多梦，小便黄：确定病位在肝。

3）辨别病性：①心烦易怒，失眠多梦，小便黄：实证。②头不敢转动，行走须人搀扶，不能阅书报，一阅即头晕：虚证。综上，本病为本虚标实证。

4）分析舌脉：①舌质红，苔白少津：为有热。②脉弦数：弦主肝脏病变，数主热证。

（2）辨证结论：肝阳上亢证。

案例三 杨某，女，24岁。患者每次月经来潮即有性情变化，表现为性情急躁，多语，但有时亦沉默寡言，易怒，不寐，乱梦纷纭，影响工作。此次经前烦躁至今已半月余，易怒，少寐多梦，舌红苔黄，脉弦数。

（1）分步分析

1）确定主诉：经前烦躁，易怒半月余。

经前烦躁，易怒，病位可能在肝。

2）判定病位：①疾病表现部位为每次月经来潮即有性情变化，烦躁，易怒：阴虚阳亢。②表现的生理病理异常与月经有关：确定病位在肝。

3）辨别病性：①易怒，少寐多梦：实证。②烦躁：热证。

4）分析舌脉：①舌红苔黄：实热证。②脉弦数：弦主肝病，数主热证。

（2）辨证结论：肝火炽盛证。

案例四 李某，男，24岁。患者3个月前因恋爱失败，思想情绪较重，出现头晕、失眠，1个月前出现两胁胀闷不舒，近半月来更觉右胁疼痛，经肝功能等检查并无异常，自觉叹气后稍舒，现症见：出现头晕、失眠。两胁胀闷不舒伴右胁疼痛，不欲食，口微苦，大便不爽，脉弦，苔薄白。

（1）分步分析

1）确定主诉：两胁胀闷不舒1月余，伴右胁疼痛半月。

两胁胀闷不舒伴右胁疼痛，提示病位可能在肝或胆。

2）判定病位：①患者由思想情绪较重诱发，且叹气后觉舒：肝郁气滞。②伴见不欲食、口微苦、脉弦：确定病位在肝。

3）辨别病性：胁胀并见疼痛提示为实证。

4）分析舌脉：脉弦主肝病。

（2）辨证结论：肝郁气滞证。

案例五 徐某，男，37岁。患者清早骑自行车上班途中忽感腹痛剧烈难忍，经行人扶来急诊。现症见：腹痛阵发加剧，左侧脐旁为甚，向阴部放射，伴恶心，时吐清水，恶寒，四肢冰冷，面色白，苔色白，脉沉弦紧。

（1）分步分析

1）确定主诉：腹痛剧烈难忍，左侧脐旁为甚，向阴部放射。

腹痛剧烈难忍，左侧脐旁为甚，向阴部放射，提示病位可能在肝。

2）判定病位：①患者腹痛阵发加剧，左侧脐旁为甚，向阴部放射，时吐清水：寒滞肝脉。②恶寒，四肢冰冷，面色白，苔色白，脉沉弦紧：确定病位在肝。

3）辨别病性：①腹痛剧烈难忍，左侧脐旁为甚：实证。②恶寒，时吐清水，四肢冰冷，面色白：寒证。

4）分析舌脉：弦主肝病，紧主寒证。

（2）辨证结论：寒滞肝脉证。

五、肾病辨证实训

肾居腰部，左右各一，经脉与膀胱直接联系，互为表里。肾藏精、主骨、生髓充脑，其华在发，开窍于耳及二阴，主管人体生长、发育与生殖，并有纳气之功。肾主水，内寄元阴元阳，故肾有“先天之本”、“水火之宅”之称。肾病的常见症状有腰膝酸软或疼痛，耳鸣耳聋，齿摇发脱，阳痿遗精，精少不育，经闭不孕，水肿，呼吸气短，或久喘不愈，二便异常等。在进行肾病辨证时，首先根据主诉，结合肾病的常见症状初步判定病位，然后对全部症状进行分析，对该证候的病位、病性分步进行判断，最后再根据舌象、脉象对诊断结果进行验证。

（一）与肾病有关的定位表现

1. 肾藏精和生殖功能不足所表现的症状，如遗精，阳痿，滑精，早泄，精少不育，经闭不孕，宫寒不孕，月经淋漓，胎动易滑，生殖器官发育不良，性成熟迟缓，性机能减退等。

2. 肾主骨及主生长发育功能低下、衰退所表现的症状，如小儿发育迟缓，囟门迟闭，骨骼痿软，腰膝酸软，不耐久立，易于骨折，成人牙齿易于松动、过早脱落，须发早白、枯槁脱落，成人早衰等。

3. 肾主水，开窍于二阴和温化水液功能失调所表现的症状，如尿少，尿闭，水肿，遗尿，夜尿频多，久泻不止，完谷不化，五更泄泻等。

4. 肾生髓、充脑和开窍于耳功能不足的症状，如头晕耳鸣，听力减退，耳聋，健忘恍惚，痴呆等。

5. 肾主纳气功能不足所表现的症状，如呼吸表浅，气不接续，呼多吸少，动则气喘等。

6. 肾阳肾阴偏衰偏盛，阳虚生寒或阴虚火动所表现的症状，如面色黧黑，腰膝下肢寒凉，阴部清冷，或两颧潮红，骨蒸发热，阳强易举及性早熟等。

（二）与肾病有关的定性表现

1. 肾的病证多虚少实，肾的虚证主要涉及阴、阳、精、气的亏损，常见的病性有肾阳虚、肾虚水泛、肾阴虚、肾精不足、肾气不固等。

2. 肾阳虚的表现主要有两大方面：一是必须具备一般阳虚所表现的畏寒肢冷、口淡不渴、小便清长、面白、舌淡等虚寒症状。二是还必须具有温运血脉、温养腰膝、温养脾土、生殖等功能减退的一类见症，如面色黧黑或白，腰膝下肢寒凉，阴部清冷，五更泄泻，阳痿，滑精，早泄，宫寒不孕，生殖器官发育不良，性成熟迟缓，性机能减退等。应该注意，久泻不止、水肿等脾阳虚证症状也常出现，容易造成混淆，但肾阳虚火不暖土所导致的久泻、水肿，总是与腰膝下焦寒冷、生殖机能减退等肾阳虚症状并见为辨证依据。

3. 肾阴虚证的表现也主要有两大方面：一是必须具备一般阴虚所表现的五心烦热、盗汗、口燥咽干、小便短黄、面色潮红、舌红少津等虚热症状。二是必须具有肾阴亏虚，滋养筋骨，充养髓海等功能不足和阴虚火动，生殖机能虚性亢奋等一类的见症，如腰膝酸软，头晕耳鸣，两颧潮红，骨蒸发热，经少经闭，阳强易举，遗精，崩漏及性早熟等。

4. 肾虚水泛主要在于肾主水的功能失调，而以水肿和尿少为必见症状。同时，水为阴邪，气化无权，水液泛滥，总兼有肾阳亏虚之因，故本证是以水肿下肢为甚，尿少与腰膝酸软、畏寒肢冷等症状并见为辨证依据。应该注意，肾虚水泛病情加重，水邪壅盛，常常可以导致心阳被遏、肺气失宣而出现心悸、气短、痰鸣咳喘，但这只是肾虚水泛证的可见症，而不是必备的诊断依据。

5. 肾精不足主要表现在生长发育迟缓或早衰、生殖机能低下等方面，因此，小儿和成人有不同的症状。小儿以生长发育迟缓，囟门迟闭，骨骼痿软，智力低下等为诊断依据；成人则以腰膝酸软，不耐久立，易于骨折，两足痿软，动作迟缓，牙齿易于松动、过早脱落，须发早白、发枯脱落，恍惚健忘、听力减退，神情呆钝和性欲低下，精少不育，经闭不孕等症状为常见证候。肾精不足是一个慢性过程，常有阳气生发不足的倾向，一般无阴虚火旺的表现，

6. 肾气不固以肾对精关、膀胱、带脉、胎元等封藏、固摄功能失职为主要表现。以小便频数，尿有余沥，夜尿频多，小便失禁，遗尿，滑精，早泄，带下清稀量多，流产、滑胎等症状与腰膝酸软，精神疲惫，耳鸣失聪等肾气亏虚，充养无力等共见为诊断依据。

（三）与肾病有关的舌脉表现

肾病的脉象随病性不同而有所不同。肾阳虚脉多沉细无力而尺部尤甚；肾虚水泛脉多沉迟无力；肾阴虚脉多细数；肾精不足和肾气不固多见弱脉。

肾病的舌象也随病性不同而有所不同。肾阳虚多见舌淡，苔白；而肾虚水泛则舌淡胖，苔白滑；肾阴虚多为舌红少津，少苔或无苔；肾精不足多见舌淡；肾气不固则舌淡而苔白。

（四）肾病辨证简表（表11－5）

表11－5　肾病证候

证型	病机	辨证要点	临床表现	舌象	脉象	治法	代表方剂
肾阳虚证	命门火衰，温煦失职，火不暖土，气化不行	腰膝酸冷，性欲减退，夜尿频多等与虚寒症状共见	头晕目眩，面色白或黧黑，腰膝酸冷疼痛，畏寒肢冷，下肢尤甚，精神萎靡，性欲减退，男子阳痿早泄、滑精精冷，女子宫寒不孕，或久泻不止，完谷不化，五更泄泻，或小便频数清长，夜尿频多	舌淡苔白	沉细无力，尺部尤甚	温肾壮阳	金匮肾气丸
肾阴虚证	肾阴亏虚，腰膝、筋骨、脑髓失濡，虚热内生	腰酸而痛、遗精、经少、头晕耳鸣等与虚热症状共见	腰膝酸软而痛，头晕，耳鸣，齿松，发脱，男子阳强易举、遗精、早泄，女子经少或经闭、崩漏，失眠，健忘，口燥咽干，形体消瘦，五心烦热，午后颧红，骨蒸发热，潮热盗汗，小便短黄	舌红少津，少苔或无苔	脉细数	滋阴补肾	六味地黄丸
肾虚水泛证	肾阳虚弱，气化无权，水液泛滥	水肿下肢为甚，尿少与畏寒肢冷共见	腰膝酸软，耳鸣，身体浮肿，腰以下为甚，按之没指，小便短少	舌质淡胖，苔白滑	沉迟无力	温肾助阳，化气利水	济生肾气丸、真武汤
肾精不足证	肾精亏损，脑、骨、髓失充，生殖之精不足	生长发育迟缓、早衰、生殖机能低下	小儿生长发育迟缓，身材矮小，囟门迟闭，智力低下，骨骼痿软；男子精少不育，女子经闭不孕，性欲低下；成人早衰，腰膝酸软，耳鸣耳聋，发脱齿松，健忘恍惚，神情呆钝，两足痿软，动作迟缓	舌淡	脉弱	补肾填精	龟鹿二仙胶
肾气不固证	肾气亏虚，封藏、固摄功能不足	腰膝酸软，小便、精液、经带、胎元不固与气虚症状共见	腰膝酸软，神疲乏力，耳鸣失聪；小便频数而清，或尿后余沥不尽，或遗尿，或夜尿频多，或小便不禁；男子滑精、早泄；女子月经淋漓不尽，或带下清稀量多，或胎动易滑	舌淡苔白	脉弱	补肾益气，固涩肾精	桑螵蛸散或寿胎丸

（五）案例分析

案例一　张某，男，64岁。患者1年来身体反复轻度浮肿，虽经治疗，但始终未能痊愈。近1个月来，病情加重，就诊时面部轻度浮肿，面色淡白少华，臀部、阴囊及两下肢水肿明显，小腿皮肤光亮，按之凹陷，小便短少，虽时值初夏，而仍身穿毛衣毛裤，手脚不温，腰膝酸软，久立久坐均感腰酸不支，精神疲惫，饮食量少，大便不成形，两日1次，舌质淡白而胖，苔白滑，脉象沉细，迟而无力。

（1）分步分析

1）确定主诉：全身浮肿反复发作1年，加重1个月。

水肿迁延提示：①脾主运化，肾主水液，水肿病迁延不愈，病位可能在脾，也可能在肾。②水湿之邪易伤阳气，病情反复、加重，可能与阳气虚衰有关。③久病及肾，水肿迁延，肾的气化功能可能已经受到损伤。

2）判定病位：①患者臀部、阴囊、下肢等腰以下部位水肿较为明显：下焦为肾所主。②患者腰膝酸软，久立久坐均感腰酸不支等病理异常与肾虚有关：确定病位在肾。

3）辨别病性：①患者腰酸不支，精神疲惫，饮食量少：虚证。②面色淡白少华，畏寒喜暖，时值初夏仍身穿毛衣毛裤，手脚不温：阳虚（虚寒）。③水肿明显，皮肤光亮，按之凹陷，小便短少：水停证，确定病性为阳虚证，水停证。综上，本证目前应属于肾虚水泛证。

4）分析舌脉：①舌质淡白而胖，苔白滑：阳气亏虚，水湿不化。②脉象沉细，迟而无力：脉沉细为肾阳亏乏，鼓动无力，水湿为病。迟而无力为虚寒。

（2）辨证结论：肾虚水泛证。

（3）鉴别诊断：①肢体浮肿，饮食量少，大便不成形，病位可能与脾有关，应与之鉴别。但脾阳虚水肿，常以腹胀、腹隐痛喜温，大便稀溏为必见症，而本患者并无腹胀、腹痛，大便虽不成形但并未泄泻，故与脾病明显不符。②面部轻度浮肿应与风水相搏的水停证鉴别。但风水相搏发病迅速，突起头面眼睑浮肿，上半身肿甚，而本患者水肿迁延，腰以下部位水肿较甚。且风水相搏多兼有卫表证候，而本患者则兼有阳气亏虚的虚寒症状。

案例二 王某，女，43岁。患者素体虚弱，两年前做肾结石手术，其后虽间断休息，但身体一直未能康复，月经量逐渐减少，月经周期短则40天，长则50余天，每次行经一二天即尽。近期月经一直未来，至今已经3个月。现症见：患者神情疲惫，面色淡白，两颧、鼻柱两侧大片黄褐斑块，耳轮焦黑，头发焦枯、稀疏脱落，身体消瘦，腰膝酸软，耳鸣时作，听力下降，恍惚健忘，舌淡，苔少，脉细弱。

（1）分步分析

1）确定主诉：月经后期、量少1年，闭经3个月。

月经后期、量少提示：①营血亏损，肾精不足，病位可能与肝肾相关。②肾藏精，肝藏血，精血同源，月经后期、量少，提示肝藏血、肾藏精功能可能已经亏虚。

闭经3个月提示：①月经后期、量少未能及时治疗，精血严重耗伤，病变性质应该属于虚证。②由经迟、经少发展到经闭，病情逐渐加重，耗伤肾精更为明显。

2）判定病位：①患者身体消瘦，月经后期、量少，渐至经闭：可能与肝肾有关。②两颧、鼻柱两侧大片黄褐斑块，耳轮焦黑，头发焦枯、稀疏脱落，腰膝酸软，耳鸣时作，听力下降等病理异常与肾虚关系更为密切：应确定病位在肾。

3）辨别病性：①患者身体消瘦，月经后期、量少，渐至经闭：虚证。②面色淡白，耳轮焦黑，头发焦枯、稀疏脱落：血虚、精亏。③神情疲惫，耳轮焦黑，头发焦枯、稀疏脱落，身体消瘦，腰膝酸软，耳鸣时作，听力下降，恍惚健忘：确定病性为精血不足，精亏证。

4）分析舌脉：①舌淡，苔少：精血亏虚，不能荣养于舌。②脉细弱：肾精亏虚，气血化生不足，充盈、鼓动无力。

（2）辨证结论：肾精亏虚证。

（3）鉴别诊断：①面色淡白，月经后期、量少，渐至经闭应与病位在肝鉴别。肝血虚也可出现面色淡白，月经后期、量少、经闭，但其常伴见筋、目、爪失却阴血濡养的表现；而本患者并无肢麻、爪枯、视力减退等肝血虚见症，且两颧、鼻柱两侧大片黄褐斑块，耳轮焦黑，头发脱落，腰膝酸软等病位在肾的症状更为突出。②神情疲惫，两颧、鼻柱两侧大片黄褐斑块，腰膝酸软，也应与肾阳虚鉴别。但肾阳虚属于虚寒性质，临床表现必见畏寒肢冷，手脚不温等寒象；而本患者并无明显寒象。③身体消瘦，腰膝酸软，耳鸣时作，头发脱落等又应与肾阴虚鉴别。但肾阴虚属于虚热性质，临床表现必见五心烦热、颧红盗汗等虚热之象；而本患者并无阴虚内热之症。

案例三　柳某，男，67岁。患者3年前患中风病，经及时治疗，行动基本恢复，但身体一直较瘦。近半年来，夜尿增多，每夜均须起床排尿三四次，尿量较多，并无疼痛感觉。近1周来，日间咳嗽或喷嚏时，小便流出，衣裤尽湿。患者精神疲惫，面色淡白，气短声怯，听力下降，两腿酸软，行动迟缓无力，小腹按之松软、不痛，舌淡，苔白，脉弱。

（1）分步分析

1）确定主诉：夜尿频多半年，尿失禁1周。

身体瘦弱，夜尿频多提示肾气亏虚，固摄失职，病证与肾相关；咳嗽、喷嚏时出现尿失禁提示，肾的固摄功能可能已经明显不足。

2）判定病位：①患者身体消瘦，夜尿增多，每夜均须起床排尿三四次，尿量较多：可能病位在肾。②听力下降，两腿酸软等病理异常与肾虚关系密切：应确定病位在肾。

3）辨别病性：①患者身体消瘦，夜尿增多，并无疼痛感觉，小腹软，按之不痛：虚证。②精神疲惫，面色淡白，气短声怯，行动迟缓无力：虚证。③夜尿增多，咳嗽或喷嚏时，小便流出：气不固证。

4）分析舌脉：①舌淡，苔白：肾气亏虚，不能充养于舌。②脉弱：肾气亏虚，鼓动无力。

（2）辨证结论：气不固证（肾气不固证）。

（3）鉴别诊断：①尿频应与病位在膀胱相鉴别。膀胱湿热常见尿频、尿急，但常有尿涩痛伴见；而本患者早期只是夜间尿多，且并无疼痛之症，近周见尿失禁，小腹软而按之亦不痛。②气短声怯，咳嗽或喷嚏时小便流出等病理现象应与病位在脾鉴别。脾虚气陷也可见咳嗽或喷嚏时，小便流出，但常与食少，腹胀，便溏，脘腹坠胀等症状并见；而本患者则以听力下降，两腿酸软，行动迟缓无力等肾虚症状较为突出。③精神疲惫，面色淡白，夜间尿多，两腿酸软等症应与肾阳虚鉴别。肾阳虚亦可见到夜间尿多，但临床表现必见形寒肢冷，腰膝酸冷，手脚不温等寒象；而本患者并无明显寒象。

案例四　马某，男，48岁。患者两年前开始性功能明显下降，尿流无力，睾丸常有冷感，当地医生按“性神经衰弱”治疗，但效果不明显。3个月前，因吃海鲜、螃蟹后出现腹痛、腹泻，其后虽停食海鲜及生冷之物，但大便一直未能转好，每日2～3次，腹泻前绕脐隐隐疼痛，泻后腹痛即减，食欲、食量尚可。近1个月来，腹泻加重，每日黎明时分，小腹一阵疼痛，痛后即有便意，稍有迟缓，大便随即流出。大便呈水样，泻前全身或腰骶、下肢常有酸冷感。患者面色淡白，形体稍瘦，舌质淡，苔薄白，脉沉细。

（1）分步分析

1）确定主诉：性功能低下两年。泄泻3个月，加重1个月。

性欲减退提示病位均与肾相关。因肾主生殖，故肾阳虚、肾精不足、肾气不固等都可能出现性欲减退。脾主运化水湿，肾可温暖脾土，腹泻逐渐加重，腹痛水泻，久泻不止提示与脾肾两脏功能失常都可能有关。

2）判定病位：①患者性功能低下，尿流无力，睾丸冷感：病位在肾。②黎明阴盛阳衰之时即小腹疼痛，大便泄泻，泻前腰骶和下肢酸冷等都说明与命门火不足的“五更泻”有关：病位应该在肾。

3）辨别病性：①面色淡白，黎明时分小腹疼痛，大便水泻：虚寒。②性欲减退，睾丸冷感，腰骶和下肢酸冷：肾阳虚。由此可确定病性为阳虚证。

4）分析舌脉：①舌淡，苔薄白：肾阳亏虚，不能温运血脉上荣于舌。②脉沉细：肾阳亏虚，鼓动无力。

（2）辨证结论：肾阳虚证。

（3）鉴别诊断：①成人性欲减退应与肾精亏虚或肾气不固进行鉴别。成人肾精不足、肾气不固也可能有性欲减退现象。肾精亏虚，性欲减退常与耳鸣耳聋、发脱齿摇、恍惚健忘等早衰症状并见，而本患者此类症状并不明显。男性患者肾气不固可见尿流无力，且常与夜尿频多、尿有余沥或滑精等膀胱、精关不固症状并见，本患者亦无此类见症。而本患者性欲减退与睾丸冷感并见，加之黎明时泄泻，泻前腰骶和下肢酸冷等症状，皆属肾阳虚性质。②久泻不止应与脾阳虚证鉴别。脾阳虚证亦有久泻不止等症，但脾阳虚应该具有饮食减少，纳呆，腹胀等脾运无力的症状。本患者虽泄泻日久而食欲、食量尚可，并无纳呆、腹胀等症，与脾阳虚证明显不符。

案例五 杨某，女，18岁。患者12岁月经初潮，3年前因经期运动量过大，导致行经两个月未净，经服中药血止，其后反复出现经期延长，去年曾用黄体酮及雄激素治疗，疗效不明显。4个月前阴道出血不止，量多势猛，经输血及注射止血药治疗，阴道出血稍减而未尽，就诊时出血仍时多时少，色暗红，无血块，腰酸乏力，偶有下腹隐痛，夜寐不安，多梦，晨起头晕耳鸣，咽喉干燥，食欲、食量尚可，小便黄，大便成形，两日1次，舌淡红，苔少，脉细数。

（1）分步分析

1）确定主诉：月经延长、不规则3年，月经淋漓4个月未净。

经期延长，久治不愈提示：①肾主生殖，脾主统血，经期延长，久治不愈可能与脾肾两脏有关。②久病多虚，病情迁延3年余，病变性质可能为虚证。

月经淋漓4个月未净提示：①月经淋漓不断属崩漏中之“漏”证，而脾气亏虚、失于统摄，肾气不固、冲任失约，肾阴亏虚、虚火迫血等都可以出现，病位尚须进一步辨清。②肾阴虚、肾气不固、血热、瘀血阻滞等都可导致崩漏，病性亦须进一步辨清。

2）判定病位：①患者月经不止，淋漓不断，乏力：病位可能与脾有关，但脾不统血多有食少、便溏、乏力等脾气虚见症，本证食欲、食量尚可，大便成形，与之明显不符。②月经淋漓不断，头晕耳鸣，腰酸：病位应该在肾。

3）辨别病性：①症见失眠多梦，咽喉干燥，小便黄：虚热（阴虚）。②腰酸乏力，头晕耳鸣等肾虚之象与虚热症状并见：病性应为肾阴虚。

4）分析舌脉：①舌淡红，苔少：肾阴虚本应舌红，少苔，但患者毕竟有阴血损伤病情，虽有阴虚，但虚火并不亢盛，见淡红舌，少苔与本患者肾阴虚并不矛盾。②脉细数：肾阴虚常见脉象。

（2）辨证结论：肾阴虚证。

（3）鉴别诊断：月经淋漓不尽还须与肾气不固、血热妄行、瘀血阻滞等鉴别。①肾气不固、冲任失约也可见月经淋漓不尽，腰酸乏力，头晕耳鸣，但常与神疲乏力，少气懒言等气虚兼症并见；而本患者则见失眠多梦，咽喉干燥，小便黄等阴虚内热兼症。②血热证、热伤冲任也可见月经过多、淋漓不尽，失眠多梦，小便黄赤，但必兼见面红，舌绛，脉数有力等血热之象，与本患者明显不符。③瘀血阻滞、胞脉不畅也可见月经淋漓不尽，色暗红，下腹痛，但常是血色暗红而有血块，小腹刺痛而拒按，而本证并无血块，亦无刺痛拒按，偶有小腹隐痛则为阴虚胞脉失养所致。

六、腑病辨证实训

腑有胃、大肠、小肠、胆、膀胱等，其分别与脾、肺、心、肝、肾等脏互为表里，具有受盛、传化水谷的生理功能，其有泻而不藏，实而不满，以降为顺，以通为用的特性。常见症状有纳食异常，胃脘痞胀疼痛，恶心呕吐，嗳气，呃逆，肠鸣，腹泻或便秘，或便下脓血以及腹痛、腹胀等；口苦、黄疸、胆怯、易惊；尿频、尿急、尿痛、尿闭等症。在进行腑病辨证时应先根据主诉初步判定病位，并考虑相关的病性，然后全面分析所表现的症状，对该证候的病位、病性分步作出判断，最后根据舌脉表现对诊断结果进行验证。

（一）与腑病有关的定位表现

1. 胃为阳明燥土，性喜润而恶燥，主受纳腐熟，以通降为顺，易受饮食物的寒热等偏性而为病，故胃的病变临床多见实证，其病多与饮食不节或饮食失调有关。胃的定位症状主要是胃的受纳、腐熟功能障碍，出现食纳异常，胃脘胀闷疼痛等；胃失和降，胃气上逆的表现，如恶心呕吐，嗳气，呃逆等。

2. 小肠泌别清浊功能和气机的失常表现，如腹胀、肠鸣、腹痛、腹泻等。

3. 大肠传导功能失常的表现，常见大便异常，如便秘、泄泻、便下脓血等，以及腹痛、腹胀等症。

4. 胆的促进消化功能、胆汁排泄、情绪活动异常等的表现，如口苦、黄疸、胆怯、易惊等症。

5. 膀胱的排尿功能异常，常见尿频、尿急、尿痛、尿闭等症。

胃、小肠、大肠由于解剖位置，生理功能的关系，病理上相互影响，他们的病变不能截然分开。如脘腹胀痛，反映胃肠同时发生病变。具体来看，胃病时影响肠病，肠病时影响胃病。例如，胃阴虚，大便干结，不仅有胃脘不适如胀满疼痛等症，而且大肠失于濡润引起大便干结，由于便秘腑气不通，又会腹胀等等。

脾与胃有表里、纳运、升降、燥湿等关系，共同完成对饮食物的受纳、腐熟消化、吸收、转输，他们的病变也不能截然分开。如纳少、泄泻、脘腹胀满等症，既是胃病又是脾病的症状。

胆与胃关系密切，中医基础理论认为，肝主疏泄，能促进脾的运化功能，这种运化功能就是通过胆汁的排泄来完成的，而脾与胃关系密切，所以胆与胃亦关系密切，它们共同完成对饮食物的消化。

膀胱与胃的关系亦较密切，脾的运化在小肠得以充分体现，小肠分清泌浊，精微物质上输于肺，再由肺布散全身，供人体需要。糟粕废物，如浊液渗入膀胱，成为尿液排出体外，如果水液不走膀胱，反走大肠，则发生泄泻。

总之以上五腑（实际已含三焦在内），相互联系，相互促进，共同完成饮食物的消化、代谢，病理表现不能截然分开，常有相同症状，区别要点以各自常见症状为依据。但凡具备上述表现之一者，均可考虑病变发生于腑或与其功能失调有关。

（二）与腑病有关的定性表现

1. 胃阴虚证 胃病虚证主要涉及气虚、阳虚和阴虚，由于其气虚、阳虚病理变化及其临床表现与脾气虚证和脾阳虚证关系密切，所以临床应用一般参考脾气虚证、脾阳虚证辨证论治，故在此重点讨论胃阴虚证。胃阴虚证可见胃脘灼痛、嘈杂，饥不欲食，口渴，舌红少苔，脉细数等症。

2. 胃病实证 主要有胃热证、胃寒证、食滞胃脘证、胃肠气滞证等。

（1）胃热证：即胃的实热证，又称胃火炽盛证，可见胃脘灼痛，消谷善饥，口臭，龈肿，齿衄，口渴，脉滑数等症。

（2）胃寒证：根据其病因及病机变化的不同，可分为实寒（寒滞胃肠证）、虚寒（胃阳虚证）和“痰饮病”（寒饮停胃证）：①寒滞胃肠证以胃脘或脘腹部冷痛暴急与寒象共见为辨证依据。②胃阳虚证以胃脘冷痛，喜温喜按，畏冷肢凉为辨证的主要依据。③寒饮停胃证以脘腹痞胀，胃中有振水声，呕吐清水等为辨证的主要依据。

（3）食滞胃脘证：多有伤食病史，可见胃脘胀满疼痛，厌食，嗳腐吞酸或呕吐酸馊食物，吐后胀痛得减，或矢气臭如败卵，泻下物酸腐臭秽等。

（4）胃肠气滞证：与情志不遂、外邪、病理产物等影响于胃有关，有气滞证的特征表现，常胀痛并见，呈走窜性，嗳气、肠鸣、矢气后则痛减，以及泻而不爽，痛而欲吐等。病位有在胃、在肠和在胃肠的不同。在胃时，则胃脘胀满窜痛，嗳气，痛而欲吐等；在肠时，则腹部胀满窜痛，肠鸣、矢气后则痛减，以及泻而不爽等；在胃肠时，则脘腹部胀满窜痛，嗳气，痛而欲吐，肠鸣、矢气后则痛减，以及泻而不爽等。

3. 肠的病变 有大肠、小肠部位不同，临床很难截然分开。一般而言，便质溏泻者，多见于小肠病，便质干燥者，多见于大肠病。肠病诊断应注意大便性状的识别，如大便的干、稀，完谷不化，溏结不调，脓血等。

（1）大肠津亏证：以大便秘结或如羊粪，艰涩难下，以及口干咽燥，舌红少津，脉细涩等与津亏症状共见为其辨证依据。

（2）肠道湿热证：主要表现为痢下或泄泻。以腹痛、大便次数增多，或下利脓血，或暴泻如水，或大便黄稠秽臭等与湿热症状共见为辨证的主要依据。

4. 膀胱湿热证 以小便异常和与湿热症共见为其辨证特征。

5. 胆郁痰扰证 其证关键在于痰热上扰的相应表现，以胁肋胀痛兼胆怯、烦躁、惊悸、失眠、头晕、呕恶、口苦等上部病变为辨证依据。

（三）与腑病有关的舌脉表现

腑病多实证、热证、阳证，脉象多见实脉，或滑脉，或滑数脉等；腑病虚证多见细脉，或细数，或细涩。

腑病的舌象一般依据病性而定，实证一般苔厚，或厚腻，热证多舌红苔黄，或黄腻，虚证多见舌红少苔或少津。

（四）腑病辨证简表（表11－6、表11－7）

表11－6　腑病证候（虚证）

证型	病机	辨证要点	临床表现	舌象	脉象	治法	代表方剂
胃阴虚证	胃阴不足，胃失濡养	胃脘嘈杂、灼痛，饥不欲食，脘腹痞胀	胃脘嘈杂，隐隐灼痛，饥不欲食，或脘痞不适，干呕、呃逆，口燥咽干，大便干结，小便短少	舌红少苔乏津	脉细数	滋阴益胃和中	益胃汤
大肠津亏证	阴津不足，肠失濡润，传导失职	大便燥结，排便困难与津亏症状共见	腹胀痛，左少腹或可触及包块，大便秘结或如羊粪，艰涩难下，数日一行，口干或口臭，或头晕	舌红少津，苔黄燥	脉细涩	滋阴润肠	增液汤
胃阳虚证	胃阳不足，胃失温养	胃脘冷痛，喜温喜按，畏冷肢凉等与阳虚症状共见	胃脘冷痛，时发时止，喜温喜按，食少脘痞，泛吐清水，畏冷肢凉，口淡不渴	舌淡胖,苔白滑	脉沉迟无力	温中养胃	黄芪建中汤

表11－7　腑病证候（实证）

证型	病机	辨证要点	临床表现	舌象	脉象	治法	代表方剂
寒饮停胃证	寒饮停胃，胃失和降	脘腹痞胀、胃中有振水声、泛吐清水与痰饮症状共见	脘腹痞胀，胃脘水声漉漉，呕吐清水痰涎，头晕目眩，口淡不渴	舌淡，苔白滑	脉沉弦	温胃化饮	苓桂术甘汤
寒滞胃肠证	寒凝胃肠，气机阻滞	胃脘或脘腹部冷痛暴急与寒象共见	胃脘或脘腹部疼痛，轻则绵绵不已，重则拘急剧痛，遇寒加重，得温则减，口淡不渴，或腹胀便秘，面白或青，恶寒肢冷	舌淡苔白润	脉沉紧或弦紧	温胃散寒，行气止痛	香苏散合良附丸
胃热证	胃火炽盛，胃失和降	胃脘灼痛、消谷善饥等与实火症状共见	胃脘灼痛、拒按，渴喜冷饮，或消谷善饥，或口臭吞酸，牙龈肿痛溃烂、齿衄，大便秘结，小便短黄	舌红苔黄	脉滑数	清泻胃火	清胃散、玉女煎
食滞胃脘证	饮食不化，积滞胃肠，传化失司	脘腹痞胀疼痛、呕泻酸馊腐臭	脘腹胀痛拒按，厌食，嗳腐吞酸，呕吐酸馊食物，吐后胀痛得减，便秘或泄泻，泻下物酸腐臭秽	舌苔厚腻	脉滑或沉实	消食导滞	保和丸
胃肠气滞证	胃肠气机阻滞,传导通降失司	脘腹胀痛走窜、嗳气、肠鸣、矢气	胃脘、腹部胀满疼痛，走窜不定，痛而欲吐或欲泻，泻而不爽，嗳气，肠鸣，矢气，得嗳气、矢气后痛胀可缓解，或无肠鸣、矢气则胀痛加剧，或大便秘结	苔厚	脉弦	理气解郁	五磨饮子
肠道湿热证	湿热内蕴，阻滞肠道，传化失常	腹痛、暴泻如水，下痢脓血，大便黄稠臭秽与湿热症共见	腹胀痛，下痢脓血，里急后重，或暴泻如水，或欲泻不爽，粪质黄稠臭秽，肛门灼热，身热，口渴，小便短黄	舌红，苔黄腻	脉滑数	清热利湿	芍药汤、葛根芩连汤
膀胱湿热证	湿热蕴结膀胱,气化不利	小便频急、灼涩疼痛等与湿热症状共见	小便频数、急迫、短黄，排尿灼热、涩痛，或小便浑浊、尿血，有砂石，或腰部、小腹胀痛，发热，口渴	舌红，苔黄腻	脉滑数或濡数	清热利湿通淋	八正散
胆郁痰扰证	痰浊或痰热内扰，胆郁失宣	胆怯、惊悸、烦躁、失眠、眩晕、呕恶	胆怯易惊，惊悸不宁，失眠多梦，烦躁不安，胸胁胀满，善太息，头晕目眩，口苦，呕恶	舌淡红或红，苔白腻或黄滑	脉弦缓或弦数	清热化痰，理气和中	温胆汤

（五）案例分析

案例一 胡某，女，45岁。患者胃脘疼痛不适半年，曾服温胃散寒止痛药无效，近半月胃脘疼痛加重而来就诊。平时喜食辛辣之品，现症见形体较瘦，胃脘隐痛，心下有灼热感，知饥但不欲食，咽干口燥，小便短少，大便干结。舌红少津，脉细数。

（1）分步分析

1）确定主诉：胃脘隐隐灼痛半年，加重半月。

胃脘痛提示：①病位可能在胃。②疼痛性质为隐痛，可能与正气不足有关。③心下有灼热感可能与热有关。

胃脘隐痛灼热提示：①病变性质可能为虚证。②其疾病可能为胃热。

2）判定病位：①疾病表现部位在胃脘：部位在胃。②表现的生理病理异常与胃有关：确定病位在胃。

3）辨别病性：①疼痛性质为隐痛：正气不足。②形体较瘦，心下灼热，饥不欲食，咽干口燥，小便短少，大便干结：确定病性为阴虚证。

4）分析舌脉：舌红少津，脉细数均属阴虚有热之象。

（2）辨证结论：胃阴虚证。

案例二 陈某，女，56岁。患者平素经常出现脘腹部胀痛不适，一直未予诊治。1天前出现持续性腹痛，以脐腹疼痛为主，阵发性加剧，胀痛拒按，自觉嗳气、矢气则舒。舌淡红，苔薄腻，脉弦。

（1）分步分析

1）确定主诉：脘腹胀痛不适，脐腹部疼痛加剧两天。

脘腹部胀痛不适提示：①病位可能在胃肠。②疼痛性质为胀痛，可能与气滞有关。

脐腹疼痛、拒按提示：①病变性质可能为实证。②其疾病可能为腹痛。

2）判定病位：①疾病表现部位在胃脘、脐腹：部位在胃肠。②表现的生理病理异常与胃肠通降功能失调有关：确定病位在胃肠。

3）辨别病性：①疼痛性质为胀痛：气滞。②脐腹胀痛：气滞。③脐腹疼痛、拒按：实证。④脐腹胀痛，随嗳气、矢气则舒：确定病性为气滞证。

4）分析舌脉：舌淡红，苔薄腻，脉弦为浊气内停，气机郁滞之征。

（2）辨证结论：胃肠气滞证。

（3）鉴别诊断：胃肠的病位鉴别。胃肠病均有腹胀，胃病在胃脘，肠病在脐腹，考虑本证目前以胃肠气滞证为主。

案例三 高某，女，39岁。患者自觉头颅内隆隆作响，左侧尤甚达半年之久，经中西医治疗无效。经详询，患者半年前因职称晋升之事致心情郁闷，继则出现左侧脑鸣（是以自觉脑内如虫蛀鸣响为主要表现的脑神疾病。多因脑髓空虚，或与火郁、痰湿阻滞有关），常常因此导致失眠，或寐而梦多，胆怯易惊，烦闷不安，舌质红，苔黄滑，脉弦数。

（1）分步分析

1）确定主诉：左侧脑鸣半年。

左侧脑鸣提示病位可能在胆经。

头颅隆隆作响提示：①病变性质可能为实证。②其疾病可能为脑病。

2）判定病位：①疾病表现部位为左侧脑鸣：病位在胆经。②表现的生理病理异常与胆郁失宣有关：确定病位在胆经。

3）辨别病性：①头颅内隆隆作响，左侧尤甚：实证。②脑鸣，失眠多梦，胆怯易惊，烦闷不安：确定病性为痰热上扰证。

4）分析舌脉：舌质红，苔黄滑，脉弦数为痰热内蕴之征。

（2）辨证结论：胆郁痰扰证。

（3）鉴别诊断：痰热上扰与肝阳上亢、肝火上炎鉴别。三者均有阳气亢盛于上的病机，表现为眩晕，烦闷，失眠多梦等症。不同之处在于：①痰热上扰以痰热内蕴，胆郁失宣，痰热上扰为主要病理。以胁肋胀满及胆怯、惊悸、烦躁、失眠、眩晕、呕恶等上扰症为主要表现。②肝火上炎纯属火热过盛的里实热证。除阳盛表现外，以发热口渴、便干尿黄、舌红脉数等热证为主要表现，一般病程短，病势较急，阴虚症状不明显。③肝阳上亢属用阳太过，阳亢耗阴，上盛下虚的虚实夹杂证。除阳盛表现外，以头重脚轻、腰膝酸软等症为主要表现，一般病程较长，病势略缓，既有阳亢，又有阴虚之证。

案例四　叶某，男，40 岁。患者于 1 个月前出现胃脘灼热疼痛，经服西药“西咪替丁”、“果胶铋”等，症状有所好转，近来又因饮酒而疼痛加重，伴有口干口渴，渴喜冷饮，牙龈肿痛，口臭，小便短赤，大便干燥。胃镜检查诊断为“胃溃疡”。舌红苔黄，脉数。

（1）分步分析

1）确定主诉：胃脘灼热疼痛 1 个月。

胃脘疼痛提示：①病位可能在胃脘。②疼痛性质为灼痛，可能与热有关。

胃脘灼热疼痛提示：①病变性质可能为热证、实证。②其疾病可能为内科病的胃痛。

2）判定病位：①疾病表现部位在胃脘，牙龈肿痛：胃部及胃经循行部位。②表现的生理异常与胃的功能及胃经循行部位有关：确定病位在胃。

3）辨别病性：①疼痛性质为灼痛：热。②牙龈肿痛，口臭：热。③胃脘灼热疼痛，牙龈肿痛，口臭，口干口渴，渴喜冷饮，小便短赤，大便干燥：确定病性为实热证。

4）分析舌脉：舌红苔黄，脉数为火热内盛之征。

（2）辨证结论：胃热证。

（3）鉴别诊断：胃实热证与胃阴虚证的鉴别。二者均属胃的热证，可见胃脘灼痛、口渴、脉数等症。不同之处在于：①胃实热证又称胃热炽盛证，多因过食辛辣、肥甘、燥烈刺激之品化火伤胃，或肝火犯胃，或邪热内侵于胃，致火热壅滞于胃，胃失和降而成。可见消谷善饥、口臭、龈肿、齿衄、脉滑等症，以胃脘灼痛，消谷善饥等与实火症状共见为其诊断要点。②胃阴虚证多因热病后期，情志郁结化火日久，吐泻太过，过食辛辣香燥食品，或过用温热辛燥药物，损伤胃阴，属虚热证。可见嘈杂，饥不欲食，舌红少苔，脉细等症。以慢性胃病日久，胃脘嘈杂，灼痛，饥不欲食与虚热症状共见为其诊断要点。

案例五　张某，女，10 岁。患者自幼体弱多病。5 天前因进食较多，遂后厌食纳呆，嗳腐口臭，胃脘胀满时痛，拒按，夜寐不安。舌淡红，苔厚腻，脉沉细滑。大便常规未见蛔虫卵。

（1）分步分析

1）确定主诉：胃脘胀痛，厌食5天。

胃脘胀痛提示：①病位可能在胃。②厌食可能与食滞有关。

胃脘胀痛，厌食提示：①病变性质可能为实证。②其疾病可能为内科病的胃痛。

2）判定病位：①疾病表现部位在胃脘。②表现的生理异常与胃的功能有关：确定病位在胃。

3）辨别病性：①厌食、胀痛：食滞。②嗳腐口臭，夜寐不安：食滞。③胃脘胀痛，拒按：实证。由此，确定病性为食滞证。

4）分析舌脉：舌淡红，脉细沉主病在里；苔厚腻，脉滑为食积之象。

（2）辨证结论：食滞胃脘证。

案例六 沈某，男，32岁。患者3天前因感冒出现尿频、尿急、排尿灼热疼痛，伴发热，腰痛，小便短赤，自服“诺氟沙星胶囊”，症状无明显好转，今前来求中医诊治。现症见：食欲不振，大便秘结，舌质红，苔黄腻，脉濡数。

（1）分步分析

1）确定主诉：尿频、尿急、尿痛3天。

尿频、尿急、尿痛提示：①病位可能在膀胱。②疼痛性质为灼痛，可能与热有关。

尿频、尿急、排尿灼热疼痛提示：①病变性质可能为实证、热证。②其疾病可能为内科病的淋证。

2）判定病位：①疾病表现为小便异常：膀胱部位。②表现的生理异常与膀胱气化功能有关：确定病位在膀胱。

3）辨别病性：①发热、排尿灼痛、尿黄：热。②尿频、尿急、尿痛，腰痛，小便短赤，大便秘结：确定病性为实热证。

4）分析舌脉：舌质红，苔黄腻，脉濡数，为湿热内蕴之征。

（2）辨证结论：膀胱湿热证。

案例七 林某，男，45岁。患者平时常在小餐馆就餐，曾有多次食后腹泻史，一般自服“黄连素”、“氟哌酸”后缓解，一直未予重视。前天在外饮酒就餐后于半夜出现腹痛，起夜大便3次，自服“黄连素”、“氟哌酸”后仍未缓解，昨日腹泻10余次，并伴见发热，大便赤白黏冻，里急后重，便后腹痛不减，舌质红，苔黄腻，脉滑数。

（1）分步分析

1）确定主诉：腹泻腹痛3天，大便赤白黏冻，里急后重两天。

腹泻腹痛提示病位可能在大肠。

大便赤白黏冻，里急后重，便后腹痛不减提示：①病变性质为实证。②其疾病可能为痢疾。

2）判定病位：①疾病表现为腹痛，大便赤白黏冻，里急后重：大肠。②表现的生理异常与大肠传导功能有关：确定病位在大肠。

3）辨别病性：①患者起病急，病程短：实证。②发热，大便赤白黏黏冻，里急后重，便后腹痛不减：湿热。③腹痛，大便赤白黏冻，里急后重，便后腹痛不减：确定病性为湿热证。

4）分析舌脉：舌红，苔黄腻，脉滑数，为湿热内蕴之象。

（2）辨证结论：肠道湿热证。

案例八　吴某，男，32岁。患者素体虚弱，3天前出现呃逆，胃脘部不适，得热则减，遇寒加重，不思饮食，伴有畏寒肢冷，乏力，大便不调。舌淡苔白润，脉迟缓。

（1）分步分析

1）确定主诉：呃逆，得热则减3天。

呃逆提示病位可能在胃。

得热则减，遇寒加重提示：①病变性质可能为寒证。②其疾病可能为内科病的呃逆。

2）判定病位：①疾病表现部位在胃脘。②表现的生理异常与胃的功能失常有关：确定病位在胃。

3）辨别病性：①呃逆，胃脘部不适，得热则减，遇寒加重：寒。②畏寒肢冷，乏力，大便不调：虚、寒。③呃逆，畏寒肢冷，乏力：确定病性为虚寒证。

4）分析舌脉：舌淡苔白润，脉迟缓，为虚寒之象。

（2）辨证结论：胃虚寒证（胃阳虚证）。

案例九　王某，男，65岁。患者3年前出现便秘，干结难出，数日一行，经口服番泻叶、果导片等药，可暂时缓解，但停药后又出现便秘，并伴有口干口渴，渴欲饮水，食欲不佳，食后腹胀，时有腹痛，舌红少津，有裂纹，脉细涩。

（1）分步分析

1）确定主诉：便秘伴口干舌燥3年。

便秘提示病位可能在大肠。

便秘，口干舌燥提示：①病变性质可能为热证。②可能与正虚有关。③其疾病可能为内科病的便秘。

2）判定病位：①疾病表现部位在大肠。②表现的生理异常与大肠传导功能有关：确定病位在大肠。

3）辨别病性：①便秘反复出现未愈：虚证。②食欲不佳，食后腹胀，时有腹痛：虚证。③口干舌燥：津亏。④便秘，口干舌燥：确定病性为津亏证。

4）分析舌脉：舌红少津，有裂纹，脉细涩，为阴津亏损之征。

（2）辨证结论：大肠津亏证。

案例十　张某，男，42岁。患者素体强壮，时值盛夏，昨日纳凉，恣嗜冷饮，夜半即感胃脘疼痛不适，今晨疼痛加剧，得温则减，恶寒肢冷，口淡不渴，苔白而腻，脉弦紧。

（1）分步分析

1）确定主诉：胃脘剧痛伴恶寒肢冷1天。

胃脘剧痛提示病位可能在胃。

胃痛，恶寒肢冷提示：①病变性质可能为寒证。②可能与邪盛有关。③其疾病可能为内科病的胃痛。

2）判定病位：①疾病表现部位在胃脘。②表现的生理异常与胃的功能失常有关：确定病位在胃。

3）辨别病性：①胃脘痛剧，得温则减：寒证。②恶寒肢冷，口淡不渴：寒证。③发病急，病程短：实证。④胃脘剧痛伴恶寒肢冷：确定病性为实寒证。

4）分析舌脉：苔白而腻，脉弦紧，为阴寒内盛之象。

（2）辨证结论：胃寒证（寒滞胃证）。

（3）鉴别诊断：胃实寒证应与胃肠气滞证相鉴别：①胃实寒证又称寒滞胃肠证。多因过食生冷，或脘腹受冷，寒邪凝滞于胃肠，致胃肠气机阻滞。起因虽属外寒，但直中于里，属里实寒证，突出的是寒象。以胃脘或脘腹部冷痛，痛势急剧为主要特征。辨证时注意冷痛，剧痛，遇寒加重，得温则解，恶寒肢冷等特点。②胃肠气滞证多因情志不遂，外邪侵袭停滞，病理产物停滞，致胃肠气机阻滞。主要表现为脘腹胀痛走窜，嗳气、肠鸣、矢气等。与食滞胃肠精神一致，以气滞为特征。气滞的特征为胀痛并见，有走窜性，嗳气、肠鸣、矢气后则痛减等。

七、脏腑兼病辨证实训

脏腑兼病系两个或两个以上脏腑病证并见。辨析时除应注意参照前述脏腑单一病证抓住定位和定性的表现特征外，还要根据脏腑之间的生理、病理关系，认识到其兼病并非脏腑单一证的简单相加。定位时，应考虑至少须有两个脏腑常见症状指征，定性时，则又宜根据两脏虚损或受邪的具体情况，以断气血阴阳之虚，或定其实之归属。

（一）与脏腑兼病有关的定位表现

脏腑兼病证候的定位指征应该兼及所有受病的脏腑部位。所以，在进行脏腑兼病辨证时，首先应熟知脏腑单一证的定位症状特点（如肺病主症最为稳定，不外“咳、喘、痰”；肝病最杂，主症不一；心病主症心悸怔忡或心痛；脾病不离“食、腹、便”；肾病主以腰膝酸痛或性机能障碍等）。其次，还要注意脏腑兼病时，由于病变之间的相互影响，导致疾病的错综复杂，一些证型中某一脏腑定位的表现不如单一证辨析时那样典型（如辨析脏腑兼病阳虚证时，心肾阳虚证中肾病定位突出“小便”异常；脾肾阳虚证中脾病定位突出“大便”改变）。

具体说来，以临床常见的两个脏腑兼病证候为例：心肾不交证以心烦失眠为特征性主症，同时兼具惊悸健忘，腰膝酸软，头晕梦遗等心肾两脏定位表现；心肾阳虚证中心病定位以心悸怔忡为特异，而肾病定位若见腰膝酸软则明，若不典型时，则突出小便不利（与肢体浮肿相伴）；心肺气虚证突出心悸，咳喘咳痰，胸闷；心脾两虚证主以心悸怔忡，失眠多梦健忘，食少腹胀便溏；心肝血虚证则以心悸怔忡，失眠多梦健忘与目、筋、爪失濡症状并见作为定位指征；脾肺气虚证以脾肺两脏常见之定位表现食少腹胀便溏，咳喘痰稀为特征；肺肾气虚证病发于虚喘，以呼多吸少，动则尤甚为特征；肺肾阴虚证患者干咳痰少，腰膝酸软，成年男性可见遗精；肝火犯肺证以胸胁灼痛，咳嗽阵作，痰黄黏稠为特征；肝胆湿热证则以胁肋胀痛或肝经所过（前阴）病变为特征表现；肝胃不和证以胁脘部不适以及胃失和降表现为特征；肝郁脾虚证以胸胁部症状和脾病常见的食少腹胀，便溏不爽为定位表现；肝肾阴虚证以胁、目表现为肝病定位，以腰膝酸软，遗精等为肾病定位指征；脾肾阳虚证脾病定位注重大便异常（久泄久痢、五更泻、完谷不化），肾病定位突出腰膝部的冷痛。

（二）与脏腑兼病有关的定性表现

在常见脏腑兼证中，虚实均见。虚之类别，不外气、血、阴、阳四类（注意鉴别共性与一般规律)。

1. 气虚类兼证　多有心肺气虚证、脾肺气虚证、肺肾气虚证，其定性常因各脏生理功能及功能特性不同而使气虚的表现有所侧重。值得注意的是，作为脏腑兼病的气虚证候，反映脏腑机能低下的表现比单一脏腑气虚证更重，甚至呈现明显的“水象”。与此同时，由于脏腑病变之间的相互影响，两脏关系失调后的症状益显（如心肺气虚证可以出现心血、肺气失调引发的“瘀象”)。

2. 血虚类兼证　由于脏腑单一证的血虚多有心血虚证和肝血虚证，所以，兼证血虚一般只及心肝血虚证。认识该证，除注意把握肝病在定位时的难度外，定性时，要抓住血虚证突出“色泽”改变这一主线（血虚濡养失职而见面、唇、舌、爪失去华泽)。

3. 阴虚类兼证　则有肺肾阴虚证、肝肾阴虚证以及心肾不交证，作为脏病阴虚证，三证定性时均突出以一般多表现为“全身性热象”为著（五心烦热，潮热，颧红盗汗，舌红少津或少苔，脉细数)，症状较之单一脏腑阴虚证尤为典型。

4. 阳虚类兼证　多见心肾阳虚证和脾肾阳虚证，二者定性表现则具备不离脏腑阳虚证的所有典型特征，即症状不外“寒象、瘀象、水象”。尤其是心肾阳虚证，三组表现均很突出，“寒象”可有畏寒肢厥；“瘀象”则见唇甲舌淡暗青紫；“水象”则有肢体浮肿等。而脾肾阳虚证，由于脾肾两脏是关乎水液代谢的主要脏腑，因此，其表现突出“寒象”（畏寒肢冷）和“水象”（全身浮肿)，无“瘀象”。

脏腑兼证属实者，相兼的证之间多具备因果关系，如肝火犯肺证、肝胃不和证、肝脾不调证等。定性时，应参照邪气的性质和致病特点把握其症状表现规律。

（三）脏腑兼病的一般规律

脏腑之间在生理上存在着的相互为用的关系，决定着它们在病理上可以相互影响。脏腑兼的规律也反映着脏腑在生理状态下的密切关系失调。如脏与腑的兼证，多发生在具有表里关系的脏腑之间；脏与脏之间的兼证又多表现在其生克关系失常，具体通过其功能失调和影响体内的基本物质（气血津液）代谢反映出来。

（四）脏腑兼病辨证简表（表11－8、表11－9）

表11－8　　脏腑兼病虚损类证候

类别	证型	病机	辨证要点	临床表现	舌象	脉象	治法	代表方剂
气虚类	心肺气虚证	心肺两脏功能减退	心悸、咳喘与气虚表现共见	心悸，咳喘，痰稀，胸闷。气短声低懒言，神疲乏力，自汗，动则尤甚，面色淡白	舌淡或淡紫，苔白	弱或结、代	补益心肺	正元饮
	脾肺气虚证	脾肺两脏功能减退	咳喘痰稀、食少腹胀便溏与气虚表现共见	咳嗽气喘，痰稀，食少腹胀便溏，气短声低懒言，神疲乏力，面浮肢肿，面色无华	舌淡苔白	弱	健脾益肺	六君子汤
	肺肾气虚证	肺肾气虚，气失摄纳而不归根	久病咳喘、呼多吸少、动则尤甚与气虚表现共见	咳喘无力，呼多吸少，动则尤甚。气短声低乏力，腰膝酸软，尿随咳出，耳鸣	淡紫	弱	益肺补肾纳气	人参蛤蚧散

（续表）

类别	证型	病机	辨证要点	临床表现	舌象	脉象	治法	代表方剂
血虚类	心肝血虚证	心肝血虚，机体失于濡养	心悸健忘、视物模糊、肢麻爪枯与血虚表现共见	心悸，失眠多梦健忘；视物模糊，肢麻震颤，爪甲不荣。眩晕，面色无华，或月经量少色淡，甚则闭经	淡白	细	调养心肝，补血益气	四物汤
阴虚类	肺肾阴虚证	肺肾阴虚，机体失濡，虚热内扰	干咳少痰、腰酸遗精与阴虚表现共见	干咳少痰，或痰中带血，声音嘶哑；腰膝酸软，遗精或经少。体瘦咽干，五心烦热，潮热颧红盗汗	舌红少苔	细数	滋补肺肾，养阴清热	百合固金汤
	肝肾阴虚证	肝肾阴虚，机体失濡，虚热内扰	胁痛腰酸，眩晕耳鸣，遗精与阴虚见症共见	胁痛腰酸，眩晕耳鸣，失眠多梦，遗精或经少，五心烦热，颧红盗汗	舌红少苔	细数	滋补肝肾	杞菊地黄丸
	心肾不交证	心肾阴亏，阳气偏亢，水火既济失调	心烦失眠，腰酸耳鸣遗精与虚热表现共见	心烦，腰膝酸软，头晕耳鸣，失眠健忘，梦遗，口燥咽干，五心烦热，潮热盗汗	舌红少苔	细数	滋阴降火，交通心肾	交泰丸，黄连阿胶汤
阳虚类	心肾阳虚证	心肾阳气虚衰，形体失于温煦	心悸，尿少肢肿与虚寒征象共见	心悸怔忡，小便不利。畏寒肢冷，肢体浮肿，唇甲舌暗淡青紫	苔白滑	弱	温补心肾	真武汤
	脾肾阳虚证	脾肾阳虚，虚寒内生	腰腹冷痛，久泄久痢，水肿与虚寒之象共见	腰膝及下腹冷痛，久泻久痢，五更泻，完谷不化，畏寒肢冷，或身肿尿少，面色白	舌淡胖苔白滑	沉迟无力	温补脾肾	桂附理中丸、寄生肾气丸
气血虚损类	心脾两虚证	心血不足，脾气亏虚	心悸，食少腹胀便溏，神疲眩晕	心悸怔忡，多梦健忘；食少腹胀便溏，神疲乏力，眩晕，或见紫斑，或月经量少或多，色淡	淡嫩	弱	补益心脾	归脾汤

表 11-9　**脏腑兼病实性证候**

证型	病机	辨证要点	临床表现	舌象	脉象	治法	代表方剂
肝火犯肺证	木火刑金，肺宣降失司	胸胁灼痛，急躁易怒，呛咳痰黄，及里实热证	胸胁灼痛，急躁易怒，咳嗽阵作，痰黄稠，甚则咯血。头胀头晕，面红目赤，口干口苦	舌红，苔薄黄	弦数	泻肝清肺	泻白散合黛蛤散
肝胆湿热证	湿热蕴结，肝胆疏泄功能失常	胁肋胀痛，身目发黄，或睾丸肿痛，阴器肿痛、瘙痒，带下黄臭	胁肋胀痛，身目发黄。腹胀纳呆，厌食油腻，泛恶欲吐，大便不调，或寒热往来。阴器肿痛，瘙痒，湿疹，带下黄臭	舌淡，苔黄腻	弦滑数	清利肝胆湿热	茵陈蒿汤或龙胆泻肝汤
肝胃不和证	肝失疏泄，胃失和降	脘胁胀痛，情志抑郁，嗳气吞酸	胃脘连胁肋胀痛，情志抑郁，善太息，呃逆嗳气，吞酸嘈杂	舌淡红，苔薄黄	弦	疏肝健胃	柴胡疏肝散
肝脾不调证	肝失疏泄，脾失健运	胁胀腹痛，便溏，情志抑郁	胸胁胀痛，善太息，情志抑郁，或易怒，食少腹胀便溏不爽，或腹痛欲泻，泻后痛减，或溏结不调	苔白	弦或缓	健脾疏肝	逍遥散

（五）案例分析

案例一 张某，男，31岁，干部。时感腰膝酸软，心烦失眠年余，近半月加剧。伴见健忘、头晕、耳鸣，诸症入夜和午后明显，饮食、二便尚可，西医诊为“神经衰弱”，既往无其他病。舌质嫩红，苔少，脉象细数。

（1）分步分析

1）确定主诉：腰膝酸软，心烦失眠年余，近半月加剧。

腰膝酸软多提示病位在肾，且多系虚证；心烦失眠健忘则多属心神被扰的表现。

2）判定病位：①腰膝酸软：肾病常见症状（腰为肾之府，肾主骨）；头晕耳鸣：多为肾病虚证表现（头为精明之府，脑居颅内，肾主骨生髓）。②心烦失眠健忘：说明病在心（心神被扰或失濡）。③饮食、二便尚可：说明病未及脾。

3）辨别病性：①酸软无力：多为虚证表现。②嫩舌：主虚之舌形变化。③舌红少苔，脉细数：阴虚阳亢之典型舌脉（舌红少苔，脉细数是阴虚类证典型的舌脉特征，但不拘于阴虚。为脏腑阴虚证和津液不足证共有表现）。

4）分析舌脉（反映兼证的特点）：①少苔，脉细：阴液亏虚，苔无以生，脉无以充。②舌红，脉数：阴虚阳亢之象。

（2）辨证结论：心肾不交证。

案例二 张某，女，30岁。自幼劳苦，生活条件亦差，患心脏病已近10年，未曾适当治疗。最近1个月出现浮肿，尤以下肢为甚，气短心慌，小便不利，舌润而白腻，脉沉迟（《施今墨临床经验集》）。

（1）分步分析

1）确定主诉：心悸10年，加重伴浮肿尿少1个月。

心悸提示病位可能在心；浮肿尿少提示病位可能与肾有关。

2）判定病位：①心脏病史近10年：病发于心。②心慌气短：心病特异表现。③浮肿尿少：病延及肾，水液失制。

3）辨别病性：①下肢肿甚：阴水之征。多系阳虚而不制水。②脉沉迟：里寒之征。

本证表现虽无明显寒象，但根据病史和病程演化特点，当属心病及肾，肾不制水，水气凌心。故当属阳虚无疑。

4）分析舌脉：①舌润苔白腻：阳虚水泛之象。②脉沉迟：沉以主里，迟脉为寒。

（2）辨证结论：心肾阳虚证。

案例三 乔某，女，47岁，2004年12月19日初诊。患咳喘8年，近半年来时感心中悸动，天气转冷即发，咳嗽几无宁日，稍动即喘，心跳不安，气短无力，精神倦怠。经检查，确诊为“肺源性心脏病”。舌质淡紫，苔白，脉沉细，偶有结脉。

（1）分步分析

1）确定主诉：咳喘乏力8年，伴心悸半年。

咳嗽气喘，提示病位在肺；乏力多属虚证；心中悸动不安，表明又兼心病。

2）判定病位：①咳喘：肺病主症。②心悸不安：特异性表现。

3）辨别病性：①考虑病程8年：久病多虚。②气短无力，精神倦怠：气虚，宗气斡旋不利，形体失充。③动则气喘：劳则耗气。

4）分析舌脉：①舌淡紫，苔白：心肺气虚，血行不畅。②脉沉细，或脉结：气虚无力鼓脉，或脉气不相接续。

（2）辨证结论：心肺气虚证。

案例四 郭某，女，43岁，教员。患者经常失眠已有3年，虽常服用西药镇静剂，但效果欠佳。近半月来心悸，失眠逐渐加重，甚至彻夜难眠，多梦，食纳乏味，食后腹胀，周身乏力，精神倦怠，面色无华，语言低弱，舌质淡，苔薄白，脉细弱(《中医诊断学》案例版)。

（1）分步分析

1）确定主诉：失眠3年，心悸，神疲半月。

心悸失眠属心病本脏及心神病变表现；神疲提示病为虚性。

2）判定病位：①心悸失眠多梦：病在心本脏和心神。②纳差腹胀：脾病常见表现。

3）辨别病性：①神疲乏力，精神倦怠，语声低弱：气虚。②面色无华：血虚。

4）分析舌脉：①舌淡苔白：气血不足，舌体失充。②脉细弱：气虚无力鼓脉，血虚无以充盈。

（2）辨证结论：心脾两虚证。

案例五 宋某，女，52岁，2006年11月2日就诊。两年来一直睡眠不佳，近20天来通宵失眠。精神疲倦，口干，头晕，性情急躁，遇忧伤事则欲哭，舌质淡，苔薄白，脉细弦。

（1）分步分析

1）确定主诉：失眠两年，加重20天。

失眠属心神病变，多由血虚、阴虚或痰火扰动，使心神不安。

2）判定病位：①失眠：病在心神。②性情急躁，遇事欲哭：肝性失和（肝喜条达，恶抑郁）。

3）辨别病性：①精神疲倦：血不养神。②头晕：血虚头窍失濡。③口干：阴血亏虚，不能上滋。

4）分析舌脉：①舌淡苔薄白：血液亏虚，舌体失充。②脉细弦：肝血亏虚，脉道无以充盈。

（2）辨证结论：心肝血虚证。

案例六 江某，男，32岁，干部。1978年3月8日初诊，因“急性大叶性肺炎”住院。经用西药治疗半月，肺炎好转，发热已退。患者仍咳嗽吐白痰，脘腹胀满，食欲不振，大便稀，小便少，颜面浮肿，肢体倦怠乏力。舌质淡胖，苔薄白滑，脉象虚缓。

（1）分步分析

1）确定主诉：咳吐白痰半月。

咳嗽吐白痰，系肺气不宣，津液不布，聚为痰浊。

2）判定病位：①咳嗽吐痰：病位在肺。②脘腹胀满，食欲不振，大便稀：脾运失健。

3）辨别病性：①小便少，颜面浮肿：气虚，无力运化水液，通调水道。②肢体倦怠乏力：气虚形体失充。

4）分析舌脉：①舌淡胖苔薄白滑：脾肺气虚，血不上充，津液内停。②脉虚缓：气虚之象。

（2）辨证结论：脾肺气虚证。

案例七　于某，男，82 岁，退休干部。1979 年 11 月 5 日就诊。患者年老体弱，已逾八旬，素有慢性咳喘病史，动则气喘，遇寒尤甚。检查：精神尚可，面色微黄，体瘦目陷，动则气喘，自觉胸中发憋，短气不续，出多入少。下肢浮肿，嗜睡，能吃流食，脉弦细而迟，舌淡苔白(《虚证论》)。

（1）分步分析

1）确定主诉：咳嗽气喘，呼多吸少，动则尤甚。

素患咳喘，应考虑虚证（久病多虚）；咳嗽气喘，呼多吸少，当考虑肺肾两脏之变。

2）判定病位：①咳嗽气喘：病位关乎肺肾。②短气不续，出多入少：肾不纳气。

3）辨别病性：①慢性病史，动则气喘：气虚。②面黄，体瘦目陷：气虚形体失充。③下肢浮肿：肾虚，水液蒸腾失职。④嗜睡：气虚不能温养心神(《内经》云："阳气者，精则养神。")。

4）分析舌脉：①舌淡苔白：肺肾气虚，舌体失充。②脉弦细缓：肺肾两虚，肾不纳气。

（2）辨证结论：肺肾气虚证。

案例八　赵某，女，41 岁。2006 年 3 月 6 日初诊。两个月前曾因"发热、头痛"在某医院输注"先锋霉素"，用药后热势好转，但热退后开始出现干咳，偶有少量黏痰，难以咳出。腰酸腿软，手足心热，咽干口燥，大便秘结，舌红少苔，脉细数。

（1）分步分析

1）确定主诉：干咳少痰近两个月。

干咳，痰黏难咳，应考虑阴虚肺燥。

2）判定病位：①咳嗽、咳痰：病位在肺。②腰酸腿软：病位在肾。

3）辨别病性：①手足心热：阴虚内热。②咽干口燥，大便秘结：阴虚失濡。

4）分析舌脉：①舌红少苔：肺肾阴虚，苔无以生，虚热内扰。②脉象细数：肺肾阴虚，脉道失充，虚热扰动。

（2）辨证结论：肺肾阴虚证。

案例九　朱某，女，23 岁，工人。2006 年 9 月 26 日就诊。阵发性呛咳 20 余天。患者平素性情抑郁，20 天前因无意中丢失心爱物品出现咳逆阵作，咳时面赤，常感痰滞咽喉，咳之难出，量少质黏，胸胁胀痛，口干口苦，咽干，苔薄少津，脉象弦数。某医院诊断为"慢性咽炎"，经口服"阿莫西林"、"复方甘草片"等治疗，仍无好转。

（1）分步分析

1）确定主诉：阵发性咳嗽 20 余天，痰黏难咳。

咳嗽，痰黏难咳，多因肺气失宣。

2）判定病位：①呛咳、咳痰：病位在肺。②胸胁胀痛，口苦：责之于肝。

3）辨别病性：①咳时面赤：主热。②咽干口燥：实热伤津。

4）分析舌脉：①苔薄少津：火热在肝，津液受损。②脉象弦数：肝经火热。

（2）辨证结论：肝火犯肺证。

案例十 楚某，女，46岁，药厂职工。半年前开始出现胁痛、纳差、口苦，近半月来加重。半年前无明显诱因，常感胁肋胀闷或痛，纳呆，口苦，恶心，脘腹胀，不耐劳累，尿黄，大便稀软，排出不爽，近半月来诸症加重。望其面色灰垢，并有黄黑褐色素沉着。B超检查示“肝弥漫性病变、胆囊炎”。谷丙转氨酶：83U/L，谷草转氨酶：74U/L，谷氨酸转移酶：95U/L，总胆红素：41μmol/L，间接胆红素：114.9μmol/L，甘油三酯：2.81mmol/L；乙肝五项：HBsAg（+），HBeAg（+），抗-HBc（+）。苔黄厚腻，舌质暗红，脉弦滑数。

（1）分步分析

1）确定主诉：胁痛、纳差、口苦半年，近半月加重。

胁痛为肝病常见症状，因肝居右胁，其经循胁；纳差提示脾运失健。

2）判定病位：①胁痛口苦：在肝胆。②纳差、恶心，脘腹胀：肝胆疏泄失职，病及中焦脾胃。③不耐劳累：人之耐力与肝的功能有关（肝为罢极之本）。

3）辨别病性：①尿黄，大便细软，排出不爽：湿热内蕴，下注膀胱，蕴结肠道，传导失常。②面色灰垢：湿性重浊。

4）分析舌脉：①舌质暗红，苔黄厚腻：湿热蕴郁。②脉象弦滑数：肝胆湿热。

（2）辨证结论：肝胆湿热证。

案例十一 高某，女，25岁，教师。2007年7月21日初诊。胃脘连两胁窜痛半年，近1个月加重。半年前因生气引起两侧胁肋走窜疼痛，连及胃脘。近又遇怒，胃脘及两胁胀满疼痛，食后嘈杂、嗳气，食欲尚好，二便正常，舌边红，苔白厚稍腻，脉象左弦右缓。

（1）分步分析

1）确定主诉：胃脘连两胁窜痛半年，近1个月加重。

胃脘疼痛提示病变在胃腑，不通则痛；胁肋窜痛提示病及于肝，疏泄失常。

2）判定病位：①胃脘疼痛：病在胃腑，胃居脘部。②胁肋疼痛：肝胆气机瘀滞，不通则痛。③嘈杂、嗳气：肝胃失和，胃气上逆。④食欲尚好，二便正常：说明病未及脾，运化功能正常。

3）辨别病性：①生气、遇怒引起胁痛、脘痛并加重：气滞常见之因。②疼痛走窜：气滞疼痛之性。

4）分析舌脉：①舌边红，苔白厚稍腻：肝胃不和，浊气上泛。②脉象左弦右缓：肝气郁滞，胃气失和。

（2）辨证结论：肝胃不和证。

案例十二 胡某，男，58岁，干部。腹痛溏泻反复发作，胸胁胀满不适3年。患者近3年来便溏，腹痛，且情志抑郁，每逢不遂心愿之事则急躁易怒，腹痛溏泻加剧，泻后痛减，每叹息之后则舒畅，纳差，舌淡红，苔白润，脉弦（《中医诊断学》案例版）。

（1）分步分析

1）确定主诉：腹痛溏泻反复发作，胸胁胀满不适3年。

腹痛便溏提示脾气滞阻，运化失健；胸胁胀满提示肝失疏泄，气机不畅。

2）判定病位：①腹痛：病在脾脏，运化失常。②胸胁胀满不适：病位在肝。

3）辨别病性：①情志抑郁，急躁易怒，叹息：肝性失于调和。②纳差：肝失疏泄，影响及脾，运化失健。③溏泻：脾气失健，水湿下趋肠道。

4）分析舌脉：①舌淡红，苔白润：实性证候，气血未伤。②脉弦：肝气郁滞之象。

（2）辨证结论：肝脾不调证。

（3）鉴别诊断：肝脾不调证与肝胃不和证的鉴别诊断：①相同点：二证病位均在肝，均有肝失疏泄的病机变化，临床表现均见胸胁胀闷疼痛，精神抑郁，善太息，或急躁易怒，苔白，脉弦等。②不同点：肝脾不调证的病机特点为肝病及脾，脾失健运，除上述表现外，尚见腹痛便溏，或腹痛欲泻，泻后痛减等症状；肝胃不和证的病机特点为肝失疏泄，横逆及胃，胃失和降，其表现除上述见症外，还包括脘腹胀闷疼痛、呕恶、嗳气、呃逆、嘈杂等。

案例十三　姜某，男，39岁，干部，1997年8月5日初诊。近两年来时感头晕，眼花，伴见失眠健忘，腰腿酸软，行走超过300m就感困难，胁肋隐隐作痛，手足心热。西医诊断为“神经衰弱”，经长期治疗无效，既往无其他病。舌质红苔少，脉象弦细。

（1）分步分析

1）确定主诉：头晕眼花两年。

头晕一症，多责之于肝火上炎，或肝阳上亢，或痰湿阻滞，或气血亏虚，或肾虚精亏等。但反复发作，病历3年，且伴眼花，多责之肝肾二脏，属虚证。

2）判定病位：①头晕、失眠多梦，腰腿酸软：病位在肾，脑髓失充，腰腿失养。②眼花、胁肋隐隐作痛：病位在肝。③行走超过300m就感困难：肢体运动能量的来源与肝有关（肝为罢极之本）。

3）辨别病性：手足心热提示阴虚内热，循经内扰。

4）分析舌脉：①舌红，苔少：阴虚有热。②脉弦细：肝肾阴虚。

（2）辨证结论：肝肾阴虚证。

（3）鉴别诊断：肝肾阴虚证与肝阳上亢证的鉴别诊断：①相同点：二证均有肝肾阴液亏损的病机和表现，出现眩晕、耳鸣、腰膝酸软等症状。②不同点：肝肾阴虚证的病机为肝肾阴虚，虚热内扰，症状可见五心烦热，或潮热，颧红盗汗，舌红少苔，脉细数等虚象，病属虚证；肝阳上亢证的病机为肝肾阴虚，阳失阴制，亢阳上扰，除阴亏失濡的表现外，更突出头目胀痛，面红目赤，急躁易怒等阳热盛实症状，属于本虚标实证。

案例十四　宋某，男，45岁，干部，2005年11月25日初诊。腹泻3年余，至今未愈。现腹泻日五六次，稀水样，无脓血，泻前腹痛，泻后即止，早起必泻1次，有时来不及到厕所即泻，伴有腹胀吐清水，食欲不振，腰部酸冷，诸症遇冷加剧，得温则缓。舌淡苔白，脉沉缓。

（1）分步分析

1）确定主诉：腹泻3年余。

腹泻病久，应考虑属虚之因，以脏腑而言，可因脾肾阳虚。究属何因，尚需具体分析兼证。

2）判定病位：①腹泻腹胀，食欲不振：病位在脾，系运化失健之象。②泻在五更，腰部酸冷：病位在肾。

3）辨别病性：①腰冷：多属肾病虚证，阳虚内寒，肾府失温。②诸症遇冷加剧，得温则缓：里寒之象。③便无脓血：说明非属肠道湿热。

4）分析舌脉：①舌淡苔白：阳虚不温，舌体失养。②脉象沉缓：里虚寒象。

（2）辨证结论：脾肾阳虚证。

第十二章 其他辨证方法简介

中医学的辨证方法除了上面章节讲到的之外，尚有六经辨证、卫气营血辨证、三焦辨证、经络辨证等四种。前三种辨证方法主要适用于对外感病进行辨证，经络辨证在针灸、按摩等科应用较多。

【实训目的与要求】

1. 熟悉六经辨证、卫气营血辨证、三焦辨证、经络辨证的概念、基本方法、运用范围及意义、基本要求与辨证思维、操作规范与流程等基本知识。
2. 了解太阳病证、阳明病证、少阳病证、太阴病证、少阴病证、厥阴病证的传变关系。
3. 了解卫分证、气分证、营分证、血分证的传变关系。
4. 了解上焦病证、中焦病证、下焦病证的传变关系。
5. 了解六经、卫气营血、三焦病证的现代研究进展。

【实训内容与方法】

1. 主要为六经辨证，卫气营血辨证，三焦辨证和经络辨证的基本内容。使学生能够较全面地掌握基本内容，具备较熟练运用于临床的基础理论知识。
2. 通过案例分析举例使学生掌握综合运用辨证方法处理临床实际问题，提高综合运用能力。通过实训练习使学生进一步巩固基础理论知识，查缺补漏，培养处理临床实际问题的能力。

第一节 六经辨证

一、六经辨证概要

六经辨证是《伤寒论》辨证论治的纲领，由东汉·张仲景在《素问·热论》的基础上，根据伤寒病的证候特点和传变规律而总结出来的一种辨证方法。

六经辨证就是以太阳、阳明、少阳、太阴、少阴和厥阴六经所系经络、脏腑的生理为基础，将外感病过程中所出现的各种证候归纳为太阳病证、阳明病证、少阳病证、太阴病证、少阴病证和厥阴病证等六类证候，用来阐述外感病不同阶段的病理特点，并指导临床治疗。

六经辨证主要运用于外感病中，有时也可用于内伤杂病。它贯穿着八纲辨证的精神，将外感病的演变情况，根据证候的属性，以阴阳为总纲分为两大类证，即太阳病证、阳明病证和少阳病证，合称为三阳病证；太阴病证、少阴病证和厥阴病证，合称为三阴病证。凡正盛邪实，抗病力强，病势亢奋，表现为热、为实的，多属三阳病证；凡正气虚衰，病邪未除，抗病力衰减，表现为寒、为虚的，多属于三阴病证。

六经病证的临床表现均以经络、脏腑病变为其病理基础，其中三阳病证以六腑的病变为基础，三阴病证以五脏的病变为基础。所以六经辨证的应用，不限于外感时病，也可用于内伤杂病。但由于其重点在于分析外感风寒所引起的病理变化及传变规律，因而对内伤杂病的辨证不具有广泛性，不能等同于脏腑辨证。

二、六经辨证实训案例

（一）六经病证的定位症状

1. 太阳病证

（1）太阳经证：①太阳中风证：病位在太阳经，症状表现为恶风，汗出等。②太阳伤寒证：病位在太阳经，症状表现为恶寒，头项强痛，身体疼痛，无汗等。

（2）太阳腑证：①太阳蓄水证：病位在太阳经和太阳腑，症状表现为恶寒，小便不利，小腹满等。②太阳蓄血证：病位在太阳腑，症状表现为少腹急结，小便自利等。

2. 阳明病证

（1）阳明经证：病位在阳明经，症状表现为大热，大汗，大渴等。

（2）阳明腑证：病位在阳明腑，症状表现为腹胀满痛，拒按，便秘等。

3. 少阳病证 病位在少阳胆，即半表半里，症状表现为寒热往来，胸胁苦满等。

4. 太阴病证 病位在脾胃，症状表现为腹满而痛，不欲食，腹泻等。

5. 少阴病证

（1）少阴寒化证：病位在心肾，症状表现为畏寒肢凉，下利清谷等。

（2）少阴热化证：病位在心肾，症状表现为心烦不寐，口燥咽干等。

6. 厥阴病证 病位在厥阴肝，症状表现为气上撞心，心中疼热，饥不欲食等。

（二）与六经病证有关的定性表现

1. 太阳病证

（1）虚证：是太阳中风证，病性为风寒，以风为主，症状表现为恶风，汗出。

（2）实证：主要涉及太阳伤寒证、太阳蓄水证、太阳蓄血证，其中太阳伤寒证病性为风寒，以寒为主，症状表现为恶寒，无汗，头身痛；太阳蓄水证病性为表寒、水停、里热，症状表现除发热，恶寒等表寒症状外，还有小便不利，小腹满，口渴，或水入即吐等水停症状；太阳蓄血证病性为实热、血瘀，症状表现为少腹急结，小便自利，大便色黑如漆。

2. 阳明病证 阳明经证病性为实热，症状表现为身大热，不恶寒反恶热，大汗，大渴，心烦，躁扰，面赤，气粗；阳明腑证病性亦为实热，症状表现为日晡潮热，手足汗出，大便秘结，甚则神昏谵语，狂躁不得眠。

3. 少阳病证 病性为实热，症状表现为口苦，咽干，寒热往来，心烦欲呕。

4. 太阴病证 病性为虚寒，症状表现为腹满而吐，大便泄泻，口不渴，时腹自痛，四肢欠温。

5. 少阴病证　少阴寒化证病性为虚寒，症状表现为无热恶寒，但欲寐，四肢厥冷，下利清谷，呕不能食，或食入即吐，或身热反不恶寒，甚至面赤；少阴热化证病性为虚热，症状表现为心烦不得眠，口燥咽干。

6. 厥阴病证　厥阴病证为虚实错杂证，病性为阴阳对峙，寒热错杂，症状表现为消渴，气上撞心，心中疼热，饥而不欲食，食则吐蛔。

（三）与六经病证有关的舌脉表现

1. 太阳病证　舌象表现除太阳蓄血证为舌质紫暗外，其余的舌象均为苔白。脉象表现除太阳蓄血证为沉涩或沉结外，其他都表现为脉浮，其中太阳中风证为浮缓，太阳伤寒证为浮紧，太阳蓄水证为浮或浮数。

2. 阳明病证　阳明经证与阳明腑证舌象表现均为苔黄而燥，但后者苔厚干，或起芒刺，甚至苔焦黑燥裂。阳明经证脉象表现为洪大，阳明腑证脉象表现为沉实或滑数。

3. 少阳病证　舌象表现为苔薄白。脉象表现为弦。

4. 太阴病证　舌象表现为苔白滑。脉象表现为沉缓或弱。

5. 少阴病证　少阴寒化舌象表现为苔白滑，少阴热化舌象表现为舌尖红。少阴寒化脉象表现为微细，少阴热化脉象表现为细数。

6. 厥阴病证　病证复杂，变化多端，舌象和脉象表现多样。

（四）六经病证的传变

六经病证是脏腑、经络病变的反映，而脏腑、经络之间又是相互联系不可分割的整体，因此，六经病证可以相互传变，从而表现为传经、直中、合病、并病等。

1. 传经　病邪自外侵入，逐渐向里发展，由某一经病证转变为另一经病证，称为“传经”。其中若按伤寒六经的顺序相传者，即太阳病证→阳明病证→少阳病证→太阴病证→少阴病证→厥阴病证，称为“循经传”；若是隔一经或两经以上相传者，称为“越经传”；若是相互表里的两经相传者，称为“表里传”，如太阳病传少阴病等。

2. 直中　伤寒病初起不从三阳经传入，而病邪直入三阴者，称为“直中”。

3. 合病　伤寒病不经过传变，两经或三经同时出现的病证，称为“合病”。如太阳阳明合病、太阳太阴合病等。

4. 并病　伤寒病凡一经病证未罢，又见他经病证者，称为“并病”，如太阳少阴并病，太阴少阴并病。

（五）六经证治（表12－1）

表 12-1　六经证治简表

证型			病机	辨证要点	临床表现	舌象	脉象	治法	代表方剂
太阳病证	太阳经证	太阳中风证	营弱卫强	恶风、汗出、脉浮缓	发热，恶风，汗出或见鼻鸣，干呕	苔白	脉浮缓	调和营卫，解肌发表	桂枝汤
		太阳伤寒证	营涩卫郁	恶寒，无汗，头身痛，脉浮紧	恶寒，发热，头项强痛，身体疼痛无汗，或见气喘	苔薄白	脉浮紧	发汗解表，宣肺平喘	麻黄汤
	太阳腑证	太阳蓄水证	水停下焦，气化不利	以太阳经证与小便不利、小腹满并见为要点	发热恶寒，小便不利，小腹满，口渴，或水入即吐	苔白	脉浮或浮数	利水渗湿，温阳化气	五苓散
		太阳蓄血证	邪热与血互结下焦	以少腹急结，小便自利，大便色黑为要点	少腹急结或硬满，小便自利，如狂或发狂，善忘，大便色黑如漆	舌质紫暗	脉沉涩或沉结	破血下瘀	桃核承气汤
阳明病证	阳明经证		阳明里热炽盛	大热、大汗、大渴、脉洪大为要点	身大热，不恶寒，反恶热，汗大出，大渴喜饮，心烦躁扰，面赤，气粗	苔黄燥	脉洪大	清热生津	白虎汤
	阳明腑证		实热积滞内结，肠胃热盛伤津	潮热汗出、腹满痛、便秘、脉沉实为要点	日晡潮热，手足汗出，肌腹胀满疼痛，拒按，大便秘结，甚则神昏谵语，狂躁不得眠	舌苔黄厚干燥，或起芒刺，甚至苔焦黑燥裂	脉沉实或滑数	峻下热结	大承气汤
少阳病证			邪陷半表半里	寒热往来、胸胁苦满为要点	口苦，咽干，目眩，寒热往来，胸胁苦满，默默不欲饮食，心烦欲呕	舌苔薄白	脉弦	和解少阳	小柴胡汤
太阴病证			脾阳亏虚，寒湿内困	腹满时痛、腹泻等虚寒表现为要点	腹满而吐，食不下，大便泄泻，口不渴，时腹自痛，四肢欠温	舌苔白滑	脉沉缓或弱	温中祛寒，补气健脾	理中汤
少阴病证	少阴寒化证		阳气虚衰，阴寒内盛	畏寒肢厥、下利清谷、脉微细为要点	无热恶寒，但欲寐，四肢厥冷，下利清谷，呕不能食，或食入即吐，或身热反不恶寒，甚至面赤	舌苔白滑	脉微细	回阳救逆	四逆汤
	少阴热化证		寒证从阳化热，阴液亏虚	心烦不得眠，以及阴虚证候为要点	心烦不得眠，口燥咽干	舌尖红	脉细数	滋阴泻火	黄连阿胶汤
厥阴病证			阴尽阳生，寒热错杂	消渴、烦热、饥不欲食、吐蛔为要点	消渴，气上撞心，心中疼热，饥而不欲食，食则吐蛔	病证复杂，变化多端，表现多样	复杂多变	温凉兼施，安蛔	乌梅丸

（六）案例分析

案例一　赵某，男，39岁。患者于昨夜发热，体温39℃，今晨来诊仍发热，恶寒，头痛，颈项强直，肢体酸楚而痛，流清涕，欲呕，食减而不渴，脉浮紧，舌苔薄白。

（1）分步分析

1）确定主诉：恶寒发热1天。

恶寒发热提示：①病位可能在太阳经。②病性可能为风寒。

2）判定病位：颈项强直、肢体酸楚而痛：邪在太阳经。由此可确定病位在太阳经。

3）辨别病性：①颈项强直、肢体酸楚而痛：病性为风寒。②流清涕，欲呕，食减而不渴：病性为寒证。由此，确定病性为风寒。

目前考虑本证以太阳伤寒证为主。

4）分析舌脉：①舌苔薄白：薄苔主病邪表浅，白苔主表证、寒证。②脉浮紧：脉浮主表证，脉紧主寒证。

（2）辨证结论：太阳伤寒证。

案例二　李某，女，57岁。1992年3月12日来诊。自述感冒数天，发热，喘咳，闷气，汗出，自服西药及中成药若干，喘咳发热不减。其汗出恶风甚，不敢在室内走动，动则恶风，舌白脉急促，喘咳无痰，咽无红肿痛，二便无热象。

（1）分步分析

1）确定主诉：汗出恶风甚，伴喘咳数天。

汗出恶风甚提示：①病位可能在太阳经。②病性可能为风寒，以风为主。

喘咳提示：①病位可能在肺。②病性可能为气逆。

2）判定病位：①动则恶风，发热：表证，可确定病位在太阳经。②喘咳无痰：可确定病位在肺。

3）辨别病性：①动则恶风，汗出，发热：确定病性为风寒，以风为主。②闷气：确定病性为气逆。

目前考虑本证以太阳中风证兼肺气逆证为主。

4）分析舌脉：②舌白：主寒。②脉急促：气逆。

（2）辨证结论：太阳中风证兼肺气逆证。

案例三　于某，女，32岁。患者因月经来潮突然中止，初起发热恶寒，继则寒热往来，傍晚发热更甚，并自言乱语，天亮时出汗，汗后热退，又复恶寒。口苦，咽干，目眩，胸胁苦满，心烦喜呕，不欲饮食，神倦，9天不大便，舌苔白，脉弦数。

（1）分步分析

1）确定主诉：寒热往来，胸胁苦满，大便不通。

寒热往来，胸胁苦满提示：①病位可能在少阳胆。②病性可能为实热。

大便不通提示：①病位可能在阳明腑。②病性可能为里实。

2）判定病位：①口苦、咽干、目眩：少阳胆。②心烦喜呕，不欲饮食：确定病位在少阳胆。③9天不大便：确定病位在阳明腑。

3）辨别病性：①口苦、咽干、目眩：少阳相火郁而为热。②傍晚发热更甚，并自言乱语，天亮时出汗，汗后热退：为潮热。确定病性为实热。③神倦：为气虚。确定病性为正气虚。

目前考虑本证以少阳兼阳明腑实证为主。

4）分析舌脉：①舌苔白：主热证。②脉弦数：弦主少阳经气郁，数主气郁化热。

（2）辨证结论：少阳兼阳明腑实证、正气虚。

案例四 蔡某，男，31岁。患者于3天前不慎受凉，发热，汗出，头项强痛，同时出现腹满时痛，下利2～4次，身困纳呆，小便通畅，舌苔薄白而润，脉不沉而浮。

（1）分步分析

1）确定主诉：发热汗出，腹满时痛3天。

发热汗出提示：①病位可能在太阳经。②病性可能为风寒。

腹满时痛提示：①病位可能在太阴脾。②病性可能为虚寒。

2）判定病位：①头项强痛：太阳经。②下利，身困纳呆，小便通畅：太阴脾。由此确定病位在太阳经、太阴脾。

3）辨别病性：①头项强痛：风寒。②下利，身困纳呆：虚寒。确定病性为风寒、虚寒。

目前考虑本证以太阳太阴病证同病为主。

4）分析舌脉：①舌苔薄白而润：主寒证。②脉不沉而浮：主表证。

（2）辨证结论：太阳太阴病证同病。

案例五 冯某，女，60岁。于1994年2月24日上午出现尿血，色暗红，全程无痛性血尿，少腹急结，小便自利等。在某医院门诊接受西药治疗4天，无好转，遂以“尿血待查”住院治疗。经各项辅助检查和查体，诊断为“重症过敏性紫癜”，用抗过敏、止血、激素等药物治疗，两天后病情仍未控制，尿血继续，遂请中医会诊。望其两颧显露暗紫色血络，唇色暗红，下唇有紫黑色瘀点两个，两手腕部发青，肌肉注射处肿胀，色紫暗，疼痛拒按，按之硬，舌苔黄厚，舌质暗红，舌下有暗紫色颗粒十余枚，脉数。

（1）分步分析

1）确定主诉：少腹急结，小便自利6天。

少腹急结，小便自利提示：①病位可能在太阳腑。②病性可能为血瘀、实热。

2）判定病位：尿血，色暗红提示病位在太阳腑。

3）辨别病性：两颧显露暗紫色血络，唇色暗红，下唇有紫黑色瘀点两个，两手腕部发青，肌肉注射处肿胀，色紫暗，疼痛拒按，按之硬提示为血瘀、实热。由此确定病性为血瘀、实热。

目前考虑本证以太阳腑证（蓄血证）为主。

4）分析舌脉：①舌质暗红，苔黄厚，舌下有暗紫色颗粒：主瘀热。②脉数：主热证。

（2）辨证结论：太阳腑证（蓄血证）。

第二节　卫气营血辨证

一、卫气营血辨证概要

卫气营血辨证，是清代叶天士在《外感温热病篇》中所创立的一种适用于外感温热病的辨证方法。卫气营血辨证将外感温热病发展过程中，不同病理阶段所反映的证候，分为卫分证、气分证、营分证、血分证四类，用以说明病位的浅深、病情的轻重和传变规律，并指导临床治疗。卫分证代表温邪犯表，导致卫气功能失常而引起的证候类型，属表证。气分证代表邪热入里，影响人体生理功能所产生的证候类型，属里证。营分证代表热邪深入，劫灼营阴，内扰心神所产生的证候类型，属里证。血分证代表热邪深入，而耗血动血所产生的证候类型。

二、卫气营血辨证实训案例

（一）卫气营血病证的定位症状

1. 卫分证　病位在卫分阶段，即在肌表，症状表现为微恶风寒，头痛，全身不适，口微渴等。

2. 气分证　病位在气分阶段，即在肺、胸膈、胃肠、胆等，症状表现为，若邪热恋肺，则咳喘，胸痛，咳痰黄稠；若热扰胸膈，则心烦懊侬，坐卧不安；若热结肠道，则日晡潮热，腹胀痛拒按；上扰心神，则时有谵语，狂乱；邪热迫津，则热结旁流；若热郁胆经，则口苦；经气不利，则胁痛；扰心则烦；胆热犯胃，则干呕。

3. 营分证　病位在营分阶段，即在心（包），症状表现为身热夜甚，心烦不寐，甚或神昏谵语，斑疹隐隐。

4. 血分证　病位在血分阶段，即在心、肝、肾，主要表现为热盛动血、热盛动风、热盛伤阴三大类型。症状表现为，热盛动血，则身热夜甚，躁扰不宁，甚或神昏谵语，出血，斑疹紫黑；热盛动风，则高热，神昏，抽搐，痉厥，颈项强直，角弓反张，目睛上吊等；热盛伤阴，肝肾阴虚，阴虚风动，则筋挛肉瞤，手足蠕动；阴虚内热，则持续低热，暮热早凉，五心烦热，神疲欲寐，耳聋，形瘦等。

（二）与卫气营血病证有关的定性表现

1. 卫分证　病性为表热，症状表现为发热，微恶风寒，头痛无汗或少汗。

2. 气分证　病性为里实热，症状表现为壮热不恶寒，反恶热，面赤气粗，汗多，渴甚，尿赤。

3. 营分证　病性为里实热，症状表现为身热夜甚，口干反不甚渴饮，心烦不寐，时有谵语，斑疹隐隐。

4. 血分证　主要表现为热盛动血、热盛动风、热盛伤阴三大类型。其中热盛动血的病性为里实热，症状表现为身热夜甚，躁扰不宁，甚或神昏谵语，出血，斑疹紫黑。热盛动风的病性为里实热，症状表现为高热，神昏等。热盛伤阴的病性为虚热，症状表现为持续低热，暮热早凉，五心烦热，神疲欲寐，形瘦等。

（三）与卫气营血病证有关的舌脉表现

1. 卫分证 舌象表现为舌尖边红；脉象表现为浮数。

2. 气分证 舌象表现为舌红苔黄；脉象表现为数有力。

3. 营分证 舌象表现为舌质红绛；脉象表现为细数。

4. 血分证 舌象表现为舌质红绛；脉象表现为数。

（四）卫气营血证的传变

温热病的整个发展过程实际上就是卫气营血证的传变过程。卫气营血证的传变，一般有顺传和逆传两种形式。

1. 顺传 指病变多从卫分开始，依次传入气分、营分、血分。它体现了病邪由表入里，由浅入深，病情由轻而重，由实致虚的传变过程，反映了温热病发展演变的一般规律。

2. 逆传 指邪入卫分后，不经过气分阶段而直接深入营分、血分。实际上“逆传”只是顺传规律中的一种特殊类型，病情更加急剧、重笃。

此外，由于病邪和机体反应的特殊性，温病的传变也有不按上述规律传变者。如发病之初无卫分证，而径见气分证或营分证；卫分证未罢，又兼气分证，而致“卫气同病”；气分证尚存，又出现营分证或血分证，称“气营两燔”或“气血两燔”。

（五）卫气营血证治（表12－2）

表12－2　　卫气营血证治简表

证型	病机	辨证要点	临床表现	舌象	脉象	治法	代表方剂
卫	温邪袭表，肺卫失宣	发热，微恶风寒，口微渴，脉浮数	发热，微恶风寒，头痛无汗或少汗，咳嗽，口微渴	舌尖边红	脉浮数	辛凉清解	银翘散
气	邪正剧争，里热伤津	壮热不恶寒，渴甚，尿赤，苔黄	壮热不恶寒，反恶热，面赤气粗，汗多，渴甚，尿赤	舌红苔黄	脉数有力	清泄里热，生津止渴	白虎汤
营	热劫营阴，心神被扰	身热夜甚，心烦，时有谵语，舌质红绛，脉细数	身热夜甚，口干反不甚渴饮，心烦不寐，时有谵语，斑疹隐隐	舌质红绛	脉细数	清营泄热	清营汤
血	热毒炽盛，动血耗血	斑疹，急性多部位、多窍道出血，舌质红绛	身热，躁扰不安，神昏谵妄，吐血，便血，尿血，斑疹显露	舌质红绛	脉数	清热解毒，凉血散血	犀角地黄汤

（六）案例分析

案例一 赵某，女，21岁。1995年3月4日就诊。发热3天，汗出不解，头痛恶风，轻微咳嗽，口微渴，舌苔微黄，脉浮数。

（1）分步分析

1）确定主诉：恶风发热3天。

恶风发热提示：①病位可能在肌表。②性质可能为风热。

2）判定病位：①头痛恶风：邪在肌表。②轻微咳嗽：确定病位在肺卫。

3）辨别病性：①发热恶风：风热。②轻微咳嗽：气逆。③口微渴：津伤不重。由此确定病性为风热。

目前考虑本证以卫分证（风热侵卫，肺失宣畅）为主。

4）分析舌脉：①舌苔微黄：黄表示热证，微黄说明病邪入里尚浅。②脉浮数：浮表示病邪在表，数表示热证。

（2）辨证结论：卫分证。

案例二　朱某，男，37 岁，1989 年 5 月 5 日初诊。患者于两天前无明显诱因，出现恶寒甚，继则高热（40℃），伴有头痛身骨痛，面红目赤，在当地卫生所用药治疗未见好转。现高热仍未减退，颜面胸部潮红，可见散在红疹，鼻衄，咳嗽并咳痰带血丝，口干引饮，汗多烦躁，头痛身骨痛甚，纳呆，大便干结，小便黄短，舌红，苔黄厚腻，脉弦滑数。

（1）分步分析

1）确定主诉：高热、汗多，散在红疹、鼻衄两天。

高热、汗多提示：①病位可能在气分。②性质可能为实热。

散在红疹、鼻衄提示：①病位可能在营（血）分。②性质可能为血热。

2）判定病位：①口干引饮，大便干结，小便黄短：邪在气分。②颜面胸部潮红，咳嗽并咳痰带血丝：邪在营（血）。由此确定病位在气营（血）。

3）辨别病性：①口干引饮，烦躁，大便干结，小便黄短：为实热。②颜面胸部潮红、咳嗽、咳痰并带血丝：为血热。③头痛身骨痛甚，纳呆：热毒夹湿。由此，确定病性为热毒夹湿、血热。

目前考虑本证以气营（血）两燔为主。

4）分析舌脉：①舌红，苔黄厚腻：热毒夹湿。②脉弦滑数：火热内蕴。

（2）辨证结论：气营（血）两燔证。

案例三　郑某，女，26 岁，于 12 月 13 日就诊。诉发热，头面焮赤肿痛 7 天。现症见憎寒壮热，心烦口渴。查体：体温 39℃，颌下淋巴结肿大，压痛，头面焮赤，咽红肿胀，疼痛，两肺呼吸音粗，无干湿啰音。化验：白细胞 $12.8\times10^9/L$，中性粒细胞 0.88。舌红，苔黄，脉数。

（1）分步分析

1）确定主诉：壮热，头面焮赤肿痛 7 天。

壮热，头面焮赤肿痛提示：①病位可能在气分。②性质可能为热毒。

2）判定病位：憎寒壮热，咽痛提示病位在气分（肺胃）。

3）辨别病性：①憎寒壮热：为热毒。②心烦口渴：为热毒津伤。由此，确定病性为热毒。

目前考虑本证以气分证（毒蕴肺胃）为主。

4）分析舌脉：①舌红，苔黄：主里实热。②脉数：主热证。

（2）辨证结论：气分证（毒蕴肺胃）。

案例四　林某，女，40 岁，2002 年 3 月 1 日就诊。患者于 5 天前因劳累自觉发热，周身酸楚，体温 39℃，曾服感冒药和消炎药而未见好转，故来我院就诊。症见：身热不退，口苦而渴，伴心烦，时有恶心，胸胁满闷不舒，不思饮食，小便短赤，舌红苔黄，脉弦数。肝胆B超及肝功未见异常。

（1）分步分析

1）确定主诉：发热口苦，胸胁不舒5天。

发热口苦，胸胁不舒提示：①病位可能在气分（胆腑）。②性质可能为实热。

2）判定病位：①身热不退：为气分。②时有恶心，不思饮食：为胆犯胃。由此确定病位在气分（胆腑）。

3）辨别病性：①身热不退：为实热。②口苦，心烦：为热火上炎。③口渴，小便短赤：为实热伤阴。确定病性为实热。

目前考虑本证以气分证（热郁胆腑）为主。

4）分析舌脉：①舌红苔黄：主里实热。②脉弦数：主胆热。

（2）辨证结论：气分证（热郁胆腑）。

案例五 俞某，女，4岁。发热两天不退，最高达39℃，曾服多种退热药无效，今早突然烦躁不安，继则神志不清，时有谵语，四肢抽搐，舌绛苔焦，脉弦数。查体：体温38.5℃，胸腹及四肢可见少量散在出血点。

（1）分步分析

1）确定主诉：发热，神志不清两天。

发热，神志不清提示：①病位可能在血分（心）。②性质可能为实热。

2）判定病位：①烦躁不安，时有谵语：在血分（心）。②胸腹及四肢可见少量散在出血点：血分（心）。③四肢抽搐：在血分（肝）。由此确定病位在血分。

3）辨别病性：①烦躁不安，时有谵语：为实热。②胸腹及四肢可见少量散在出血点：为血热。③四肢抽搐：为动风。由此确定病性为实热、血热、动风。目前考虑本证以血分证（热盛动血、动风）为主。

4）分析舌脉：①舌绛苔焦：主热盛而阴液大伤。②脉弦数：主里实热。

（2）辨证结论：血分证（热盛动血、动风）。

第三节　三焦辨证

一、三焦辨证概要

三焦辨证，是清代吴鞠通在《温病条辨》中对外感温热病进行辨证归纳的一种方法。

三焦辨证是依据《内经》关于三焦所属部位的概念，在《伤寒论》六经辨证及叶天士卫气营血辨证的基础上，将外感温热病的证候归纳为上焦病证、中焦病证、下焦病证，用以阐明三焦所属脏腑在温热病发展过程中不同阶段的病理变化、证候表现及其传变规律。

上焦病证包括肺与心（心包）的病变，以发热汗出，咳嗽气喘，或谵语神昏等为主要表现。温热初犯人体，可出现肺卫同时受邪，也可局限于肺脏受邪。肺经之邪不解，严重时可逆传心包。中焦病证包括阳明胃肠与太阴脾的病变，温邪自上焦传入中焦，脾胃二经受病，若邪从燥化，表现为阳明燥热证；若邪从湿化，则成为太阴湿热证。下焦病证包括肝、肾、膀胱、大肠、小肠的病变，温热病邪深入下焦，而见肝肾阴虚证；湿热病邪，留阻下焦，而见膀胱气化不利，或大肠传导失司，或小肠泌别失职的病证。

二、三焦辨证实训案例

（一）三焦病证的定位症状

1. 上焦病证

（1）温热病：病位在肺卫和心包，症状表现分别为微恶寒，咳嗽，咳喘和谵语神昏或昏愦不语，肢厥。

（2）湿热病：病位在肌表和心包，症状表现为恶寒少汗和神识昏蒙，时有谵语。

2. 中焦病证

（1）温热病：病位在阳明经和阳明腑，症状表现分别为壮热，烦渴引饮，汗多和大便不通，腹胀满痛拒按，按之硬；热结旁流。

（2）湿热病：病位在脾，症状表现为脘痞腹胀，便溏色黄。

3. 下焦病证

（1）温热病：病位在肝和肾，症状表现分别为手足蠕动，口角颤动，两目上视或斜视，筋惕肉瞤，时时欲脱和齿黑，形瘦，神倦耳聋。

（2）湿热病：病位在大肠和小肠、膀胱，症状表现分别为少腹硬满，大便不通，呕恶和小便不利，或滴沥不畅，或癃闭不通，常伴小腹胀痛或刺痛，腰骶酸疼。

（二）与三焦病证有关的定性表现

1. 上焦病证

（1）温热病：病性为表热和里实热，症状表现分别为发热微恶寒，汗出和身热，但热不寒，口渴，高热，大汗。

（2）湿热病：病性为表热和里实热，症状表现分别为恶寒少汗，身热不扬，头痛如裹，身重肢倦和身热不退，朝轻暮重，神识昏蒙，时有谵语。

2. 中焦病证

（1）温热病：病性为里实热，症状表现为壮热面赤，烦渴引饮，汗多，恶热和潮热谵语；热结旁流；里热实证之热厥、痉病或发狂。

（2）湿热病：病性为里实热，症状表现为发热汗出不解，口渴不欲多饮，身热不扬，心中烦闷，便溏色黄，小便短赤。

3. 下焦病证

（1）温热病：病性为虚热和动风，症状表现为身热不甚，日久不退，午后面部潮红颧赤，手足心热甚于手足背，口干齿黑咽燥，形消神倦，唇裂和手足蠕动，口角颤动，两目上视或斜视，筋惕肉瞤，时时欲脱。

（2）湿热病：病性为里实热，症状表现为身热不扬，热蒸头胀，小便不利，或滴沥不畅，或癃闭不通，常伴小腹胀痛或刺痛，腰骶酸疼。

（三）与三焦病证有关的舌脉表现

1. 上焦病证

（1）温热病：①邪袭肺卫，肺气失宣，舌象表现为舌边尖红，脉象表现为浮数或两寸独大。②邪热壅肺，肺气闭郁，舌象表现为苔黄舌质红绛，脉象表现为数。③热陷心包，心窍闭阻，舌象表现为舌謇舌质红绛，脉象表现为细数。

（2）湿热病：①湿遏卫气，舌象表现为苔白腻，脉象表现为濡缓。②湿热酿痰，蒙蔽心窍，舌象表现为苔厚腻，脉象表现为濡滑而数。

2. 中焦病证

（1）温热病：①胃经热炽，熏蒸于外，舌象表现为苔黄燥，脉象表现为洪而有力或滑数。②热结肠道，腹气不通，舌象表现为苔黄黑而燥或舌边干燥，脉象表现为沉或滑而实。

（2）湿热病：湿热困脾，气机郁阻，舌象表现为苔黄腻，脉象表现为濡数。

3. 下焦病证

（1）温热病：①肾阴耗损，阴虚阳亢，舌象表现为舌质绛干，脉象表现为虚软或结代。②肝失所养，虚风内动，舌象表现为舌干绛而萎，少苔或无苔，脉象表现为虚弱或细促。

（2）湿热病：①湿阻大肠，传导失司，舌象表现为苔厚腻，脉象表现为濡。②湿阻膀胱和小肠，气化不利或泌别失职，舌象表现为苔白腻，脉象表现为濡。

（四）三焦病证的传变

三焦病证多由上焦手太阴肺经开始，传入中焦，进而传入下焦，称为“顺传”，标志着病情由浅入深，由轻到重的病理进程。若病邪从肺卫而传入心包者，称为“逆传”，说明邪热炽盛，病情重笃。故《温病条辨》中说：“温病由口鼻而入，鼻气通与肺，口气通与胃。肺病逆传则为心包。上焦病不治，则传中焦，胃与脾也。中焦病不治，即传下焦，肝与肾也。始上焦，终下焦。”

三焦病证自上而下的传变是一般的规律。临床有邪犯上焦，经治而愈，并不传变者；亦有上焦病证未罢而又见中焦病证者，或自上焦而径传下焦者；亦有中焦病证未除而又出现下焦病证者，或起病即见下焦病证者；还有两焦病证错杂互见和病邪弥漫三焦者。因此对三焦病势的判断应根据临床资料，进行全面、综合地分析。

（五）三焦证治（表12－3）

（六）案例分析

案例一 赵某，女，24岁。于2002年6月28日不明原因发热，遂收住医院治疗。多项辅助检查均无异常，经用抗生素、抗病毒、激素治疗及支持补液1周，仍持续高热，遂请中医会诊。症见患者高热，微恶寒，咳嗽，咽不爽，头重身困，汗出不畅，胸闷脘痞，口淡口苦，不思饮食，面色萎黄，舌淡暗，苔黄腻，脉濡数。

表 12－3　　三焦证治简表

证型		病机	辨证要点	临床表现	舌象	脉象	治法	代表方剂
上焦	温热病	邪袭肺卫，肺气失宣	发热微恶寒，咳嗽口微渴，脉浮数	发热微恶寒，头痛，汗出，咳嗽口微渴	舌边尖红	脉浮数或两寸独大	辛凉透表，宣肺泄热	银翘散
		邪热壅肺，肺气闭郁	身热，咳喘，口渴，苔黄	身热，但热不寒，咳喘，口渴	苔黄，舌质红绛	脉数	清热宣肺，平喘	麻杏石甘汤
		热陷心包，心窍闭阻	昏谵，肢厥，舌绛	高热，大汗，谵语神昏或昏愦不语，肢厥	舌謇，舌质红绛	脉细数	清心凉营，泄热开窍	清宫汤
	湿热病	湿遏卫气	身热不扬，头痛恶寒，胸闷脘痞，苔白腻	恶寒少汗，身热不扬，头痛如裹，身重肢倦，胸闷脘痞，面色淡黄，口不渴	苔白腻	脉濡缓	芳香宣化，表里双解	藿朴夏苓汤合三仁汤
		湿热酿痰，蒙蔽心窍	神识昏蒙，苔厚腻	身热不退，朝轻暮重，神识昏蒙，时有谵语	苔厚腻	脉濡滑而数	清热化湿，豁痰开窍	菖蒲郁金汤合苏合香丸
中焦	温热病	胃经热炽，熏蒸于外	壮热，汗多，渴甚，苔黄燥，脉洪有力	壮热面赤，烦渴引饮，汗多，恶热	苔黄燥	脉洪有力或滑数	清热生津	白虎汤
		热结肠道，腑气不通	潮热便秘，腹胀满痛拒按，苔黄黑而燥，脉沉实	大便不通，频转矢气，脘腹痞满，潮热谵语，腹胀满痛拒按，按之硬；热结旁流；里热实证之热厥、痉病或发狂	苔黄黑而燥或舌边干燥	脉沉或滑而实	峻下热结	大承气汤
	湿热病	湿热困脾，气机郁阻	身热不扬，脘痞腹胀，苔腻，脉濡	发热汗出不解，口渴不欲多饮，身热不扬，脘痞腹胀，心中烦闷，便溏色黄，小便短赤	苔黄腻	脉濡数	清化湿热，理气和中	王氏连朴饮
下焦	温热病	肾阴耗损，阴虚阳亢	手足心热甚于手足背，口干咽燥，神倦，脉虚，舌绛干	身热不甚，日久不退，午后面部潮红颧赤，手足心热甚于手足背，口干齿黑咽燥，或心悸，神倦耳聋	舌质绛干	脉虚软或结代	滋补肝肾，润养阴液	加减复脉汤
		肝失所养，虚风内动	手足蠕动，神倦，舌干绛而萎，脉虚弱	手足蠕动，口角颤动，两目上视或斜视，筋惕肉瞤，时时欲脱，形消神倦，齿黑唇裂	舌干绛而萎，少苔或无苔	脉虚弱或细促	滋阴养血，潜阳息风	大定风珠或三甲复脉汤
	湿热病	湿阻大肠，传导失司	大便不通，小腹硬满不痛，苔厚腻	少腹硬满，大便不通，常伴身热不扬，头昏胀如裹，甚则神识昏蒙，脘痞呕恶	舌苔厚腻	脉濡	升清降浊	宣清导浊汤
		湿阻膀胱和小肠气化不利或泌别失职	热蒸头胀，小便不通，神昏，呕逆，苔白腻	热蒸头胀，神昏，呕逆，小便不利，或滴沥不畅，或癃闭不通，常伴身热，小腹胀痛或刺痛，腰骶酸疼	舌苔白腻	脉濡	利尿渗湿	茯苓皮汤

（1）分步分析

1）确定主诉：高热，微恶寒，头重身困 1 周。

高热，微恶寒，头重身困提示：①病位可能在肌表。②性质可能为湿热。

2）判定病位：①微恶寒，汗出不畅，头重身困：邪在肌表。②咳嗽，咽不爽：邪在肺。③胸闷脘痞，口淡口苦，不思饮食，面色萎黄：在脾胃。由上，确定病位主要在肺卫，连及脾胃。

3）辨别病性：①微恶寒，汗出不畅，头重身困：外湿。②胸闷脘痞：湿阻气机。③口淡口苦，不思饮食，面色萎黄：湿热。由上，确定病性为湿热。

目前考虑本证以上焦病证、中焦病证（湿遏卫气，内阻气机，郁久化热）为主。

4）分析舌脉：①舌淡暗，苔黄腻：主湿热。②脉濡数：亦主湿热。

（2）辨证结论：上焦病证（肺卫）、中焦病证（脾胃）。

案例二 孟某，女，54岁。因咳嗽、痰黏带血曾在当地卫生所予抗生素静滴10天，治疗效果不明显。查体：体温37.5℃，两肺呼吸音粗，右肺散在干啰音。胸片示：支气管炎。化验：白细胞 12×10^9/L。患者伴胸胁牵痛，腹部灼热，大便泄泻，舌红，苔薄白干燥，脉数。

（1）分步分析

1）确定主诉：咳嗽，痰黏带血10天。

咳嗽，痰黏带血提示：①病位可能在上焦肺。②性质可能为燥热。

2）判定病位：①胸胁牵痛：上焦。②腹部灼热，大便泄泻：下焦大肠。由此，确定病位在上焦、下焦。

3）辨别病性：①胸胁牵痛：燥热化火。②腹部灼热，大便泄泻：燥热。由此，确定病性为燥热。

目前考虑本证以上焦病证、下焦病证为主。

4）分析舌脉：①舌红，苔薄白干燥：燥热伤津。②脉数：热证。

（2）辨证结论：上焦病证（肺）、下焦病证（大肠）。

案例三 郭某，男，2岁。因发热7天，伴咳嗽气喘，于8月8日入院。患者7天前开始发热，咳嗽，曾在当地医院用青霉素治疗，效果不明显，住入我院。入院时见高热，汗出，咳嗽，咳声低微，伴气喘，口渴引饮，纳差，神疲，四肢欠温，小便黄短，舌淡红，苔薄黄，脉细数无力。

（1）分步分析

1）确定主诉：发热7天，伴咳嗽气喘。

发热，伴咳嗽气喘提示：①病位可能在上焦肺。②性质可能为暑热。

2）判定病位：咳嗽，咳声低微，伴气喘提示病位在上焦肺。

3）辨别病性：①高热，汗出，口渴引饮，小便黄短：暑热。②纳差，神疲，四肢欠温，口渴：气阴两伤。由此确定病性为暑热、气阴两伤。

目前考虑本证以上焦病证（暑热犯肺、气阴两伤）为主。

4）分析舌脉：①舌淡红，苔薄黄：主热象。②脉细数无力：脉数主热象，脉细无力主气阴两伤。

（2）辨证结论：上焦病证（暑热犯肺、气阴两伤）。

案例四 宋某，女，8岁。发热，小便短赤7天，于10月19日就诊。查体：体温38.5℃，两肺无干湿性啰音。血常规：白细胞 12×10^9/L，尿镜检：白细胞（++）。患儿发热夜间尤甚，伴烦躁不安，夜眠差，口干不欲饮，小便短赤热痛，舌绛，脉细数。

（1）分步分析

1）确定主诉：发热夜间尤甚，小便短赤热痛7天。

发热夜间尤甚提示：①病位可能在上焦（心）。②性质可能为里实热。

小便短赤热痛提示：①病位可能在下焦（小肠）。②性质可能为里实热。

2）判定病位：烦躁不安，夜眠差提示病位在上焦。

3）辨别病性：口干不欲饮为营阴受损。确定病性为热入营血。

目前考虑本证以上焦病证、下焦病证为主。

4）分析舌脉：①舌绛：热入营血。②脉细数：邪热入营，营阴劫伤。

（2）辨证结论：上焦病证、下焦病证。

第四节　经络辨证

一、经络辨证概要

经络辨证是以经络学说为理论依据，对患者所反映的症状、体征进行分析综合，以判断病属何经、何脏、何腑，进而确定发病原因、病变性质及其病机的一种辨证方法。

经络辨证是对脏腑辨证的补充和辅助，特别是在针灸、推拿等治疗方法中，更经常运用经络辨证。

经络分布周身，运行全身气血，联络脏腑关节，沟通上下内外，使人体各部相互协调，共同完成各种生理活动。人体患病时，经络又是病邪传递的途径，外邪从皮毛、口鼻侵入人体，首先导致经络之气失调，进而内传脏腑；反之，脏腑发生病变时，同样也可循经络反映于体表，在经络循行部位，特别是经气聚集的腧穴之处，出现各种异常反应，如麻木、胀痛等。这样便可辨别病变所在的经络、脏腑。

二、经络辨证的基本特点

（一）十二经脉病证特点

十二经脉包括手、足三阴经和手、足三阳经。其病证有一定规律可循，可表现为本经经脉循行部位和所属脏腑的病变。掌握其规律和特点有助于推求病变所在的经络及脏腑。

1. 经脉受邪，经气不利，所表现病证多与其循行部位有关。如肝经循行于胁肋、少腹，故《素问·藏气法时论》中说："肝病者，两胁下痛引少腹。"

2. 经络受病可影响脏腑，脏腑病变可反映于经络，常表现为脏腑病候与经脉所属部位的症状相兼。如手太阴肺经病证，可见咳喘气逆，胸满，上臂内侧前缘疼痛等，并常在肺俞、中府等穴出现压痛。

3. 一经受邪，可影响其他经脉，表现为多经合病的症状。如脾经有病可见胃脘疼痛，食后作呕等胃经症状。

（二）奇经八脉病证特点

奇经八脉，即冲、任、督、带、阳维、阴维、阳跷、阴跷八条经脉。其具有联系十二经脉，调节人体阴阳气血的作用。奇经八脉的病证由其所循行的部位和所具有的特殊功能所决定。

1. 督脉总督一身之阳，任脉总任一身之阴，冲脉为十二经之海，三脉皆起于下极而一源三歧，与足阳明胃经、足少阴肾经联系密切。所以，三脉病证常与人的先天、后天真气有关，并常反映生殖功能的异常。如调理冲任可治疗妇女月经不调、不孕、滑胎、流产等；温养督任可治疗生殖机能衰退等。

2. 带脉环绕腰腹，起病常见腰脊绕腹而痛，子宫脱垂，赤白带下。

3. 阳跷为足太阳之别，阴跷为足少阴之别，能使机关矫健。其病多表现为痿痹无力。

4. 阳维脉起于诸阳会，以维系诸阳经；阴维脉起于诸阴交，以维系诸阴经，所以为全身之纲维。阳维脉为病多见寒热；阴维脉为病多见心胸、脘腹、阴中疼痛。

下篇　临床综合运用

第十三章　诊法与辨证的综合运用

病情资料的综合处理是对各种诊法所收集的病史、症状、体征、实验检测结果等病情资料归纳整理，使之条理化，分清主次缓急的过程。

【实训目的与要求】

1. 掌握病情资料的综合处理的操作规范与注意事项。
2. 掌握临床辨证方法综合运用的操作规范及其注意事项。
3. 熟悉临床病情资料的属性归类整理及其综合评估。
4. 熟悉临床常用辨证方法的特点及综合运用的技巧。

【实训内容与方法】

1. 课前布置预习内容，通过以课堂教学为主，配合课堂提问和课堂讨论等形式，使同学们熟悉病情资料综合处理的主要方法和综合运用辨证方法的技巧。

2. 通过相关的临床病例讨论分析，使同学们逐步掌握综合处理临床病情资料的实际能力和根据病情综合运用辨证方法的思维能力。

第一节　病情资料的综合处理

一、基本知识

（一）病情资料的属性分类

病情资料的属性分类是根据其在辨病辨证中的作用、意义和性质而确定的。临证不仅要揭示病证的阳性症状或体征，而且要鉴别病证的阴性症状或体征。病情资料的属性并非一成不变的，而是随着疾病的不同阶段而发生变化（表 13－1）。

（二）病情资料的综合评估

见表 13－2。

二、操作规范与注意事项

1. 以主症为中心的资料综合分析　在诊法过程中，以主症为中心收集病情资料，可使病情资料系统条理、重点突出、主次分明。临床辨证时应以主症为中心开展辨证资料的分析。通过主症的辨析，常可确定病变的主要病位，从而提示诊断的大致方向。

以主症为中心分析辨证资料时，也应注意结合其他症状，即要以多数症状作为辨证依据。因为不同症状是从不同侧面反映证的属性的。如咳嗽、痰稀色白均为风寒犯肺证、寒痰阻肺证、饮停胸胁证的主症，但是若伴有恶寒发热、头身疼痛等症，则可辨为风寒肺证，若伴有气喘、形寒肢凉、脉迟等则可辨为寒痰阻肺证，若伴有咳痰量多呈泡沫状、胸闷、心悸、倚息不能平卧、苔白滑等，则可辨为饮停胸胁证。

表 13－1　　病情资料的属性分类

属性分类	含义	举例	特点
必要性资料	对某些病证诊断是必见的资料	“心胸闷痛”对于心脉痹阻证；“神志失常”对于痰蒙心神证和痰火扰神证	多为某病证的主症，但并非排他性资料
特征性资料	仅见于某病或某证，而不见于其他病或证的资料	“下痢脓血”对于湿热痢疾病；“大便蛔虫”对于肠蛔虫病	临床上但见这类资料，即可诊断为该病证
偶见性资料	在病证中出现率较低，常随个体差异而定的资料	脾虚气陷证或见“低热”（因气虚发热）；湿热蕴脾证或见“皮肤发痒”	诊断价值一般不大，但常可提示病证的转化
一般性资料	既非必要性，又非特异性，仅具有一般性诊断意义的病情资料	“泄泻”，若为“下痢脓血”，为肠道湿热；若为“完谷不化”，则诊断为脾肾阳虚	常可引导出某些有诊断意义的相关资料
否定性资料	对某些病证的诊断具有否定意义的资料，一般多为“阴性资料”	太阳伤寒证患者“无汗”，是鉴别太阳中风证（“汗出”）的否定性资料	对于病证的鉴别诊断有一定的意义

表 13－2　　病情资料的综合评估

评估内容	意义	方法
完整性和系统性	完整、系统的病情资料是正确诊断的依据，而遗漏、简单、杂乱的病情资料是漏诊、误诊的主要原因	对四诊资料中病史、症状、体征及社会、环境、心理因素均应全面系统调查。从四诊合参的原则出发，诸种诊法综合运用，多层次、多角度、多方面收集病情资料。整体察病，系统采集
准确性和客观性	病情资料准确、客观、可靠，增强临床诊断的准确性	正确运用四诊方法 避免主观臆测或暗示诱导 采用症证分级量化或实验检测 慎重取舍“反向资料”和“阴性资料” 准确评价患者反映资料的真实性
一致性程度	分析患者所表现的症状、体征等各种资料所提示的病理意义的同一性程度	分析病情，所主病证一致者，用统一病机解释；所主病证相反者，须当分析病机，探求本质 查找原因，多种病机并存；病情特殊演变；治疗措施影响判断意义，对病情资料的不一致性，运用中医学理论，辨析其内在的因果、主次、先后关系，把握住疾病的本质进行判断分析，作出正确的判断

2．首先考虑常见证和多发证表现　常见证和多发证是临床上经常见到的，所以在分析病情资料作出诊断时首先应考虑常见证和多发证，这种直接的思维方法可以简化对辨证资料分析的复杂性。但是，对疑难杂证、危急重证作临床分析时，也应考虑到少见证和罕见证的可能。临证时，对患者的临床表现尽量以单一证型来概括，便于抓住重点，使治疗有较强的针对性。

3. 兼见症状是辨证分型的重要依据 病证的诊断一般不能根据一二个主症确定，而须综合全部资料，进行综合判断。可对患者已有的症状逐一归类分析，以确定其性质、意义大小如何。如“头痛”一症，则应根据头痛的兼见症状的性质，综合判断头痛的病因和病性。若头痛呈紧痛，兼恶寒、身痛者，为外感风寒；如呈灼痛，伴发热、咽痛者，为外感风热；如呈胀痛，且头晕、目眩者，为肝阳上亢；如为闷痛，兼胸闷、苔腻者，是痰浊上扰；如呈刺痛，有外伤、脉涩者，是瘀阻脑络。

在资料分析过程中，应注意处理反映机体与环境、形体与神气、局部与整体、邪气与正气、疾病与证候等关系的材料；既要重视中医宏观辨证的依据，也不可忽视现代化检测、仪器检查的结果；也应注意反映现象与本质、共性与个性、宏观与微观等资料的辨证关系。

4. 特征性症状常是诊断的关键 某些症状是病证诊断的特征性指标。如咽喉伪膜诊断白喉病；呛咳后有鸡鸣样回声诊断百日咳；口气中散发出烂苹果味诊断为消渴病重证；饥不欲食诊断胃阴虚证等。此外，个别关键症状是病证鉴别诊断的重要依据。如是否“恶寒”鉴别太阳病、阳明病；有无“腹满便秘”鉴别阳明经证、阳明腑证；“尿清长”与“尿短赤”鉴别阴虚火旺证、虚阳浮越证等。

5. 不断修正和补充临床辨证资料 证候有由不典型到典型、由简单到复杂的过程，再因其他因素的干扰，使证候的临床表现出现差异。所以辨证，有一个从表到里、从现象到本质、从感性到理性的认识过程；所提出的初步证名诊断是一种假说，其正确与否还有待于验证，故需不断予以修正和补充完善。

三、案例分析

案例一

曾某，男，5 岁半。2006 年 3 月 16 日就诊。患儿前日起即精神疲乏，不爱活动，昨日始发热，服安乃近半片，服药后嗜睡，发热未退，夜间稍有咳嗽，今早抱来急诊。症见面唇略紫，神疲欲睡，目赤畏光，四肢厥冷，呼吸急促，鼻流清涕，偶有干咳，胸腹灼热烫手，咽喉红肿，左侧第一臼齿对面的颊黏膜处有数颗针尖大小的灰白色小斑点，周围绕以红晕，两肺呼吸音粗糙，大便略稀，小便短少色黄，体温 39.8℃，舌红苔薄黄，脉沉数有力。当地有麻疹流行。

1. 问题

（1）根据病情资料，提出患儿的主诉。

（2）围绕主诉对病情资料进行整理。

（3）对病情资料的准确性进行核实。

（4）本例患者的病情资料是否一致，应如何分析?

2. 分析思路

（1）患儿的表现虽多，但以高热，神疲嗜睡，呼吸急促为主要表现。结合病儿的病史和体检结果，可提出主诉为“高热，神疲嗜睡，呼吸急促两天”。

（2）围绕主诉对病情资料进行整理：①发病季节：时值春季，风邪当令，当地有麻疹流行。②望诊：面唇略紫，神疲欲睡，目赤畏光，呼吸急促，鼻流清涕，咽喉红肿，颊黏膜灰白色小斑点，周围绕以红晕。③闻诊：偶有干咳。④问诊：发热，嗜睡，精神疲乏，咳嗽，大便略稀，小便短少色黄。⑤按诊：四肢厥冷，胸腹灼热烫手。⑥舌诊：舌红苔薄黄。⑦脉诊：脉沉数有力。⑧查体：体温 39.8℃，两肺呼吸音粗糙。

（3）资料的准确性核实：本患者为5岁患儿，加之神疲嗜睡，故其病情资料应以望诊、闻诊、按诊及查体为主要依据。患者虽然未出现明显皮疹，但左侧第一臼齿对面的颊黏膜处有数颗针尖大小的灰白色小斑点，周围绕以红晕，且当地有麻疹流行，应考虑本病为感染麻疹病毒，里热炽盛，麻毒欲透的表现。

（4）资料的一致性分析：患儿神疲嗜睡，面唇紫暗，四肢厥冷，便稀，脉沉，似属寒证，但详察脉症，身热烫手，小便短赤，舌红苔黄，脉虽沉但应指有力而数，是属邪热内盛的证候。由于麻毒内盛，阳气郁闭于里而不得达于肢末，故形成身热肢厥的真热假寒证。

案例二

刘某，女，26岁，农民。2005年10月22日就诊。两年前曾患“急性胃肠炎”，治愈后又多次驱蛔，继而出现纳差、头晕，病情渐重。现自诉头晕眼花，耳鸣，心悸，健忘多梦，疲乏思睡，食少无味，脐腹时作隐痛，便溏，小便清长，夜尿多，有时咳嗽，动则气急，月经期推迟，量少色淡，四肢欠温，身体消瘦，面色萎黄，舌淡苔白，脉细而弱。

1. 问题

（1）根据以上资料，如何确定患者就诊时的病位？

（2）患者的主诉是什么？围绕主诉如何整理患者的病情资料？

（3）根据病情资料，如何确定病性？

2. 分析思路

从病案的症状来看，病情复杂，所涉及的脏腑病位较多，包括脾（食少无味，脐腹隐痛，腹胀便溏）、心（心悸，心慌，健忘多梦）、肝（头晕眼花，月经量少，经期推迟）、肺（咳嗽，动则气急）、肾（小便清长，夜尿多），如何通过缜密的病因、症状等病情资料的综合分析，找出关键所在是十分重要的。

（1）病因分析：患者两年前曾患“急性胃肠炎”，后虽经治愈，但已伤脾气；此后仍未注意顾护胃气，继续多次驱蛔，严重损伤脾气，乃致脾气亏虚。

（2）病情分析：患者脾气亏虚，气血生化无源，运化失职，进而导致全身的气血两虚，影响其他脏腑功能。

（3）症状分析：脾气亏虚则食少无味，脐腹隐痛，腹胀便溏；气血亏虚，故见疲乏思睡，身体消瘦，面色萎黄。脾虚生血无源，心肝失养，故心悸，心慌，健忘多梦及头晕眼花，月经量少，经期推迟。脾气亏虚，土不生金，肾失充养，导致肺肾气虚，故出现咳嗽，动则气急及小便清长，夜尿多等症状。

因此，脾气亏虚是本病的关键，是“病位”所在，主诉可写为“腹部隐痛，便溏，神疲反复发作两年”，而心、肝、肺、肾等脏腑的临床资料可作为“气血两虚”的“病性”的表现。辨证为脾气亏损，气血两虚。治法为健脾和胃，补气益血。方药为参苓白术散合八珍汤。

从本例的病情资料可以看出，脾主运化，供应全身各脏腑的水谷精微，实为人体的

"后天之本"，一切脏腑机能的活动都须得到脾气的充养，故古人曰："饮食致病，多在脾胃，易变生它病。"

第二节　辨证方法的综合运用

一、基本知识

（一）常用的辨证方法

在长期的医疗实践中，中医理论不断发展，对辨证的认识也不断深入，逐渐创立了多种行之有效的辨证方法（表13－3）

表13－3　中医辨证方法的特点及应用

辨证方法	特点	应用
八纲辨证	各种辨证的基本纲领（从表里、寒热、虚实、阴阳反映证的基本特点）	所辨证候为纲领证，适用范围于临床各科疾病辨证
病因辨证	导致证候当前发病原因的辨析（包括六淫、七情、阴阳盛衰证候等）	所辨"病性"证候为基础证，适用于临床各科疾病辨证
气血津液辨证	导致证候当前病理性质的辨析（包括气病、血病、津液病证候等）	
脏腑辨证	以脏腑病位为纲，对疾病进行辨证（包括脏病、腑病、脏腑兼病证候等）	所辨证候为具体证，适用于"内伤杂病"的辨证
经络辨证	以经络病位为纲，对疾病进行辨证（包括十二经脉、奇经八脉病证等）	
六经辨证 卫气营血辨证 三焦辨证	不同阶段、不同层次反映外感病证的演变规律。	所辨证候为具体证，适用于"外感时病"的辨证

（二）辨证方法的综合运用

八类辨证方法各具特点，各有侧重而难以独立运用，应相互补充而不能相互取代，形成了辨证体系的纵横交叉的网络，故临证必须在对各种辨证方法全面了解的基础上，综合起来，灵活运用，才能克服不足。

在辨证的思维中，应根据具体病情的特点选择最为适宜的辨证方法进行辨证。一般可分为三步进行：①运用病因辨证初步分析疾病属外感时病或内伤杂病。②运用八纲辨证初步确认病变之病位、病因、病性。③根据病变类型，选用不同方法进行辨证。若为内伤杂病，则以脏腑辨证为主，结合气血津液辨证、病因辨证开展辨证分析；若为外感时病，则以六经辨证、卫气营血辨证、三焦辨证为主，结合病因辨证、气血津液辨证开展辨证分析，根据所患外感时病中伤寒病、温热病、湿温病的不同，而对三种外感病辨证方法加以选择。

二、操作规范与注意事项

1．掌握证的特点，鉴别证间差异　每一证均有其临床特点，所谓辨证要点是对该证临床表现的高度概括，起到以点带面的作用。因此，掌握证的辨证要点，有利于本证的诊断和鉴别诊断，从而提高辨证的准确性。

2. 分清证的主次，注意主证转化 在复合、兼夹证等复杂证候中，应辨明其起主要作用的证候，即主证。辨主证仍要以主症为中心，通过抓主症而得；也可从病因病机进行比较，分析什么证最能反映其病理本质，且对病情发展起关键作用，那么它就是主证。主证并不是始终不变的，在一定条件下，诸如体质、药物治疗、情志、饮食、调护等，就可以转化。如寒证与热证、虚证与实证之间的转化。

3. 详审证候标本，区分先后次序 辨证之标本、区分证候矛盾双方的主次关系，是辨证的重要内容之一。所谓本，是指发生证的根本，为主要矛盾或矛盾主要方面；所谓标，是指病证表现于外的现象，为次要矛盾或矛盾次要方面。以病因论，引起证发生的病因为本，而临床表现为标；以邪正双方关系来说，正气为本，邪气为标；以证本身而言，原发证、旧证是本，继发证、新证是标。故一切复杂的证候，总不离标与本，透过现象看本质，就可以辨出标本，从而抓住病变的主要矛盾或矛盾主要方面，进而以标本缓急的原则确定治疗。

4. 辨明寒热虚实，识别真假本质 在辨证过程中，典型证候的典型症状较易识别，但在不典型证候的复杂表现中，有些症状互相矛盾，甚至出现假象。最常见的是寒热、虚实真假，即所谓“真寒假热”、“真热假寒”，“大实有羸状”、“至虚有盛候”；还有危急重证濒死的患者出现的“回光返照”的假神等。因此，应注意现象与本质的关系，要辨清孰真孰假，不为假象所迷惑。

三、案例分析

案例一

陈某，男，45 岁，反复口腔溃疡，伴双眼“虹膜睫状体炎”年余，询知患者病前嗜酒，经几家医院确诊为“白塞氏综合征”，曾用激素、维生素，结合中药治疗，疗效欠佳。现症见：双目胀痛，口苦胁胀，视物不清，口腔黏膜及舌面有多处溃疡，上有白腐，阴囊有散在小溃疡，舌质红，苔黄腻，脉滑数。

辨证分析

（1）根据患者以反复口腔溃疡，伴双眼虹膜睫状体炎、阴囊有散在小溃疡为主症，结合《金匮要略》所述之“狐蜮之为病，状如伤寒，默默欲眠，目不得闭，卧起不安，蚀于喉为蜮，蚀于阴为狐，不欲饮食，恶闻食臭，其面乍赤、乍黑、乍白……”，可明确诊断为“狐蜮病”。

（2）根据案中所述发病病位主要在肝经所循行和其络属。《灵枢·经脉》曰：“肝足厥阴之脉。……循股阴，入毛中，过阴器，抵少腹……布胁肋，循喉咙之后……连目系，……其支者，从目系下颊里，环唇内……”，可以根据经络辨证将病位定为在肝。

（3）患者嗜酒，易致湿热内蕴，因此按病因辨证可考虑湿热之邪循经为患。无表证、虚证表现，按八纲辨证当属里证、实证。

（4）结合舌质红，苔黄腻，脉滑数均为湿热内蕴之征象，可以明确诊断为湿热内蕴，循肝之经络为患。

（5）确立证型。辨证结果当为肝经湿热证。

案例二

周某，女，32 岁，起病突然，近 1 个月来，不能入睡，彻夜失眠，每日如此，已连续 1 个月不能合眼入睡，曾在附近医院服用过多种安眠药物及朱砂、酸枣仁粉末多剂，毫无效果。就诊时症见：欲哭外貌，两眼含泪，彻夜失眠，根本不能入睡，头晕目眩，心跳心慌，食欲减退，大小便尚调，发病以来常有悲伤欲哭感，月经既往尚调，此次已过期 20 余日，舌淡润苔薄白，脉沉细无力。

辨证分析

（1）根据患者以“彻夜失眠，根本不能入睡”为主症，当诊断为“不寐”。

（2）根据中医理论，“肝藏魂”、“肝藏血，下注胞宫调节月经”，患者失眠并有月经后期，病位当定位在肝。

（3）根据患者无外感病史及恶寒发热等表证，当定性为内伤杂病，患者为中年女性，既往无虚衰病史，起病突然，可明确为实证，结合月经延迟，既往无月经失调史，当考虑气郁所致，因此可定性为肝气郁滞，属里实证。

（4）根据欲哭外貌，两眼含泪，发病以来常有悲伤欲哭，脉沉细无力，舌淡苔白，按中医理论，肺在志为悲，在声为哭，提示肝病之外，还有肺病，患者病前无肺病体征，喜悲欲哭系发生于失眠之后，因此第四步可明确系肝病及肺（木侮金），导致肺气不足。

（5）确立证型：肝气郁滞，肺气亏虚证。

案例三

赵某，男，15 岁。咳嗽已 1 周，痰由白逐渐转黄，今日畏寒明显，高热、咳嗽加重。来诊时发热，出汗，轻微恶风，咳嗽痰黄，胸闷少食，小便短赤，口渴多饮，查体温 39.7℃，面红，苔薄，脉浮滑数。

辨证分析

（1）病程虽已有 1 周，但根据就诊时仍有恶风、发热、脉浮，说明仍有表证存在。但高热、出汗多、口渴多饮、脉滑数，为里热已炽，气分热盛表现，卫气病证同见，因此可以定性为表里同病。

（2）根据咳嗽、痰由白逐渐转黄等症状，病位当在肺。

（3）确定证型：卫气同病。

第十四章 中医临床诊断方法

【实训目的与要求】

1. 掌握临床鉴别诊断方法的操作规范及其注意事项。

2. 掌握临床避免误诊的操作规范及其注意事项。

3. 熟悉临床中医症状鉴别、证候鉴别和疾病鉴别的诊断方法。

4. 熟悉临床建立诊断标准、加强诊断能力培养、全面收集临床资料和深入分析疾病本质等避免误诊的方法。

【实训内容与方法】

1. 课前布置预习内容，通过以课堂教学为主，配合课堂提问和课堂讨论等形式，使同学们熟悉中医临床鉴别诊断的主要方法和避免临床误诊的方法。

2. 通过相关的临床病例讨论分析，使同学们逐步掌握病证的鉴别诊断和避免误诊的思维方法及培养临床诊断能力。

第一节 临床鉴别诊断方法

一、基本知识

中医临床鉴别诊断方法是根据中医基本理论及病证分类观念所建立起来的鉴别诊断方法，是临床诊断的基本功。只有通过鉴别诊断才能完成对实际病证的有效诊断，普遍提高对多种病证的诊疗水平。中医临床鉴别诊断大致可分为症状鉴别诊断、证候鉴别诊断和疾病鉴别诊断三类。

（一）中医症状鉴别诊断方法

中医症状鉴别诊断通过对具体症象（包括症状与体征）各自表现特点的比较，分析某一症状相关病证类别的诊断方法，亦即对“症状”进行分析，辨别同一症状在不同病证中出现的特点（表 14－1）。

（二）中医证候鉴别诊断方法

中医证候鉴别诊断是从证候分类学的角度综合鉴别疾病当前证候类别的方法。中医证候鉴别诊断涉及很多方面，可从症状、病史、发病个体条件等方面寻找鉴别特点（表 14－2）。

表 14-1　中医症状鉴别诊断方法

分类	定义	运用要点	基本特点
主症鉴别法	根据某一单独主要症状自身的不同表现特点来鉴别该症所涉相关病证的方法	①系统了解各独立症状不同的特征，再充分比较该症状不同特征与病位、病因、病性的不同关系 ②将症状中能鉴别病位、病因、病性的特征综合比较	①立足主症特点，鉴别意义可靠、准确，适用性较广，且不受临床证型的拘束 ②仅限于本主症的特点，鉴别指标有限，技术难度较大。有时单凭该主症则难于作出鉴别 ③有时只能作为类证鉴别，而不能最后诊断具体证候类型
兼症鉴别法	根据主症紧密伴随出现的不同症状特点来鉴别主症所涉相关病证的方法	①选择与主症机制密切相关的兼症作为鉴别要点 ②所选兼症力求精简	①由于不限于主症自身，而可从一切可能有关的兼症中寻找鉴别点，故取材广泛灵活，运用简便快捷 ②可补充主症鉴别之不足，使症状鉴别通过兼症的不断限定，落实到具体的证型或病种

表 14-2　中医证候鉴别诊断方法

分类	定义	运用要点	使用注意
症状鉴别法	根据疾病表现症状之间的组合关系进行证候鉴别	①根据某些必要性症状的出现来鉴别疾病证候类别的方法 ②对疑似证候，通过寻找特征性症状加以鉴别。特征性症状出现率不高，一旦出现就可以鉴别为该证候 ③通过患者某些否定性症状，从而作出对相关证候鉴别诊断 ④通过诊察发现与一般推理不相符合的反向性症状，以排除其他类似证候的鉴别诊断	①注意不少证的必要性症状常由若干个主症组合而成，临证须整体考虑 ②特征性症状主要是对针对证的病位、病因、病性、病机等某一两个方面具有类证鉴别的特异性，但注意不能完全依赖特征性症状作出鉴别。 ③运用否定性症状鉴别方法常逐一排除疑似证候 ④反向性症状鉴别属于一种排他性鉴别，因此寻找反向性症状的关键是要掌握相关证候的辨证要点，再分析比较该证的特殊机制和特殊表现
病史鉴别法	从疾病发生发展过程的特点来鉴别当前证候的方法	①现病史鉴别：通过了解本次病变的现病史特点来鉴别当前证候类型 ②既往史鉴别：通过了解以往的疾病状况来辅助鉴别当前的证候类型 ③家族史鉴别：追踪患者家族史中好发病证以辅助鉴别当前证候类型	将现有症状置于病史发展的时间特点上审视，则鉴别诊断就可能较为简便明了
个体鉴别法	通过了解患病个体条件及其特点来鉴别当前证候的方法	①体质状况鉴别：根据患者体质状况辅助鉴别当前证候类型 ②生活状况鉴别：根据患者生活状况辅助鉴别当前证候类型	①个体平素的体质状况在一定程度上决定了其病变的性质及病变发展演变的趋势 ②生活条件可以成为致病因素，了解其生活状况对于鉴别证候的病因、病性均有启示作用

（三）中医疾病鉴别诊断方法

中医疾病鉴别诊断方法是根据疾病的具体表现，确定病变所属病种类别的鉴别诊断方法。病情的表现虽然是复杂多样的，但是任何疾病都有其发病、症状、病程演变的规律和特点，故中医疾病鉴别诊断的方法也是根据特征症状、发病特点、病变趋势、初始病因、既往病史等进行鉴别诊断（表 14－3）。

表 14－3　　中医疾病鉴别诊断方法

分类	定义	举例	使用注意
特征症状鉴别法	根据疾病表现中比较稳定的症状特征来鉴别其所属的病种类型	百日咳：阵发呛咳 痄腮：腮肿胀疼痛 哮病：喉间哮鸣有声	这些特征症状一般都是有别于其他病种的主要症状和体征，是许多疾病鉴别诊断的主要线索和根据
发病特点鉴别法	根据疾病的发病特点的不同来鉴别其病种之所属疾病类别	如患者出现黄疸症状：新生儿为血疸病；青年人为肝热病；中老年为肝积、肝癌；中年女性为胆石病	患者发病特点的不同，常可提示或缩小鉴别诊断的范围
病变趋势鉴别法	根据病变发展的一定趋势之不同来鉴别病种	新起水肿，病势急，水肿快，从面睑头部开始水肿，常兼有表证者为阳水 长期水肿，病势缓，肿难消退，有内脏损害，或阳气亏虚的表现者为阴水	所谓一定趋势包括疾病症、征转变的一定次序和病理发展的一般趋势
初始病因鉴别法	根据病变的初始特殊病因来鉴别其病种之所属	食生蚕豆后出现腹痛、黄疸者为蚕豆黄；输血、蛇伤、服用损伤肝脏药物黄疸者为血疸	
既往病史鉴别法	根据患者的既往病史来鉴别其病种之所属	原有心悸、心痛史，现出现昏迷，面白肢厥，冷汗淋漓，脉微或结代为心厥、厥心痛；原有肾水、癃闭、肾衰病史，现出现尿少尿闭，呼气有尿味为肾厥；原有肝瘟、鼓胀病史，现出现昏迷，嗅及肝臭味者为肝厥；原有风眩病史，现头晕头痛，血压高，突然仆倒，神志昏迷者为中风	

二、操作规范与注意事项

1. 症状鉴别是一切鉴别诊断的基础，中医临床鉴别诊断都要先从症状鉴别开始。症状鉴别的重点应是主诉中主症的鉴别诊断，其他症状多充当辅助的角色，或兼症鉴别，或留作证候鉴别。

2. 症状鉴别还有待于把所选症状置于整个病情中去加以权衡，才能完成对病证的实际诊断与鉴别，而这一系列过程，则需通过证候鉴别来完成诊断。

3. 临床上实际的单纯证型较少，而兼夹证型较多。若单独使用一种鉴别方法则局限性较大，其灵活性、适应性亦较差。故证候鉴别诊断时，往往需要多种方法的联合运用。

4. 疾病的特征症状鉴别法的运用，关键在于对相关病种主要症、征特点的准确把握和实际病例主诉的正确判断。如某患者呕吐、脘腹胀痛、泄泻相互伴见时，要根据症状的轻重主次及先后标本来确定其所属何病，应准确把握。

5. 各种病种鉴别方法在实际使用中经常是结合运用的。由于许多病种是复合命名，故可以从不同的命名角度，找出其鉴别点，多角度结合，使鉴别诊断的依据更充分，诊断更准确。如胸痹病，可将“特征症状鉴别”与“病变趋势鉴别”结合运用，即以“胸部憋闷疼痛”为主症，以“胸阳痹阻”为一贯病机的一类病变，并以此和肺痈、悬饮等疑似病种相鉴别。

三、案例分析

案例一

患者A，女，44岁，2005年6月7日初诊，头痛反复发作2年余，常在月经期发作，或以劳累而诱发。发作时以左侧头部空痛为主，曾行脑电图、头颅CT等检查，未见异常。本次因月经过多，劳累而诱发。现症见：左侧偏头痛，伴头晕，耳鸣，面色无华，夜寐梦扰，四肢不温，神疲乏力，月经量多，色淡，舌质淡，苔薄白，脉沉细。

患者B，女，43岁，2005年3月1日初诊，反复月经期头痛4年余。患者因家庭矛盾，常与家人争吵，4年前出现月经期头痛，每于月经前1天即发头痛，逐渐加重，待经净渐止，以两颞部搏动性头痛为主，曾行脑电图、头颅CT、经颅多普勒等检查，未见异常。就诊时正值经期，头痛以两颞部搏动性疼痛为主，经量多，色鲜红，伴乳房及两胁胀痛走窜，烦躁易怒，头晕，耳鸣，夜寐多梦，口干口苦，大便秘结，舌质红，苔薄黄，脉弦。

鉴别诊断

（1）两案患者均为中年女性，均以反复月经期头痛为主症，故都可诊断为经行头痛。

（2）患者A为头部空痛为主，提示系清窍失养，属虚证。患者B为两颞部搏动性头痛（跳痛），从头痛的性质看属实。

（3）二者病因不同，患者A经量多，色淡，常因劳累诱发；患者B因情志不畅而发病，提示患者A可能为气血亏虚之虚证，患者B可能为肝郁之实证。

（4）两者均兼有头晕，耳鸣，夜寐多梦，但患者A伴面色无华，四肢不温，神疲乏力，月经量多，色淡，舌质淡，苔薄白，脉沉细等一派气血亏虚之虚证，患者B伴乳房及两胁胀痛走窜，烦躁易怒，口干口苦，大便秘结，舌质红，苔薄黄，脉弦等肝郁化火之实证。因此前者之头晕，耳鸣，夜寐多梦系因气血亏虚，清窍失养，血不养心所致；后者系肝郁化火，上扰清窍、心神所致，一虚一实，迥然有别。

（5）根据以上综合分析，患者A可诊断为经行头痛，属气血亏虚证；患者B可诊断为经行头痛，属肝郁化火证。

案例二

李某，男，2004年7月1日初诊。3日前因饮食不慎，发生腹泻，泻下物为赤白黏冻，日行8~10次。伴腹痛，里急后重，发热，口干，纳差，小便黄赤，舌质红，苔黄腻，脉滑数。

孙某，女，2005年5月10日。因腹痛腹泻水样便两天就诊。患者两天前因食瓜果，发生腹痛、腹泻水样便，日行6~10次，伴腹痛，肛门灼热，大便秽臭，舌质红，苔黄腻，脉滑数。

鉴别诊断

（1）二者均以腹泻腹痛为主症，均有饮食不洁病史，可以定位为脾胃疾病。

（2）虽然二者均以腹泻为主症，但李某泻下物为赤白黏冻，伴里急后重，因此可诊为痢疾；孙某腹泻水样便为主症，因此可诊为暴泻。

（3）李某伴发热，口干，纳差，小便黄赤；孙某伴肛门灼热，大便秽臭。均舌质红，苔黄腻，脉滑数。因此二者均系湿热为患，前者可诊为湿热痢疾，后者为湿热暴泻。

第二节 临床误诊避免方法

误诊是指医生在临床诊疗过程中对患者的健康状况和疾病本质所作的判断错误。误诊是医学科学共有的临床现象，在中医临床各科中也普遍存在。误诊无疑会导致治疗上的失误，任何医生都应力求避免。误诊的原因是多方面的，但是医生是临床诊疗活动的主体，因此，研究避免误诊的方法关键在于医生。

一、基本知识

（一）遵循规范的诊断标准

1. 建立病证诊断标准 建立规范、正确的病证诊断标准是正确诊断的前提，是避免误诊的基础。

（1）*四诊资料的规范化*：辨证和辨病的基础是四诊所收集的资料。疾病的复杂性使临床表现存在着过多的不确定性，症本身的多样性、复杂性使临床资料准确性受到影响；中医有许多症状表现虽争论了千百年，但至今仍然未取得共识，如少阳病的“胸胁苦满”、阳明病的“胃中必有燥屎五六枚”、“奔豚气”等，其概念和内涵至今仍不能统一。从而给临床诊断造成负面影响。因此第一步应当是四诊“症状的规范化”。

（2）*病证诊断标准的规范化*：辨证论治是中医防病治病的基本方法，建立准确、可靠的中医病证诊断标准是避免误诊的关键。1994 年国家中医药管理局颁布了《中医病证诊断疗效标准》，1995 年由卫生部药政局编辑下发了《中药新药临床研究指导原则》（共 2 辑），1997 年由国家技术监督局发布了《中医临床诊疗术语》（共 3 册），这 3 部由政府部门组织编写的行业标准规定了证的分类、常见证候（包括心病证候）的名称、诊断依据和疗效评定标准，为中医药临床、科研、教学及新药开发、评审提供了统一操作的规范。这些病证标准虽然经过专家、学者一般形式的集体讨论或征求意见，但几乎都缺乏在群体调查研究的基础上进行严格的数理统计推断，因而一定程度上影响了“病证候标准”的可靠性和准确性。因此，要尽快建立一套符合中医特点又切合临床实际的诊断标准。

2. 规范临床诊断方法 中医四诊和辨证的诊断方法，其优点是较为直观、简捷，不需要多少仪器设备，对患者无任何损伤；其不足是临床操作欠规范，方法不太统一，检测结果不够精确。随着现代临床医学的发展，中医诊断学对各种临床诊断方法，如问诊、舌诊、脉诊、辨证等方法和程序也进行了规范，但还远远不够。目前的中医临床诊断的研究中，许多人致力于中医诊法的现代化和规范化研究，如“舌色仪”、“电子鼻”、“脉诊仪”以及“电子计算机诊疗系统”等，无疑对诊法的规范具有积极的推动意义，对于中医的现代化起到一定的示范作用。但就目前来说，我们应当把临床上通用的、已成熟的四诊方法规范起来，尽可能减少人为因素的影响。

（二）加强自身诊断能力的训练

1. 注重基础理论学习　诊断能力的培养与基础理论的学习是息息相关的。要提高临床诊断能力，首先要具有扎实雄厚的医学理论知识。学校学习的并不能完全满足临床工作的需要，特别是临床思维能力的提高更是如此。中医学属于应用科学，它同时具有自然科学和人文科学的双重属性。首先，除中医基础理论、中医诊断学、中药学、方剂学的学习之外，还应包括人文科学的学习。由于中医源于我国的古老文化，形象思维是其重要的思维方法，提高人文科学素养有利于提高医生的临床思维能力，使医生能在考虑诊治问题时，思想敏锐，触类旁通。其次，要重视经典著作的学习。经典著作是古代医家在长期实践中对经验的总结，是理性的升华，为中医学的形成和发展奠定了基础，对于提高临床思维能力有重要的意义。第三，随着现代科学技术日新月异的变化，中医学必须克服保守观念的束缚，要不断完善自我、更新知识。因此要提高医生的中医学术水平，包括对现代医学在内的自然科学有较深入的了解，才能使自身的知识结构不断完善，提高对临床疾病的认识和处理的能力。

2. 提高综合分析能力　临床思维来自医生对病史、症状、体征及辅助检查结果的感性认识，这种感性认识的材料就是四诊收集的临床资料，这些资料越丰富、越全面，越有思考问题的余地，越有助于得出正确的、符合实际的概念和结论。在诊断具体疾病时，全面系统地掌握病史及症状体征变化过程中的真实资料，是取得正确结论的基础，相反，仅依靠零碎的、片面的资料或者以偏概全，必将导致错误的诊断结论。临床上许多疾病都具有典型性，有经验的医生常常只要抓住一些典型的特征就能作出正确的诊断。注重疾病的典型性与强调全面地掌握病史资料是不矛盾的。同样一种疾病，发生在这个人身上可能表现得典型，而发生在另一个人身上又可能表现得不典型；在早期可能表现得典型，在晚期又可能表现得不典型；或本来有典型的临床表现，也许因为在病程中应用了某些药物而使其变得不典型。在诊断过程中，既要注意疾病的典型性，也不能忽略对疾病的全面分析，否则就容易发生误诊。因此，进行临床思维时必须充分发挥综合分析能力，使思维沿着正确方向延伸并获得正确的诊断。

3. 勤于思考，善于总结　中医临床要勤于思考。思考实际上是贯穿于临床诊疗工作的全过程之中。如对于前辈的经验理论、对于其他医生的意见和见解、对于具体患者的各种病情，都离不开思考。而只有认真思考、善于总结，对临床诊断水平的提高才有益处。一个勤于思考的医生常不满足于现状，总是把注意力放在病情变化中的疑点上，力争推理正确，诊断符合实际，立论无懈可击。在做出诊断、治疗的每一步之前都反复思考，三思而后定，即使是对待经典的理论和专家的诊断结论也不轻易地盲从。如此才能使自己的认识完整全面，符合客观实际，因而也就会减少误诊的发生。此外，还要不断总结临床经验。中医诊断学是在对临床总结的基础上逐步形成的。成功经验的总结可以作为今后临床的指南，而对失败教训的总结则有助于减少和避免误诊。医生所作的诊断和治疗实际上是对自己判断的一种验证，当这种判断结果被临床一次又一次地验证是正确的，就应该从中总结出普遍规律，把原来的感性认识升华到理性认识；当判断结果被临床验证是错误的，就应该认真排查，重新选择可能的正确结论。只有这样，对临床误诊原因和规律不断分析和总结，诊断水平才能不断提高，而不至于一误再误。同时，还要善于总结别人的经验和教训。对于已治未效之患者，通过了解前医治疗的经过，从别人的失败中找出符合医理的原因来，也是提高正确诊治的有效途径。

4．坚持临床实践，收集原始资料 中医学来源于实践，坚持实践的观点不仅符合认识的规律，也符合中医本身的特点。实践的过程包括四诊、辨证（辨病）、治疗和总结。没有临床实践就没有临床思维的产生。对于一个医生来说，医学理论知识固然重要，但是没有实践，任何好的理论也不能很好地发挥作用。刚从中医院校毕业的学生，虽然已经掌握了相当的中西医学知识，但还缺乏对疾病的感性认识，还不能把学到的知识合理地在临床上应用，理论和实践之间还存在着距离。因此还需要自己亲自实践，更多地接触不同的患者，不断地丰富临床感性认识，使自己的思维建立在丰富的感性认识的基础之上，才能提高自己的诊断思维能力，减少误诊的发生。

准确的资料来源是诊断的关键，病情资料需要通过望、闻、问、切获得，患者不可能了解，这需要医生亲自去收集。即使是高级的医生在查房或会诊时，也必须亲自了解患者的相关表现。对别人的经验理论不能照抄照搬，必须经过自己的实践观察，加以印证或改造，才能成为自己的知识，才能运用自如。医生亲自动手收集第一手资料，这既是诊断过程中必须遵循的基本要求，也是全面提高临床水平，减少误诊的必由之路。

（三）四诊并重，全面收集临床资料

望闻问切四诊是中医诊断的基本方法，通过对四诊所得的临床资料的分析和综合，一般能作出正确的诊断，但其前提是四诊并重，全面收集临床资料。其一，疾病的过程是一个复杂的过程，其表现在多个方面，只有四诊并重，才能全面、详细地获取所需临床资料；其次，四诊是从不同角度检查病情，收集资料，各种诊法独具意义，不能互相取代；第三，在复杂的、有时出现“假象”的病证中，只有四诊并重，才能鉴别真假，去伪存真。如患者自觉恶心、心悸、胸闷等，只能通过问诊获得；而舌象、脉象等有些征象只能是医生检查所得，不可能通过问诊获得；疾病过程中某些病理声音，如咳声的强弱、高低、清浊，只能凭医生的听觉去判断。因此，为了提高诊断的准确性，减少误诊，强调四诊并重是十分重要的。即如前人所谓“上工欲会其全，非备四诊不可”。

在通常情况下，临床资料的收集并不十分困难。但是，要全面地占有临床资料并非一件易事，因为它涉及与疾病有关的所有资料，如疾病的原因、诱因、表现特点、症状体征、发病和治疗过程及对药物的反应等。这些资料的取得需要通过望闻问切及临床观察等一系列复杂的过程，有时这个过程还要反复进行，才能得到疾病的真实情况。全面、迅速获得有价值的诊断线索，同时选择有针对性的体检及辅助检查项目，能很快获得正确的诊断，有效地避免误诊的发生。

（四）追本溯源，深入分析疾病本质

中医学强调“治病必求其本”。这里的“本”，一是指疾病发生的起因、诱因或相关因素；二是指疾病的本质，是治疗的依据。追本溯源就是要积极地探求疾病的起因，揭示疾病的本质，避免和减少误诊的思维方法。

人类的疾病是在不断发展变化的，医生的认识也必须随着疾病的变化而变化，任何固定的、一成不变的认识方法都有可能导致误诊。临床上，疾病和病因相同的患者可能表现不同的症状、体征，而症状、体征相同的患者亦可能是来自不同的疾病和病因。因此，对疾病首先要“溯其源”，从病因调查入手。在诊断过程中既应当熟悉各种病证的基础规律，同时又要详细了解疾病的全过程，从源头上、根本上“求其本”，寻找病变的症结所在，这也就是我们通常所说的“审证求因”。当然追本溯源的方法很多，除了传统的四诊之外，还应充分利用各种检查手段，把握疾病的本质，尽可能减少误诊。

中医的辨证思维过程是一个从现象到本质的过程。如咳嗽、发热、痰黄是一组现象，各自代表不同的病理反映，临床上如果仅仅依据这些现象采取相应的治疗，如止咳、清热、化痰，很可能是有效的。但是，如满足于这种感性的认识而“对症下药”是不够的，在“有效”的背后潜伏着误诊的危机，所以必须深入探讨疾病的本质。从诊病上来说，应想到感冒、肺痈、肺痨、肺癌等；从证候上说，则有可能是风热犯肺，或热邪壅肺，或痰热壅肺，也可能是肺阴虚或肝火犯肺，这些病证的本质不同，预后也不一样。因此面对各种现象应力争从本质上把握疾病的全过程，认真分析，找出病证所在，这既是中医诊断学的基本含义，也是防止误诊的重要措施。

二、操作规范与注意事项

1. 中医误诊的判断应以临床诊断标准及临床疗效为依据，按中医学理论分析临床误诊的现象和规律。

2. 强调按中医规范诊断标准和临床正规操作方法开展临床诊疗工作是减少误诊的关键。

3. 中医对疾病的认识是一个不断发展的过程，因此要用发展的观点看待中医临床误诊（如对中医病名、证名诊断标准的古今不一）。

4. 分析中医误诊原因，除主要考虑医护原因之外，还应考虑患者的主客观因素及患者对医生的影响。

三、案例分析

案例一

李某，男，36岁，患者10年前确诊为1型糖尿病，5年前确诊糖尿病胃轻瘫，曾先后到北京协和医院、解放军301总医院及上海、南京各大医院就诊，一直皮下注射胰岛素控制血糖，血糖控制尚理想，但胃轻瘫所致的呕吐，服用西药无明显效果，后改用中药治疗两年，也未取得明显效果。患者有糖尿病家族史，其母、其姐均系糖尿病患者，其姐死于糖尿病肾病肾衰竭。就诊时症见，吞咽非常困难，食入则吐，常要母亲不停拍背才勉强咽下。腹胀、恶心呕吐已有3个月，伴腹泻1周。形体消瘦，倦怠乏力，肢冷便溏，舌淡苔白，脉沉细。先诊为“消渴病”，予健脾渗湿，降逆止呕，方用旋覆代赭汤合参苓白术散加减7剂，除腹泻稍好转外，余证依旧。

二诊：详问患者，诉说腰酸腿软，腰部冷感，喜热饮，结合舌淡苔白，脉沉细，故考虑为脾肾阳虚，不能暖土，以致水谷不化阻于中焦，导致胃气上逆，关键在于肾阳不足。治宜温肾暖脾，和胃止呕。遂更方如下：黄芪 30g，白术 9g，淮山药 20g，茯苓 10g，薏苡仁 20g，党参 10g，竹茹 10g，甘草 5g，生附片 15g（先煎），淫羊藿 10g，巴戟天 10g。

三诊：服方 14 剂，呕吐、腹泻均止，精神状态及体质明显改善。其后一直间断服用温肾补脾之药，几年来服用附片已逾 10 余公斤，各种症状基本控制，宛如常人。

误诊分析 本病证属脾肾阳虚，不能消磨水谷以致胃气上逆之呕吐，从其症状、舌脉等综合分析并不困难，然医者受中西医病名对照之影响，造成失治。

（1）*辨病错误*：受糖尿病属中医“消渴”范畴影响，尽管患者以呕吐为主症，仍诊断为“消渴病”，导致辨证失误。消渴以“三多一少”为主症，而本病以呕吐为主症，应诊为中医的呕吐，当从中医的“呕吐”病入手诊治。

（2）*辨证错误*：患者以呕吐为主症，一诊症见恶心呕吐已有 3 个月，伴腹泻 1 周。形体消瘦，倦怠乏力，肢冷便溏，舌淡苔白，脉沉细。尽管有肢冷便溏、脉沉细等阳虚体征，但受“消渴”病机特点为阴虚燥热的影响，未引起对阳虚的重视，从而导致辨证失误，立法用药随之出现失误，只抓住脾虚胃气上逆一面，而忽略了肾阳不足一面，故治而无效。

（3）*问诊不详*：一诊问诊不详，腰酸腿软，腰部冷感，喜喝热饮等阳虚症状未能问出，是导致辨证失误的另一原因。

案例二

刘某，女，53 岁。尿频、尿急、心烦 3 年，以夜间为甚，夜尿达 6～7 次，时轻时重，影响睡眠，受凉加重。查：舌虚胖，苔白，脉滑，余无不适，诊为热淋，证属下焦湿热，投以八正散加减。3 剂后病情如故，细思其证，实乃老年肾气渐衰，下焦不固之劳淋，改用缩泉丸，服方 3 剂，小便次数即减为夜间 2～3 次，继服 4 剂而病若失。

误诊分析

（1）本病本系下焦亏虚之劳淋，何以误认为热淋，这是现在最常见的错误，为医者常中西医概念相混，一见尿频、尿急就考虑尿路感染，就认为证属下焦湿热，而忽视了认真辨证。

（2）忽视病程特点。患者尿频、尿急 3 年之久，且以夜尿多，加之系年老之人，当考虑肾气亏虚之劳淋。湿热之淋证为实证，一般病程较短。

（3）未能认真辨证。湿热之淋证多有尿痛，口干，小便灼热，舌质红，苔黄腻，脉滑数，与肾虚之夜尿频频，小便清长有明显差异，苟能认真辨证，误诊可免。

案例三

田某，男，29 岁，工人。1988 年 3 月 9 日初诊。患者婚娶半年，常有早泄，近月来动辄举阳无力，勉强同房后，当夜必兼梦遗，伴头昏乏力，口淡乏味，精神倦怠，舌质偏红，苔黄腻，脉象濡细。此为阳痿，证属遗泄精亏，肾虚不用。治以益精补肾，阴中求阳，左归丸出入 7 剂无效，二诊详问其症，阳事易举但举而不坚，为时短暂，白昼有欲亦作，夜交仍甚勉强，且遗精频作，小溲短黄，口干且苦，头身困重，舌红，苔黄腻，脉濡数。且患者身形壮实，素无疾患。再度追溯病史，自诉罹病以来，进服大量补品，药有“男宝”、“龟龄集”，食有甲鱼、猪睾，常饮参茸补酒。此乃多食膏粱厚味肥甘酒酪，酿湿化热，下扰精室之实证也。改投清化湿热之剂。四妙散加减，即川牛膝10g，苍术10g，生薏苡仁10g，黄柏10g，车前子20g（包煎），泽泻10g，赤茯苓15g，萆薢20g。并嘱其饮食清淡，起居有节，停服补品。月余症情逐渐缓解，夫妻生活和谐，1989年夏天喜得一女。

误诊分析　该患者属湿热下注之阳痿证，乃由多食肥甘酒酪所致。二诊时发现辨证失误后，详审其证，改以清化湿热之剂投与，药证相符而获效。

（1）不明体质：忽视了人体生理发育的规律，《素问·上古天真论》曰："丈夫八岁，肾气实……二八，肾气盛，天癸至，精气溢泻，…… 三八肾气平均、筋骨劲强，四八筋骨隆盛……"患者年龄在三八至四八之间，正值肾气壮实阶段，故肾虚的可能性较小，且无后天失养之因素，亦无手淫、房劳过度之习，故辨证时应考虑湿热等实证，如能重视人体正常生理发育的规律，当能避免误辨。

（2）问诊不详：该案在问诊时只重视了就诊时的现病史，而对疾病的经过、治疗、饮食等情况未作详细了解，即未能详细了解疾病的全过程，从源头上、根本上"求其本"，寻找病变的症结所在。患者素喜肥甘酒酪，病后更进"男宝"、"龟龄集"等壅补之品，为湿热内生之病因。一诊只抓住了阳痿、遗精等主要症状，而忽视了缺少耳鸣、腰酸、膝软等肾虚见症的情况；同时，一诊虽有头昏乏力，口淡乏味，精神倦怠等症状，只考虑肾虚，忽视了湿热为患也可出现类同症状，当结合舌脉综合分析才能避免辨证诊断失误。

（3）望诊不细：经曰："望而知之谓之神。"患者形体壮实，面色不萎，并无虚证之外候。若结合其舌红，苔黄腻等湿热内蕴之象，辨证当无困难。

第十五章 病历书写

【实训目的与要求】

1. 掌握中医病历书写通则和注意事项。
2. 熟悉病历书写的意义、内容、格式。
3. 掌握门诊和住院病历、首次病程记录、病程记录的书写方法。
4. 了解病历书写的沿革。

【实训内容与方法】

1. 门诊病历和急诊病历的书写。首先向学生讲述中医病历书写通则和注意事项，介绍门诊病历和急诊病历的书写格式，进行书写练习，教师就学生练习中出现的问题及时纠正讲解。

2. 住院病历的书写。详细讲述住院病历的书写内容、格式和注意事项。然后进行大病历书写练习，教师就学生练习中出现的问题及时纠正讲解。

3. 首次病程记录、病程记录的书写。详细讲述住院病历的书写内容、格式和注意事项。然后进行首次病程记录、病程记录书写练习，教师就学生练习中出现的问题及时纠正讲解。

4. 纠错训练。出示大病历，让学生讨论并指出书写问题所在，最后由教师总结。

第一节 中医病历书写方法

一、操作规范

（一）操作准备

1. 门诊病历本和统一印发的住院病程记录纸。
2. 门诊病历用的圆珠笔，住院病历用的蓝黑墨水钢笔或碳素墨水笔。

（二）操作方法

1. 放映门诊、急诊病历示例和复诊病历示例 学生可从病历临床模拟训练计算机识别系统选择一例练习，写出门诊、急诊和复诊病历，由教师负责打分。最后同学之间交流容易出现的错误，找出自己的问题，回去继续练习。

2. 放映住院病历示例 学生可从病历临床模拟训练计算机识别系统选择一例练习，也可由一名学生扮演患者，另一学生进行问诊和体检，写出住院病历、住院记录、首次病程记录、病程记录、阶段小结、出院记录，由教师负责打分。最后同学之间交流容易出现的错误，找出自己的问题，回去继续练习。

二、注意事项

1. 住院病历书写应当使用蓝黑墨水、碳素墨水，门（急）诊病历和需复写的资料可以使用蓝色或黑色油水的圆珠笔。

2. 病历书写应当使用中文和医学术语。通用的外文缩写和无正式中文译名的症状、体征、疾病名称等可以使用外文。中医术语的使用依照有关标准、规范执行。

3. 病历书写应当文字工整，字迹清晰，表述准确，语句通顺，标点正确。书写过程中出现错字时，应当用双线划在错字上，不得采用刮、黏、涂等方法掩盖或去除原来的字迹。

4. 病历应当按照规定的内容书写，并由相应医务人员签名。实习医务人员、试用期医务人员书写的病历应当经过在本医疗机构合法执业的医务人员审阅，修改并签名，保持原记录清楚、可辨。

5. 因抢救急危患者，未能及时书写病历的，有关医务人员应当在抢救结束后 6 小时内据实补记，并加以注明。

6. 对按照有关规定需取得患者书面同意方可进行的医疗活动（如特殊检查、特殊治疗、手术、实验性临床医疗等），应当由患者本人签署同意书。患者不具备完全民事行为能力时，应当由其法定代理人签字；患者因病无法签字时，应当由其近亲属签字，没有近亲属的，由其关系人签字；为抢救患者，在法定代理人或近亲属、关系人无法及时签字的情况下，可由医疗机构负责人或者被授权的负责人签字。

因实施保护性医疗措施不宜向患者说明情况的，应当将有关情况通知患者近亲属，由患者近亲属签署同意书，并及时记录。患者无近亲属的或者患者近亲属无法签署同意书的，由患者的法定代理人或者关系人签署同意书。

三、操作技巧

1. 主诉 要简明扼要地叙述患者主要症状、体征及时间，如“左胸胀痛 3 个月，进食哽噎感 2 个月”或“刺激性干咳、胸痛 3 周”。不能用诊断、实验室或特殊检查结果代替症状，如“结肠癌术后 1 年”或“肺部发现阴影 2 周”等均不合适。亦不能用方言或似是而非的述说代替临床症状，如“脑壳痛 1 年余”或“迷糊半年多”等均不可取。

一般患者多不出现第二主诉。但如果主诉多于 1 项时，可写第二主诉，应按发生时间先后顺序列出，且第二主诉应另起一行与第一主诉并列。如：①反复性咳嗽、咳痰 30 年，发热、气喘 5 天。②尿频、尿急、排尿痛 6 小时。

如有两个主诉，则现病史必须分别记述这两大类疾病的病史。

2. 现病史 这是病史部分的主要内容。书写现病史的要求是系统、完整、准确、翔实。系统是从纵向方面来讲，能体现出疾病的发生和发展过程。完整从横向方面来讲，与主要疾病有关的系统、每个症状包括阴性症状都交代清楚。准确要求所有数据，包括时间、次数、大小等确实可靠。翔实指所有内容必须真实可靠，阳性症状详细具体，避免含糊笼统和主观臆断。

（1）发病原因和发病诱因。要确实弄清与主要疾病有关的方方面面，与疾病发生有关的发病原因和发病诱因必须认真记录，切忌提笔就写“无明显诱因”，以防失实。

（2）发病缓急，主要症状出现、加重、发展的时间。要记录确切，一般而言，病史在1年以上的精确到季或月，1年以内的精确到旬或周，1个月以内的精确到天，1天以内的精确到时或分。避免使用“1年多”、“3月余”等不确切的时间描述。记录时间从远到近，如在1989年2月23日采集病史，10年前应记录为“1982年2月”，1年前应记录为“1998年2月”，1月前就记录为“1月23日”，不宜用“10年前”、“1年前”或“1月前”等不准确的时间概念。

（3）凡疼痛均应记录疼痛部位、时间、性质、扩散、加重或缓解因素（疼痛五要素）以及伴随症状。间歇性或发作性疼痛的发作时间及缓解时间均应记录清楚。

（4）按系统、按疾病进行问诊，以免遗漏。与疾病诊断、鉴别诊断有关的症状、阴性体征亦应详细问诊并记录。

（5）入院前在其他医院的检查、诊断和治疗要详细记录（描述时宜加引号），尤其是检查内容及结果，治疗的药物、方法、时间及效果。就诊医院要写具体医院，不能写“当地医院”或“某医院”，以便于判定和评估检查、治疗水平及可信性。反复转院诊治者，要防止把病史写成诊治过程，每一阶段均应突出记录患者的各种症状。尤其要详细记录门诊时或入院时患者还有哪些症状，以便与治疗后进行对比，千万不可遗漏。

（6）病史记录不能太简单，时间要具体，每一段病史不能间隔时间太长。“立即”，“随后”，“此后”等均应写具体日期。

（7）对意外事件、自杀或他杀等的经过情况与病情演变，应力求客观、确实记录。在病史中医师不得加以主观评论或揣测推断。如遇患者夸大事实地隐瞒真相，不说实话或编造病情，医师应加以分析，在病史中注明是患者自述或加以引号。

（8）患者患有多种疾病，本次住院需要诊治者均记录于现病史中，但要分清主次，主要疾病记录在前，伴随疾病分段记录在后。本次住院不需诊治的疾病记录于既往史中。

（9）第2次及以上在本院住院患者，应在病史内记录历次住院的时间、出院诊断、住院号。如以前住院的主要疾病与本次相同或密切相关（如系本次主要疾病的前期病变等），在现病史内记录，否则在既往史内记录。

3. 既往史 在询问时要按系统回顾，住院病历要逐系统记录，住院记录中阴性症状可省略。但对过去的疾病，询问应尽可能详尽，书写时可简明扼要。本次住院不诊治的疾病，何时确诊，如何治疗，效果如何，目前有何症状等均应详细记录。

4. 个人史 吸烟、饮酒史要求记录每日量和持续时间，一般以年表示，如吸烟“20支/日，共20年”。

5. 家族史 必须记录父母和兄弟、姐妹的健康状况。如已死亡，还应记录死亡时间及死亡原因。如系遗传性疾病，必要时还要绘出族系谱。

住院医师必须亲自认真地询问和记录过敏史、婚育史、家族史。多次住院患者也不能写“详见既往病史”、“详见老病历”、“详见第几次住院记录”等。

6. 体格检查 住院病历书写时题目不能简略为“查体”或“体检”。在正文中亦不能用“PE”代替体格检查。

体格检查是临床医师必须熟练掌握的临床基本功。每个临床医师都应养成“全面、系统、认真、有序”进行体格检查的良好习惯。

(1) 体格检查应注意环境安静，患者体位舒适、防止受凉。医师要态度和蔼可亲，手法正确、轻巧，切忌动作粗暴。检查应全面系统、循序进行。记录写阳性发现和与现病史有关的阴性体征，以及主要脏器的检查结果。阳性体征必须详细描述，有鉴别诊断意义的阴性体征也不能遗漏。

(2) 一定要养成有序体格检查的习惯。体格检查基本功过关是医师最基本的要求，更重要的是有利于患者的诊断和治疗。所谓有序体格检查是指按体格检查要求十大项（其中每大项中还有若干小项）逐次进行，不能颠倒或遗漏。这十大项是：①生命体征（体温、脉搏、呼吸、血压，其中体温单位为摄氏度，记录符号用“℃”）。②整体状况（神色、形态、声音、气味、舌脉、指纹）。③皮肤黏膜及淋巴结。④头面部（头颅、眼、耳、鼻、口腔）。⑤颈项（形态、气管、甲状腺、颈脉）。⑥胸部（胸廓、乳房、肺脏、心脏、血管）。⑦腹部（如全腹四诊、肝、胆、脾、肾、膀胱）。⑧二阴及排泄物。⑨脊柱四肢。⑩神经系统。所有项目均应按视、触、叩、听顺序进行。

(3) 体格检查记录书写时要体现出每个患者、每种疾病的特点，即体格检查不但要体现出共性，更重要的是要体现出个性。不宜千篇一律，让人看起来套在谁身上都适用。

(4) 临床各科对体格检查都有不同要求，临床医师应按各科要求办，不能强调共性而不按各科要求办。如心脏内、外科的体格检查，心脏无论是否扩大或向何方扩大，都应绘表填出具体数据。又如肛肠科的体格检查的外阴与肛门检查，无论与本次住院诊治的病有无关系，有无这方面症状，都要认真检查，而不能写“未查”。虽为其他科的检查项目，若与诊治的疾病有关，均应检查记录，如外科诊疗急性阑尾炎不作肛门指诊是不允许的。40岁以上女患者要详细检查和记录乳腺情况。50岁以上男患者要检查和记录前列腺情况。有些疾病若计划请泌尿外科会诊，可由泌尿外科帮助检查。又如神经内、外科对神经系统检查有完整的要求，应按要求办。

7. 实验室检查 分行列举就诊时已获得的有关检查结果（包括各种实验室检查、X线检查、超声检查、心电图、MRI等辅助检查）。只记录本院检查结果，包括门诊检查结果（括号内注明门诊检查日期），外院检查结果记录于现病史，不记录在此栏内，但如果是属于短期内无明显变化且有原始资料的（如CT、MRI或病理切片等），经本院有关科室复核，并出了正式报告，亦可记录于此栏内，但要注明原始资料来源于何处。

入院后24小时内完成的血、尿、便常规以及其他检查结果，必须记录于“实验室检查”栏内，所以此栏不能空白。

8. 辨病辨证依据 首先按照中医辨病辨证理论，汇集四诊资料，归纳出中医辨病辨证依据。然后运用中医临床辨证思维方法，对所归纳的中医辨病辨证依据简明扼要地进行辨证分析。

9. 入院诊断 分行列举各个中医诊断、西医诊断。中医诊断中的证候诊断另起1行、右退1字列在疾病诊断的下面。西医诊断中的从属诊断亦另起1行、右退1字列在主要诊断的下面。若有多个诊断，应按“重要的、急性的、本科的在先，次要的、慢性的、他科的在后”的顺序分行排列。诊断应完整确切，不能以症状代替诊断，尽量避免用“待查”字样（如“心悸待查”等）。

10．医师签名 写在右边靠边处，须签署全名，字迹要清楚易辨。

11．其他 一般项目、诊断和医师签名的行尾不用标点符号；暂时不能完全确定的诊断可在行尾用问号结束本行；其他正文内容行尾均用句号结束本行。

第二节 中医病历内容

一、知识要点

病历又称医案、方案、脉案、诊籍、病案，是中医临床实践的记录，其中包括患者的一般资料、病情（症状、病因、脉象、舌象、其他体征等）、诊断（含病机分析、预后转归等）、治疗（含治法、方药、服用法、其他治疗、医嘱、注意事项等），是患者的诊疗档案。在医疗工作中，及时、正确地书写病历有着非常重要的意义。

中医病历有着双重含义，一是古代医案，在历代留存的大量病历中，保存、记载了中医名家丰富的防病治病经验和独特的学术思想；二是现代的病历，病历是指医务人员在医疗活动过程中形成的文字、符号、图表、影像、切片等资料的总和，是医务工作者在临床工作中用于记载患者疾病发生发展、演变预后、诊断治疗、防护调摄及其结果的原始档案，也是解决医疗纠纷、判定法律责任、医疗保险等事项的重要依据。对医疗、保健、教学、科研、医院管理起着重要的作用。规范病历书写格式，加强病历质量管理已成为中医、中西医结合医疗机构管理的重要工作。

病历是中医临床实践的客观记录，不仅详细记述了疾病发生、发展、变化、转归、诊治的全过程，而且反映了医务人员在诊治过程中的思维活动，具有十分重要的意义。

1. 病历是重要的临床诊治资料 病历是保证患者得到正确诊断和治疗的先决条件之一，也是复诊、转诊、会诊等的重要资料。病历书写不准确、不及时，往往是造成误诊、误治的重要原因。

2. 病历是解决医疗纠纷、处理医疗事故的事实依据 病历是解决医疗事故和纠纷、判定法律责任等事项的一种事实依据。我国有关处理医疗事故的办法规定，患者可复制有关病历作为证据使用。

3. 病历是考察医院管理水平、医务人员学术水平和工作态度的重要指标之一 病历书写的质量直接反映医务人员的学术水平和工作态度，它既是考察医务人员工作质量、态度和业务水平的重要依据，也反映了医院的管理水平。病历建设是医院科学管理的一项重要内容。医院的所有临床工作人员以及患者，均须对病历资料十分珍视，慎重保管，不可丢失。病历书写训练有助于促进医疗质量的提高，也是培养中医临床医务人员业务水平和科学态度的主要途径之一，是临床工作者必须训练的基本功。

4. 病历是中医临床科研不可欠缺的基础材料　病历是临床科研的宝贵资料，通过对大量病历内容的统计分析，可总结极有学术价值的科学资料。医案可提供诊断治疗、转归预后、流行病学、医学史等多方面资料，对研究各种方剂、药物的作用、主治、配伍、剂型等都有重要价值。

5. 病历是临床医生重要的参考读物　古代病历蕴涵着名医的学术思想与经验，给我们以启迪，其精辟的论述与丰富的中医词汇，可供借鉴。病历可训练辨证论治的技能，培养知常达变的本领。

6. 病历是学习中医的重要资料　病历是中医教学中理论联系临床最有价值的资料，对培养学生独立分析和解决实际问题的能力起着重要作用。因此，指导学生书写病历是教学中不可缺少的环节，也是学生临床实践的重要步骤之一。

二、书写要求及内容

（一）门诊病历

1. 门诊初诊记录

医院　　　　　　科别　　　　　　年　月　日

姓名　　　性别　　　年龄　　　职业

主诉：同住院病历。

病史：主症发生的时间、病情的发展变化、诊治经过及重要的既往病史、个人史和过敏史等。

体格检查：记录生命体征、中西医检查阳性体征及具有鉴别意义的阴性体征。特别要注意舌象、脉象。

实验室检查：记录就诊时已获得的有关检查结果。

诊断：

中医诊断：包括疾病诊断与证候诊断。

西医诊断：

处理：

（1）中医论治：记录治法、方药、用法等。

（2）西医治疗：记录具体用药、剂量、用法等。

（3）进一步的检查项目。

（4）饮食起居宜忌、随诊要求、注意事项。

医师签名：

2. 复诊记录

年　月　日　时　　　　　　　　　　　　科别

记录以下内容：

（1）前次诊疗后的病情变化，简要的辨证分析，补充诊断、更正诊断。

（2）各种诊治措施的改变及其原因。

（3）同一医师守方超过3次后需要重新誊写处方。

（4）3次没有确诊或疗效不佳者必须有上级医师的会诊意见。上级医师的诊疗意见应详细记录，并经上级医师签字负责。

医师签名：

（二）急诊病历

1. 急诊初诊记录

科别　　　　年　月　日　时　分

姓名　　　性别　　　年龄　　　职业　　　婚况

地址　　　　　　　　　　　　　　　联系人电话

主诉：患者急诊就诊的主要症状及持续时间。不能用诊断代替主诉。

病史：主症发生的时间、病情的发展变化、诊治经过，重要用药名称及详细用法，重要的既往病史、个人史、过敏史等。

体格检查：

记录生命体征、中西医阳性体征和有鉴别意义的阴性体征。

舌象：

脉象：

实验室检查：记录就诊时已获得的有关检查结果。

诊断：

中医诊断：包括疾病诊断与证候诊断。

西医诊断：

处理：

包括以下内容：

① 有关急诊检查项目及结果。

② 中医论治：记录立法、方药、用法等。

③ 西医治疗：记录各种诊疗措施，药物治疗要具体记录用药名称、药物规格、用量、用法等。

④ 如有急诊抢救，要记录采用的抢救措施、实施时间、用药及剂量、使用方法等。

⑤ 向家属及时交代病情并记录家属的意见，必要时请对方签字。

⑥ 饮食起居宜忌、护理原则、随诊要求等。

医师签名：

2. 急诊病程记录　急诊观察的患者，应随时书写急诊病程记录，要求同住院病程记录。急诊观察患者离院时要记录患者离院时的病情、去向及随诊要求。自动离院者，要求有患者或患者家属签字。

其他记录的书写要求同住院病历。

3. 急诊留观记录　格式及要求同急诊初诊记录。

4. 急救记录　急救记录是对病情危重，需要立即进行抢救的患者的诊疗记录，要求及时书写。包括以下内容：

① 一般项目：姓名、性别、年龄，因（主诉）于某年某月某日某时某分入抢救室。送诊者姓名及与患者的关系。

② 就诊时的主症、生命体征及阳性体征。

③ 中、西医诊断。

④ 各种化验检查结果及进一步的抢救治疗计划。

⑤ 各种抢救措施具体使用方法（如呼吸机、洗胃等有关内容的记录）、执行时间及实施后的病情变化。

⑥ 详细记录用药（包括特殊用药）名称、用量、给药途径、给药速度、医嘱执行时间等。

⑦ 记录上级医师及会诊医师意见，并注意标注时间。

⑧ 向患者家属交代病情，记录与患者家属谈话的内容和患者家属对诊疗的意见，患者家属签字。

⑨ 抢救记录必须在抢救结束后立即记录，及时完成。

⑩ 参加抢救人员名单，主持抢救医师签名，记录医师签名。

（三）住院病历

姓名：	出生地：
性别：	常住地址：
年龄：	单位：
民族：	入院时间：年月日时
婚况：	病史采集时间：年月日时
职业：	病史陈述者：
发病节气：	可靠程度：

主诉：患者就诊的主要症状、体征及持续时间。要求重点突出，高度概括，简明扼要。

现病史：围绕主诉系统记录患者从发病到就诊前疾病的发生、发展、变化和诊治经过。记录的内容要求准确具体，避免流水账式的记录。凡有鉴别意义的阴性症状亦应列入。内容应包括以下几个方面：

（1）起病情况。发病的时间、地点、起病缓急、前驱症状、可能的病因和诱因。

（2）主要症状、特点及演变情况。要准确具体地描述每一个症状的发生、发展及其变化。

（3）伴随症状。描述伴随症状的有关情况。

（4）结合中医“十问”，记录目前情况。

（5）诊治情况。如果入院前经过诊治，应按时间顺序记录与本病有关的重要检查结果及所接受过的主要治疗方法（药物治疗应记录药物名称、用量、用法等）及其使用时间、效果。诊断名称应加引号。

（6）如果两种或两种以上疾病同时发病者，应分段记录。

（7）如果怀疑自杀、被杀、被打或其他意外情况者，应注意真实记录，不得加以主观推断、评论或猜测。

既往史：系统全面记录既往健康状况，防止遗漏。内容包括下列各项：

（1）既往健康状况。虚弱还是健康。

（2）患过哪些疾病。传染病、地方病、职业病及其他疾病应按时间顺序记录诊断、治疗情况。

（3）手术、外伤、中毒及输血史等。

个人史

（1）患者的出生地及经历地区，特别要注意自然疫源地及地方病流行区，说明迁徙年月。

（2）居住环境和条件。

（3）生活及饮食习惯，烟酒嗜好程度，性格特点。

（4）过去及目前的职业及其工作情况，粉尘、毒物、放射性物质、传染病接触史等。

（5）其他重要个人史。

过敏史：记录致敏药物、食物等名称及其表现。

婚育史：结婚年龄、配偶健康状况等。女性患者要记录经带胎产情况。月经史记录格式为：

初潮年龄 $\frac{\text{每次行经天数}}{\text{经期间隔天数}}$ 闭经年龄或末次月经时间。

家族史：记录直系亲属及与本人生活有密切关系亲属的健康状况与患病情况。

体格检查（基本内容附后）

体温（T）、脉搏（P）、呼吸（R）、血压（BP）。

整体状况：望神、望色、望形、望态、声音、气味、舌象、脉象、小儿指纹。

皮肤、黏膜及淋巴结：皮肤、黏膜、淋巴结。

头面部：头颅、眼、耳、鼻、口腔。

颈项：形、态、气管、甲状腺、颈脉。

胸部：胸廓、乳房、肺脏、心脏、血管。

腹部：肝脏、胆囊、脾脏、肾脏、膀胱。

二阴及排泄物：

脊柱四肢：脊柱、四肢、指（趾）甲。

神经系统：感觉、运动、浅反射、深反射、病理反射。

专科检查：按各专科检查要求进行书写。

实验室检查：采集病史时已获得的本院及外院的重要检查结果。

辨病辨证依据：汇集四诊资料，运用中医临床辨证思维方法，得出中医辨病辨证依据。

中医鉴别诊断：

西医诊断依据：从病史、症状、体征和实验室检查等几个方面总结出主要疾病的诊断依据。

西医鉴别诊断：

入院诊断：

中医诊断：疾病诊断（包括主要疾病和其他疾病）

证候诊断（包括相兼证候）

西医诊断：（包括主要疾病和其他疾病）

实习医师（签名）

住院医师（签名）

如有修正诊断、确定诊断、补充诊断时，应书写在原诊断的左下方，并签上姓名和诊断时间。

附：住院病历体格检查基本内容

体格检查时要认真严肃，手法要正确、轻巧，切忌动作粗暴。态度要和蔼，检查应全面、系统，从上到下循序进行，以免遗漏。但对危重患者应根据病情重点进行，灵活掌握，避免因问诊、体检繁多增加患者痛苦，延误治疗时机。男性医师检查女性患者之泌尿生殖系统时，应有女医护人员或第三者（亲属）在场。

（1）生命体征：体温（T）、脉搏（P）、呼吸（R）、血压（BP）。

（2）整体状况

望神：包括神志、精神状况、表情等。

望色：面容、色泽、病容等。

望形：包括发育、营养、体型、体质等。

望态：包括体位、姿势、步态等。

声音：语言清晰度，语言强弱如前轻后重、低微，异常声音如咳嗽、呃逆、嗳气、哮鸣、呻吟等。

气味：是否正常，有无特殊气味等。

舌象：舌体的形质、动态、舌下脉络、舌色、苔质、苔色等。

脉象：各种脉象。

（3）皮肤、黏膜及淋巴结

皮肤、黏膜：包括色泽、纹理、弹性、温度、汗液、斑疹、白痦、疮疡、瘢痕、肿物、腧穴异常征、血管征、蜘蛛痣、色素沉着等，并明确记录其部位、大小及程度。也要记录皮肤划痕征。

淋巴结：有无瘰疬，若有，应记录其大小、活动度、部位、数目、压痛、质地等。

（4）头面部

头部：有无畸形、肿物、压痛，头发情况（疏密、色泽、分布），有无疖、癣、瘢痕。

眼：眉毛（有无脱落）、睫毛（倒睫）、眼睑（水肿、下垂、闭合、歪斜）、眼球（活动情况、震颤、斜视）、结膜（充血、水肿、苍白、出血、滤泡）、巩膜（黄染、充血）、角膜（混浊、瘢痕、反射）、瞳神（大小，两侧是否等大、等圆，得神、失神）、对光反应。

耳：耳廓形状，外耳道是否通畅、有无分泌物，乳突有无压痛，听力情况等。

鼻：有无畸形、中隔偏曲或穿孔，有无鼻甲肥大或阻塞，鼻腔分泌物性状、出血（部位、数量），副鼻窦有无压痛及嗅觉情况等。

口腔：口唇（颜色、疱疹、皲裂、溃疡），牙齿（龋齿、缺齿、义齿、残根，并注明其位置），齿龈（色泽、肿胀、溢脓、出血、铅线、萎缩），口腔黏膜有无发疹、出血、溃疡及腮腺导管口情况，扁桃体（大小及有无充血和分泌物、假膜），咽（充血及反射等），悬雍垂（是否居中）等。

（5）颈项：是否对称，有无抵抗强直、压痛、肿块，活动是否受限。颈动脉有无异常搏动及杂音，颈静脉有无怒张。有无颈静脉回流征。气管位置是否居中。有无瘿瘤（如有，应描述其形态、硬度、压痛，有无结节、震颤及杂音）。

（6）胸部

胸廓：是否对称、有无畸形，局部隆起、凹陷、压痛，有无水肿、皮下气肿、肿块或静脉有无怒张及回流异常。

乳房：大小，是否有红肿、橘皮样外观、压痛、结节、肿块等。

肺脏：呼吸类型、动度（两侧对比是否对称）、呼吸速度和特征、肋间隙（增宽、变窄、隆起或凹陷）、语颤、摩擦音、皮下气肿、捻发音、叩诊音（清音、浊音、鼓音、实音，异常者应注明部位）、肺肝浊音界、肺下界、呼吸时肺下缘移动度，呼吸音的性质（肺泡音、支气管肺泡音、管状性呼吸音）、强度（减弱、增强、消失）、有无干湿性啰音，语音传导有无异常，有无胸膜摩擦音、哮鸣音。

心脏：心尖搏动的性质及位置（最强点），有无震颤或摩擦感（部位、时间和强度）。心脏左右浊音界指各肋间心脏浊音界距前正中线的距离（表15－1），需注明锁骨中线距前正中线的距离。心脏搏动的节律、频率、心音强弱、分裂、肺动脉瓣区第二音与主动脉瓣区第二音的比较、额外心音、奔马律等。有无心脏杂音及杂音的部位、性质、心动期间的传导方向、何处最响、强度。心包摩擦音，心律不齐时，应比较心率和脉率。

表15－1　心脏左右浊音界示意表

右（cm）	肋间	左（cm）
	Ⅱ	
	Ⅲ	
	Ⅳ	
	Ⅴ	

（7）血管

动脉：桡动脉的频率、节律（规则、不规则、脉搏短绌），有无奇脉、左右桡动脉搏动的比较，动脉壁的性质、紧张度、硬度。股动脉及肱动脉有无枪击音。

周围血管征：毛细血管搏动征，射枪音、水冲脉、动脉异常搏动，Duroziez征（杜罗济埃征）。

（8）腹部

视诊：对称、大小、膨隆、凹陷、呼吸运动、皮疹、色素、条纹、瘢痕、体毛、脐疝、静脉曲张与血流方向、胃肠蠕动波、腹围测量（有腹水或腹部包块时）。

触诊：腹部柔软或紧张，有无压痛、反跳痛（压痛部位及其程度），拒按或喜按。

叩诊：有无移动性浊音、包块（部位、大小、形状、软硬度、压痛、移动度）。

听诊：鼓音、有无移动性浊音。肠鸣音、有无气过水声，血管杂音及其部位、性质等。

肝脏：大小、质地、边缘钝或锐、压痛。表面光滑与否，有无结节。肝浊音界。如有肝肿大，应图示。

胆囊：可否触及、大小、形态、压痛。

脾脏：可否触及、大小、硬度、压痛、表面光滑度及边缘钝或锐。脾浊音界。如有脾肿大，应图示。

肾脏：大小、硬度、叩击痛、移动度。

膀胱：可否触及、上界，输尿管压痛点。

(9) 二阴及排泄物

二阴：根据需要进行检查。

排泄物：包括痰液、呕吐物、大便、小便、汗液等。

(10) 脊柱四肢

脊柱：有无畸形、强直、叩压痛，运动是否受限、两侧肌肉有无紧张、压痛。

四肢：肌力、肌张力，有无外伤、骨折、肌萎缩。关节有无红肿、疼痛、压痛、积液、脱臼，活动度、有无畸形（强直），下肢有无水肿、静脉曲张。指（趾）甲（荣枯、色泽、形状等）。

(11) 神经系统

感觉：痛觉、温度觉、触觉、音叉振动觉及关节位置觉。

运动：肌肉有无紧张及萎缩，有无瘫痪（部位和程度，系弛缓性或痉挛性），有无不正常的动作，共济运动及步态如何。

浅反射：腹壁反射、跖反射、提睾反射及肛门反射。

深反射：肱二、三头肌反射，桡骨膜反射、膝腱反射及跟腱反射。

病理反射：在一般情况下检查弹指反射（Hoffmann 征）、跖伸拇反射（Babinski 征，具有同样意义而检查方法不同者有 Gordon 征、Chaddiock 征），脑膜刺激征（Kernig 征）。

（四）病程记录

1. 首次病程记录 首次病程记录必须由具有执业医师资格的接诊医师书写。包括以下内容：①一般项目：患者姓名、性别、年龄、主诉、入院时间（年、月、日、时）、入院途径（门诊、急诊或转院）。②病情要点：包括重要病史、基本生命体征、症状体征，已经取得的实验室检查和特殊检查结果。③入院诊断：同住院病历。④诊疗计划：制订诊治计划，目前进行的诊疗措施，治法、方药以及对调摄、护理、生活起居宜忌的具体要求。

2. 病程记录 病程记录要求及时、准确、详细，文字清晰简练，重点突出，讨论深入。病程记录可由实习医师书写，带教医师应及时阅改并签名。入院及手术后的前3天，至少每日记录1次；危急重症患者，应随时记录；病情稳定者每周至少记录两次。病程记录一律按时间、内容、签名顺序书写。病程记录的基本内容要求包括：①病情变化及治疗情况，特别要注意对生命体征的检查和记录。在病情平稳阶段，要记录患者的一般情况，如神志、精神、情绪、饮食、二便等；病情骤然出现变化时，要对病情的变化进行详细记录，并对可能的预后（如合病、并病等）进行分析判断。②各项检查的回报结果，以及前后对比变化及其分析等。③新开医嘱、停用医嘱及其依据。若变更治法及用药，则要求有理有据。④原诊断的修改、新诊断的确定，均应说明理由。⑤详细记录诊疗操作的情况（如腰穿、骨穿、胸穿等）。⑥与患者本人、患者家属、患者单位负责人谈话的内容。必要时请对方签字。⑦上级医师查房记录，要求写明查房者的姓名、技术职务；具体记录对病史、体格检查的补充，对患者情况的分析判断以及对检查治疗的具体意见。如实记录上级医师查房的内容，不得主观揣摩推测。必要时由上级医师亲自书写或核对审查后签名。⑧危、急、重、难病例的病程记录应由上级医师亲自书写或审核后签名。⑨专科会诊记录由会诊医师亲自在病程记录中或专用会诊单上书写。院外专家会诊或院内大会诊，由经管医师如实记录。⑩临床药师查房、行政领导查房，与患者病情有关的意见也要记录。

三、范例

（一）门诊初诊病历记录

某医院　　中医内科　　2006 年 6 月 28 日 9 时

姓名：王某　　性别：女　　年龄：54 岁

尿频、尿急、尿道灼热感 1 天。

患者于 1 天前因劳累出现腰部疼痛、尿频、尿急，现患者精神、饮食及睡眠好，无发热、腹痛，小便量及大便正常，小便黄赤，无尿血。

平素体健，1984 年因产后出血，输 400ml 全血，1991 年子宫内有淤血，行妇科剖腹探查，对青霉素过敏，无高血压、冠心病、糖尿病病史，否认肝炎、结核病等传染病史。

体温：36℃，脉搏：80 次/分，呼吸：18 次/分，血压：120/90mmHg。

神志清楚，语言清晰，营养中等，诊查合作。舌质红，苔黄腻，脉滑数。

各浅表淋巴结无异常发现。腹部平坦，无压痛、反跳痛及肌紧张，肝脾未触及，墨菲征阴性，肾区无叩击痛，移动性浊音阴性，肠鸣音正常。肛门及外生殖器未见异常；双下肢无水肿，生理反射存在，病理反射未引出。

血常规：WBC 4.7 $\times 10^9$/L，N 62.8%，L 32.0%，Hb134g/L，PLT 184 $\times 10^9$/L。

尿常规：潜血（-），蛋白（-），白细胞（++）。镜检：白细胞 5 个/HP。

中医诊断：淋证

膀胱湿热证

西医诊断：1. 急性尿路感染

2. 急性膀胱炎

处理

1. 中医治疗：清热解毒利湿，予八正散合滋肾通关丸加减。

萹蓄 30g，瞿麦 30g，泽泻 15g，车前子 15g（包），茵陈 15g，滑石 20g，知母 10g，黄柏 10g，炒山栀 15g，酒军 15g，公英 30g，甘草梢 15g。水煎服，1 剂/天，共 4 剂。

2. 西医治疗：诺氟沙星胶囊，2 粒/次，3 次/天，共 4 日。

3. 注意饮食起居，避免劳累和精神过度紧张。

4. 7 月 2 日复诊。

医师：

（二）住院病历

姓名：于某　　出生地：略
性别：男　　常住地址：略
年龄：66 岁　　单位：某公司退休职工
民族：汉族　　入院时间：2005 年 4 月 20 日 10 时 30 分
婚否：已婚　　病史采集时间：2005 年 4 月 20 日 10 时 30 分
职业：干部　　病史陈述者：患者本人及家属
发病节气：谷雨　可靠程度：可靠

主诉：左侧半身不遂，伴口角㖞斜、言语不清 1 天。

现病史：患者 2005 年 4 月 19 日上午 10 时由于家庭纠纷而生闷气，出现左侧肢体无力，尚能独立行走，伴左肢麻木感，未诊治。今晨起床时，头晕倒地，被扶起时发现左侧肢体不能活动，伴言语含糊不清，口角向右㖞斜，自觉左侧视野缺损，即由家人抬来我院急诊，查头颅 CT 示：右内囊区脑梗死。诊断为急性脑梗死，立即转入我科治疗。现症见：左侧肢体不能活动，言语含糊不清，口角向右㖞斜，神志清醒，无明显头痛、呕吐，无大小便失禁、抽搐。精神、食欲欠佳，睡眠尚可，大小便正常。体重变化不明显。

既往史：既往高血压病史 20 年，血压最高达 180/100mmHg，间断口服复方降压片等药物治疗，平素很少监测血压，平素有头晕目眩。否认肝炎、结核等传染病史，否认糖尿病、心脏病等病史，否认中毒史，否认手术、外伤史及输血史，预防接种史不详。

个人史：生长于原籍，否认疫区旅居史及疫水接触史，生活条件一般，喜食辛辣，吸烟 20 年，20 支/天，否认饮酒嗜好。性情急躁。长期从事管理工作，工作条件一般。无粉尘、毒物、放射性物质、传染病接触史。

过敏史：否认药物、食物及其他过敏史。

婚育史：26 岁结婚，配偶健康。生育 1 子 1 女，均体健。

家族史：父母已逝，死因不详，否认家族性遗传病史及同类病史。

体格检查

体温：36.5℃，脉搏：80 次/分，呼吸：20 次/分，血压：180/100mmHg

整体状况：神志清楚，查体欠合作。发育正常，营养良好，面色红润，被动体位。言语含糊不清，声音低怯。未闻及异常或特殊气味。伸舌左偏，舌质红，苔腻黄，脉弦滑有力。

皮肤、黏膜及淋巴结：全身皮肤黏膜无黄染及出血点，各组浅表淋巴结未触及肿大。

头面部：头颅无畸形，眼睑无下垂，眼球活动佳，结膜无充血，巩膜无黄染，角膜透明，双侧瞳孔等大、等圆，直径约 2mm。耳廓无畸形，无牵拉痛，听力正常，外耳道无异常分泌物，乳突无压痛，鼻无畸形，鼻翼无煽动，鼻腔通气良好，无异常分泌物，各鼻旁窦无压痛。口唇无紫绀，牙龈色泽红润，扁桃体无肿大，咽无充血。

颈项：颈静脉无怒张、颈动脉无异常搏动，肝颈静脉回流征阴性，颈软，无抵抗，气管居中，甲状腺无肿大，无血管杂音。

胸部：胸壁无静脉曲张，肋间隙无增宽或变窄，双肺呼吸动度正常，语颤均等，胸膜无摩擦感及皮下捻发音，叩诊呈清音，肺下界位于锁骨中线第五肋间，双肺呼吸音稍粗，未闻及干、湿性啰音。心前区无异常隆起及搏动，心尖搏动位于左胸第五肋间锁骨中线内侧2cm，未触及震颤，心浊音界无扩大，心率80次/分，心律齐，心音正常，各瓣膜听诊区未闻及病理性杂音，无奇脉、交替脉、短绌脉、水冲脉。

腹部：腹部平坦，未见肠型及蠕动波，无腹壁静脉曲张，全腹无压痛、反跳痛及腹肌紧张，肝、脾肋下未触及，墨菲征阴性，肾区无叩击痛，移动性浊音阴性，肠鸣音正常，无振水音、血管杂音。

二阴及排泄物：二阴无异常发现，肛门指诊前列腺质地中等，无肥大。

脊柱四肢：脊柱四肢无畸形，双下肢无水肿，无静脉曲张，无杵状指（趾）。

神经系统专科检查：右利手，被动查体。神志清楚，高级神经活动正常。言语欠清晰流利。双眼视力粗测可，眼底视乳头边界清楚，无苍白和水肿，A:V＝2:3。视野双眼左侧同向偏盲。无眼睑下垂，眼球位置居中，眼动可，无复视及眼球震颤。双侧瞳孔等大、等圆，直径约3mm，直接、间接对光反应灵敏，角膜反射存在。左侧面部痛觉减退，左侧下颌运动力弱。左侧鼻唇沟变浅，口角右偏，闭目有力，双侧额纹对称。软腭上提可，咽反射存在，发音正常，吞咽正常。伸舌左偏。颈软，无抵抗。左侧肢体肌力0级，肌张力减低，右侧肢体肌力Ⅴ级，肌张力正常，双侧肱二、三头肌腱及膝、跟腱反射（＋），左侧肢体痛觉、位置觉，两点辨别觉减退，右侧肢体感觉正常，共济检查不合作，左侧Hoffmann征、Babinski征、Chaddock征、Gordon征均阳性，右侧病理征未引出。

辅助检查：头颅CT：右内囊区脑梗死。

辨病辨证依据：患者起病较急，发病前曾有生气的诱因，出现左侧肢体无力，尚能独立行走，伴左肢麻木感，随后头晕倒地后出现左侧半身不遂，口角㖞斜、言语不清，故可诊为中风，中风、厥证、痫证均有突然昏仆的表现，但厥证常伴有四肢逆冷，该患者无此表现，故不诊断厥证；痫证以突然昏仆，四肢抽搐，两目上视，口吐白沫为特点，该患者无四肢抽搐，两目上视，口吐白沫的表现，故不诊断痫证。

患者症以半身不遂为主，而神志清醒，故属中经络。肾阴素亏，肝阳上亢，故平素头晕目眩，性情急躁。风阳内动，夹痰走窜经络，脉络不畅，故突然左侧肢体不能活动，言语含糊不清，口角向右㖞斜，脉弦主肝风，苔腻，脉滑有力是痰湿之象。舌质红，苔黄，是肝肾阴虚而生内热的表现。综观舌、脉、症，主病在肝肾，属肝肾阴虚、风阳上扰之中风。

西医诊断依据：起病急骤，左侧半身不遂，左侧面部痛觉减退，左侧下颌运动力弱。左侧鼻唇沟变浅，口角右偏，闭目有力，双侧额纹对称。伸舌左偏。左侧肢体肌力0级，肌张力减低，双侧肱二、三头肌腱及膝、跟腱反射（＋），左侧肢体痛觉、位置觉，两点辨别觉减退，共济检查不合作，左侧Hoffmann征、Babinski征、Chaddock征、Gordon征均阳性，头颅CT：右内囊区脑梗死符合急性脑梗死的诊断。血压：180/100mmHg

入院诊断：

中医诊断：中风（中经络）

肝肾阴虚，风阳上扰证

西医诊断：1. 急性脑梗死

2. 高血压病Ⅲ级

住院医师：

主治医师：

第三节 中医病历书写训练

一、纠错训练

病历一

姓名：张某　　出生地：略

性别：女　　常住地址：略

年龄：62 岁　　单位：某公司退休职工

民族：汉族　　入院时间：2005 年 3 月 22 日 10 时

婚否：已婚　　病史采集时间：2005 年 3 月 22 日 10 时

职业：干部　　病史陈述者：患者本人及家属

发病节气：春分后 2 日可靠程度：可靠

主诉：发现左侧颈部肿块 3 月余，咳嗽、胸闷、憋气伴胸痛半月余。

现病史：缘于入院 3 月前洗漱时发现左侧颈部一 3cm × 2cm 大小肿块，无疼痛、破溃，无发热，就诊于总医院及胸科医院，行胸部 CT 检查示左肺占位性病变，行支气管镜病理检查示“左肺低分化鳞癌”，当时未给予手术及放化疗治疗，仅予中药“紫龙金片”口服（具体不详）。近半月来，患者出现咳嗽，咳少量白痰，无痰中带血，胸闷、憋气明显，偶有活动后气喘，伴有左侧背部疼痛，无放射痛，自服“去疼片”后疼痛消失，但咳嗽仍在。今日前来我院进一步诊治，患者自发病来，无寒战、抽搐及头痛、头晕，无夜间盗汗，无恶心、呕吐，无腹痛、腹泻，无尿路刺激症状，无意识不清及肢体活动障碍，精神、饮食欠佳，近 3 月来体重减轻 2kg。

既往史：既往有高血压病多年，平时血压控制不详，否认冠心病、糖尿病病史，否认肝炎、结核等传染病史，无外伤及手术史，无输血史，预防接种史不详。

个人史：出生于原籍，并一直在当地生活。无疫水接触史及疫区生活史。无化学性、放射性物质接触史。吸烟史多年，20 支/天，无饮酒嗜好。

过敏史：无药物及食物过敏史。

婚育史：已婚，爱人及 4 女均体健。$15\frac{2\sim3}{28\sim30}50$。

家族史：母年过八旬，健在。父因“脑出血”于 89 年 64 岁时去世。

体格检查

体温：36℃，脉搏：82 次/分，呼吸：18 次/分，血压：150/105mmHg

整体状况：神志清楚，查体合作。发育正常，营养中等，精神欠佳，言语流利，对答切题，自动体位。体重75kg。语言不清，声音低怯，呼吸短促，咳声时作。未闻及异常或特殊气味。舌淡苔白腻，脉滑。

皮肤、黏膜及淋巴结：全身皮肤黏膜无黄染及出血点淤斑，未见肝掌及蜘蛛痣。左颈部触及一3cm×2cm大小肿大淋巴结，表面光滑，无压痛，活动度可，左锁骨上窝触及一2cm×2cm大小淋巴结，光滑，无压痛，活动度欠佳。

头面部：头颅无畸形，五官端正，睑裂正常，眼睑无浮肿，球结膜无充血、水肿，角膜透明，双侧瞳孔等大、等圆，直径约2mm，对光反射灵敏，视力正常。耳廓无畸形，外耳道无溢液，听力粗测正常，双侧乳突区无压痛。鼻通气畅，无脓性分泌物，各组鼻旁窦无压痛，口唇轻度紫绀，齿龈及口腔黏膜无溃疡及出血，咽充血，双侧扁桃体不大。

颈部：颈软，颈静脉无怒张，气管居中，甲状腺无肿大，未触及震颤，未闻及血管杂音。

胸部：双侧胸廓对称无畸形。两侧胸廓呼吸动度对称，触觉语颤正常，叩诊肺呈清音，肺下界位于右锁骨中线第五肋间，听诊双肺呼吸音粗，左肺可闻及广泛湿啰音，无胸膜摩擦音。心前区无隆起，心尖搏动位置正常，未扪及震颤、抬举性搏动及心包摩擦感，叩诊心浊音界无扩大，心率82次/分，律齐，各瓣膜听诊区未闻病理性杂音及心包摩擦音。

腹部：腹软，未见腹壁静脉曲张、肠形及蠕动波，全腹无压痛，无反跳痛及肌紧张，肝脾肋下未触及，墨菲征（-），未扪及包块，移动浊音（-），肠鸣音正常。

二阴及排泄物：肛门及外生殖器未见异常。

脊柱四肢：脊柱四肢活动自如无畸形，关节无红肿，双下肢无浮肿。

神经系统：生理反射存在，病理反射未引出。

实验室检查：外院CT示左肺占位，支气管镜病理示低分化鳞癌。

辨病辨证依据：患者由于长期吸烟，烟毒内蕴，水湿痰浊内聚，痰贮肺络，阻塞气道，以致肺失宣降，故而咳嗽，咳少量白痰，胸闷、憋气伴胸痛。舌淡苔白腻，脉滑，为痰湿阻肺。

西医诊断依据：咳嗽、胸闷、憋气伴胸痛，近3月来体重减轻2kg，胸部CT检查示：左肺片状阴影，边缘不清。支气管镜病理检查示“左肺低分化鳞癌”。血压150/105mmHg。

入院诊断：

中医诊断：咳嗽

痰湿阻肺

西医诊断：1. 肺感染

2. 左肺癌

3. 高血压病

住院医师：

主治医师：

存在的缺陷及分析

(1) 主诉不妥，应改为“咳嗽15天”。因为主诉是简明扼要地叙述患者主要症状、体征及时间。这次患者来就诊的主要原因是咳嗽症状持续半月余。

(2) 主诉应与诊断相呼应。该病历以“发现左侧颈部肿块3月余”作为主诉，与中医诊断（咳嗽）不吻合。

(3) 患者3个月前即出现颈部肿块，但不是这次就诊的原因，故放在既往史中。而且病历中对肿块的描述很少，无肿块的质地及发展变化情况（服紫龙金片后，肿块有无变化）。

(4) 现病史应紧绕主诉书写发病时间、起病形式、病因或诱因，初起的症状、伴随症状、诊疗经过（诊断、治疗用药情况）、治疗后的症状变化等。此次就诊的主诉是咳嗽，故现病史应紧绕咳嗽收集资料。但从病史看，围绕主诉不紧密，就诊时患者的刻下症状，特别是阳性症状收集不全，缺乏辨证依据。如咳嗽声音的高低；是否频频咳嗽；是干咳、少痰，还是咳嗽、痰多；痰色是白，还是黄；痰易不易咳出，咳引胸痛还是不咳亦胸痛，疼痛与呼吸有无关系等。

(5) 此病历主诉写伴胸痛，但在病史中未出现胸痛而是左背部疼痛，说明主诉欠准确。

(6) 辨病辨证内容不完整。

(7)“近3月来体重减轻2kg”与“颈部肿块”有相关性，应该放在一起论述。

病历二

姓名：张某	出生地：略
性别：男	常住地址：略
年龄：50岁	单位：某公司职工
民族：汉族	入院时间：2006年9月23日11时
婚否：已婚	病史采集时间：2006年9月23日11时
职业：干部	病史陈述者：患者本人
发病节气：秋分	可靠程度：可靠

主诉：间断性右上腹痛5年，加重1天。

现病史：8年前体检，B超发现“胆囊内结石两枚，最大2cm”，因无任何症状，未行任何处理。5年前，无明显诱因，突然发病，出现右上腹部疼痛，呈钝痛，向右后背放散，可忍，伴有恶心、呕吐，不伴尿急、尿频、尿痛、腹泻及发烧，求诊于某医院，诊断为“急性胆囊炎”，给予肌注止痛药（不详）及输注消炎药一次后缓解。3个月前以上症状再发，性质同前，诊断为“急性胆囊炎”，给予输用消炎药7天后好转。今晨早餐食油腻后再发，症见右胁胀满疼痛，胸闷，向右后背放射，伴有恶心、呕吐。患者近来大便黏滞，口苦心烦，舌质红苔黄腻，脉弦滑。体重无下降，步入病房。

既往史：否认类似病史，否认心、肝、肺、肾、脑病史。无外伤、输血及食物过敏史，“破伤风抗毒素”皮试过敏。近期无预防接种史。

个人史：生于原籍，本地工作，未到过牧区、疫区，无毒物及放射性物质接触史，少量烟酒，无其他异常嗜好。已婚，无性病史。

家族史：父母健在，父亲患“高血压病、糖尿病、冠心病”；爱人患“糖尿病”，一子体健。否认其他家族病及遗传病史记载。

体格检查

体温：36.7℃，脉搏：88次/分，呼吸：20次/分，血压：150/100 mmHg。

整体状况：体重66Kg。发育正常，营养中等，非急性痛苦病容，自动体位，神志清楚，语言清晰，步入病房，查体合作。

皮肤、黏膜及淋巴结：全身皮肤黏膜完整，无其他斑疹疱痣，无黄染及水肿。全身浅表淋巴结未触及肿大。

头面部：头颅无畸形，五官端正，双侧眼睑无水肿，结膜无充血，巩膜无黄染，双侧瞳孔正大、等圆，对光反射灵敏，视力正常。耳廓无畸形，外耳道通畅，无脓性分泌物，双侧乳突区无压痛，粗测听力正常。鼻无畸形，鼻腔通畅，无异常分泌物，副鼻窦区无压痛。口唇无发绀，口腔无溃疡，牙齿排列整齐，牙龈无出血及溢脓；舌质红苔黄腻，伸舌居中；咽无充血，双侧扁桃体无肿大。

颈项：颈部对称无畸形，未见颈静脉怒张及颈动脉异常搏动，颈软，无抵抗，双侧甲状腺无肿大，气管居中。

胸部：胸廓对称无畸形。双侧肋间隙无变窄及增宽。呼吸动幅一致；触觉语颤均等，未触及胸膜摩擦感；双肺叩清音，肺肝浊音界位于右侧锁骨中线第五肋间；双肺呼吸音清晰，未闻及干湿性啰音及胸膜摩擦音。心前区无隆起，心尖搏动不弥散；未触及细震颤；心界无扩大；心率88次/分，心音有力，心律齐，各瓣膜听诊区无杂音，无心包摩擦音。

二阴及排泄物：肛门及外生殖器未见异常。

脊柱四肢：脊柱及四肢无畸形，各关节无红肿痛及功能障碍，双下肢无水肿，四肢肌张力正常。

神经系统：肱二、三头肌腱及跟、膝腱反射正常存在，病理反射均未引出。

专科情况：腹部平坦、对称，未见胃肠型及胃肠蠕动波，腹式呼吸存在，呼吸疼痛征（-），咳嗽疼痛征（-），无腹壁静脉曲张，胸毛、腹毛密、长；腹软，无压痛、反跳痛及肌紧张，全腹未触及异常包块，肝、脾、胆、双肾未触及肿大，墨菲征（-），麦氏征（-）；肝肾区无叩痛，移动性浊音（-）；肠鸣音存在，无增强、减弱及高调肠鸣。

辨病辨证依据：过食肥甘厚味，久则生湿蕴热，蕴结胆腑，煎熬胆液，聚而为石，阻滞胆道，胆腑气郁，胆液通降失常，郁滞则胀，不通则痛，形成胆胀。胆胃不和，则恶心、呕吐，大便黏滞，舌质红苔黄腻，脉弦滑为肝胆湿热之征。

西医诊断依据：右胁胀满疼痛，胸闷，向右后背放射，伴有恶心、呕吐。B超提示“胆囊炎，胆囊结石”。血压：150/100mmHg。

入院诊断：

中医诊断：胆胀

肝胆湿热证

西医诊断：1．慢性结石型胆囊炎

2．高血压病

住院医师：

主治医师：

存在的缺陷及分析

（1）现病史应该紧绕主诉书写发病的时间，原因或诱因，起病的形式，起病时的症状，伴随症状，经过到医院检查，诊断，用药情况，经治疗后病情的变化，全身情况，具有鉴别意义的阴性症状等。此案主诉为“间断性右上腹痛5年加重1天”，除对主诉疼痛的准确部位、性质、伴随症状详细问诊外，还应对间断期间的情况简要叙述，如全身情况等。现病史中“体重无下降”应该在此记录。

（2）现在症对主症的描述不够，且缺乏具有鉴别意义的阴性症状，如有无黄疸、发热等。

（3）舌脉及步入病房为望诊、切诊所得，非问诊内容，不应该出现在现病史中。

（4）“否认类似病史，否认心、肝、肺、肾、脑病史。”此种叙述不妥。如既往体健，否认肝炎、结核传染病史，无外伤、手术、中毒、输血史。

（5）“已婚，无性病史。”应该在婚育史中。

附篇　诊断实用新技术

第一章　脉图描记分析方法

脉象是脉动应指的形象。现代脉诊研究应用脉象仪检测脉图，模拟手指切脉过程中由指端压力感受器等感觉装置获取脉搏信息的原理，采用压力感应元件测录压力脉搏波图，进而从中提取脉象信息，通过计算机软件自动判读脉象的各项生理参数，是脉诊客观化、定量化的一种新手段。目前脉象仪的种类较多，我们仅以上海产 MX－3 型脉象仪为例，简要介绍有关的操作规范。

一、操作规范

（一）被测者体位要求

被测者取仰卧位或坐位，直腕仰掌，腕后垫一脉枕。

（二）脉象传感器定位

1. 采用单探头脉象传感器。
2. 定位前，先以手指切到寸口部桡动脉搏动最明显的部位，在这点作一与手臂纵轴相平行的直线，再从桡骨茎突作此线的垂线，取交点为关部的中心位置。
3. 若需取寸、关、尺三部脉象，则用示指按在关前（腕侧）定寸，用无名指按在关后（肘侧）定尺。
4. 布指疏密要与患者手臂长短和医生的手指粗细相适应。
5. 确定好位置后，将传感器的探头对准该处固定绑带。支架应与腕面垂直，绑带的松紧要适宜。

（三）记录

1. 捻转传感器的垂直加压螺旋，使探头逐渐触压取脉部位。
2. 逐渐加压过程中观察脉图波形变化。如果波形规则，且随压力增加有相应变化，说明定位基本准确。
3. 在逐渐加压过程中确定最佳取脉压力的大致压力范围。
4. 随后，调节加压螺旋，使取脉压力退回到零位。
5. 开始加压，并根据最佳取脉压力值，取 5～10 个压力段的波形，组成系列脉图，并需包括最佳压力脉图，每个压力段的段差一般为 25g 左右。
6. 记录完毕后，拆下换能器，注意观察探头压痕是否覆盖关部中心。

7. 仪器复原，关闭电源。

（四）脉图分析

1. 脉搏波波形及其形成 脉搏是由心脏射血活动引起的一种血液和血管壁振荡。此振荡波最初在主动脉根部形成，然后沿着动脉树迅速向外周血管传播，而成为各部分脉搏的表现波。动脉脉搏图的形态可因描记的部位而有变化，但一个完整的桡动脉搏动周期一般都包括以下几个组成部分（附图-1）。

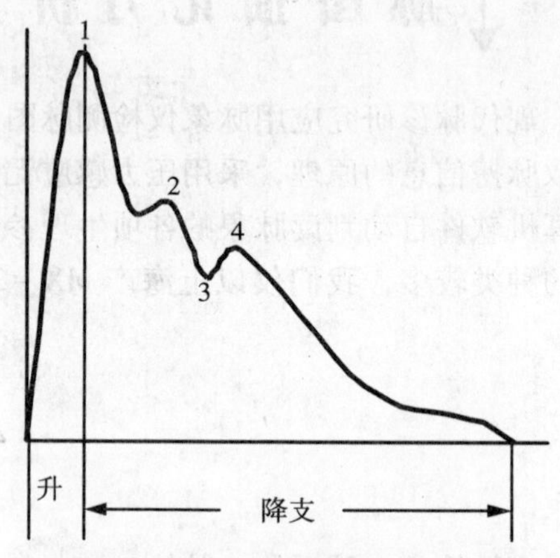

1. 主波 2. 潮波 3. 降中峡 4. 重搏波

附图-1 桡动脉脉图的波组位

（1）升支：脉搏波形中由基线至主波峰顶的一条上升曲线，是心室的快速射血时期。

（2）降支：脉搏波形中由主波峰顶至基线的一条下降曲线，是心室射血后期至下一次心动周期的开始。

（3）主波：脉图的主体波幅，一般顶点为脉图的最高峰，反映动脉内压力与容积的最大值。

（4）潮波：又称重搏前波，位于下降支，主波之后，一般低于主波而高于重搏波，反映左心室停止射血，动脉扩张降压，逆向反射波。

（5）降中峡：或称降中波，是主波降支与重搏波升支构成的向下的切迹波谷，表示主动脉静压排空时间，为心脏收缩与舒张的分界点。

（6）重搏波：是降支中突出的一个上升波，为主动脉瓣关闭、主动脉弹性回缩波。

2. 脉图参数及含义 目前，国内对中医脉图的检测指标尚未完全统一。1983 年在青岛召开的全国中西医结合四诊会议上，研究同意将上海中医药大学和山东中医药大学脉图编号命名及常用测量标志加以介绍，为脉图统一命名做准备。以下是以上海中医药大学桡动脉脉图的主要指标参数为基础介绍脉图。

（1）脉图参数（附图-2）

①h_1：主波高度，为主波峰顶到脉搏波图基线的高度（基线与时间轴平行时）。主要反映左心室的射血功能和大动脉的顺应性。

②h_3：潮波高度，即潮波峰顶到脉图基线的幅度。h_3 值主要反映动脉血管张力和外周阻力状态。

③h_4：降中峡高度，为降中峡谷底到脉搏波图基线的高度。降中峡高度主要反映动脉血管外周阻力的大小。

④h_5：重搏波高度，为重搏波峰顶到降中峡谷底所作的基线平行线之间的高度。重搏波高度主要反映大动脉的弹性（顺应性）情况。

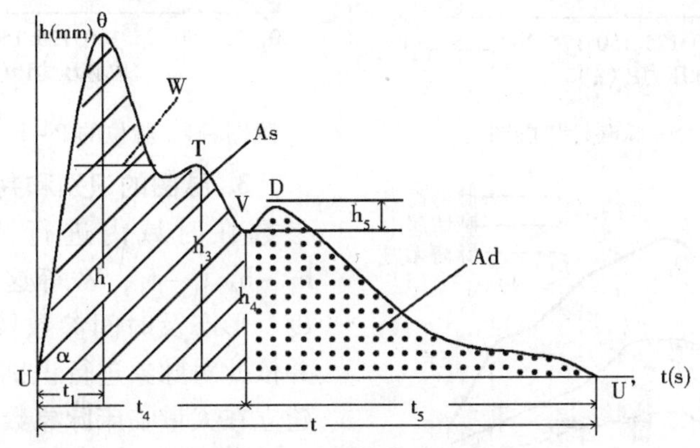

附图－2　脉图检测的主要指标

⑤t_1：为脉搏波图起始点到主波峰点的时值。t_1 对应于左心室的快速射血期。

⑥t_4：为脉搏波图起始点到降中峡之间的时值。t_4 对应于左心室的收缩期。

⑦t_5：为降中峡到脉搏波图终止点之间的时值。t_5 对应于左心室的舒张期。

⑧t：为脉搏波图的起始点到终止点的时值。t 对应于左心室的一个心动周期，对应于脉搏，亦即一个脉动周期。

⑨W：主波上 1/3 的宽度，相当于动脉内高压力水平所维持的时间。

⑩As：即脉搏波图起始点到降中峡之间的脉图面积，为收缩期面积。

⑪Ad：即降中峡到脉搏图终止点之间的脉图面积，为舒张期面积。脉图面积与心输出量有关。

⑫α：上升角，或称 U 角，主波升支与基线的夹角，反映血管弹性与血液黏性。

⑬θ：主波角，或称 P 角，是主波升支与降支的夹角，反映血管弹性和血流状况。

为了更好地反映脉图特征和心血管状态，一般取各幅度参数的相对比值，如 h_3/h_1、h_4/h_1、h_5/h_1、$(h_1-h_3)/h_1$ 等。对于时间参数取绝对值和相对值并用的方法，如 t_1、t_4、t_5、t、W 及 t_1/t、t_1/t_4、$(t_4-t_1)/t$、t_5/t_4、W/t 等，其灵敏度和准确度更高。

（2）压力趋势图：将由轻取到重按十个压力段的系列脉图中的 h_1 高度对应取法压力变化的情况，反映到二维坐标系中，即可绘制出取法压力－脉幅趋势图（附图－3）。根据 h_1 趋势曲线的变化，可以区分脉位、脉力大小和脉势虚实（附图－4、附图－5）。h_1 趋势曲线呈渐降型为脉位浮，正态型为脉位中，渐升型为脉位沉。轻取重按 h_1 皆大，h_1 趋势曲线呈满实型为实脉；轻取 h_1 较大，重按则迅速下降，h_1 趋势曲线呈无根型为虚脉。h_1 趋势曲线呈高大型为有力脉，呈低平型为无力脉。

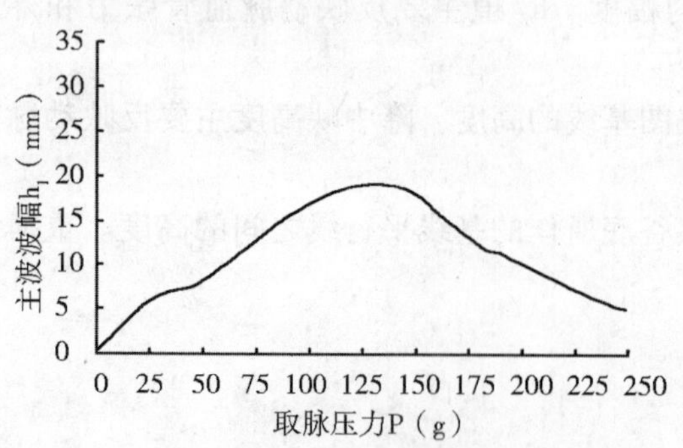

附图－3　压力－脉幅趋势图图

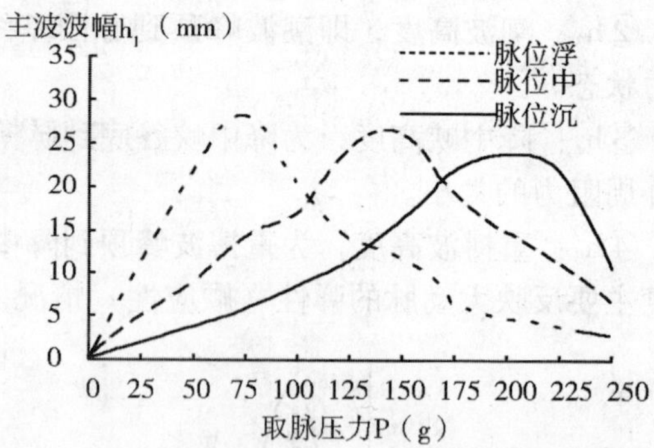

附图－4　脉位的P－h_1趋势曲线图

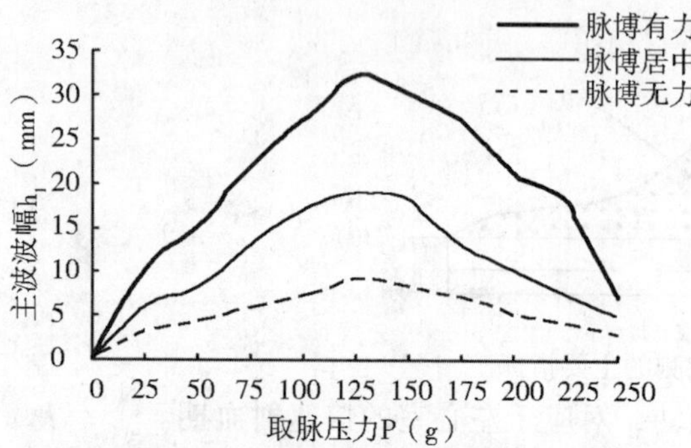

附图－5　脉势的P－h_1趋势曲线图

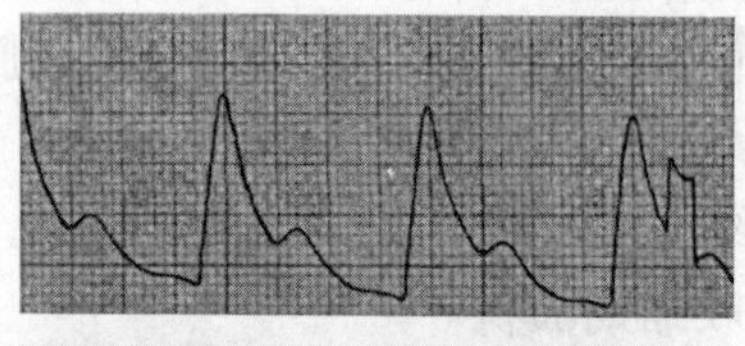

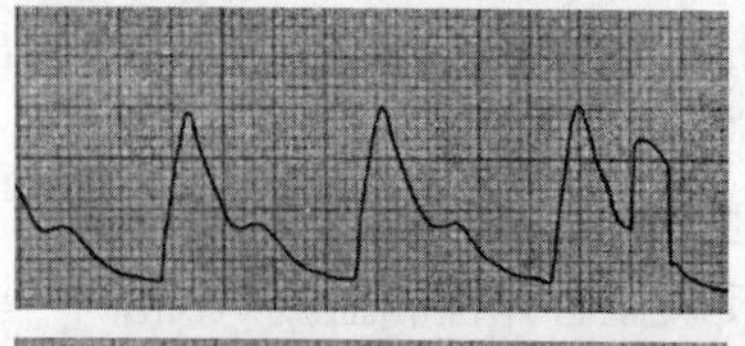

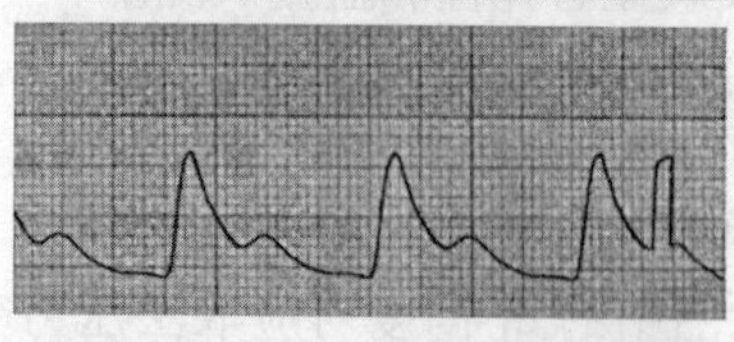

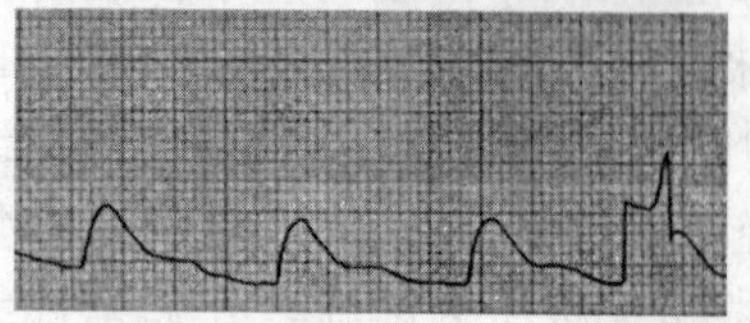

附图－6　浮脉脉图

3. 脉图的识别和判读　计算机对脉图参数在时域内进行测量、标定，分析h_1-h_4、t_1-t_3、W等这些特征峰、谷的幅度、形态及时间参数及它们的变形参数，并依此对脉象进行识别。脉象仪的程序是建立在大量临床脉象数据得到这些参数与各脉名的对应关系的基础上，因此计算机可以用这些特征参数判断脉象类别。

4. 常见脉象的脉图特征　主要介绍常见脉象（包括浮、沉、迟、数、结、促、代、弦、滑、涩、虚、实脉等）的脉图特征。

（1）浮脉（附图－6）：浮脉的形成多由于外邪袭表，卫阳抗邪，脉气鼓动于外，或久病虚阳浮越，脉气浮散，致脉道充斥，脉位表浅。现代研究认为，由于心率增加，心搏有力，回心血量增多，心输出量亦增加；同时外周血管扩张，血管弹性阻力降低，血管对血流产生的侧压及阻抗减少，血流速度加快，故呈现浮脉特征。其脉图特征如下：①最佳压力脉图的取脉压力（$P_{出}$）比正常脉要小，一般$P_{出} \leq 75g$，反映“轻取即得”。②P－h_1趋势曲线峰值左移，呈渐降型，若采用中取或沉取压力描记脉图，则主波幅反降，反映“重按稍减”。③上升支陡直，t_1正常或稍短，下降支快，降中峡位置低，$h_3/h_1<0.3$。

（2）沉脉（附图-7）：沉脉的形成多因病邪内郁，邪正相搏于里，气血内困，或脏腑内虚，正气衰微，气血失运，致使体表气血失充，不鼓脉道而脉位深沉。现代研究认为，由于心搏出血量减少，血压降低，血管压力减小，血管充盈度不足，血流缓慢，使脉位沉；当周围血管收缩，外周阻力增加时，脉管变细，管内压力增高，脉位亦沉。其脉图特征如下：①最佳压力脉图的取脉压力（$P_{出}$）比正常脉要大，一般 $P_{出} \geq 150g$，反映“重按始得”。②$P-h_1$ 趋势曲线峰值右移，呈渐升型。③脉形不拘。

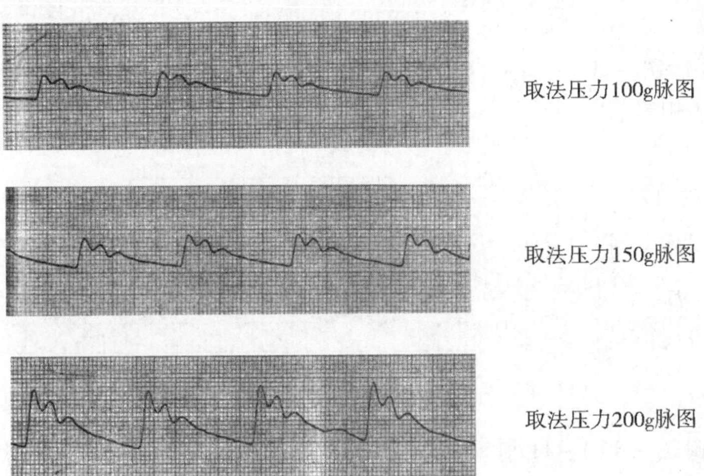

附图-7 沉脉脉图

（3）迟脉（附图-8）：由于阴寒内盛，气血凝泣，或阳虚内寒，运血无力，致使脉道稽迟，脉行缓慢，故见脉迟。现代研究认为，由于迷走神经兴奋性增加，窦性心动过缓，或房室传导阻滞，甲状腺机能减退，代谢机能低下，致使心动过缓，心室率降低，从而脉率低下，脉来迟缓。其脉图特征如下：①$t>1$ 秒，脉率在 40～59 次/分钟之间。②脉形不拘，脉律整齐。

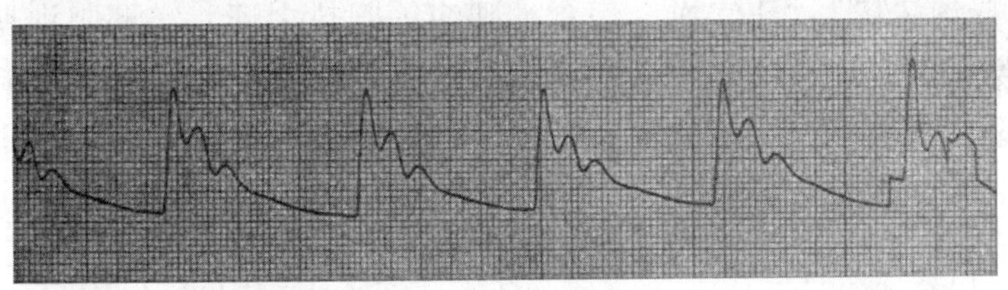

附图-8 迟脉脉图

（4）数脉（附图-9）：数脉的形成多因邪热内盛或素体阳盛，鼓动气血，或阴虚内热，热斥心脉，或虚阳浮越，鼓动脉气，均使心搏加速，脉率加快。现代研究认为，多因感染发热，血压降低，窦性心动过速，或心肌兴奋性增加，心肌收缩力下降，心搏代偿性增加，致使脉率快于正常状态。其脉图特征如下：①$0.66$ 秒 $>t>0.5$ 秒，脉率 91～120 次/分钟。②脉形不拘。

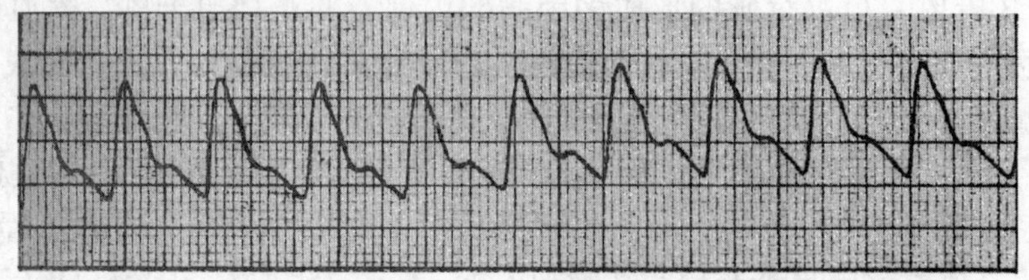

附图－9　数脉脉图

（5）疾脉（附图－10）：①t＜0.49 秒，脉率大于 121 次/分钟。②t 值之差＜0.12 秒。③各波群图形基本相等。

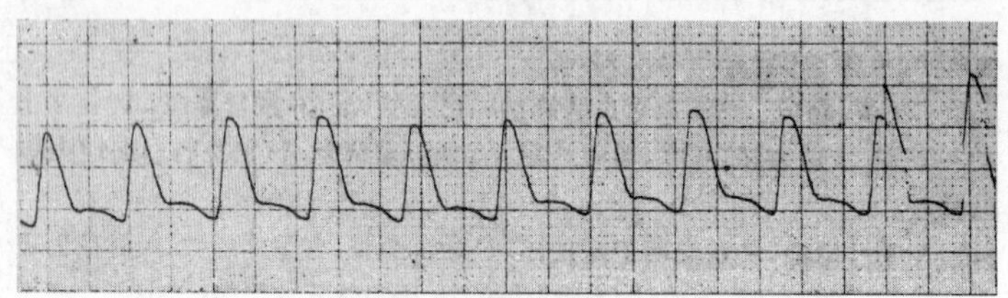

附图－10　疾脉脉图

（6）结脉（附图－11）：①脉动周期不等，t 值之差＞0.12 秒。②脉率≤90 次/分钟。③脉图中有不规则的停搏，插入间歇性小波。

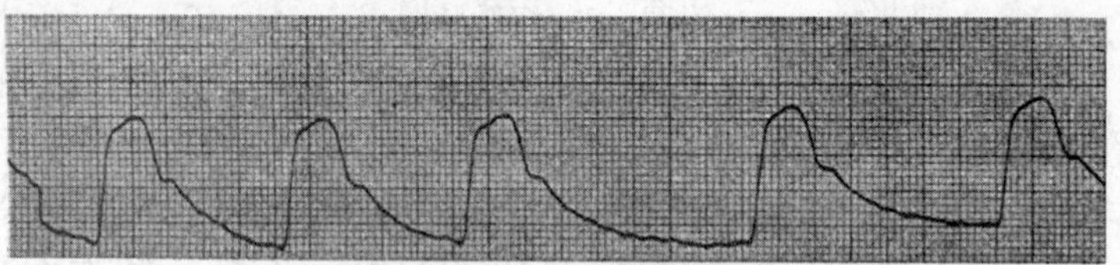

附图－11　结脉脉图

（7）促脉（附图－12）：凡气血、痰食、肿痛等阳热之证，实邪阻滞脉道，脉流快速，逆乱不和，则脉数而时见歇止。现代研究认为，促脉常见于窦性心动过速伴期前收缩，结性心动过速伴传导阻滞等疾病中，心排血量极少，脉搏短细。其脉图特征如下：①脉动周期不等，t 值之差＞0.12 秒。②脉率＞90 次/分钟。③脉图中有不规则的停搏。

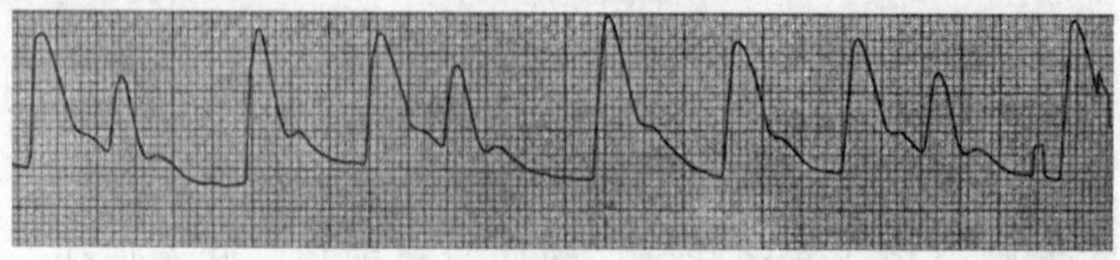

附图－12　促脉脉图

（8）代脉（附图－13）：代脉多因脏气衰败，气血虚损，血行无力，脉气不衔而时有歇止。现代研究认为，由于心脏期前收缩，或房室传导障碍，窦性节律不齐等发生固定性节律改变而致脉律改变。其脉图特为：①脉动周期不等，t 值之差 >0.12 秒。②脉率≤90 次/分。③脉搏间有规律性停搏，歇止呈 1∶1（二联脉）、2∶1（三联脉）等多种。

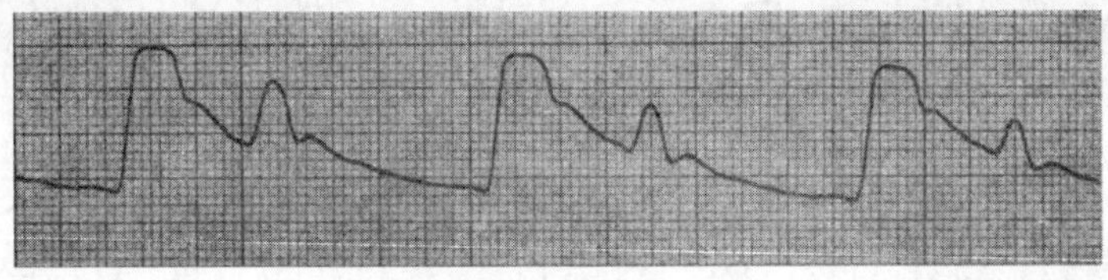

附图 –13 代脉脉图

（9）弦脉（附图 –14）：弦脉的形成多因肝气郁结，气机失调，脉道劲急，气血不和，脉气紧张，脉硬而长。现代研究认为，弦脉形成的机理比较复杂，与动脉硬化，血压升高，脉压增大，血管顺应性降低，外周阻力增强，脉搏波传导速度加快等因素有关，致使血管紧张度增加，或有效血液循环量改变而致弦脉。其脉图特征如下：①潮波明显抬高，与主波接近或融合，呈高陡宽大主波，反映“挺然直过”的特点。② $h_3/h_1 \geqslant 0.7$，$W/t > 0.2$。③降中峡抬高，$h_4/h_1 > 0.5$。④重搏波平坦，$h_5/h_1 \leqslant 0.05$。

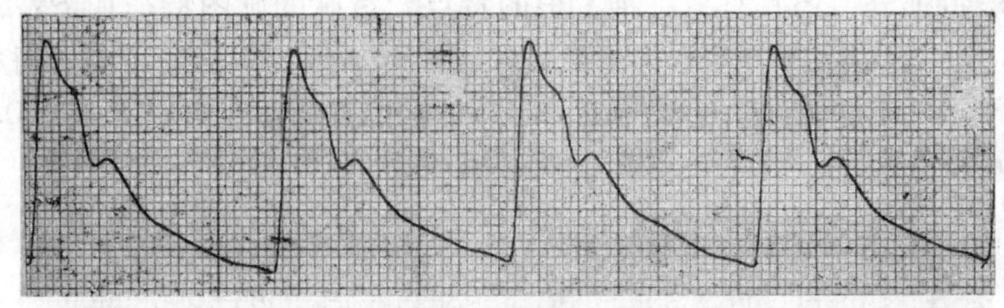

附图 –14 弦脉脉图

弦脉可见于中老年健康人，即生理性弦脉，又称“平弦脉”（附图 –15）。其特征是指感上从容柔顺，和缓稍滑。在脉图上可呈三峰波型，最佳取法压力中取，周期 0.8 ~ 1.0 秒，主波随取法加压变化而有较大变化，有正常的血流动力学指标，是脉有胃气的表现。

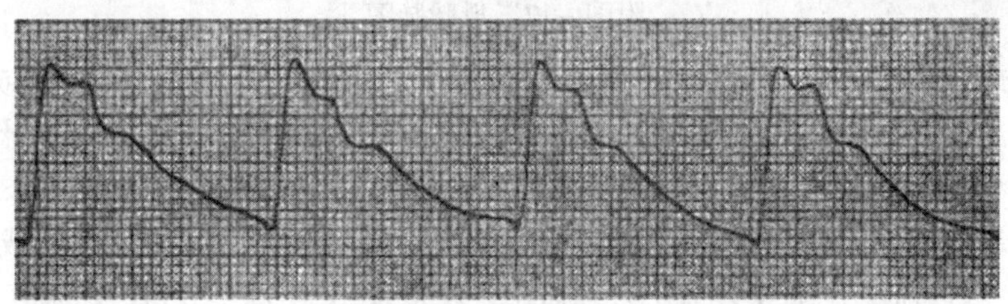

附图 –15 生理性弦脉脉图

疾病之中见弦脉即病理性弦脉，又称“病弦脉”（附图 –16）。其特征是指感上弦劲占优势，脉图逐渐向僵直平顶波型发展，血流动力学指标异常，是脉中胃气减少的表现。临床根据潮波位置的高低和主波形态的变化，可将病弦脉分成弦Ⅰ型（主波斜宽）、弦Ⅱ型（主波平宽）、弦Ⅲ型（主波后隆）、弦Ⅳ型（主波圆宽）4 个类型。这些图形上的差异，反映了指感的不同弦硬程度，一般脉图中潮波上升的位置越高，与主波叠加的位置越前，则脉象越弦硬。

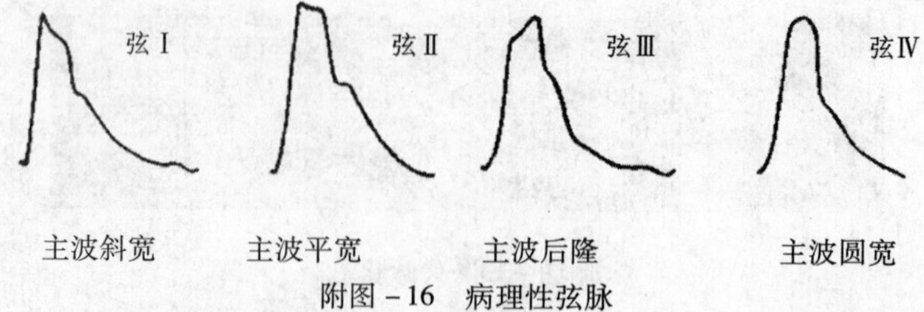

附图－16 病理性弦脉

（10）滑脉（附图－17）：痰食火热，实邪壅盛，正气未衰，邪正相搏，气实血涌，血流畅利，故脉来圆滑。现代研究认为，由于血液黏滞度降低，血管弹性良好，血管内壁柔滑；心搏排血量正常或稍增加，血流通畅，速度较快，致使脉搏波向外周传播及反射波向心反射传播速度加快，共振波幅度增大，致脉管迅速扩张又迅速缩小状态，而成为滑脉。

此外，健康人见到稍滑脉象，或妊娠2~9个月的无病孕妇见到滑脉，皆是健康佳兆，表明血管弹性良好，内膜壁光滑，柔和而血流滑利，均属生理性的滑脉。生理性滑脉的脉图除有滑脉的一般特征外，还具有胃、神、根的特点。滑脉的脉图特征如下：①升降支斜率大，$W/t<0.2$，t_1 为0.07~0.09秒；主波夹角（θ）为17°~22°。②潮波时相后移，位置低，叠加或隐没于降中峡附近，呈双峰波。③降中峡位置低而显著，$h_4/h_1<0.5$。④重搏波显著，$h_5>2mm$，位置低。

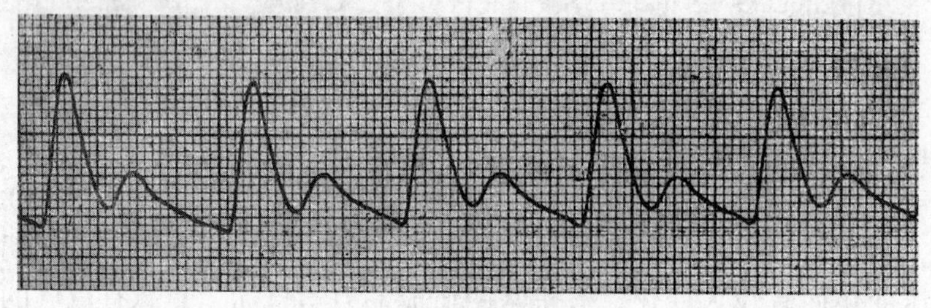

附图－17 滑脉脉图

（11）涩脉（附图－18）：涩脉的形成多因精血津液衰少，经脉失濡，或因气血瘀滞，血行不畅，痰食积滞，气机不利，血行受阻，故而脉涩。现代研究认为，涩脉是因血液黏滞性增高，血液对管壁黏附性增加，自身流动性减弱；或因迷走神经的兴奋性下降，心搏血量减少，外周血管收缩，阻力增大，均使血流缓慢，脉搏的升降速度徐缓而形成涩脉特征。其脉图特征如下：①升支、降支斜率小，脉图呈现低平土堡状。②升支时值延长，t_1 可为0.09~0.16秒，升支中可见顿挫。③主波峰顶圆钝，主波夹角为28°~50°。④主波幅正常或稍低。⑤潮波、降中峡、重搏波位置相对上升，但形态不明显，或消失。⑥脉动周期差大于0.12秒。

（12）虚脉：阳气亏虚，脉气不鼓，脉力不足；阴血亏虚，脉道不充，则脉软空虚。现代研究认为，由于心搏血量减少，血管弹性阻力下降，血压降低，致使出现脉管紧张力减

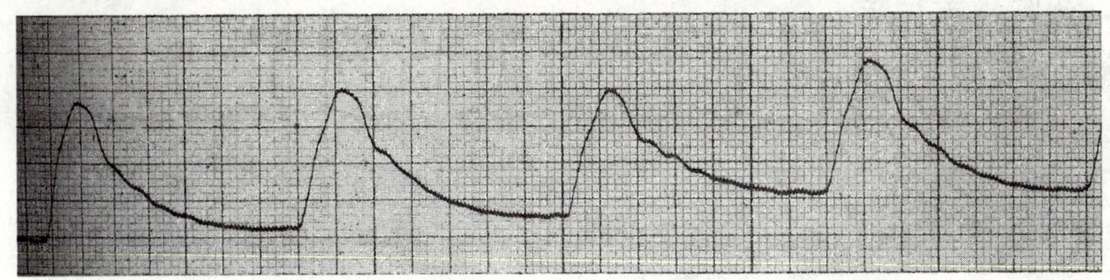

附图 – 18　涩脉脉图

小，脉管内血液充实度不足的状态。其脉图特征如下：①最佳取法压力下的脉幅：P – h_1 趋势曲线对应的 h_1 幅度小，一般小于 9mm，曲线形态呈低平型，反映脉力较弱。②脉搏耐受压力下的程度：P – h_1 趋势曲线呈现轻取时脉幅较大，稍加压迅速降到低水平，曲线形态呈无根型，表示切脉举之无力，按之空软。

（13）实脉：邪气壅实，正气未衰，邪正剧争，气血壅盛，故脉道坚满，搏指有力。现代研究认为，由于心搏血量增加，血管弹性阻力稍增高（或正常），血压上升等因素，致使血管内血液充实度增强，呈紧张状态。其脉图特征如下：①最佳取法压力下的脉幅：P – h_1 趋势曲线对应的 h_1 幅度大，曲线形态呈中等型以上或高大型，反映脉力较强。②脉搏耐受压力下的程度：P – h_1 趋势曲线呈轻取、中取、重按脉搏幅值均大，在相当宽的压力段维持高水平，曲线形态呈满实型，表示切脉举按有力。

临床亦常见相兼脉。相兼脉的脉图特征多由组成该相兼脉的各单一病理脉图的特征综合而成，表现在某些指标参数值常介于所兼单一病理脉图的数值之间，而另一些参数值则往往与所兼脉中某一种脉图特征接近。

二、注意事项

1. 检测前 24 小时内受检者不能服用血管收缩、扩张或心肌兴奋、抑制药物。检测前静休 5～10 分钟，稳定情绪，手臂关节自然放松，避免呼吸对肩、臂的牵动。

2. 开机前必须先接妥传感器接头。严禁用大于 250g 的外力触摸传感器探头，以免过载而损坏传感器元件。检测完毕应立即将传感器探头旋回。

3. 定位时探头应注意尽量避开桡动脉毗邻的肌腱。

4. 从确定关部测脉位置到固定传感器的整个过程中，应保持手腕姿势的相对固定，以免探头位移造成记录误差。

5. 在固定时传感器时注意松紧适宜，过紧则压迫血管；太松会使探头移位或加压不到位。加压时手法宜轻，应避免大幅度晃动传感器或用手直接按压传感器的取脉探头。

6. 如受检者心律不齐，则应在最佳取法压力记录 30 帧脉图，以便观察异常心律的变化规律。

7. 诊察床不能倚靠和碰撞。

8. 实验环境应保持安静。

三、实验报告记录

1. 脉图粉贴纸（附图－19）

系列脉图（1～3段）	黏贴线
系列脉图（4～6段）	黏贴线
系列脉图（7～10段）	黏贴线
最佳脉图	黏贴线

脉图描记者签名：________ 描记日期：____年____月____日

附图－19 脉图黏贴纸

2. 脉图检测记录表（附表－1）

附表－1 脉图检测记录表

资料编号：第____号 检测日期：______

姓名：______

民族：____

性别：____

年龄：____

职业：____

婚姻：______

电话：______

中医脉诊：左手______脉；右手______脉

有关病史：____________

脉图描记者：____________

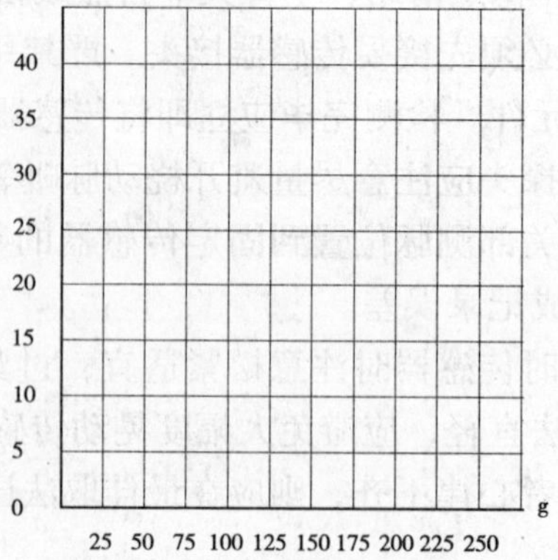

mm

40
35
30
25
20
15
10
5
0

g

25 50 75 100 125 150 175 200 225 250

项目			左手			右手		
			寸	关	尺	寸	关	尺
脉位	$P-h_1$ 脉位趋势曲线（型）							
	脉图出现的压力 $P_{出}$（g）							
	脉率（次/分钟）							
	脉律（整齐与否）							
脉形	时间（s）	t						
		t_1						
		t_4						
		t_5						
		W						
	波幅（mm）	h_1						
		h_3						
		h_4						
		h_5						
	角度（°）	α						
		θ						
	面积（mm^2）	As						
		Ad						
		At						
	比值	h_1/t_1						
		h_3/h_1						
		h_4/h_1						
		h_5/h_1						
		W/t						
		Ad/At						
脉势	$P-h_1$ 脉势趋势曲线（型）							
	$P-h_1$ 耐压趋势曲线（型）							

第二章 舌图采集分析方法

在中医理论指导下，多学科技术，如色度学、光学、数码、计算机图像信息处理技术等在中医舌诊中的应用，促进了舌诊客观化、规范化的研究。当前舌象客观化仪器检测多是在有特定光源的封闭式拍摄环境中进行，用数码图像采集设备采集舌图像资料，再用图像处理技术对舌象某个特征信息进行分析。舌象客观化仪器的临床应用有助于舌象准确识别及为临床诊断提供客观的参考指标。

一、操作规范

（一）被测者体位要求

被测者取坐位。伸舌时应尽量张口使舌体充分暴露，将舌自然伸出舌外，舌体放松，舌面平展，舌尖略向下。

（二）环境要求

为了避免影像失真，舌图像采集在一个封闭的暗箱中进行，以避免外来光线对摄影结果的影响。局部暗室中采用接近自然光的人造光源照明，另外在暗箱内部固定高性能的数码相机，使舌体照射部位、光源和相机三者位置固定，以达到成像条件的统一性，避免因彼此间距离不同而对摄取影像之亮度及可信度造成影响。

（三）舌象采集

1. 启动计算机、数码相机程序及暗箱光源。
2. 通过取景框纠正被观察者的伸舌姿势。
3. 摄取图像。

（四）舌图像分析

1. 色彩校正 色彩校正的目的是从舌经过数码相机拍摄后到计算机显示器上显示时保持色彩的一致性和重复性。实际的彩色物体，经过外界光源的照射、数码相机的采集和显示器的显示后，不可避免地会发生色彩失真。色彩失真使中医师通过显示器观察舌图像时产生不正确的判断，直接影响中医师对系统的接受程度；同时也会影响舌象特征自动分析的准确度。

实现色彩重现最常用的方法是三刺激值匹配法。根据色度学的理论，三刺激值匹配法是使计算机显示的物体的三刺激值与对应的实际物体颜色的三刺激值相同。由于三刺激值须由一定照明光源和观察者的色觉特点决定，因此三刺激值匹配是有条件的。根据同色异谱的原理，在一定的条件下，即使光谱分布不同，如果三刺激值相同，就会得到相同的颜色外貌。它是最普遍和最有实用意义的方法。

2. 舌体分割　舌体分割是将舌体图像从含有面部的图像中分割出来，这是进行舌体特征识别的前提。分析舌图像的特点可以发现：①面部的颜色、纹理与舌体有差异；②嘴唇和咽的颜色与舌体的颜色基本相近，均为相近的红色系列，但纹理与舌体有所不同；③牙齿的颜色和纹理与舌体有差别；④舌体的形状基本一致，多为细长的椭圆形，但是由于病理、个体差异或伸舌姿势的影响，在具体形状上千差万别；⑤舌边缘伴有阴影、亮斑等噪声。上述因素可能对分割造成干扰。因此，在进行舌体分割之前，有必要对图像进行预处理。

（1）*预处理*：预处理即除掉面部、唇、咽、牙齿以及衣物等非舌体区域，得到粗略的分割图像，减少不必要区域对舌体分割的干扰（附图－20）。

（2）*舌体分割*：目前应用较多的还是人机交互的方式，先用 Snake 的分割算法检测舌体边缘，若分割出来的图形不理想，则可手动将分割出来的图形扩大或缩小，以确保分割出来的图形完全等同于目标的大小（附图－21、附图－22）。

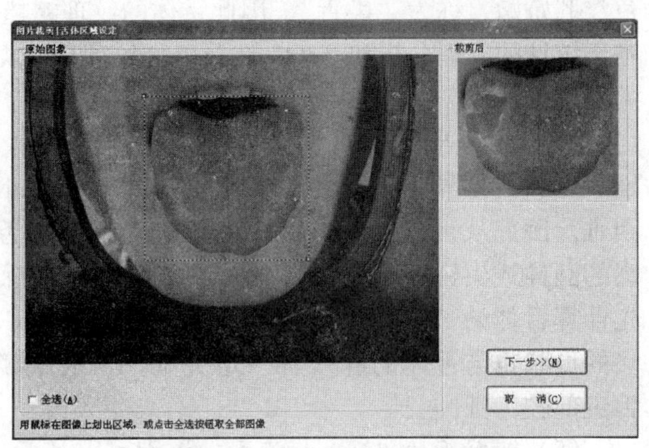

附图－20　选取舌体所在区域

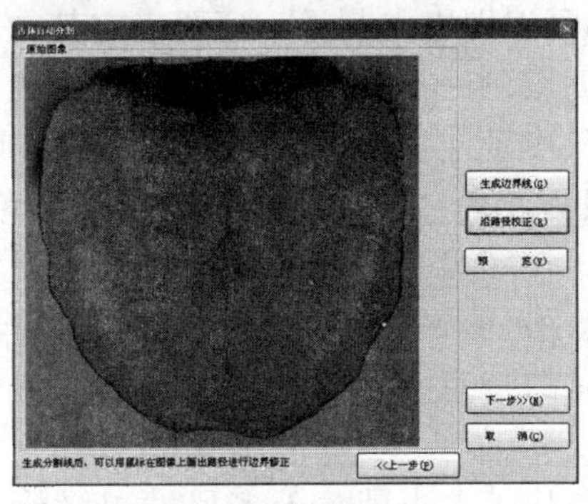

附图－21　生成舌体边界线

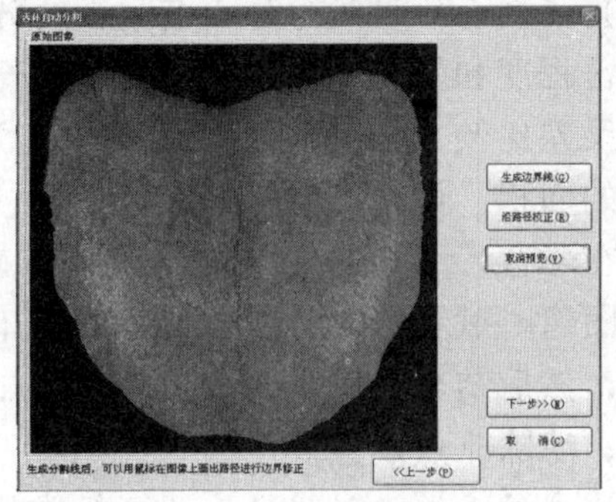

附图－22　分割区域预览

3. 舌象的信息识别　舌象信息识别过程主要可以分为两步：舌象特征的提取以及正确的归类。根据中医舌诊的理论，结合图像处理的特点，目前能提取到的舌象特征主要是颜色特征、纹理特征、形状特征，然后建立分类器按舌图像特征对图像进行分类识别运算。

分类器与中医专家通过长期进行双向交流，会渐渐地使自身的知识库向专家的经验靠拢。当分类器与专家诊断结果一致时，或相差不大时，可以说分类器已经达到了专家的水平，可用于舌象识别。

（1）*舌质、舌苔分离*：舌质与舌苔的分离实质上是研究两者在颜色、纹理等特征上的异同。

（2）*舌色、苔色识别*：颜色自动识别的基本思路是将资料库中的舌象样本数据在原有舌色、苔色分类的基础上进行聚类分析，进行重新分类，根据聚类分析结果和原始分类数据的一致率来判断识别的有效性，若分类分歧大就根据第一部分 RGB 数据的均值和标准差算出每类的 RGB 值上下限，剔出每类舌色、苔色不在给定范围的数据，如此重复聚类，重复训练样本，直到聚类满意为止。

（3）*舌的老嫩识别*：舌质纹理粗糙，形色坚敛苍老，称为“老舌”；舌质纹理细腻，形色浮胖娇嫩，称为“嫩舌”，因此舌体的纹理粗糙与细腻是区别老、嫩舌的重要特征，通过基于统计的纹理分析和基于小波分解的纹理分析提取纹理特征值，对老嫩舌进行识别是目前的常用方法。

（4）*胖瘦舌的识别*：中医一般通过与正常人比较来判断舌的胖瘦。但由于年龄、性别、区域的差异，正常舌体本身就没有一个大小标准，给舌体胖瘦的自动定量分析造成困难。因此从舌体本身的形状特征入手，发现舌体的胖瘦与舌体的长宽比例、舌前部轮廓的圆钝或尖锐程度有关。根据舌体本身的轮廓特征可以进行舌体胖瘦的自动分析。首先计算舌体的长宽比。瘦薄舌长宽比一般较大，而胖大舌的长宽比一般较小。其次，舌尖的形状也与舌体的胖瘦有一定关系。一般来说，瘦薄舌的舌尖较为尖锐，而胖大舌的舌尖部较为圆钝。

（5）*齿痕舌的识别*：齿痕舌的识别可以从舌体形状的几何特性上来考虑。齿痕舌的舌体边缘呈齿痕状，较正常舌体的边缘复杂。

（6）*点刺舌的识别*：对于点刺舌的分析，不但要识别出点刺舌，还要确定其在不同部位的疏密程度和颜色。舌的点刺具有以下特点：①点刺一般比较圆；②点刺一般与周围的区域反差比较大，其灰度值明显比邻近的区域灰度值小，且其边缘梯度较大；③点刺有一定的面积，可与图像噪声相区别；④点刺一般呈红色或白色，红点较舌色颜色更深、更红。在彩色舌图像的绿色分量上，点刺的表现比较明显。因此我们在将彩色图像转化为灰度图像时赋予绿色分量以较大的权值。主要思路是采用维纳滤波动态阈值将点刺分割出来，然后结合点刺的形状比较圆、边缘较明显的特点，计算每一个点的圆形度和边缘梯度，滤除非点刺点。

（7）*裂纹舌的识别*：目前计算机常用的裂纹舌识别方法是基于多尺度边缘检测的识别方法，该方法可以得到一个定量化的裂纹指数和描述方法，以反映裂纹的深浅与多少。

（8）*舌苔厚薄的识别*：舌质和舌苔的分布是基于区域的，而在任何的色彩中都不存在明确而绝对的舌质舌苔分界线。所以很难确定地认为一个像素是否属于舌苔。鉴于舌质舌苔的这种模糊特性，提出将像素是否属于舌苔用概率值的方式表示，而放弃用二值逻辑的方式。

通过 Bayes 公式，计算出输入舌图像块中每一个点属于舌苔的概率值，取值范围是 0~1。概率值大于 0.9 的点认为是舌苔，而概率值小于 0.1 的点认为是舌质，其他的位于 0.1~0.9之间的点定义为模糊点。如果该舌图像块中舌质的百分比超过 85%，该块可认为是少苔；如果舌质少于 85% 且模糊点的数目超过 10%，该块可看作是薄苔；否则就属于厚苔。

（9）*舌苔润燥的识别*：针对舌图像，假设光照方向、观察者（摄像机）方向固定的，当舌苔含有较多水分时，便在舌表面形成一层薄薄的水膜，它决定了舌苔表面介质的折射率及表面取向，即决定了舌苔的润燥程度。

通过上述分析，可以认为湿润的舌面上反光点很多，而干燥的舌面上反光点很少。因此，合理利用反光点就可以准确地确定舌苔的润燥程度。那些属于反光点中的像素与其他像素相比起来，具有较高的亮度和较低的饱和度。当采集设备固定的时候，以往采取的方法是通过固定经验值来检测反光，即当某个像素的亮度值大于亮度经验值且饱和度小于饱和度经验值时，即把它标为反光点。

（10）*舌苔腐腻的识别*：中医对舌苔腐腻的判别主要取决于两个方面：结构的疏密和颗粒的粗细，均属于图像的纹理分析。目前对舌苔腐腻的分析研究刚刚起步，且仅限于利用纹理特征来检测。纹理的粗糙与细腻是腐苔与腻苔的显著特征。因此，采用纹理特征进行腐腻分析是很自然的选择。在舌色、苔色分类的基础上，将舌苔区分为固定大小的块，对各块进行分类，在分类结果的基础上给出整幅舌图像的腐腻指数和描述。舌苔块分类时，采用子空间法，以投影长度比作为分类判别特征，来分析纹理结构的疏密。当可信度不够高时，再结合表达颗粒粗细的粗糙度特征。

二、注意事项

1. 调整被测者的座椅高度，使其进行舌象采集时体位舒适、放松。

2. 被测者伸舌应放松，如伸舌过分用力，舌体紧张、卷曲或伸舌时间过长，都会影响舌的气血运行而引起舌色的改变或干湿变化。

3. 舌图像摄取时应嘱被测者保持伸舌姿势 2～3 秒钟，直至拍摄结束，以防止舌图像摄取出现模糊。

4. 舌图像摄取完毕后应观察摄取的图像是否清晰、完整，如出现模糊、晃动或位置歪斜等情况应重新进行摄取。

三、实验报告记录（附表 -2）

附表 -2　舌图检测记录表

资料编号：__________　检测日期：__________

姓名：__________　民族：__________　性别：__________　年龄：__________

职业：__________　婚姻：__________电话：__________

中医舌诊：舌质____

舌苔____

有关病史：____

舌图采集分析者：______________________________

<table>
<tr><th colspan="3">项 目</th><th>人工判读结果</th><th>计算机分析结果</th></tr>
<tr><td rowspan="6">舌质</td><td colspan="2">舌色</td><td></td><td></td></tr>
<tr><td rowspan="5">舌形</td><td>老嫩</td><td></td><td></td></tr>
<tr><td>胖瘦</td><td></td><td></td></tr>
<tr><td>裂纹</td><td></td><td></td></tr>
<tr><td>齿痕</td><td></td><td></td></tr>
<tr><td>点刺</td><td></td><td></td></tr>
<tr><td rowspan="5">舌苔</td><td colspan="2">苔色</td><td></td><td></td></tr>
<tr><td rowspan="4">苔质</td><td>厚薄</td><td></td><td></td></tr>
<tr><td>润燥</td><td></td><td></td></tr>
<tr><td>腻腐</td><td></td><td></td></tr>
<tr><td>剥落</td><td></td><td></td></tr>
</table>

第三章 穴位探测

经络和穴位是中医学理论的重要组成部分，观察经络和穴位的变化以诊断疾病，推测病情的发展和预后是中医诊断学的内容之一。

【实训目的与要求】

1. 熟悉穴位探测的意义、注意事项。
2. 掌握穴位探测的手法，能熟练地表述并准确操作。熟悉操作规范。
3. 熟悉穴位探测的内容与临床意义。

【实训内容与方法】

1. 穴位压痛探测训练，穴位压痛检查方法练习，区分穴位常见阳性反应。学生2人一组，相互之间按经典方法取穴，由前而后，由上而下用彩色笔顺次标出常用诊断经穴位置，按胸腹部、腰背部、上肢、下肢的顺序，由上而下、由左而右，将标记的穴位逐一检查，填写检查结果记录表。

2. 穴位低电阻特性探测，穴位电阻探测方法练习，认识穴位低电阻性质。学生2~4人一组，每2人之间相互按经典取穴方法找出合谷、内关、尺泽、曲泽、足三里、阳陵泉、阴陵泉、三阴交、太冲穴，左右共18个穴位。以穴点为中心、周围直径1cm的圆圈内作为穴区。用棉签蘸乙醇轻轻将穴区皮肤擦净后，以红色水彩笔于穴点做标记。1人为检测者，其余者为被检测者。检测完毕填写检查结果记录表。

3. 健康成人两侧井穴、原穴皮肤电阻对称性检测，穴位电阻探测方法练习，认识井穴、原穴皮肤电阻对称性。学生2~4人一组，每2人之间相互按经典取穴方法找出受试者两侧井穴、原穴共48穴，用乙醇棉签擦净穴区后，以红色水彩笔标出。1人为检测者，其余者为被检测者。检测完毕填写检查的结果记录表。

一、穴位按诊法

穴位按诊法就是用循、摸等手法在经络线上或其特定穴位上进行触按，寻找阳性反应物及反应点来诊断经络、脏腑疾病的方法。

（一）检查体位

穴位检查可据按诊需要取坐位或卧位（仰卧、俯卧、侧卧）。患者一般先取仰卧位，医生站在患者右侧，适用于头部前面、胸部、腹部、上肢和下肢的穴位检查。患者可取骑椅坐位或面向里坐在床上，医生站在患者背后，适用于头顶部、项部、背部的穴位检查。患者取俯卧位，医生站在患者右侧，适用于臀部和下肢后侧的穴位检查。

（二）检查步骤

1. 医生在检查前要剪短指甲，冬天检查时手要温暖，防止手凉引起患者肌肉紧张妨碍检查。

2. 患者姿势要正，肌肉放松。

3. 请患者宽衣露胸，医生用右手示指的指腹在膻中穴进行试压，再用同样指力在膻中穴的上下左右进行试压，比较穴位与非穴位的指力强度，用相同的指力能区分穴位与非穴位有无反应，此力量就是该患者在检查中的指力强度标准。

4. 中心定位。在取穴时，要充分利用体表标志。一般在胸部先定膻中穴，上腹部先定中脘穴，下腹部先定关元穴，在背部先定与肩峰平行的大椎穴，与两肩胛下角平行的至阳穴，与髂骨平行的腰阳关穴，后取其他穴位。

（三）检查方法

医生用拇指或示指对患者经络循行线和穴位进行触按，以寻找阳性反应物及反应点。常用的诊察方法有以下几种：

1. 滑动法 用指腹沿经络循行线轻轻边旋转边移动，用力较轻，常用于发现穴位中表浅部位的阳性反应物。

2. 按揉法 与滑动法相似，但指力较前者为重，以便发现深层阳性反应物。

3. 移动法 用拇指尖端用力向下按，并左右滑动按摩皮肤，以便发现穴位中最深层的条索状阳性反应物。

4. 推动法 用拇指指腹沿经络循行线推动，用力要适中，适于在腰背部寻找阳性反应物。

（四）阳性反应

触按穴位时的异常反应称阳性反应。阳性反应包括阳性反应物、穴位形态变化、穴位敏感度变化。

1. 阳性反应物 阳性反应物是指依靠指腹触觉，可以在穴位处摸到实质性物质，又称“无菌炎性球”，它的形态、大小、硬度不同，可以有以下几种：

（1）圆形结节：形态如圆珠，大如蚕豆，小如黄豆，硬度不一，移动性不大。

（2）扁平结节：表面光滑，形如圆饼，质软而不移动，位于皮内表浅部，多见于慢性病。

（3）梭形结节：两头尖中间大，表面光滑，质稍硬，在皮下可触及，多见于急性炎症。

（4）卵圆形结节：形如卵状，表面光滑，软硬不一，可在皮下移动。

（5）条索样结节：粗如筷子，细可如线，长达数厘米，质较硬，可移动，富有弹性，位于皮下，多见于关节、韧带、肌肉病变。

（6）泡样结节：按之松软，有气泡样感觉，癌症患者有时可触及此种结节。

2. 穴位形态变化 穴位形态变化一般有肌肤隆起、凹陷，触之穴位部肌肤有紧张或柔软等异常现象。

3. 穴位敏感度 穴位敏感度是指医生按压经络穴位时患者感觉疼痛的程度。医生用手指在经络穴位上进行按诊，有轻、中、重压 3 种手法。患者的压痛感觉程度可分为 5 级。

（五）穴位检查记录

1. 穴位压痛分级

（1）稍压时，患者即呼痛，拒按，记为“++++”。

（2）稍压时，患者呼痛，皱眉，记为“+++”。

（3）轻压时，患者诉痛，记为“++”。

（4）稍重压时，患者说痛，记为“+”。

（5）稍重压时，患者说无疼痛反应，记为“-”。

2. 阳性反应物记录方法

（1）穴位出现结节时，用“○”记录。

（2）穴位出现条索时，用“||”记录。

（3）穴位处肌张力正常时，用“→”记录。

（4）穴位处肌张力增强时，用“↑”记录。

（5）穴位处肌张力低下时，用“↓”记录。

（6）穴位出现凹陷时，用“凹”记录。

（7）穴位出现隆起时，用“凸”记录。

（8）穴位发现特殊异常时，改用文字注明，如实记录。

（六）注意事项

1. 在检查之前，一定把要检查的穴位选准，再进行压按、循触检查。在取穴过程中，根据穴位所在的部位分别采取仰卧、正坐、俯首、平肩等姿势，便于操作顺利进行。

2. 对穴位进行触摸、按压时，用力轻重适中，施力均匀，左右对比，反复审察。

3. 按穴位要注意发现穴位上是否有结节或条索状物，有无压痛或其他敏感反应，然后结合望、闻、问诊所得资料综合分析，判断疾病。

4、测试患者肌张力。用示指指腹轻轻触压，观察患者肌张力分高、中、低不同，适用于项肌检查。

5. 滑动检查法。用指腹沿经络循行路线轻轻滑动，便于发现表层的阳性反应物，适用于四肢检查。

6. 按揉检查法。用较重的滑动法，便于发现皮下组织的阳性反应物。

7. 移动检查法。用拇指侧腹沿经络、穴位推擦，适用于胸、背、腰部的诊断。

8. 要认真审察穴位的反应，正确评定压痛等级。

9. 当受检穴位局部出现红肿、瘢痕、溃疡、创伤等情况时，应改选其他穴位进行检查。

二、穴位实验探测方法

穴位实验探测方法是根据机体在生理、病理情况下，体表穴位部位具有某些生物物理特性而发展起来的一种客观显示穴位，是辅助诊断疾病的检测技术。穴位的主要生物物理特性是电学和温度特性。

（一）穴位电学探测

穴位电学探测包括穴位电阻（导电量）探测和电位探测。现仅介绍穴位电阻探测方法。

1. 穴位低电阻特性探测

（1）操作方法：①首先将测试仪器校准并保持稳定（测试电压应在0.5～12V之间，电流强度不宜大，应在10～80mA之间）；电极对皮肤的压强以$10g/10mm^2$为宜。②受试者取坐位或卧位，测试者在受试者身上按经典取穴方法取相应穴位，以穴点为中心周围直径1cm的圆圈内作为穴区。用棉签蘸乙醇轻轻将穴区皮肤擦净后，以红色水彩笔于穴点做标记。③受试者静卧10分钟，精神及肌肉放松。测试者用穴位探测装置寻找电敏感点，将功能开关置于探穴档，受试者手握无关电极，测试者将探测电极端头依次轻放在被测穴区内并移动，调整刺激强度，直到找出受试者有麻胀痛等感觉的点，以感觉最强的一点为电敏感点，用棉签蘸乙醇轻擦皮肤后，用黑色水彩笔标记。④在测出的电敏感点两侧（避开经络走向）距离1cm处任取4个点作为对照点，用乙醇棉球轻轻擦净皮肤后，以蓝色水彩笔标出。⑤将阻抗测定装置功能开关放置探测挡，调整记录仪描记纸速为每分钟50mm。受试者手握无关电极，测试者将探测电极端头轻放在以上电敏感点和对照点处，两秒后移开测另一点。每一穴区共测5个值，依次为电敏感点、对照点1、对照点2、对照点3、对照点4，测定完电阻值并记录。⑥比较各测试点的阻抗值，统计电敏感点和低电阻点符合率及电敏感点、低电阻点与经典穴位点的符合率。

（2）根据测定数据对疾病进行诊断的原则：用仪器测出数字后，根据数字差大小对疾病进行判断。应掌握以下原则：①高数和最高数：高数是指高于一般数字1/3的数，如果出现几个高数，还可选出最高数，高数多表示病证属实。②低数和最低数：低数是指低于一般数字1/3的数，如果出现几个低数，还可选出最低数，低数多表示病情属虚。③左右差数：即同一经左右相差的数值，如左右相差一倍以上，即表示该经有病。这种差数有时用于没有高数和低数的情况。④综合研究：用上述方法测定患者某一经有病后，最后确定诊断，还应当根据临床辨证进行综合分析才能得出正确结论。

（3）注意事项：①探测时室内要保持安静，室温在18℃～22℃为宜。②探试时要轻柔，探测头部时，每次接触皮肤的压力应轻重一致，否则影响结果。③测定时，其他人不要接触电极和患者皮肤，避免电极过多摩擦穴位。④穴位部位若有畸形、瘢痕、浮肿、皮肤病等时，测定便会不准确，应改其他穴位。⑤应注意季节、昼夜、时辰不同对皮肤导电量的影响，应尽量用同一时间范围内的测值进行比较。

2. 健康成人两侧井穴、原穴皮肤电阻对称性检测

（1）操作方法：①首先将测试仪器校准并保持稳定（测试电压应在0.5～12V之间，电流强度不宜大，应在10～80mA之间）；电极对皮肤的压强以$10g/10mm^2$为宜。②受试者取坐位或卧位，测试者按经典取穴方法找出受试者两侧井穴、原穴共48穴，用乙醇棉签擦净穴区后，以红色水彩笔标出。③受试者静卧，放松10分钟。测试者用生理盐水纱布包裹无关电极，以橡皮带将无关电极固定在受试者前臂内侧上1/3处。④将腧穴阻抗测定装置功能开关放置探测档，调整记录仪描记纸速为每分钟10mm。测试者将探测电极端头轻放在待测穴位上，两秒后移开测另一点。每一对同名穴位一组，测定一组后再测下一组，依次为先左后右，先井后原，先上肢后下肢。⑤每人测试一遍后，记录测试结果并比较左右两侧的测定值。

（2）注意事项：同上。

（二）知热感度测定

知热感度测定是一种经络诊断方法，是用线香点火烘烤两侧十二井穴或背腧穴，测定其对热的敏感度并比较左右穴位的差别，进而分析左右不平衡和各经的虚实情况。

1．测定方法

（1）让患者露出手足，寒冷时待手足温暖后再进行测定。足少阴井穴不便测定，改为足小趾甲内侧，称“内至阴”，测定十二井穴。井穴不便测定时可改用背腧穴。

（2）测定的操作方法是用右手持燃着的线香，左手握被测者的手指或足趾端，将线香上下移动，速度要均匀，每上下移动一次约两秒钟。

（3）在测定时按顺序进行，测定一经的左、右穴，再测另一经。一般先手后足，从左至右。

（4）在测定时，以秒计算，以点到被测者觉得痛时为止。然后把每经测定的数值记录在表上。

2．注意事项

（1）测定时一般采用特制线香，若用其他电热器，要求热度应稳定，不要过高或过低。

（2）测定时应与被测者说明，点到有热烫感时，就要告诉施术者。要注意热烫程度必须一致。

（3）结果判定。左、右井穴测定的数值相等或差别不大，即为无病。左、右相差一倍或数倍以上，有时一侧全无热感，一侧非常敏感，就表示某一经有病。左右相比，数字高者为虚，数字低者为实。经络间相比，高于平均数者为虚，低于平均数者为实。

三、常用诊断经穴定位

1. 胸腹部

（1）气户：锁骨下缘，璇玑穴旁开4寸。

（2）库房：华盖穴旁开4寸。

（3）膺窗：乳头直上1寸。

（4）玉堂：膻中穴上1.5寸。

（5）中脘：脐上4寸。

（6）痰喘：膺窗穴旁开1.8寸。

（7）左承满：上脘穴旁开2寸。

（8）右梁门：中脘穴旁开2寸。

（9）肓俞：神阙穴旁开5分。

（10）带脉：第11肋端与12肋间连线中点下行平脐处。

（11）天枢：脐旁2寸。

（12）大巨：石门穴旁开2寸。

（13）中极：脐下4寸。

（14）子宫穴：中极穴旁开3寸。

2. 腰背部

（1）结核穴：大椎穴旁开3.5寸。

（2）肺俞：第3胸椎棘突下，旁开1.5寸。

（3）督俞：第6胸椎棘突下，旁开1.5寸。

（4）胰俞：第8胸椎棘突下，旁开1.5寸。

（5）肝俞：第9胸椎棘突下，旁开1.5寸。

（6）胆俞：第10胸椎棘突下，旁开1.5寸。

（7）胃俞：第12胸椎棘突下，旁开1.5寸。

（8）神堂：第5胸椎棘突下，旁开3寸。

（9）譩譆：第6胸椎棘突下，旁开3寸。

（10）肾俞：第2腰椎棘突下，旁开1.5寸。

（11）溃疡点：胃仓穴旁开2寸。

（12）积聚块：第2腰椎旁开4寸。

（13）次髎：第2骶椎孔中。

3. 上肢

（1）极泉：举臂张腋，腋窝中间动脉内侧。

（2）大陵：腕横纹正中两筋间。

（3）灵道：掌后神门穴上1.5寸。

4. 下肢

（1）新大郄：臀横纹与腘横纹连线中点偏外下5分。

（2）胆囊点：阳陵泉穴下1横指。

（3）足三里：髌骨下缘下3寸，胫骨前嵴外1横指处。

（4）阑尾点：足三里穴下2寸。

（5）地机：阴陵泉穴下3寸（压痛需在“+++”以上才有诊断意义）。

（6）肝炎点：内踝上1.8寸。

（7）太溪：内踝与跟腱之间的凹陷处。

（8）足临泣：第4、5距骨结合前方凹陷处。

四、各系统常见疾病的病理反应穴位（附表-3）

附表－3　　各系统常见疾病的病理反应穴位表

系统	疾病名称	病理反应的穴位		
呼吸系统	支气管炎	肺俞	库房	
	支气管哮喘	肺俞	气户	
	支气管扩张	肺俞	膺窗	
	肺气肿	肺俞	痰喘	
	肺结核	肺俞	结核穴	
	肺门淋巴结核	肺俞	玉堂	
	肺癌	肺俞	新大郄	
消化系统	胃炎	中脘	左承满	
	胃溃疡	中脘	右溃疡点	
	胃癌	中脘	新大郄	左承满
	十二指肠溃疡	中脘	右溃疡点	右梁门
	急性胰腺炎	胰俞	地机	
	阑尾炎	天枢	阑尾穴	
	肝炎	肝俞	肝炎点	
	肝癌	肝俞	新大郄	
	急性胆囊炎	胆俞	胆囊点	
	胆石症	胆囊点	足临泣	
心血管系统	心肌炎	神堂	大陵	
	心内膜炎	神堂	督俞	
	心包炎	神堂	譩譆	
	冠心病心绞痛	神堂	灵道	
	心肌梗死	神堂	极泉	
泌尿生殖系统	肾炎	肾俞	太溪	
	肾盂肾炎	肾俞	子宫穴	
	肾盂结石	足临泣	子宫穴	
	输尿管结石	足临泣	肓俞	
	输尿管炎	肾俞	肓俞	
	膀胱炎	肾俞	大巨	
	膀胱结石	足临泣	大巨	
	子宫内膜炎	次髎	带脉	
	盆腔炎	次髎	三阴交	
	子宫癌	次髎	新大郄	
	卵巢囊肿	次髎	积聚块	

五、穴位检查实训

（一）穴位压痛探测训练

1. 目的　训练学生穴位压痛的检查方法，锻炼学生对穴位常见阳性反应的分辨能力。

2. 方法　学生2人一组，相互之间按经典方法取穴，由前而后，由上而下用彩色笔顺次标出常用诊断经穴位置，按胸腹部、腰背部、上肢、下肢的顺序，由上而下、由左而右，将标记的穴位逐一检查，并及时做好记录（附表－4）。

附表-4 穴位检查记录表

受试者编号：______ 姓名：________ 性别：______ 年龄：______ 民族：______

婚姻：______ 职业：______ 单位：________________________

有关病史：________________________________

检查部位	检查手法	穴位名	压痛	其他

检测者签名：________班级：________实验日期：________

（二）穴位低电阻特性探测

1. 目的 训练学生运用穴位电阻探测方法，加深学生对穴位低电阻特性的认识。

2. 方法 学生2~4人一组，每2人之间相互按经典取穴方法找出合谷、内关、尺泽、曲泽、足三里、阳陵泉、阴陵泉、三阴交、太冲穴，左右共18个穴位。以穴点为中心周围直径1cm的圆圈内作为穴区。用棉签蘸乙醇轻轻将穴区皮肤擦净后，以红色水彩笔于穴点做标记。1人为检测者，其余者为被检测者。检测完毕将检查结果填入表中（附表-5）。

附表-5 穴位低电阻特性探测实验记录表

受试者编号：______ 姓名：________ 性别：______ 年龄：______ 民族：______

婚姻：______ 职业：______ 单位：________________________

有关病史：________________________________

穴位名	敏感点		对照点1		对照点2		对照点3		对照点4	
	左	右	左	右	左	右	左	右	左	右
曲泽										
尺泽										
合谷										
内关										
阴陵泉										
三阴交										
阳陵泉										
足三里										

检测者签名：________班级：________实验日期：________

（三）健康成人两侧井穴、原穴皮肤电阻对称性检测

1. 目的 训练学生运用穴位电阻探测方法，加深学生对健康成人井穴、原穴皮肤电阻

对称性的认识。

2. 方法　学生 2～4 人一组，每 2 人之间相互按经典取穴方法找出受试者两侧井穴、原穴共 48 穴，用乙醇棉签擦净穴区后，以红色水彩笔标出。1 人为检测者，其余者为被检测者。检测完毕将探测结果填入表中（附表－6）。

附表－6　　健康成人两侧井穴、原穴皮肤电阻对称性观察记录表

受试者编号：______　姓名：________　性别：______　年龄：______　民族：______

婚姻：______　职业：______　单位：______________________________

有关病史：______________________________

经络名称	井穴		原穴	
	左	右	左	右
手太阴肺经				
手阳明大肠经				
手厥阴心包经				
手少阳三焦经				
手少阴心经				
手少阳小肠经				
足太阴脾经				
足厥阴肝经				
足阳明胃经				
足少阳胆经				
足太阳膀胱经				
足少阴肾经				

检测者签名：__________班级：__________实验日期：__________

第四章 耳穴探查

耳诊是通过观察耳廓及耳穴的形态、电生理改变及染色变化来诊断疾病的一种方法。它是中医学的重要组成部分，目前已应用于多种疾病的诊断或辅助诊断，是一种具有无痛苦、无损害、无副作用、简便经济等特色的诊断方法。

【实训目的与要求】

1. 熟悉耳穴检查的意义、注意事项。
2. 掌握耳穴检查的手法，能熟练地表述并准确操作。熟悉操作规范。
3. 熟悉耳穴检查的内容与临床意义。

【实训内容与方法】

1. 耳穴视触诊训练，耳穴视触诊检查方法练习，区分耳穴常见阳性反应。学生2人一组，相互之间用探笔或探棒进行耳穴压痛法和探触法检查，填写检查结果记录表。

2. 耳穴低电阻特性探测，穴位电阻探测方法练习，认识穴位低电阻性质。学生2~4人一组，每2人之间相互按经典取穴方法找出神门、肾、内分泌、肝、心、脾、胃、腰椎、肺、口等常用穴。用棉签蘸乙醇轻轻将穴区皮肤擦净后，1人为检测者，其余者为被检测者。探测耳穴阳性反应点，检测完毕填写检查结果记录表。

一、操作规范

（一）耳穴触诊法

耳穴触诊法是用探笔、探棒、手指指腹等触摸、按压耳穴，以发现形态变化和进行诊断疾病的一种方法。耳穴触诊法可分为压痛法、探触法和触摸法。

1．耳穴压痛法 耳穴压痛法是用探笔、探棒等金属或非金属棒状物按压耳穴，以寻找耳廓各区压痛敏感点进行诊断的一种方法。

（1）操作方法：按耳穴时，受检者取坐位，医生用耳穴探测仪的探笔、耳穴压力棒、毫针柄及眼科玻璃棒作为点压耳穴的工具，在耳穴相应部位上逐个地以相同的压力和压迫时间进行按压检查，同时比较各穴、区、点触压疼痛敏感程度，并以患者呼痛、眨眼、皱眉、躲闪、拒按等对触压之感受程度来判断，常用的疼痛评级方法有两种：① 正负法：无疼痛反应（－）；有疼痛反应（＋）；眨眼（＋）；皱眉（＋＋）；躲闪（＋＋＋）；呼痛难忍、拒按（＋＋＋＋）。②分度法：Ⅰ°为 呼痛能忍；Ⅱ°为呼痛眨眼、皱眉；Ⅲ°为 呼痛难忍、躲闪、拒按。

（2）注意事项：①运用耳穴压痛法检查时，应沿一定顺序在耳廓上逐一压迫检查，避免遗漏阳性反应点。②探查时手法必须轻、慢、均匀。③点压穴位时，密切观察受检者表情及对疼痛耐受程度，有无耳穴触压异常感觉。④点压到可疑的阳性痛点时，对邻近的耳穴区内要进行反复按压比较，忌用力过度。⑤探笔或探棒头部要圆钝，避免因其过于尖锐而造成人为的痛点。⑥少数患者耳廓上一时测不到压痛点，可用手指按摩一下该区域，而后再测；或者在对侧耳廓的反应区探查，如仍无压痛反应，可休息片刻再测。

2．耳穴探触法　耳穴探触法是用探笔、探棒进行探触、按压耳穴，通过了解耳穴形态改变以诊断疾病的一种方法。

（1）观察内容：观察耳穴形态有无凹陷、隆起、水肿等变化，以及探压耳穴后有无压痕、压痕深浅和压痕凹陷恢复平坦的时间等。

（2）操作方法：①用耳穴探测仪的探笔或探棒在耳廓各区进行划动，寻找阳性反应点。②以先上后下、先内后外，先右后左的顺序，按耳廓解剖部位进行探触。在系统探触的基础上，右耳以触摸、探压肝、胆、胃、十二指肠、阑尾穴为主；左耳以触摸、探压胰腺、心、脾、肺、大肠、小肠穴位为主。③记录探触的各阳性反应点。

（3）注意事项：①运用耳穴探触法检查时，要注意检查之前不要擦洗、揉搓耳廓，以免出现假阳性反应。②划动法所用之探笔头面积大小要适中，一般以22mm为宜。笔头过尖细，易造成假阳性反应。③用耳穴电测探笔进行探触时，要注意耳穴皮肤方面的改变，在探笔划动中有无异常感觉，如敏感压痛，形态改变，有无压痕等。④探测耳穴时，要注意探笔按压方向，注意耳穴在耳廓上有向轮性、低凹性的分布特点。⑤在耳穴探测中，对无颜色改变而有形态变化的耳穴也应注意，因为无颜色而有形态改变的耳穴常揭示为慢性病或既往病史。

3．耳穴触摸法　耳穴触摸法是用手指指腹触摸耳穴形态变化以诊断疾病的一种方法。

（1）观察内容：观察耳穴形态有无凹陷、软骨增生、软组织隆起、结节、条索、水肿等。

（2）操作方法：①用右手拇指指腹放于被测耳穴上，示指指腹衬于耳背相对部位，两指腹互相配合触摸耳穴形态变化。②触摸顺序：耳垂、对耳屏、耳舟、对耳轮、耳甲、耳轮、耳背。③触摸耳轮内侧缘、耳甲腔、耳甲艇，检查肝、胆、胃、胰、胆道、十二指肠区时，常用中指配合将触摸部位从耳背顶起，以辨别阳性反应点、范围大小及软硬度。

（3）注意事项：①触摸耳穴阳性反应物时，必须将指腹紧贴软骨区，以适宜的压力，上下左右捻动，仔细体会阳性反应物的边缘、界限、光滑度、软硬度、可否移动。②触摸耳穴形态改变时，要注意与耳廓先天性畸形鉴别。

（二）耳穴电测法

耳穴电测法是应用仪器测定耳穴的皮肤电阻，并以电阻降低的部位作为躯体内脏疾病诊断的参考点及治疗取穴依据的一种方法。

用于测定耳穴皮肤电阻的仪器多称为耳穴电测仪，其显示疾病的方式很多，如声响式、灯光式、仪表指示式、电脑显示式等，多用于定位和定性诊断。

耳穴电测仪的诊断原理是借耳通过神经、体液、经络等联系，系统反映人体全部信息，包括机体健康状况、病变情况，通过异常低电阻信息转化为声、光及计算机数据的转换方式显示出来，借此来诊断疾病。

1. 耳穴电测仪操作方法

(1) 将探测电极插头插入探测插口内，检查者手持探测电极的探笔，患者手持手握电极，打开开关，先将灵敏度调至最低位置，然后将手握电极及探测电极的探笔形成短路，当电测仪发出声响则表示仪器工作正常，可开始进行耳穴检查。

(2) 调整电阻值：在探测耳穴前，必须调整仪器灵敏度，使之与被测者的基础电阻值相符。

(3) 调整的方法：打开电位器开关，把探测电极置于上耳根穴上，慢慢地调整电位器，探测仪发出微弱的声响反应，此时的电阻值称为该患者的基础电阻值。以此为标准进行耳穴电测，反应强于此标准的敏感点为阳性敏感点。探测穴位要注意声响出现的速度、音量的强弱和音调的改变，特别是音调（频率）的变化对判断阳性反应点和强阳性反应点有重要意义，耳穴电阻值高，仪器的振荡频率快、音调高、音量强；耳穴电阻值低，仪器的振荡频率慢、音调低、音量弱。

(4) 探测方法：探测方法有点压法和线形划动法。

1) 点压法：多用于临床鉴别诊断、复诊患者和治疗前取穴。

用探棒或耳穴电测仪的探笔在某一穴及与其邻近的相关联的穴位进行点压，寻找敏感的良导点，当探查到某一穴阳性反应时，要把和这个阳性反应相关的并可构成诊断疾病的有关耳穴全部探测，注意各部位疼痛反应程度，区分反应点的真伪。

2) 线形划动法：即全身系统探测法，多用于初诊患者、普查和系统检查身体各部位的病变，并了解既往史，按疾病系统进行探测：①按解剖部位探测：三角窝→耳甲窝→耳轮脚周围→耳甲腔→对耳屏→屏间切迹→耳屏→耳垂→对耳轮→对耳轮上脚→对耳轮下脚→耳舟→耳轮→耳背。②按疾病系统探测：测血压→妇科及生殖系统→泌尿系统→肝、胆、胰系统→胃肠系统→心、血管及呼吸系统→神经系统→颜面及五官、鼻、咽喉→运动系统（躯干及四肢）。③两侧耳廓分别探测：先右耳后左耳，通常按人体解剖部位、脏器分布左右、耳有所侧重。右耳侧重于肝、胆、胆道、阑尾等部位；左耳侧重于胰、小肠、大肠、心、脾等部位。

(5) 探测手法：探测时压力要均匀适中。过重时导电量增加，易出现假阳性反应点；过轻易遗漏阳性反应点，并不易触及耳穴形态改变。探测各穴位停留的时间要一致，探测速度要相同，要避免重复刺激同一穴位，以免出现假阳性反应。

(6) 记录方法：正常穴位用（-）表示；弱阳性穴位以（±）表示；阳性穴位以（+）表示；强阳性穴位以（++）表示。

(7) 记录结束：仪器使用完毕后拔出探笔插头，关闭电源。

2. 注意事项

(1) 检测前一般不要擦洗、按摩耳穴，以免充血，出现假阳性反应。

(2) 冬季从室外进入室内，患者需休息片刻再检查。

(3) 从事露天作业阳光照射多的人，或耳廓油脂分泌多，或运动后出汗等，检查前可用生理盐水棉球擦洗耳廓，待休息片刻后再进行电测，若患者在探测时灵敏度很低，必要时将手握电极和患者手接触的部位用75%乙醇或生理盐水棉球擦拭，以提高灵敏度。

（4）由于婴儿、儿童耳廓皮肤细嫩，平均电阻值比成人低，故在耳穴电测中出现良导点均应分析。

（5）探测时要注意探测极探笔大小及尖锐度，探极笔头一般为1.5～2mm，探极过细，影响导电量，易出现假阳性。

（三）耳穴染色法

耳穴染色法是使用染色液和相应的活体染色技术，使与疾病相关的耳穴着色的一种直观耳诊法。由于人体在有病时，相应耳穴神经末梢感受器的兴奋性提高，代谢加快，皮肤角质层更新也快。耳廓各处角质层不均匀，角质层薄的耳穴处就容易染色。

1. 染色液配方　依来格黑T 0.2g，龙胆紫1g，苯胺2ml，用95%或99%乙醇98ml充分搅匀，使之溶解后备用。

2. 操作步骤

（1）用5%碳酸氢钠液清洗耳廓，以洗脱皮肤上皮脂等脂类物质。

（2）用0.25%高锰酸钾液清洗耳廓，以还原去污。

（3）用5%草酸液清洗耳廓，以还原去污。

（4）用蒸馏水清洗耳廓，擦干。

（5）用棉球蘸饱染色液，在耳廓上均匀涂染2～3遍，约30秒钟左右后立即用95%的乙醇分化（即用棉球蘸酒精轻轻冲洗），冲洗2～3次，以大部分皮肤出现本色为度。

（6）立即用干棉球轻轻擦干，观察耳廓着色区。

（7）记录着色阳性的紫色耳穴。

3. 注意事项

（1）染色前不要摩擦、按压耳穴，以免出现假阳性反应；并用脱脂棉球少许填塞外耳道，以阻止染色液流入耳内。

（2）用清洁液去污必须彻底，尤其要注意三角窝、耳甲腔、耳甲艇等凹陷部位的清洗，用5%草酸液清洗时，以白净为度。

（3）染色时，用棉球蘸染色液均匀连续地把耳廓涂抹两遍后，立即进行分化，其染色时间从开始涂抹染色液至开始分化约30秒钟。染色从内至外，即按耳甲腔、耳甲艇、三角窝、耳舟、对耳轮、耳轮、耳垂的顺序进行。

（4）掌握好分化程度。分化程度以绝大部分皮肤显现本色为度。分化不足则全耳呈紫色；分化不均匀则易造成假染色区、点；分化太过，把应染的穴位色除去，出现假阳性不染色。分化的时机也要掌握好，若染色时间过长或染色液干后再分化，则出现假阳性，反之则敏感点得不到充分染色。分化时，不可用酒精棉球硬擦，而是用蘸饱酒精的棉球在轻压时所流下的酒精冲洗。

（5）分析时注意排除假阳性，如耳部原有破损、色素痣，或染色时间过短，分化过度或不足等。

（6）染色液3～4个月要更换一次。

（7）染色液含有少量有毒物质，不能入口，避免涂抹在黏膜上。

二、常用诊断耳穴定位

1. 耳轮穴位

（1）耳中：在耳轮脚处，即耳轮1区。

（2）直肠：在耳轮脚棘前上方的耳轮处，即耳轮2区。

（3）尿道：在直肠上方的耳轮处，即耳轮3区。

（4）外生殖器：在对耳轮下脚前方的耳轮处，即耳轮4区。

（5）肛门：在三角窝前方的耳轮处，即耳轮5区。

（6）耳尖：在耳廓向前对折的上部尖端处，即耳轮6区、7区交界处。

（7）结节：在耳轮结节处，即耳轮8区。

2. 耳舟穴位

（1）指：在耳舟上方处，即耳舟1区。

（2）腕：在指区的下方处，即耳舟2区。

（3）风溪：在耳轮结节前方，指区与腕区之间，即耳舟1区、2区交界处。

（4）肘：在腕区的下方处，即耳舟3区。

（5）肩：在肘区的下方处，即耳舟4区、5区。

（6）锁骨：在肩区的下方处，即耳舟6区。

3. 对耳轮穴位

（1）跟：在对耳轮上脚前上部，即对耳轮1区。

（2）趾：在耳尖下方的对耳轮上脚后上部，即对耳轮2区。

（3）踝：在趾、跟区下方处，即对耳轮3区。

（4）膝：在对耳轮上脚中1/3处，即对耳轮4区。

（5）髋：在对耳轮上脚的下1/3处，即对耳轮5区。

（6）坐骨神经：在对耳轮下脚的前2/3处，即对耳轮6区。

（7）交感：在对耳轮下脚末端与耳轮内缘相交处，即对耳轮6区前端。

（8）臀：在对耳轮下脚的后1/3处，即对耳轮7区。

（9）腹：在对耳轮体前部上2/5处，即对耳轮8区。

（10）腰骶椎：在腹区后方，即对耳轮9区。

（11）胸：在对耳轮体前部中2/5处，即对耳轮10区。

（12）胸椎：在胸区后方，即对耳轮11区。

（13）颈：在对耳轮体前部下1/5处，即对耳轮12区。

（14）颈椎：在颈区后方，即对耳轮13区。

4. 三角窝穴位

（1）角窝上：在三角窝前1/3的上部，即三角窝1区。

（2）内生殖器：在三角窝前1/3的中、下部，即三角窝2区。

（3）角窝中：在三角窝中1/3处，即三角窝3区。

（4）神门：在三角窝后1/3的上部，即三角窝4区。

（5）盆腔：在三角窝后 1/3 的下部，即三角窝 5 区。

5．耳屏穴位

（1）上屏：在耳屏外侧面上 1/2 处，即耳屏 1 区。

（2）下屏：在耳屏外侧面下 1/2 处，即耳屏 2 区。

（3）外耳：在屏上切迹前方近耳轮部，即耳屏 1 区上缘处。

（4）屏尖：在耳屏游离缘上部尖端，即耳屏 1 区后缘处。

（5）外鼻：在耳屏外侧面中部，即耳屏 1、2 区之间。

（6）肾上腺：在耳屏游离缘下部尖端，即耳屏 2 区后缘处。

（7）咽喉：在耳屏内侧面上 1/2 处，即耳屏 3 区。

（8）内鼻：在耳屏内侧面下 1/2 处，即耳屏 4 区。

（9）屏间前：在屏间切迹前方耳屏最下部，即耳屏 2 区下缘处。

6．对耳屏穴位

（1）额：在对耳屏外侧面的前部，即对耳屏 1 区。

（2）屏间后：在屏间切迹后方对耳屏前下部，即对耳屏 1 区下缘处。

（3）颞：在对耳屏外侧面的中部，即对耳屏 2 区。

（4）枕：在对耳屏外侧面的后部，即对耳屏 3 区。

（5）皮质下：在对耳屏内侧面，即对耳屏 4 区。

（6）对屏尖：在对耳屏游离缘的尖端，即对耳屏 1、2、4 区交点处。

（7）缘中：在对耳屏游离缘上，对屏尖与轮屏切迹之中点处，即对耳屏 2、3、4 区交点处。

（8）脑干：在轮屏切迹处，即对耳屏 3、4 区之间。

7．耳甲穴位

（1）口：在耳轮脚下方前 1/3 处，即耳甲 1 区。

（2）食道：在耳轮脚下方中 1/3 处，即耳甲 2 区。

（3）贲门：在耳轮脚下方后 1/3 处，即耳甲 3 区。

（4）胃：在耳轮脚消失处，即耳甲 4 区。

（5）十二指肠：在耳轮脚及部分耳轮与 AB 线之间的后 1/3 处，即耳甲 5 区。

（6）小肠：在耳轮脚及部分耳轮与 AB 线之间的中 1/3 处，即耳甲 6 区。

（7）阑尾：在小肠区与大肠区之间，即耳甲 6、7 区交界处。

（8）艇角：在对耳轮下脚下方前部，即耳甲 8 区。

（9）膀胱：在对耳轮下脚下方中部，即耳甲 9 区。

（10）肾：在对耳轮下脚下方后部，即耳甲 10 区。

（11）输尿管：在肾区与膀胱区之间，即耳甲 9、10 区交界处。

（12）胰胆：在耳甲艇的后上部，即耳甲 11 区。

（13）肝：在耳甲艇的后下部，即耳甲 12 区。

（14）艇中：在小肠区与肾区之间，即耳甲 6、10 区交界处。

（15）脾：在 BD 线下方，耳甲腔的后上部，即耳甲 13 区。

(16) 心：在耳甲腔正中凹陷处，即耳甲15区。

(17) 气管：在心区与外耳门之间，即耳甲16区。

(18) 肺：在心、气管区周围处，即耳甲14区。

(19) 三焦：在外耳门后下，肺与内分泌区之间，即耳甲17区。

(20) 内分泌：在屏间切迹内，耳甲腔的前下部，即耳甲18区。

8. 耳垂穴位

(1) 牙：在耳垂正面前上部，即耳垂1区。

(2) 舌：在耳垂正面中上部，即耳垂2区。

(3) 颌：在耳垂正面后上部，即耳垂3区。

(4) 垂前：在耳垂正面前中部，即耳垂4区。

(5) 眼：在耳垂正面中央部，即耳垂5区。

(6) 内耳：在耳垂正面后中部，即耳垂6区。

(7) 面颊：在耳垂正面眼区与内耳区之间，即耳垂5、6区交界处。

(8) 扁桃体：在耳垂正面下部，即耳垂7、8、9区。

9. 耳背穴位

(1) 耳背心：在耳背上部，即耳背1区。

(2) 耳背肺：在耳背中内部，即耳背2区。

(3) 耳背脾：在耳背中央部，即耳背3区。

(4) 耳背肝：在耳背中外部，即耳背4区。

(5) 耳背肾：在耳背下部，即耳背5区。

(6) 耳背沟：在对耳轮沟和对耳轮上、下脚沟处。

10. 耳根穴位

(1) 上耳根：在耳根最上处。

(2) 耳迷根：在耳轮脚后沟的耳根处。

(3) 下耳根：在耳根最下处。

三、耳穴触诊常见阳性反应及临床意义（附表－7）

附表－7　耳穴触诊常见阳性反应与临床意义表

阳性反应	分类	临床意义
隆起	点状隆起	头痛、气管炎、近视
	片状隆起	腰腿痛、腰肌劳损、偏头痛、后头痛、慢性浅表性胃炎、慢性阑尾炎、肠胃功能紊乱、口腔溃疡、牙周炎
	条片状隆起	肌纤维组织炎、腰肌劳损、慢性胆囊炎、附件炎、便秘、肩背痛
	条索	慢性胃炎、慢性十二指肠溃疡、慢性胆囊炎、肝肿大、冠心病、阵发性心动过速、气管炎、子宫肌瘤、痔疮及颈、胸、腰椎骨质增生
	圆形结节	头痛、乳腺纤维瘤、子宫肌瘤
	软骨增厚	神经衰弱、肝肿大、肥大性脊柱炎、椎体骨质增生、肿瘤

（续表）

阳性反应	分类	临床意义
凹陷	点状凹陷	耳鸣、散光、心悸、胃溃疡、十二指肠溃疡、溃疡性结肠炎、龋齿、缺齿、鼓膜内陷、鼓膜穿孔
	片状凹陷	慢性结肠炎、十二指肠溃疡、头晕、低血压、缺齿
	线形凹陷（“耳折征”）	冠心病、耳鸣、缺齿
压痕	压痕深、色白，恢复平坦时间长	虚证（贫血、缺氧、水肿、酸中毒、耳鸣、龋齿、肾虚、腰痛、过敏疾病）
	压痕浅、色红，恢复平坦时间短	实证（高血压、急性荨麻疹、肝炎、腹胀、胃炎、胆道感染、阑尾炎）
水肿	凹陷性水肿	慢性肾小球肾炎、腹水、浮肿、神经血管性水肿、内分泌功能紊乱、下肢深静脉回流障碍、下肢淋巴管阻塞、肾虚腰痛、牙龈出血、腹胀、肾盂肾炎、月经过多、功能性子宫出血
	水纹波动感	冠心病、心律不齐、功能性子宫出血、糖尿病

四、耳穴检查训练

（一）耳穴低电阻特性探测

1. 目的 训练学生耳穴低电阻的检查方法，锻炼学生对耳穴常见阳性反应的分辨能力。认识穴位低电阻性质。

2. 方法 学生 2～4 人一组，每 2 人之间相互按经典取穴方法找出神门、肾、内分泌、肝、心、脾、胃、腰椎、肺、口等常用穴。用棉签蘸乙醇轻轻将穴区皮肤擦净后，1 人为检测者，其余者为被检测者。探测耳穴阳性反应点，检测完毕填写检查结果记录表（附表 -8）。

附表 -8 **耳穴低电阻检查记录表**

受试者编号：______ 姓名：________ 性别：______ 年龄：______ 民族：______

婚姻：______ 职业：______ 单位：____________________________

有关病史：________________________________

诊查方法	阳性反应	耳穴（区）
电测法	阴性反应（－） 弱阳性穴位以（±） 阳性穴位以（+） 强阳性穴位以（++）	
探触法	凹陷 隆起 结节 皱褶 其他	

检测者签名：__________班级：__________实验日期：__________

（二）耳穴视触诊的检查训练

1. 目的 训练学生耳穴视触诊的检查方法，锻炼学生对耳穴常见阳性反应的分辨能力。

2. 方法 学生 2 人一组，相互之间观察耳穴变化，并用探笔或探棒进行耳穴压痛法和探触法检查，将检查的结果填入记录表中（附表 -9）。

附表 -9　　耳穴触诊记录表

受试者编号：______ 姓名：________ 性别：______ 年龄：______ 民族：______

婚姻：______ 职业：______ 单位：______________________

有关病史：______________________

诊查方法	阳性反应	耳穴（区）
压痛法	无疼痛反应（－）	
	有疼痛反应（＋）	
	眨眼（＋）	
	皱眉（＋＋）	
	躲闪（＋＋＋）	
	呼痛难忍、拒按（＋＋＋＋）	
探触法	凹陷	
	隆起	
	结节	
	皱褶	
	其他	
视诊	颜色	
	红	
	白	
	青	
	黑	
	黄	
	形态	

检测者签名：__________班级：________实验日期：__________

第五章 热红外成像

人体是一个天然的生物红外辐射源，它不断地向周围空间辐射属于不可见光的红外光电磁波。通过红外热像仪可以把来自人体的红外辐射转变成可视性的和可定量的图像，用图像表示人体表面各个部位温度分布状态，为中医望诊研究提供了一种较好的影像技术。

【实训目的与要求】

热红外成像的基本原理及其在中医学中的应用。

【实训内容与方法】

人体脸部、舌、背部热红外成像图比较，分析与相应脏腑阴阳变化的联系。

一、红外成像的基本知识（附表 - 10）

附表 - 10　红外线的特征及人体红外辐射原理

类型	原理
红外线的物理特性	红外线是一种电磁波，具有与无线电波及可见光一样的本质，波长在 0.76 ~ 1000μm 之间。它的产生原理是任何物体在常规环境下自身的分子和原子都会产生无规则的运动，并不停地辐射出热红外能量
人体生物红外辐射	人体是一个天然的生物红外辐射源，通过皮肤散发出肉眼看不见的红外线热辐射能。根据红外热像图表现的温度可将人体分为高温区、低温区和等温区

（一）红外线的物理特性

1800 年，英国物理学家赫胥尔在从热的观点来研究各种色光时，发现了红外线。他在研究各种色光的热量时，有意地把暗室唯一的窗户用暗板堵住，并在板上开了一个矩形孔，孔内装一个分光棱镜。当太阳光通过棱镜时，便被分解为彩色光带。当他用温度计去测量光带中不同颜色所含的热量时，偶然发现一个奇怪的现象：放在光带红光外的一支温度计，比放在其他光带处温度计的指示数值高。经过反复试验，这个所谓热量最多的高温区，总是位于光带最边缘处红光的外面。于是他宣布太阳发出的辐射波中除可见光线外，还有一种人眼看不见的“热线”，因为这种看不见的“热线”位于红色光外侧，所以称之为红外线。

红外线是一种电磁波，具有与无线电波及可见光一样的本质，红外线的波长在 0.76 ~ 1000μm 之间，按波长的范围可分为近红外、中红外、远红外、极远红外四类，近红外线波长 0.76 ~ 1.5μm；中红外线波长 1.5 ~ 5.6μm；远红外线波长 5.6 ~ 400μm；极远红外线波长 400 ~ 1000μm。红外线辐射是自然界存在的一种最为广泛的电磁波辐射，它的产生原理是任何物体在常规环境下都会产生自身的分子和原子无规则的运动，并不停地辐射出热红外能量，分子和原子的运动愈剧烈，辐射的能量愈大，反之，辐射的能量愈小。通过红外探测器将物体辐射的功率信号转换成电信号后，成像装置的输出信号就可以完全一一对应地模拟物体表面温度的空间分布，经电子系统处理后传至显示屏上，得到与物体表面热分布相应的热像图，这就是红外辐射测温所依据的客观基础。运用这一方法，便能实现对目标进行远距离热状态图像成像和测温，并进行分析判断。

（二）人体生物红外辐射

人体是一个天然的生物红外辐射源，无论什么样的肤色，其辐射率都接近于1，人体通过皮肤散发出肉眼看不见的红外线热辐射能。人体皮肤的红外辐射波长范围是3～50μm，其中8～14μm的波长占人体全部辐射能量的46%，峰值波长为9.5μm。根据红外辐射能的照相原理，红外热图仪能观察到上述电磁波，再用红外辐射体的有关公式计算，精确测出体表温度的细微变化，反映皮肤热辐射能量的增减，通过红外探测器将热量转变为电能，加以放大处理后，在荧光屏上显示出皮肤温度变化的图像。

人体体表包括皮肤温度称为“体表温度”，包括心脏、肺脏及腹腔脏器的温度称为“体核温度”。体核保持着较高温度，且具有明显的恒温性，变温的体表具有一定的厚度，通过辐射、传导、对流、蒸发等，起着生理性调节作用和一种特殊的隔热层作用，从而使体核的温度能保持相对恒定。人体深层组织、器官的温度需要传导到体表才能散发，但由于皮肤在红外波段基本上没有透热特性，且浅深层的温度梯度差又较小，所以正常情况下深层的温度差异在体表不能反映出来。正常情况下，皮肤表面温度低于体内器官温度，根据不同年龄及瘦胖情况，大约在32.5℃～35.5℃范围内波动。在恒定条件下，人体内的温度是通过器官向较冷组织和血液中传播的，随着血液的流动再将热带到体表。生理情况下，人体各部位皮肤生理温度是不同的，基本规律是，头颈部温度最高；上肢高于下肢；四肢近端高于远端；躯干腹侧面高于背侧面；胸部高于腹部；左胸高于右胸；上腹部高于下腹部；肝区高于脾区。此外，个体差异性使每个人的热像不尽相同，相对于男性而言，女性因存在月经周期而表现为体温的变异较大。此外，神经－血管的调控对皮肤表面的温度起着明显的作用，如额、颞、颈等部位舒血管神经占主导地位，在热像图上这些部位的温度高；而鼻、耳廓等部位以缩血管神经为主，在热像图上的温度就比较低。在某些病理情况下，由于解剖结构、组织的新陈代谢、血液循环及神经状态等因素的影响，与器官组织存在某种内在联系的某些体表部位可发生温度变化，形成不同的热场。将这一原理应用于临床可以为诊断某些疾病提供客观依据。

根据红外热像图表现的温度可分为高温区、低温区和等温区。

1. 热像图的高温区（热区） 指人体组织的某一或某几个区域温度升高，致使红外波谱的分布发生改变，表现出温度升高的热图像，临床上分为生理性、病理性和反应性热区。

（1）生理性热区：系指健康人可见到的热区，属于生理现象，多见于温度较高的组织器官部位（如脑）、浅表大血管区、血液循环丰富区域、受压的部位、凹陷的窝沟（如脐孔、锁骨上窝、腹股沟等）及重叠部位。

（2）病理性热区：系指代谢异常以及各种疾病引起的温度增高的热区，主要见于物理、化学、机械、生物因子以及免疫反应等所致的急、慢性炎症，血管畸形（如动静脉漏、静脉曲张）等。

（3）反应性热区：系指病变区域之外的正常区域出现的热区，如急性阑尾炎时右下腹病变区域以外（如左下腹和剑突下）出现的热区。

2．热像图低温区（冷区）　指人体组织的某一或某几个区域温度降低，致使电磁波谱的分布发生改变，表现出温度降低的热像图，临床上也分为生理性、病理性和反应性冷区。

（1）生理性冷区：在正常状态下，热像图出现局部温度降低，称为生理性冷区，包括骨突部位，如颊部、鼻尖部、额骨前、髂骨突等。

（2）病理性冷区：当人体某些细胞、组织、器官出现萎缩、变性、坏死的组织区温度降低，热像图出现的低温区称为病理性冷区，主要见于各种原因引起的动脉阻塞、慢性损伤性疾病、神经损伤性疾病，引起组织供血减少和代谢低下的疾病。

（3）反应性冷区：病变区以外的区域出现热像图低温区称为反应性冷区，主要见于腰椎间盘突出症等疾病，如腰4、5椎间盘突出症时，腰5神经根受损，表现出的腰4及骶神经根所支配区域温度也降低。

3．热像图等温区　人体温度相同的部分则称之为等温区（等振区）。人体的形态解剖生理学特点与人体的热像特点有关。在静态平衡状态下，正常人体两侧对称部位对应点的温度基本是相等的。

红外热像分析的特点是：①非接触性测温，故不破坏被测者的温度场，温度数据准确。②测温快，热像仪在几秒钟内能测出几万个点的温度值，并能展现一幅热分布图像。③测温灵敏度高，热像仪可分辨0.02℃～0.1℃的温差。④对人体无任何创伤，可复性强。⑤图像可存贮或录像复制等。

二、红外成像的检测技术

（一）红外热像仪简介

1．红外热像仪的组成　红外热像仪主要由红外镜头、主机等部分组成，它集光电成像技术、计算机技术、图像处理技术于一身，红外镜头将被测物体的红外辐射汇聚在主机的焦平面探测器上，通过红外探测器的光敏元件，红外辐射通过主机转换为人眼可见的图像，生成的热图可保存，利用相关软件进一步分析其各种图像参数（彩图6）。任何物体由于其自身分子的运动，不停地向外辐射红外热能，从而在物体表面形成一定的温度场，俗称“热像”。红外热像仪正是通过吸收这种红外辐射能量，测出被测物表面的温度及温度场的分布。以SAT－HY6000A红外热像仪为例，将其主要组成部分介绍如下：

（1）红外镜头：将被测红外辐射分布汇聚在主机的焦平面探测器上，包括：①标准红外镜头（75mm）。②镜头光圈调节旋钮：调节热像仪测温范围及图像明暗程度。③镜头焦距旋钮：调节焦距远近以获得清晰的图像。④CCD镜头：观察被测物体的可见光图像。

（2）主机：将接收的红外辐射转换为人眼可见的图像，并完成分析功能。包括：①内置彩色液晶录像器：显示被测物体的红外图像或可见光图像。②视频输出接口：标准PAL制式视频输出信号接口。③存储卡插槽：安装PC存储卡。

2．红外热像仪的特点　新一代的红外热像仪具有如下特点：①探测器焦距为20cm至无穷远，适用于非接触大面积的遥测。②探测器像素达到105～106。③探测器只响应红外线，故白天、黑夜均可以工作。④红外热像仪温度分辨率高达0.1℃，探测变化温度的精确度高。⑤测温范围为－50℃～2000℃，应用领域宽。⑥摄像速度为1～50帧/秒，可作静、动态目标温度变化的探测。

（二）医用红外热图的检测方法

以SAT－HY6000A红外热像仪为例，其主要检测和分析步骤如下：

1. 打开热像仪开/关键，等待仪器的初始化完成，整个过程约需1分钟。
2. 将仪器的镜头对准被测者所需要测量的部位。
3. 手动旋转仪器焦距调节环，调节至图像清晰。
4. 按拍摄键冻结图像，按保存键保存热像图至PC存储卡，再次按拍摄键可进入下一次图像拍摄。
5. 按菜单键，进入仪器内置的Windows风格的中文下拉式菜单，该菜单主要分为文件、分析、图像、设置四个部分。
6. 选用文件菜单上的打开选项，打开一张热像图。
7. 在分析前，先选用分析菜单下的目标参数选项，对目标参数进行设置，以确保热像仪的测温准确性。所需调整的参数主要包括辐射率、距离、环境温度、相对湿度等，热像仪会根据不同的参数值自动计算红外测温值。
8. 选用分析菜单下的目标点选项，移动分析程序画面上的十字光标键至所需要测量的部位，确认后可自动得到温度值。如果在设置菜单中将点设置为最大温度，则系统会自动将光标定位至画面中最高温度处；如在点设置中设为最小温度，则系统会自动将光标定位到画面中最低温度处；如在点设置中设为手动调节，则系统显示画面中光标实际所在位置的温度。
9. 选用分析菜单下的区域分析选项，利用分析程序画面的区域选择工具键，圈定所需分析区域，设定参数，可得到该区域的最高温度、最低温度、平均温度值。
10. 选用分析菜单下的等温显示选项，系统将对其所获得的图像进行等温分析，即将图像上处在特定温度区域内的目标用相同的颜色来显示，该温度区域等温宽度可以从0.1℃一直设置到该状态下的最大测温范围的上限值。等温区域的颜色可用透明、绿色、黑色、白色四种等温颜色。

（三）医用红外热图的检测指标

1. 高低温捕捉 可以自动全屏捕捉最高温度点和最低温度点。

2. 等温分析 可将屏幕上任意温度区域以醒目颜色显示。

3. 区域分析 可对图像上的相关区域进行温度分析，且区域可任意移动和改变大小。

例：一位健康人的面部红外热像图（彩图7）：①$P0_1$：鼻准温度18.1℃；②$P0_2$：两眉间温度25.36℃；③$P0_3$：人中温度23.96℃；④$C0_1$：面部平均温度24.58℃。

从图中可发现，该健康人鼻准的温度明显低于面部平均温度，提示存在脾胃虚寒证。经询问，此人平时有胃脘部、腹部时发隐痛，喜温喜按，大便稀薄症状。

（四）红外热图检测的注意事项

红外热像仪探测结果受人体多种生理因素和外环境的影响，如年龄、性别、进食、运动、饮酒以及温度、风力等，因此对受检者和检查环境条件都有比较严格的要求。在拍摄红外热图时应注意以下几点：

1. 要求在人体处于静息状态时进行拍摄，避免太阳光或强灯直射，在拍摄时为避免空气对流对测温的影响，宜关闭门窗。

2. 被测者应调整体位，使所需测量部位正对镜头，表面不应有其他衣饰，以保证测温的准确性。

3. 由于舌的血流非常丰富，舌黏膜表面没有角化层，而且舌面布满津液易于蒸发降温，造成舌在空气中的温度很容易变化，所以检查舌红外热图时，因先在被测者伸舌之前调整热像仪的焦距到适当位置，保证舌伸出之后图像清晰，然后再让患者伸舌，在不超过 1 秒钟的时间内采集图像。

三、红外热像观察在中医学中的应用研究

中医在辨证中特别重视阴阳寒热、经络中经气运行等的变化，而这些病理、生理变化可反映于皮肤、舌、体表穴位等部位的温度变化。红外热像检测具有非接触测温、快捷简便的优点，应用红外热像图这种灵敏快速的测温技术对上述部位进行测量分析可以较好地反映体内脏腑的病理变化，扩大了中医诊断学中望诊的范畴。

（一）面部红外热像图的研究

根据中医理论，五脏六腑的气血阴阳通过十二经脉、三百六十五络上荣于面，因而脏腑经络等病理变化可以反映到面部来。这种反映过程，也必然产生能量转化的信息，出现温度的改变。通过红外热像仪可以把来自人体面部的红外辐射转变成可见的图像，可直观地了解面部的温度分布。如果某部位浅表动脉扩张，相应部位血流灌注量就会增加，那么局部热辐射值增高而显示高温的热图，相反如果收缩，相应部位血流灌注量减小而显示低温的热图。其次如果某处病灶出现细胞代谢异常，其温度的变化亦能在热图上表现出来。

有研究对 945 例正常人面部各脏腑反映区进行了红外测温，找到了正常人面部各脏腑反映点的温度常数。实验室温度控制在 20℃ ~25℃，相对湿度为 45% ~65%，安静避光。面部至红外镜头 1.50 ~1.90m，垂直对准镜头。然后，对左右两侧面部对应点进行温度测定，并对其不同色彩、面积的大小进行对比分析。被测者中，左右对称和较对称者为 914 例，占 96.44%。通过上述较大样本的研究，找到了正常人面部红外图像的一个基本规律：正常人红外面图，温度图像分布均匀，左右基本对称。脏腑在面部各反映区所测得的平均温度值应视为相对常数，不应作为绝对标准值。但是，这个相对温度常数也有很重要的参考价值。各脏腑反映区的温度与相对温度常数接近，说明属于生理状态。反之，若在临床上看到患者某一反映区温度值与相对温度常数悬殊甚大，过高或过低，可视为阴阳失调的病态反映，或寒或热，偏盛偏衰，或虚或实。

人体内脏发生病变之后，面部温度的分布就会产生异常变化。有研究根据正常人红外面

图的检测方法和测得的温度常数，检测了100例患者，随意选择病例，采用临床资料与红外面图单盲对照法进行分析研究。100例中，具有阴寒证临床表现者53例，红外测温面部温度低于正常人者占85.4%。有阳热证临床表现者47例，面部温度高于正常人占54.1%。如某患者，男，20岁，近两年经常胃脘部疼痛不适，遇寒加重，得暖及进热食后可缓解，大便时干时稀，肛门有灼热感，舌质淡红，舌苔略腻，脉略弦。辨证为脾胃虚寒，大肠有热。西医诊断为胃溃疡。红外热图检查示，脾区温度33.65℃，胃区左侧33.45℃，右侧35.50℃，肠区左侧35.55℃，右侧35.50℃。与平均温度比较，脾区低0.97℃，胃区低1.15℃，肠区高0.93℃，与辨证结果相符。此外，在疾病状态下，红外面图显示出分布不均匀，左右失去对称性。经过治疗，病情好转，其红外面图亦随即得到调整，可趋于均匀和对称。有研究观察32例冠心病患者，治疗前，面部红外图像不均匀者占65.63%；治疗后，不均匀者下降为43.75%。

（二）舌部红外热像图的研究

红外热像图除运用于面部望诊后，亦可运用于舌的望诊。舌质的不同可以反映体内各部位脏腑的虚实及气血的盛衰，这是望舌诊病的主要依据。而生物传热研究表明，不同的舌色是受舌体血液灌注率和代谢率的影响，进而表现为舌温的不同，这是由舌体的生物特性及其组织结构所决定的。舌体内有丰富的血管组织，血液循环比较旺盛，从而形成由血管传热引起的舌体温度分布，同时舌体内代谢所产生的热量对其温度也将产生影响，因此舌体内存在一个由血液流动及代谢热同时决定的温度场。如果体内某处发生病变，必然引起舌体内的血液及代谢发生改变，从而引起舌体温度场发生变化。

通过研究发现，正常人舌温从舌根到舌尖呈递减趋势，表现为一种普遍规律。通过对50余例冠心病患者舌热像图的观察，发现患者舌尖温度普遍较低，全舌温度梯度增大并呈层状分布，与中医“舌尖主心”的理论基本一致。另有研究应用红外热像仪研究了正常人群与阴虚证人群舌质红外热图，结果表明阴虚证人群舌尖、舌边、舌中的即刻温度均大于正常人，舌尖、舌边的延时后（伸出舌后2分钟）温度也大于正常人群。

（三）背部红外热像图的研究

五脏六腑皆有俞穴在背部足太阳膀胱经上，当内脏发生病变时，脏腑的俞穴常有异常反应，可触摸到形态各异、软硬不同的反应物，触摸时患者常有酸麻胀痛的感觉。但是，没有经验的医师是摸不到反应物的，更不能以肉眼观察。利用红外热像仪的测量分析特点可以帮助医师观察到这种异常反应点的温度变化。正常人背部红外图像温度分布均匀，左右基本对称，当病变出现时，则出现异常背图。有研究利用红外图像观察41例背部穴图，其方法是，先用红外热像仪采集背图，然后测温、分析图像的均匀度和对称性。采集图像后，询问病史，触摸阳性穴位。将红外资料与临床检查资料进行单盲对照分析。在41例患者中，对照分析结果，二者符合率占95%。临床上属阴寒证者，阳性穴位温度下降；属阳热证者，阳性穴位温度上升。另有研究进行红外背图诊断，发现在患者病变所属的背部俞穴上，或在与其密切相关的穴位上，可见异常的红外显示。例如24例膀胱癌患者有22例出现双侧膀胱俞穴的异常红外显示，9例肺癌患者有8例出现肺俞穴的异常红外显示。这一研究结果为内脏和体表由经络互相联系的理论提供了现代科学的依据。

（四）经络的红外热像图研究

经络是中医学的一个特有概念。它是独立于神经、血管、淋巴系统之外的一个特殊传导系统，它是针灸、按摩、气功、各种拳术的理论基础。尽管现代解剖学已发展到电镜水平，可以把组织放大几十万倍，但是仍看不到经络；另一方面，大量科学实验和临床现象证明，经络确实是客观存在的。有研究利用红外图像观察到了经络的运行轨迹，发现在针灸刺激后，经络感传敏感者，其沿经络线有热感，可见温度升高的图像；沿经络线有凉感者，可见温度降低的图像，呈点状或片状，且可分出大小。对 250 名健康成年志愿者进行中医经络循经红外辐射轨迹全温显示和等温显示观察，结果显示：①全温显示能无选择地反映出体表红外辐射的最真实图像，包括体表红外辐射的全部信息；它的不足之处是在所观察的皮温与其周围部位的皮温比较接近时，经络循经红外辐射轨迹即被淹没在其中，无法辨认。②等温显示通过设置温标，将人体体表相同的温区连接起来，形成等温分布的图像，消除杂乱的背景，突出所要观察的内容，它能够比较直观、清晰地显示该区域的等温轨迹。

有研究运用体表红外光谱仪检测健康成年人和冠心病患者神门穴、劳宫穴的红外辐射光谱。研究发现，神门穴、劳宫穴红外辐射强度个体差异较大，但光谱形态相似。冠心病患者的神门穴、劳宫穴在多个波长上的红外辐射强度与正常人的有显著差异。而且左右神门穴、劳宫穴在一些波长上也都存在显著差异。当冠心病出现心肌缺血缺氧时，在大部分波长处劳宫穴红外辐射强度出现显著性变化，在近红外区表现为劳宫穴辐射强度显著降低，而在大部分中红外波长上红外辐射强度显著升高。劳宫穴近红外辐射强度显著降低可能更多体现了缺血缺氧状态下能量代谢降低，而中红外辐射强度显著升高可能体现了心肌细胞死亡前的状态。

有研究为验证“面口合谷收”的针灸取穴原则，用红外热像图仪系统测量分析 22 例健康人和 65 例面瘫患者在针刺合谷穴后面部温度的变化。结果表明，针刺合谷穴后，面部温度明显升高，差别极显著，且以口唇部位升温最明显；为防止假阳性，同时测量针刺同一人合谷穴后上肢的温度变化，及针刺另一人外关后面部温度的变化，结果均未出现温度变化，提示合谷穴与面、口部位确有特异的内在联系，临床运用这一原则有科学的依据。

用红外热像技术研究针灸、经络时发现，针刺或注射穴位后，穴位部位的温度增加，出现串珠样亮点，以后亮点逐渐融合成一条高温线状的光带，其循行路线与神经、血管、淋巴管的带状通路不同，却与传统中医学中论述的经络走向基本符合。深入研究后证实，穴位处细胞内的线粒体比非穴位中的多，即穴位是含线粒体较多的细胞组成的点，经络是含线粒体较多的细胞组成的轨迹，线粒体是细胞内生物氧化产生能量的主要场所。当人体穴位受到针刺刺激后，细胞内线粒体受激发，产生大量能量，使生物电流量增大，形成电位差，激发其他细胞产生能量，出现串珠样亮点和由亮点融合成的高温线状光带。

在针灸治疗中很注重“经气”的激发和导向，“经气”常循经络而行，针灸时，得“气”之后，常有“气”循经感传，若“气”至病所，则疗效显著。但是，这种“经络之气”多为患者感觉，而医生看不见、摸不着。有研究利用红外热像观察到经气的运行动态。例如有一患者，当刺激他的孔最穴，出现酸麻胀感，继而有一股热气循经上行，红外荧屏上同步观察到团团云雾状气体运行，当患者感觉热气进入躯体后，不再有热气运动的感觉时，荧屏上影像亦即消失。这一结果提示红外热像仪为“经气”的观察和研究提供了一个很好的工具。

有研究使用高灵敏度红外光谱测量装置，将人体穴位红外辐射数据除以35%的黑体辐射，以扣除人体自身温度产生的宽谱热辐射背景后，在红外低波段3μm区域处出现一个穴位自发辐射峰点，研究发现的人体穴位辐射光谱与ATP水解过程发射的红外光谱存在同样峰值，说明人体体表的红外辐射中含有ATP能量代谢的生物医学信息，这表明，人体穴位红外辐射不仅含有人体热信息，而且还和人体内能量代谢等因素相关。低波段的红外峰值在穴位点位置要比非穴位的旁开点高，这表明穴位点的ATP能量代谢比周围要高。联系到穴位的许多特殊的生理功能，有理由相信，这些生理功能可能是由于穴位点ATP能量代谢的高浓度而引起的。

(五) 气功效应的红外热像图观察

气功的理论基础是经络学说，有气通大周天、小周天之别，有内功、外功之异。有人可将气运行至手者，运行于足者，或其他部位者，亦有内守丹田进行内养者。但是，此气肉眼是看不到的。而运行中的气使练功者出现温度改变时，可以用红外热像仪观察到。如有研究用红外热像仪观察到气功师气运行至手、气守丹田时，手、丹田等被测部位表现为温度升高，收功后温度可降至与周围皮温相同。这种观察方法可以检测气功练到何种程度，发功的强弱等。这就为气功研究找到了一个客观指标。

总之，红外热像学这种较先进科学技术可以和古老的中医科学接轨，对中医学的发展具有重大意义。但目前红外辐射技术仍然处于起步阶段，许多技术还不是很完善。目前红外热像技术发展难点是只能显示二维温度分布，而体表的二维温度场是整个人体的三维温度场经复杂的传导、辐射甚至对流形成的，这样疾病信息受到强大非疾病信息的干扰，使诊断准确率下降。研究如何建立人体三维热传导辐射模型，采用“滤波”技术和计算机图形处理技术对人体热“噪声”进行过滤，构造出能排除干扰的、清晰的病区热像图是红外热像技术的发展方向。相信随着科学技术的不断发展和进步，红外辐射技术会得到进一步的完善和提高，将日趋成熟，能更好地应用于中医学的研究中。

四、红外热像检测实验指导

中医面部望诊的红外热像检测分析

1. 目的 在系统学习了中医面部望诊之后，通过本次检测，要求学生能够做到：①掌握红外热像仪的使用方法。②熟悉红外热像仪检测的指标、方法及正常值。③了解常见面诊的红外热像变化特点。④加深中医学中面部脏腑对应区域更深层次地理解。

2. 观测对象 学生相互之间观测分析。

3. 实验器材 ①SAT－HY6000红外热像仪。②电脑。③红外热像图分析软件。④中医面部望诊红外热像图检测记录（附表－11）。

附表－11 **中医面部望诊红外热像图检测记录表**

姓名：________ 性别：________ 年龄：________ 民族：________ 婚姻：

资料编号：第________号

职业：________单位：________________________电话：________

有关病史：________________________________

中医面部色诊观察记录

观察部位	面部整体	额部	左颊	右颊	鼻尖	人中
气色变化						

面部红外热像图参数登记

观察项目	面部整体	额部	左颊	右颊	鼻尖	人中
最高温度						
最低温度						
平均温度						

中医面部色诊：________________________________

红外热成像图：________________________________

检测者签名：________ 报告日期：________年________月________日

4. 操作方法

（1）红外热像望诊在温度（20±2）℃、相对湿度<60%、无阳光直射的恒温室内进行，检测对象须在恒温室内静候20分钟以上。

（2）受检者面部正对红外热像摄像镜头，间距约1.0～1.5m，分别摄取受检者面部、舌部的红外热像图，以图像文件形式储存于计算机中。

（3）分别对受检者面部的额部、鼻尖、左右颊部和人中等平均温度及各部位间的温度差进行统计分析。

（4）将某点与面部各点的均值加以比较，高于或低于0.8℃以上作为异常。高于0.8℃以上者为热证（实热/阴虚），低于0.8℃以上者为寒证（实寒/阳虚）。

5. 注意事项

（1）若被测目标有较亮背景光（特别是受太阳光或强灯直射），则测量的准确性将受到影响，因此可用物遮挡直射目标的强光以消除背景光干扰。

（2）在红外热像图采集时要注意将女生头部的刘海梳向头顶，保证额部热像温度采集的准确。

（3）呼气时鼻部的温度会升高，所以在进行红外热像检测时应暂时屏住呼吸。

实训练习题

上篇　诊法

第一章　问诊

案例一

医生：有什么不舒服？

患者：咳嗽。

医生：多长时间了？

患者：快一个星期啦！

医生：有没有痰？什么样的？

患者：主要是干咳，有时有痰，但很少，咳不出来，好不容易咳出来一点点，又白又黏。

医生：知不知道刚开始是怎么引起的？其他还有什么不舒服？

患者：前几天可能受风了，开始有些头痛、身上怕冷，好像还有点发烧吧？不过吃了“感冒通”好一些了，就是老是咳嗽不好！还有嘴唇有些裂，咽喉、鼻子干得很，口干，老是想喝水，大便也干，二三天才解一次，而且难解。别的没什么了。

医生：口干、大便干什么时候开始的？小便怎样？吃饭怎样？

患者：就是从有咳嗽开始就有了，小便比较少，吃饭还好，没什么变化。

同时望诊所见：面色如常，口唇略有干裂，舌淡红，苔薄白而干；切诊所得：脉细数略浮。

（1）根据病情资料，提出患者的主诉。

（2）根据上述问诊资料，整理出现病史。

（3）根据病情资料进行证名诊断。

案例二

实习医生：你哪儿不舒服？

患者：我肚子疼，拉稀。

实习医生：从什么时候开始的？

患者：昨天。

实习医生：请您讲讲发病以来的情况。

患者：昨天我肚子老叫，然后就得往厕所跑。

实习医生：大便是什么样的？

患者：大便不成形。

实习医生：腹泻时有里急后重吗？

患者：（茫然一笑）……

实习医生：好的，你躺下来，我给你检查一下（切诊腹部平软，无压痛，听诊肠鸣音每分钟7～8次）。

同时望诊所见：面色无华，唇甲色淡，舌淡苔白；切诊：脉缓弱。

（1）根据病情资料，提出患者的主诉。

（2）根据上述问诊资料，指出实习医生问诊的不足之处。

第二章　望诊

1. 全身望诊的操作要求有哪些？
2. 望排出物的注意事项有哪些？
3. 何谓“以神会神”？
4. 临床如何鉴别假神与病情好转？
5. 临床如何区分常色与病色？主色与客色？善色与恶色？
6. 临床如何区分萎黄、黄胖及黄疸的阴黄和阳黄？

第三章　望舌

1. 请简述舌诊的操作规范。
2. 望舌时应当注意的事项有哪些？
3. 简述刮舌与揩舌方法。
4. 舌质的颜色常见变化有哪些？怎样识别？各自的临床意义是什么？
5. 舌形常见的异常变化有哪些？怎样识别？其各自的临床意义如何？
6. 舌态常见的异常变化有哪些？怎样识别？其各自的临床意义如何？
7. 舌苔颜色的变化常见哪些？各主何病？
8. 苔质的异常变化常见哪些，各有何临床意义？
9. 怎样进行舌质、舌苔的综合诊察？请举例说明。
10. 试述腻苔、腐苔的特征及临床意义。
11. 如何鉴别厚苔与薄苔？鉴别苔的厚薄有何临床意义？
12. 真苔与假苔如何鉴别？鉴别苔的真假有何临床意义？
13. 望舌技能训练。

案例一：张某，女，7岁，学生，2003年4月6日就诊。患儿家长陪同患儿住进儿科病房，医生随后进入病房，待患儿与家长坐定后，对患儿的病情进行了诊察。询问中通过患儿自述和家长的补充，医生得知该患儿的患病经过是由于3天前因放学后冒雨回家受凉，当即清涕鼻塞，微有咳嗽，当时家长未在意。第2天发热恶寒，头身疼痛，家长自知患儿系感冒，遂令服用家中备用的“银翘感冒片”。服药后病情未减而加重，故而住院。现症见咳嗽加剧，咳时牵扯腹壁疼痛，气急而喘，痰稠色黄，咽喉疼痛，时欲饮冷，烦躁不安，小便短黄，面赤唇干，鼻翼煽动。接着，医生给患儿检查了咽喉（咽部轻度红肿），可能由于压舌板的刺激，小儿在医生检查时顿感恶心，并有少量呕吐物，家长随手取出自带的橙汁饮品让患儿漱口并饮用，饮数口后停止，这时医生嘱患儿张开口将舌体伸出，进行观察（舌质红苔黄而润），接着在医生的指导下家长给患儿用体温计测量了体温（T 38.9℃），最后医生诊察了患儿脉象（脉数有力）。

问题：①医生的哪项检查最容易影响病情资料的真实性？②请提出正确的方法。

案例二：徐某，男，37岁，干部，1991年12月27日就诊。患者由他人搀扶着走进门诊大楼急诊接待室，刚在医生诊桌旁侧坐定，医生立即接诊。经简要询问后，得知患者清早骑自行车上班途中，突发腹痛剧烈难忍，遂捧腹坐于路旁，欲等疼痛缓解再走。这时好心路人知道此情况后，劝其急去医院，并亲自用自行车推来医院就诊。患者自诉现在腹痛较刚发作时有所减轻，医生接着对该患者进行了仔细的腹部检查，发现其所指腹痛部位在脐左侧腹部，按压虽痛剧，且有向左胁、阴部放射之感，但腹壁不紧张，也未扪及包块。进一步询问时了解到来院途中患者曾呕吐一次，吐出物为少量清水，现仍有轻微恶心，既往身体健康。个人史、家族史无特殊可记。望诊所见神志清楚，表情痛苦，精神一般，形体壮实，面色稍淡，闻诊除语声稍弱外余无特殊可记。医生望舌时发现患者舌色稍淡，舌左侧边缘有明显两个齿痕，舌体不胖，苔白。诊脉结果为左右手脉沉迟，重取有力。

问题：上述哪项检查所获资料还需要进一步检查确诊？为什么？

14. 以症测舌。

案例一：岳某，女，34岁，工人。患者素体虚弱，近半年来无明显原因经常干咳，偶有少量黏痰，未经诊治。3周前因过度劳累咳嗽加重，时有痰中带血，且经常盗汗，形体日渐消瘦，口燥咽干，脉细数。

问题：①患者最可能出现的舌象？②诊断何证？

案例二：秦某，男，14岁，学生。患者自小经常夜间遗尿，约有10年。曾多方检查，均未发现异常。近半年来症状加重，约每隔二三天遗尿1次，均在夜间熟睡后尿液遗出。同寝室个别同学不能理解而称其“臊某”，因此思想、精神压力较大，家长陪同特来求治。平时头晕神疲，腰膝酸软，小便清长，睡眠、食欲、大便尚可。面色淡白，脉象沉迟无力。

问题：①患者最可能出现的舌象？②诊断何证？

15. 以舌测证

案例一：张某，男，30岁。患者因工作不顺，近半个月来，经常独自一人，时而言语不休，时而怒骂狂叫，甚至彻夜不寐。家属陪同就诊，患者坐立不安，答非所问，时而暴怒狂叫，（既往有类似发作史）。舌质红苔黄腻。

问题：①以舌测证。②补充可能还会出现的常见症状。

案例二：马某，男，65岁，退休干部，2004年5月16日初诊。患者小便失控，余沥不尽1月余，患“前列腺肥大”之疾10余年，近月来尿后余沥不尽，尿时不畅，时常自控不住，尿湿裤裆，甚为痛苦。自觉畏寒肢冷，足膝无力，小便色清。查面色淡暗，形体略瘦，精神不振，舌体淡胖，苔白滑，脉沉细，两尺脉弱。

问题：①以舌测证。②补充可能还会出现的常见症状。

第四章　望小儿指纹

1. 正常小儿指纹的表现是什么？

2. 简述小儿异常指纹及其临床意义。

3. 望小儿指纹的注意事项有哪些？

4. 应如何正确的望小儿指纹？

5. 指纹与症合参训练。

案例一：郭某，男，1岁10个月，因“发热1天，伴肢体时有抽动”就诊。患儿1天前脱衣受凉后发热，体温39.6°C，自用“正柴胡饮”热不退，现患儿肢体时有抽动，遂来就诊。症见发热，鼻塞流浊涕，咳嗽，肢体时有抽动，口干思饮，大便未行，小便黄，咽红，舌红苔黄，指纹沉隐增粗，色紫红，达于气关。

问题：① 本病例的诊断是什么？②如何指纹与症合参辨证？

案例二：彭某，女，3岁。患支气管哮喘1年余，1月1发，时轻时重。现咳嗽，哮喘，动则加剧，畏寒怕冷，自汗盗汗，气短乏力，大便干，小便可，胃纳少，形体消瘦，舌苔薄白，指纹沉隐淡青，变细，达于命关。

问题：① 本病例的诊断是什么？② 如何指纹与症合参辨证？

6. 以指纹测症训练。

案例一：赵某，男，9个月。患儿近3日来哭闹不休，逐日加重，口臭流涎，哺乳困难，昨日发现口内生疮，故来就诊。平素大便干，现已3天未行。查舌边、舌尖及上腭部可见10多处溃疡面，舌尖部已融合成片，边缘鲜红，手足心热，舌质红，苔黄，舌中部略厚，指纹紫滞。

问题：①本病例的诊断是什么？②如何以指纹测症？③如何辨证？

案例二：潘某，男，3岁。患儿腹泻已两日，日腹泻10余次，经省某医院治疗后腹泻次数已减，今腹泻3次，稀水样便，但身热未退，体温37.8℃。舌质红苔黄，唇舌稍干，指纹细沉隐紫红，达气关。

问题：①本病例的诊断是什么？②如何以指纹测症？③如何辨证？

7. 以症测指纹训练

案例一：林某，男，两岁3个月。全身水肿1个月来就诊。淋雨后感冒，继而全身水肿，尿少，口渴无汗，大便溏。查：血压120/80mmHg，全身高度水肿，腹胀大，腹水征（+），阴囊肿大，舌质淡红，苔白腻。血生化：白蛋白26g/L，球蛋白28g/L，尿素氮7mmol/L，胆固醇6.88 mmol/L，血钾5.16 mmol/L。尿蛋白定量：3g/24h。尿常规：蛋白（+++），红细胞（+）/HP，白细胞（++）/HP，管型（+++）/LP。

问题：①本病例的诊断是什么？②如何辨证？③如何以症测指纹？

案例二：施某，男，两岁半。高热3天。症见高热，无汗，喘促鼻煽，阵咳不止，痰壅，时有惊惕，溲短。查：体温40℃，热病容，双肺可闻及啰音，舌红苔薄白。

问题：①本病例的诊断是什么？②如何辨证？③如何以症测指纹？

第五章 闻诊

1．如何从“闻”字理解闻诊？

2．听声音为何能诊断疾病？

3．音哑、失音如何鉴别？

4．谵语、郑声的寒热虚实如何区别？

5．哮与喘有何区别与联系？

6．如何理解“咳嗽不止于肺，而不离乎肺”？

7．如何通过咳声和痰的量、色、质的变化鉴别咳嗽的寒热虚实？

8、呕吐、呃逆、嗳气应如何区别？

第六章 脉诊

1．背诵28脉名称。

2．显示说明指目。

3．说明并演示诊脉操作过程。

4．滑脉的特征及其诊断意义。

5．弦脉的特征及其诊断意义。

6．结脉的特征及其诊断意义。

7．以脉测证。

案例一：杨某，女，51岁，干部。心悸、头晕8个月。1年以前月经量多，淋漓不断，经治疗后出血停止，已有7个月未再行经。现时感心悸，心慌，肢凉，面色淡白，舌质浅淡，舌苔薄白，脉管纤细如线，按之无力。

问题：①患者还可能存在哪些症状？②应诊为何证？

案例二：王某，男，40岁，工人，2004年4月8日初诊。患者素体虚弱，近半年来无明显原因经常干咳，偶有少量黏痰，未经诊治。3周前因过度劳累使咳嗽加重，时有痰中带血，且经常盗汗，形体日渐消瘦，口燥咽干。舌质红少苔、有裂纹，脉管纤细如线，每分钟脉跳108次。

问题：①患者还可能存在哪些症状？②应诊为何证？

8．以症测脉。

案例一：张某，男，66岁，退休工人。前天去女儿家作客，途中淋雨，昨天起即恶寒发热，咳嗽频频，咳痰稀白，胸闷不舒，稍有气喘，一身酸楚不适，喉痒微痛，鼻塞流清涕，舌质颜色正常，舌苔薄白。

问题：①患者可能存在的脉象。② 应诊为何证？

案例二：李某，女，25 岁，教师，2004 年 8 月 18 日初诊。患者于 3 天前在路边大量进食烧烤，3 小时后自觉腹痛欲泻，大便清稀，约四五次，次日腹泻加重，日 10 余次，伴有里急后重感，大便中含有黏液及脓血，伴发热，食欲减退，口干微渴，小便短黄，形体略瘦，面色少华，腹部平软，左下腹部有压痛，肠鸣音亢进。舌质红，苔黄腻。

问题：①患者可能存在的脉象。②应诊为何证？

第七章　按诊

1. 按诊的手法。
2. 说明按虚里的操作过程。
3. 说明按肝、脾的操作过程。
4. 说明按尺肤的操作要领。
5. 水臌与气臌的按诊特征。
6. 水肿与气肿的按诊鉴别。
7. 积与聚的特征区别。
8. 以症测证。

案例一：吴某，女，45 岁，教师。浮肿反复发作 10 余年，近 1 个月出现全身浮肿，腰以下为甚，按之凹陷，不能即起，并感心悸，胸闷，气短，不能平卧，畏寒肢冷，疲乏，面色白，腰膝酸软，小便减少，大便稀溏，舌淡胖，苔黑滑，脉弱。

问题：①以症测证。②以浮肿为主症的常见证型有哪些？各常见证型还有哪些主症及伴见症？

案例二：李某，女，45 岁，干部。手足心发热 8 月余，每当午后即感明显，且手足心汗出，伴夜间盗汗，口咽干燥，失眠，小便短赤，大便秘结，二日一行，呈羊屎状。检查：两颧发红，手足心热甚于手足背，舌红少津，脉细数。

问题：①以症测证。②以手足心发热为主症的常见证型有哪些？各常见证型还有哪些主症及伴见症？

9. 以证测症。

（1）大肠湿热证、阳明腑实证、热毒蕴肠证。

问题：三证型的常见临床表现各有哪些？指出三证型的共有主症、不同按诊特点及不同主症分别是什么？

（2）肝阴虚证、肝胆湿热证、热毒瘀肝证。

问题：三证型的常见临床表现各有哪些？指出三证型的共有主症、不同按诊特点及不同主症分别是什么？

中篇 辨证

第八章 辨证的方法

1．影响中医辨证思维最重要的因素有哪些？

2．为了准确辨证，对四诊资料基本要求是什么？

3．证的要素是什么？如何理解？

4．杨某，女，6个月，1998年9月24日初诊。

主诉：咳嗽迁延1个多月。

病史：患儿1个多月前发热、咳嗽，经西医治疗，热退，咳稍减，但至今未愈，日夜均咳，频率颇密，痰多。平素常感冒，胃口尚好，大便正常，但汗多，以夜为甚。

检查：体重7.5kg，精神稍差，面色黄白，肺呼吸音粗，咽红。舌质淡，苔白。囟门大为3cm×3cm，血象：血红蛋白77g/L，白细胞7.2×10^9/L。

问题：该患者病位、病性、证名分别是什么？

5．患者，周某，男，23岁，已婚，农民。

主诉：全身浮肿伴少尿4个月。

病史：患者于1995年5月初发现两眼浮肿，乏力，小便黄少，继则面足皆肿。至6月上旬，浮肿遍及全身。尿检：蛋白（+++），脓细胞3~6个，红细胞0~1个，颗粒管型1~3个，血非蛋白氮21.7mmol/L，肌酐301μmol/L，某医院诊断为“急性肾炎”，予以抗生素及利尿剂，后又用中药温阳利水和单方等，效皆不显，浮肿有增无减。同年9月来本院就诊。当时，全身浮肿，腹部及下肢为甚，按之没指。腹部有移动性浊音，腹围90cm，小便量少，每日200~300ml。气短，不能平卧，纳少，畏寒，口渴喜热饮，脉无力，苔薄白，舌淡。尿检：蛋白（+++），脓细胞14~20，红细胞1~2，颗粒管型1~3，血非蛋白氮15.6mmol/L，肌酐353μmol/L，二氧化碳结合力38.3%容积，酚红排泄试验25%（2小时）。

问题：该患者病位、病性、证名分别是什么？

6．苏某，女性，36岁，职员。1991年12月6日初诊。

主诉：头痛、头晕伴耳鸣3个月。

病史：患者头痛、头晕、耳鸣、血压170/100mmHg已3个月，睡眠不实，多梦，月经错后，量多色红，无瘀块，两侧头痛，手足发麻，眼睛肿胀，脉弦，舌色鲜红。

问题：该患者病位、病性、证名分别是什么？

7．林某，23岁，男，汉族，未婚，医务人员。1998年4月30日初诊。

主诉：咳嗽3周。

现病史：患者于3周前开始感咽部不适伴干咳，3天后咳嗽加剧，痰量很少，性黏不易咳出，呈灰白色，混浊，伴气喘，夜间咳嗽更甚，平卧则呈阵发性剧烈咳嗽，难以睡眠，微热，口干，面红，咽喉不利，食欲不振，大便秘结，小便短赤。先用复方新诺明（2片，每天2次）及咳必清、必嗽平4天，未见明显效果；加蛇胆川贝液、非那根止咳糖浆2天，仍未见明显效果；改用红霉素0.25g（每天4次）及满山白糖浆4天，仍未见明显效果；后改为口服羟胺氨苄青霉素0.5g，每天4次，加丁胺卡那霉素0.2g，肌肉注射，每天2次，连续4天，亦无效。故转求中医治疗。现患者舌质红，苔薄黄，舌面少津。脉滑数。

检查：体温37.5℃，心率90次/分，呼吸24次/分，血压100/60mmHg，咽部渐红，扁桃体无肿大，双肺呼吸音粗糙，散在少许干性啰音，心脏听诊无异常，腹柔软，肝脾无肿大，膝肌腱反射（+）。血红蛋白110g/L，白细胞计数11.0×10^9/L，中性75%，嗜酸性粒细胞5%，淋巴细胞18%，单核细胞2%，血沉35mm/h，抗“O”<500单位。胸片示：双肺无实质性病变，心脏血管阴影无异常。

问题：该患者病位、病性、证名分别是什么？

8. 李某，男，54岁，工人。1997年12月19日初诊。

主诉：头晕、目眩，伴心慌、失眠2年。

现病史：患者1995年12月无明显诱因感到头晕目眩，心悸，欲呕，夜卧失眠，多梦，即到某医院检查，诊断为“低血压性眩晕”。曾作一般对症治疗，效不显。遂来我院就诊。现症见头晕，目眩，心悸，失眠多梦，食欲不振，有时欲呕，四肢无力，出虚汗。

检查：血压90/60mmHg，四肢不温，脉沉细无力，舌质淡红，苔薄白。

问题：该患者病位、病性、证名分别是什么？

9. 高某，29岁，女，已婚，工人。1998年8月5日初诊。

主诉：哮喘反复发作3年。

现病史：患者3年前开始出现呼吸困难，1年发作多次。3年期间，服用多种中药、西药（具体不详），均效果不显。1周前，因感风寒出现头痛，肌肉酸痛，低热，恶寒，咳嗽，气喘。患者就诊时，头痛，肌肉酸痛，恶寒已消，但咳嗽、气喘加重。同时患者发热，咳吐大量黄稠痰，饮食、大便均正常。舌质红，苔黄腻，脉滑数。

既往史：平素身体健康。

体检：体温38℃，呼吸24次/分。两肺均能听到哮鸣音。X线胸透双肺未见异常。白细胞计数：13.5×10^9/L。

问题：该患者病位、病性、证名分别是什么？

第九章　八纲辨证

案例一　季某，女，45岁。患者平素体质稍弱，3天前因运动后汗出当风而发病。症见头项强痛，发热轻而恶风，汗出较多，乳蛾微红略肿，咽喉疼痛，口渴，食欲欠佳，二便尚调，舌淡红苔薄白，脉浮缓。

（1）该患者的主诉、病位分别是什么？

（2）该患者的证型是什么？

案例二　王某，女，26岁。患者产后3天因感受外邪而出现高热，小腹疼痛，经抗生素治疗有所好转但热退未净，恶寒发热交替出现，前来就诊。症见往来寒热，脘胁胀满，小腹隐痛，恶露未净，食欲减退，恶心欲呕，口苦咽干，头晕目眩，舌质红，苔薄白略干，脉弦细。

（1）该患者的主诉、病位及病性分别是什么？

（2）该患者的证型是什么？

案例三 金某，男，27岁。患者既往身体健康，半月前因睡时贪凉受风寒而出现咳嗽，伴恶寒发热，鼻塞流清涕，无汗，经西药抗感染及疏风散寒、宣肺止咳中药治疗后仍发热咳嗽不退。现症见咳嗽，伴发热，恶寒明显，无汗，呼吸气粗，痰白黏量多难咳，鼻塞流白黏浊涕，满面通红，头目昏沉，食欲减退，大便干结，舌尖偏红，舌苔黄腻，脉滑数。

（1）该患者的主诉、病位及病性分别是什么？

（2）该患者的证型是什么？

案例四

马某，女，32岁。患者平素阳虚畏寒，3个月前因饮食不洁，脾胃受损而泄泻反复发作不止，伴发热。经西药抗生素及中成药藿香正气丸治疗效果不明显。现症见：泄泻日久，多则日行八九次，完谷不化而味腥，伴形体消瘦，精神不振，神疲乏力，腰膝酸冷，头晕眼花，自觉发热，手心微热，但下肢和胸腹、腰部俱凉，小腹隐痛，烦躁，面色泛红，口干不欲饮，或渴喜热饮而饮量不多，食欲不振，小便清长，夜尿频多，舌质淡，苔白腻而干，脉沉细略数，按之无力。

（1）该患者的主诉、病位及病性分别是什么？

（2）该患者的证型是什么？

案例五 房某，男，37岁。患者平素嗜烟，近年常反复发作左足行久乏力而胀痛，休息好转。两个月前出现左腿发凉，左足大趾疼痛发白，波及小趾红肿疼痛，经血管扩张剂及温阳散寒、活血化瘀中药治疗后未见好转，反疼痛加剧，故前来就诊。现症见左足大趾及小趾紫红而略肿，有欲溃之势，四肢厥冷，以左下肢为甚，左腿和左足紫暗，按之麻木，左足疼痛剧烈，呈刺痛，夜间痛甚，抱足坐而不得眠，足萎无力，行走而痛剧，伴面色紫暗，身热汗出，心烦，胸腹灼热，形体消瘦，食欲减退，大便干结，小便短黄，渴喜冷饮，舌质红，苔黄燥，脉沉迟有力。

（1）该患者的主诉、病位及病性分别是什么？

（2）该患者的证型是什么？

第十章 气血津液辨证

一、气病辨证

案例一 许某，女，29岁，平素性格内向。1个月前因情志不遂（家庭纠纷）一直心情郁闷，自觉胸胁胀闷不舒或疼痛，经前乳房胀痛，常太息、嗳气，脘痞纳少，便秘，舌淡红苔薄白，脉沉弦。

问题：气血津液辨证诊断并进行证候分析。

案例二 李某，男，65 岁。患者近 1 年来经常感觉神疲乏力，头晕耳鸣，活动后汗出较多。最近两个月又出现小便余沥不尽，夜尿频多，气短懒言，自汗。查舌淡苔白，脉沉无力。

问题：分析病情，归纳主诉，判断病位病性；八纲辨证及气血津液辨证结论。

案例三 赵某，男，25 岁，工人。患者昨日中午无明显诱因突然出现左侧腰腹部剧烈疼痛，持续不解，遂打车去某西医院急诊科就诊。查：神清面白，表情痛苦，腹软，左侧腹部压痛明显，未触及包块，左侧腰部叩击痛（+）。尿常规检查：红细胞满视野。超声诊断：输尿管结石。

问题：气血津液辨证诊断并进行证候分析。

案例四 吕某，女，44 岁，农民。患者于 1950 ~ 1958 年共妊娠 6 胎，其中足月分娩 5 胎，流产 1 胎。且因家庭生活负担较重，形体消瘦。1959 年冬开始倦怠乏力，小腹坠胀，自觉阴中有物突出，经妇科检查为子宫下垂。现症见面色淡白，苔白，脉沉缓。

问题：气血津液辨证诊断并进行证候分析。

二、血病辨证

案例一 高某，女，27 岁，2006 年 12 月 13 日就诊。患者自述 1 年前出现遇冷双手肤色变苍白，继则发绀，潮红，遇暖后逐渐恢复正常，冬季发作较频。近 1 个月来天气变冷，患者双手指遇冷变苍白，发绀，伴麻木疼痛，逐渐加重，不易缓解，为求系统诊治而来我院。查：双手指皮肤紧韧，弹性差，手指发凉，舌质暗，苔薄白，脉沉细。

问题：分析病情，判断病性，按气血津液辨证诊断。

案例二 崔某，男，17 岁，学生，1996 年 8 月 12 日就诊。患者于 4 天前无明显诱因出现高热、头痛症状，自服“消炎药”未效。今日因发热头痛加重，伴呕吐、抽搐 1 小时而就诊，为进一步诊治被收入院。现症见：高热不退，头痛剧烈，恶心呕吐，四肢抽搐，口渴，便秘尿黄。查：体温 39.8℃，脉搏 105 次/分，呼吸 22 次/分，血压 140/90mmHg。神清，精神萎靡，满面通红，舌质红绛，苔黄，脉滑数。

问题：归纳主诉，分析病情，按气血津液辨证进行诊断。

案例三 李某，男，46 岁，干部。2005 年 11 月 8 日就诊。患者于 10 天前抬家具时突然腰部疼痛，遂停止工作，次日晨起腰痛更甚，活动受限，遂就医诊治，以“腰扭伤”给予“红花油”外敷，症状未减。现症见：腰痛如刺，痛处固定，按压痛甚，仰俯不利，得热则舒，饮食、二便正常，舌质紫暗，脉涩。

问题：分析病情，按气血津液辨证进行诊断。

三、津液病辨证

案例一 赵某，女，27 岁，教师，2003 年 11 月 5 日初诊。患者半年前因为婚姻问题与家庭发生矛盾，心情一直郁闷不畅，近两个月来自觉咽部有异物感觉，吐之不出，咽之不下，胸闷胁胀，善太息，乳房胀痛，苔薄白，脉弦。

问题：归纳主诉，分析病情，按气血津液辨证诊断。

案例二 张某，男，35 岁，工人。胃脘冷痛反复发作 5 年，每因饮食不慎而发，曾做胃镜检查，诊断为“胃溃疡”，间断进行治疗。1 周前因同学聚会饮大量啤酒而诱发。现胃脘冷痛，喜温喜按，呕吐清水痰涎，纳少脘痞，面黄少华，形体消瘦，神疲乏力，舌淡苔白，脉沉无力。

问题：分析病情，按气血津液辨证诊断。

案例三 周某，男，30 岁。患者于 3 周前无明显诱因出现发热、咳嗽，左侧胸胁胀闷疼痛，遂就诊于某医院，被诊断为“大叶性肺炎”收住院治疗。按常规抗炎治疗 2 周后，症状未见好转，近 1 周胸胁胀闷疼痛加重伴气短，深呼吸时疼痛明显，不放射，与活动无关。咳嗽气促，低热盗汗，午后及夜间明显。发病以来进食无变化，二便正常，睡眠稍差，体重无明显变化。既往健康，否认结核病密切接触史，吸烟 10 年。查体：体温 37.4℃，脉搏 84 次/分，呼吸 20 次/分，血压 120/80mmHg，一般情况可，舌质红，少苔，脉数。

问题：分析病情，按气血津液辨证诊断。

四、气血同病

案例一 谷某，男，45 岁。患者 4 年前患“急性乙型黄疸性肝炎”，经住院治疗后症状消失，肝功能恢复正常，但劳累后时有胁肋胀痛。半年前由于工作调动，心情郁闷。近 3 个月来经常胁肋胀痛，时有痛如针刺，食欲不振，腹胀便溏，神倦乏力，面色晦暗，舌质紫暗，苔白，脉弦细。

问题：分析病情，气血津液辨证诊断。

案例二 艾某，男，34 岁，素体虚弱。患者于 3 年前患“胃溃疡合并上消化道出血”，住院治疗后好转出院。之后常因为饮食不慎出现胃脘隐痛，食少。近两个月来，经常神疲乏力，头晕健忘，失眠多梦，少气懒言，纳少，二便尚可。查：面色萎黄，唇舌色淡，苔白，脉弱。

问题：分析病情，归纳主诉，气血津液辨证诊断。

案例三 刘某，男，53 岁。患者嗜食肥甘厚腻之物，形体肥胖。3 年来自觉胸闷，心悸，气短，1 个月前阵发心前区不适，憋闷疼痛，时有刺痛，痛连肩背，每次约 2～4 分钟，多于劳累、受凉或饱食后诱发，短气乏力，身重困倦，舌质紫暗，舌苔白腻，脉沉弦滑。

问题：分析病情，归纳主诉，气血津液辨证诊断。

第十一章 脏腑辨证

一、心病辨证

案例一 王某，男，47 岁。两年前无明显原因出现左心前区刺痛，含服“消心痛”后缓解，此后，每于寒冷季节上症发作。间断静点“参脉注射液”、“碟脉灵”等药物维持至今。1小时前突发心前区疼痛，随即昏倒，被家人送往医院。现仍心前区剧痛，心悸，气短，头晕，小便自遗。查体可见冷汗湿衣，面色苍白，神志模糊，舌淡苔薄白，脉微欲绝。

（1）该患者的主症、病位、病性分别是什么？

（2）该患者辨证是什么？

（3）病性诊断的依据是什么？

案例二　张某，女，28岁。该患者于5年前由于恼怒过度突然发狂，经当地医院诊治，诊断为“狂躁型精神病”，此后，长期服药维持治疗。近1个月来常常狂躁不宁，打人毁物，力大胜于男子，服用“氯丙嗪”、“奋乃静”等镇静剂无效。现症见狂躁妄动，胡言乱语，哭笑无常，面赤口渴，舌质红，苔黄腻，脉滑数。

（1）该患者的主诉、病位、病性分别是什么？病位、病性的判断依据是什么？

（2）该患者辨证是什么？

案例三　孙某，女，10岁。3个月前发烧（当时体温39℃）后出现胸闷，心悸，气短，诊断为“病毒性心肌炎”，静点“参脉注射液”半月后，病情略有好转，一直未治愈。现症见胸闷，心悸，神疲乏力，气短，口干欲饮，手足心热，饮食可，睡眠差。查体可见舌红，苔白而干，脉细数。

理化检查：心肌酶LDH升高，心电图示：Ⅱ、Ⅲ、avf导联S－T段上抬，大于0.75mv，左心室电压升高。

（1）该患者的主诉是什么？病性是什么？病性的判断依据是什么？

（2）该患者辨证是什么？

（3）发病机理是什么？

案例四　赵某，女，62岁。3年前劳累后出现胸闷、气短，自服“理气舒心片”数日，症状有所好转，但仍不能从事一般体力劳动。1个月前复因劳累，胸闷、气短加重，并时有心前区刺痛，遂来诊。现症见胸闷，心悸，气短，乏力，劳累后出现心前区刺痛，伴自汗，饮食及睡眠尚可，时有便秘。查体可见面色无华，舌质淡白，舌体适中，苔薄白，脉涩。

（1）该患者的主诉、病位、病性分别是什么？

（2）该患者辨证为“心气虚证”是否正确？

（3）该患者便秘及自汗的发生机制是什么？

案例五　隋某，女，61岁。5年前出现胸部闷痛，痛引肩背，气短，间断口服“血脂康”及“消心痛”维持。1个月前加重，并出现头晕，查血压180/100mmHg，口服“北京降压0号”1片，每天1次，头晕减轻。现症见胸闷痛，气短，四肢沉重，倦怠，头晕，口中黏腻。查体可见形体肥胖，舌质淡，苔白厚腻，脉滑。

（1）主症是什么？提示哪些内容？病性是什么？判断病性的依据是什么？

（2）该患者辨证是什么？

（3）头晕的发生机制是什么？

（4）该患者应注意哪些方面？

二、肺病辨证

案例一 罗某，女，35岁。因长期咳嗽，发热，胸片检查发现为“右肺结核”，经抗痨治疗6个月，少效而来诊。症见干咳少痰，痰中带血，咽干口燥，渴不欲饮，胸部隐痛，潮热午后热甚，体温一般在37℃左右。观其面色两颧红赤，形体消瘦，皮肤干枯，舌质红，苔薄少津，脉细数。

（1）该患者的主症、病位及病性分别是什么？

（2）该患者的证型是什么？

案例二 王某，男，15岁。3天前冒雨，次日发烧，发热重，恶寒轻，鼻塞流涕，咳嗽，未经治疗。今晨起咳嗽加剧，咳痰黄稠，气喘息粗，咽喉红肿，吞咽困难，口渴时欲饮冷，口唇干燥，小溲短赤，两日未行大便，体温38.9℃，舌红，苔黄燥，脉滑数。

（1）该患者主症、病位及病性分别是什么？

（2）该患者证型是什么？

（3）该患者病变机转如何？

案例三 栗某，男，52岁。素有咳痰宿疾已20余年，入冬天气转凉后自感胸闷气短，咳嗽阵作，痰量多、色白、性黏、易咳，时有气喘痰鸣，食欲不振，大便略稀，形体肥胖，舌淡胖有齿痕，苔白腻，脉滑。

（1）该患者的主症是什么？

（2）其病位及病性分别是什么？

（3）该患者辨为何证？

案例四 张某，男，22岁。昨日午休后，起床便觉鼻塞，咽喉微痛，微恶风寒，头痛，曾服“桑菊感冒片”6片，效果不显。今晨就诊时，可见身热，微恶风寒，头痛，略有汗出，咳嗽，痰少难出，咽喉干痛，舌边尖稍红，苔薄干，脉浮数。查体咽红，扁桃体不肿大。

（1）该患者病位和病邪的性质如何？

（2）其主症的特点是什么？

（3）该患者辨为何证？

（4）此证在临床上应与何证相鉴别？

案例五 程某，女，42岁。两个月前，患者劳动后汗出受风，当夜就感发热恶寒，头痛，口干，有汗，轻微咳嗽，舌边尖红，苔白，脉浮数。自服生姜汤发汗后，第2天上午病势反重，发热39℃不退，大汗，口渴咽痛，舌绛，苔黄干，脉洪数有力。给予清热解毒中药，并静滴青霉素3天后病势减，但一直低热不退，夜间尤甚，盗汗，干咳少痰，头晕心悸，失眠，舌红绛而干，无苔，脉细数。

（1）该患者治疗有哪些失误？

（2）其病变的发展趋势如何？

（3）该患者辨为何证？

三、肝病辨证

案例一 许某，女，42岁。患者1个月前因与人争吵而出现两侧胁肋部胀痛，自服疏肝理气药稍有缓解。现症见胸闷易怒，两胁肋胀痛，左胁尤甚，舌色淡暗，脉弦细。

（1）该患者的主症、病位及病性分别是什么？

（2）该患者的证型是什么？

案例二 郭某，男，73岁。素体形瘦，颧红，时觉头晕目眩。近半月来，间有手指发麻，眩晕加剧。今日上午因与他人争吵后，突然跌仆倒地，不省人事，口噤不开，喉中痰鸣，左侧半身不遂，呼吸气粗，面色红赤，舌质红，苔黄腻，脉弦滑而数。

（1）该患者的主症、病位及病性分别是什么？

（2）该患者的证型是什么？

案例三 张某，女，46岁。素遇事易激动，近半月来无明显诱因出现耳鸣，持续不断，声大如雷鸣。曾在某医院进行输液治疗（具体药物不详），未见明显好转。现仍见耳鸣连续不断，伴头胀痛，口苦，急躁易怒，小便色黄，大便正常，舌红苔黄，脉弦数。

（1）该患者的主症、病位及病性分别是什么？

（2）该患者的证型是什么？

案例四 王某，男，44岁。患者右侧阴囊偏坠肿胀已3年，时大时小，时上时下，卧则入腹，立则入囊，入囊则胀痛俱作，痛引少腹，阴囊发凉，受寒痛甚，得热则缓，舌苔白滑，脉沉弦。

（1）该患者的主症、病位及病性分别是什么？

（2）该患者的证型是什么？

案例五 刘某，男，22岁，外地打工者。患者3天前出现胁痛，纳呆，腹胀不适等症，昨日起白睛、皮肤黄染，小便色深如浓茶，右胁灼热胀痛，舌红苔黄腻，脉滑数。

（1）该患者的主症、病位及病性分别是什么？

（2）该患者的证型是什么？

四、脾病辨证

案例一 宋某，男，40岁，干部，2007年8月26日初诊。诉上呼吸道感染月余，虽经治疗病情得以控制，但觉脘腹不适，遂来诊。现症见脘腹痞塞不舒，胸膈胀满，头晕目眩，身重困倦，嗜卧，口淡不渴，不思饮食，食则泛恶欲吐，大便稀溏，小便不利。查：体温36.4℃，脉搏81次/分，血压140/80mmHg，体偏胖，面色晦暗不泽，舌质淡胖，舌苔白厚而腻，脉沉滑。

（1）写出主诉。

（2）证候分析。

（3）证候名称。

案例二 赫某，男，10岁学生，2007年7月8日初诊。因患“细菌性痢疾”高烧不退住市某医院传染病房，经治疗痢疾痊愈。出院两周来，每至大便时脱肛，故来诊。现症见腹胀隐痛，纳差食少，大便时脱肛，久不能收，少气懒言，乏力。查：体温 36.2℃，脉搏 87 次/分，精神萎靡，面色萎黄，舌质淡胖，苔薄白腻，脉弱。

(1) 写出主诉。

(2) 证候分析。

(3) 证候名称。

案例三 陈某，男，58 岁，干部。2007 年 3 月 27 日初诊。诉 5 年来常感脘腹隐痛不适，曾先后服用中西药物治疗，均无明显疗效。1 周前因过食水果而致腹痛频发，遂来诊。现症见脘腹隐痛，时发时止，按之则舒，畏寒喜暖，四肢不温，口淡不渴，大便稀溏，神疲乏力，食少。查：体温 36.0℃，脉搏 81 次/分，血压 130/65 mmHg，神志清，体偏瘦，舌质淡胖有齿痕，苔薄白，脉沉迟无力。

(1) 写出主诉。

(2) 证候分析。

(3) 证候名称。

案例四 刘某，男，17 岁，学生，于 2007 年 4 月 27 日初诊。诉患乙肝 4 年，因参加校春季运动会，1 周来腹胀，不欲食，肝区不舒，遂来诊。现症见脘腹痞满胀闷，纳呆呕恶，乏力，大便溏泄不爽，小便发黄。查：肝区叩击痛明显，巩膜稍黄染。舌质红，苔白滑而厚，脉濡稍数。

(1) 写出主诉。

(2) 证候分析。

(3) 证候名称。

案例五 曾某，男，76 岁，退休工人，于 2006 年 9 月 12 日初诊。诉多年来一直食少，体倦乏力，气短懒言，近因慢性支气管炎急性发作住市某医院治疗，出院 1 周来感觉肛门重坠欲便，遂来诊。现症见肛门重坠，时时欲便，伴肛周潮湿，舌淡，苔薄白，脉虚弱。

(1) 写出主诉。

(2) 证候分析。

(3) 证候名称。

案例六 金某，女，67 岁，退休教师，2007 年 9 月 6 日初诊。诉半年来知饿但不欲食，经中西医治疗，改善不显著，遂来诊。现症见饥不欲食，食则脘痞腹胀，干呕，大便先干后稀，神疲乏力，少气懒言，形体消瘦，面色萎黄，舌淡苔白，脉细弱。

(1) 写出主诉。

(2) 证候分析。

(3) 证候名称。

案例七 李某，女，61 岁，退休干部，2007 年 8 月 12 日初诊。诉 5 年来日进主食量仅为二两，消瘦，经查无异常发现，遂求中医调治。现症见食少，脘腹时胀，多食则胀甚，嗳气，大便溏薄，消瘦，神疲乏力，少气懒言，面色萎黄，舌淡苔薄白，脉缓。

(1) 写出主诉。

(2) 证候分析。

（3）证候名称。

五、肾病辨证

案例一　王某，男，35岁。患者3年前在某专科医院经小便和前列腺液检查，确诊为“慢性前列腺炎”，当即予以抗菌治疗两周，病情有所好转，但始终未能痊愈，每于疲劳之后，便出现小便全程白色混浊，腰骶部酸痛不适，自购抗菌消炎药物（不详）间断服用，效果均不明显。近半年病情加重，就诊时面色暗黑无光，形体稍瘦，腰酸腿软，记忆力明显减退，每晚睡眠时两耳鸣响，心烦意乱，难以入睡，睡着则多梦，晨起头昏、头晕，口燥咽干，大便干燥，1~2天1次，排大便稍用力，则尿道口每先有白色液体流出，平时小便多为黄色，久坐或长途行走后，则小便后段出现白色混浊，舌质稍红，苔少，脉细数。

（1）该患者的主症、病位及病性分别是什么？

（2）该患者的证型是什么？

案例二　余某，女，36岁。患者结婚5年，夫妻共同生活，未采取任何避孕措施而从未怀孕。两年前在某妇科医院治疗，妇科检查未见异常，双侧输卵管通液术检查通畅，给以西药“克罗米酚”等药物治疗未见效果，自测基础体温半年，均呈不典型双相，且高温相不足10天。半年前子宫内膜检查，意见为“分泌功能欠佳”。就诊时，面色淡白，常有头晕耳鸣，体倦乏力，腰部酸软，夜尿偏多，平素手脚不温，入秋以后，便自觉怕冷明显而多穿衣服，小腹常有冷气，入夜自己抚摩小腹，自觉寒凉不温，有白带清稀量少，月经周期30~34天，经期3天，经量不多，经色淡红，无血块，行经不胀、不痛，舌淡，苔薄白，脉沉细。

（1）该患者的主症、病位及病性分别是什么？

（2）该患者的证型是什么？

案例三　许某，男，58岁。10余年前，因夏季防汛时过度劳累、雨淋、受寒而导致腰痛，经休息治疗，1个月后缓解，其后未见复发。但近3年来，腰痛常发，天气转寒时，疼痛加重并有冷感，平时酸痛隐隐，遇劳必重，经摄X光片检查，有“腰椎骨质增生”。近1周病情加重，就诊时，慢性病容，精神疲惫，面色淡白，站立稍久则腰痛连及双下肢麻木，平卧则麻木减轻，腰膝痿软无力，俯仰活动受限，腰背部常有一股冷气下窜，小便清，每日天明时小腹隐痛不适，排除稀溏大便后疼痛缓解。腰部按诊，第3、4、5腰椎旁有压痛并向双下肢放射。舌淡胖嫩，苔薄白滑，脉沉细无力。本院放射科CT检查证实：腰3、4、5，骶1椎间盘轻微突出。

（1）该患者的主症、病位及病性分别是什么？

（2）该患者的证型是什么？

案例四　刘某，男，5岁。患儿两岁后发现生长缓慢，就诊时身材矮小仅如两岁幼儿，面色苍白，显贫血貌，面容呆滞，身体外观发育较差、瘦小，饮食量少，平素不喜活动。前囟未合，头发枯黄，皮肤干燥，双肋外翻显“蛙腹”，舌淡，苔白，脉迟缓。体格检查，身高87cm，体重15kg。实验室检查：甲状腺功能低下。X线骨龄测定：1岁。

（1）该患者的主症、病位及病性分别是什么？

(2) 该患者的证型是什么?

案例五 贺某，女，55岁。患者两年前无明显诱因出现全身乏力，食欲不振，有时头晕、眼花，直立时出现昏厥，面部皮肤颜色逐渐变黑。当地医生曾经按“贫血、低血糖”治疗，症状缓解。5个月前，上述症状加重，面部皮肤颜色较前加深，并逐渐发展为全身皮肤颜色变黑，以暴露部位为著，伴有脱发，头发颜色较以前变黑，全身肌肉酸困，形容消瘦，体重较前下降12kg，喜食咸食。就诊时神志清楚，精神萎靡、表情淡漠，黑褐色面容，全身皮肤、黏膜变黑，以面部、双手、双手指甲及乳晕、腋下、脐部、腰部裤带部位等皮肤皱纹处为著，畏寒肢冷，头发稀疏、干燥、色黑，腹部柔软无压痛，胁下无痞块。舌淡黑，苔少滑润，脉沉细，迟而无力。西医经腹部B超，胸、腹X光片、心电图等检测，均未发现异常。实验室检查提示：肾上腺皮质功能减退。

(1) 该患者的主症、病位及病性分别是什么?

(2) 该患者的证型是什么?

案例六 戴某，女，45岁。3年前开始经常关节疼痛，双手近腕、膝、踝关节疼痛、肿胀，早晨起床时，手指、腕关节疼痛、僵硬不适1~2小时，腕关节活动受限，怕风怕冷，稍遇冷水则疼痛加重，虽经当地卫生院医生治疗，效果一直不明显。近两个月来，气候变冷，病情明显加重，更增腰部疼痛，从颈项后至腰骶部僵硬发凉，得温则舒，腕、膝、踝关节疼痛，轻度肿胀，不红，不热，得热敷则疼痛减轻，全身乏力、倦怠，饮食尚可，小便清长，大便溏稀，舌质淡胖，苔薄白，脉沉细。实验室检查：类风湿因子阳性。手关节X光片显示：骨质疏松，指间关节及腕关节间隙变窄，关节面模糊。

(1) 该患者的主症、病位及病性分别是什么?

(2) 该患者的证型是什么?

六、腑病辨证

案例一 赵某，女，38岁。患者数日前因饮食不洁，翌日开始腹泻，日十多次，已5天，经用抗生素治疗，疗效不显著，遂来求诊。症见肠鸣腹痛，腹痛即泻，泻下黄糜而臭秽，肛门灼热，排便不爽，口渴，小便短赤，舌红苔黄腻，脉濡数。

(1) 该患者的主症、病位及病性分别是什么?

(2) 该患者的证型是什么?

案例二 刘某，男，48岁。患者胃痛10余年，现胃脘灼热疼痛，口臭，吞酸嘈杂，消谷善饥，大便秘结，小便短赤，舌红苔黄，脉滑数。经胃肠钡餐透视诊为十二指肠溃疡。

(1) 该患者的主症、病位及病性分别是什么?

(2) 该患者的证型是什么?

案例三 秦某，男，25岁。患者两天前于饱餐后出现轻度胃脘胀满疼痛，未予注意，后胀痛益甚，并呕吐大量未消化食物，吐后胀痛稍减。现症见胃脘胀痛，不思饮食，食后胀痛益甚，嗳气酸腐，大便日行2~3次，排出不爽。苔厚腻，脉滑有力。

(1) 该患者的主症、病位及病性分别是什么?

(2) 该患者的证型是什么?

案例四 李某，女，36 岁。患者胃脘部胀满疼痛反复发作 3 年余，经服药治疗，近半年来未有明显不适。3 天前患者一次食用冷藏柿子两个，遂出现胃部较剧烈疼痛，热敷暂可减轻，受凉加重，时有恶心，同时脘腹部胀满不适，嗳气较多，食欲较差，舌淡红，苔白腻，脉弦小滑。

(1) 该患者的主症、病位及病性分别是什么?

(2) 该患者的证型是什么?

案例五 李某，男，23 岁。患者两天前因淋雨后出现发热、腰痛，同时伴有小便频数急迫，小腹疼痛，排尿灼热不舒，无肉眼血尿，翌晨出现咽痛、微恶风寒，自行服用“氟哌酸”（常规剂量）无明显好转，遂来就诊。舌质红，苔黄腻，脉滑数。

(1) 该患者的主症、病位及病性分别是什么?

(2) 该患者的证型是什么?

案例六 杨某，男，35 岁。患者夜难安寐已久，乱梦纷纭，睡后易惊，每晚须服安眠药方可入睡。精神不振，易于烦躁，纳食乏味，恶心欲呕，口苦，胸闷胁胀，舌苔黄厚，左关脉滑，余部脉皆虚小。

(1) 该患者的主症、病位及病性分别是什么?

(2) 该患者的证型是什么?

案例七 于某，女，42 岁。患者半年前出现胃脘胀痛，伴有口干少津，食干粮难于咽下，胃镜检查诊断为“浅表性胃炎”，经服用多种中西药效果不明显，纳差，大便干燥，艰涩难出，舌质红，无苔少津，脉细数。

(1) 该患者的主症、病位及病性分别是什么?

(2) 该患者的证型是什么?

案例八 陈某，女，41 岁。患者素体虚弱，分娩后恶露稀少，几天即止，大便艰难，憋气努挣，方可解出，面色淡白，食纳较差，舌质淡红少津，脉细数。

(1) 该患者的主症、病位及病性分别是什么?

(2) 该患者的证型是什么?

案例九 马某，女，57 岁。患者近半年多来反复出现脘腹部胀痛不适，时有攻撑感，伴有嗳气，情绪不畅时症状尤甚。昨天因琐事与家人争吵后脘腹部胀满疼痛加剧，自觉攻撑作痛，可放射至背部，嗳气，矢气后稍缓，烦躁易怒，大便溏泻，不思饮食。舌质淡红，苔薄腻，脉弦。

(1) 该患者的主症、病位及病性分别是什么?

(2) 该患者的证型是什么?

案例十 刘某，男性，46 岁。胃脘隐痛，缠绵难愈，反复发作 10 余年，胃纳欠佳，口燥咽干，大便干结如羊粪，形体消瘦，舌红少苔，脉细数。

(1) 该患者的主症、病位及病性分别是什么?

(2) 该患者的证型是什么?

案例十一 李某，男，26 岁。患者两年前因失恋而精神受到严重刺激，此后出现头晕目眩，日渐加重，并有失眠多梦，惊悸不宁，心烦不安。舌红苔黄腻，脉滑数。

（1）该患者的主症、病位及病性分别是什么？

（2）该患者的证型是什么？

七、脏腑兼证

案例一 耿某，男，57岁，2005年10月29日初诊。患者失眠、心烦两月余，加重7天。现症见失眠，来诊前1天昼夜未眠，健忘，心烦，惊悸不安，头晕多梦，腰膝酸软，舌质淡，苔薄白，脉略弦。

（1）该患者的主症、病位及病性分别是什么？

（2）该患者的证型是什么？

案例二 秦某，男，21岁，未婚，2007年4月初诊。诉其遗精1年有余，因手淫而发。半年来常服涩精止遗中药，但效果不佳。现症见腰膝酸软乏力，头晕耳鸣，失眠多梦，五心烦热，梦遗，每周3~6次，严重时每日2次，午睡亦见。舌质红少苔，脉细数。

（1）该患者的主症、病位及病性分别是什么？

（2）该患者的证型是什么？

案例三 吕某，女，59岁，2006年12月9日初诊。胸痛、胸闷10天。自觉气自胸骨上部向咽喉窜涌，有濒死之感。后背发凉，畏寒，腰部酸痛，耳中蝉鸣，动则头晕，口唇紫绀。舌紫暗有瘀斑，舌体胖大，苔薄微腻，脉沉迟，结脉频见，两尺脉重按及骨始得。

（1）该患者的主症、病位及病性分别是什么？

（2）该患者的证型是什么？

案例四 解某，女，48岁，工人。下肢浮肿、腹部胀满2年余，近半月加重。2年前患者高烧后出现下肢浮肿，伴有全身乏力，小便不利，在当地诊为“慢性肾小球肾炎急性发作”，服中西药治疗月余，症状缓解。半月前因劳累又出现全身浮肿，腰痛腿软，心悸不安，寐差，小便短少。舌淡胖嫩，苔白，脉沉细。

（1）该患者的主症、病位及病性分别是什么？

（2）该患者的证型是什么？

案例五 蔡某，男，68岁，因气喘憋闷伴双下肢浮肿两周入院。入院时，喘憋不能平卧，心慌气短，活动后加重。咳痰稀白，神疲乏力，语声低怯，自汗，双下肢浮肿，皮色暗紫，唇、甲、舌紫暗，苔薄白，脉沉细。西医诊断为肺心病，心肺功能不全Ⅲ°，呼吸衰竭2型。

（1）该患者的主症、病位及病性分别是什么？

（2）该患者的证型是什么？

案例六 王某，女，47岁。患咳嗽多年，初时每届天气转凉即行发作，近年来不分季节，喘咳已无宁静之时，每觉肺气上冲，咳呛难忍稍动即喘，去年发现周身逐渐浮肿，心跳、心慌，经检查为“肺源性心脏病”。舌淡苔黄，脉细弱并有间歇（《施今墨临床经验集》）。

（1）该患者的主症、病位及病性分别是什么？

（2）该患者的证型是什么？

案例七 曲某，男，38 岁，干部。病已年余，心悸怔忡，失眠，健忘，头晕，食欲逐渐减退，有时腹胀便溏，全身乏力，下午两下肢浮肿，用脑过度时诸症加剧。舌体淡胖，脉虚缓。西医诊为“神经官能症”，经多次治疗不愈。

（1）该患者的主症、病位及病性分别是什么？

（2）该患者的证型是什么？

案例八 潘某，女，39 岁，工人。前年入冬，咳嗽气喘，反复发作，盗汗，手足心发烧，服药无效。后在某医院胸透，诊为“两上肺浸润型肺结核”，给予“抗痨”治疗 1 年半，胸透复查，病情如前。近半年来，咯血加剧，伴胸闷，心悸气短，动则汗出，难寐多梦，体瘦神疲，纳差，便溏，脉缓。舌胖嫩，边见齿印，苔薄白（《言庚孚医疗经验集》）。

（1）该患者的主症、病位及病性分别是什么？

（2）该患者的证型是什么？

案例九 杨某，女，27 岁。素有阵发性心动过速，下肢常见紫斑。经量较多，经前腹痛，行则眩晕，眠食不佳。苔薄舌尖红，脉弦兼数。

（1）该患者的主症、病位及病性分别是什么？

（2）该患者的证型是什么？

案例十 胡某，女，40 岁。眩晕，耳鸣，易怒欲哭，烦躁，身颤，精神不快尤甚。重时常晕倒，心悸怔忡，约两三个小时才能恢复，月经量甚多，周期规律，生育 6 胎。面色萎黄不泽，贫血，大便偏干。舌淡无苔，脉沉弱（《蒲辅周医疗经验》）。

（1）该患者的主症、病位及病性分别是什么？

（2）该患者的证型是什么？

案例十一 黄某，男，50 岁，1990 年 5 月 6 日就诊。反复咳嗽咳痰、低热乏力 1 年。经胸片及痰涂片检查确诊为：浸润型肺结核$\frac{\text{上}}{\text{上}}$涂（+）进展期。经用异烟肼、利福平、乙胺丁醇（$2HRE/H_2R_2$ 方案）抗痨治疗 4 个月，病情较前好转，症状改善。胸片复查示：肺结核病灶较前吸收。但出现纳差腹胀、倦怠胸闷、少气懒言，伴轻微咳嗽、咳痰色白量多，舌质淡，苔薄白，脉缓弱（《四川中医》，1994. 6）。

（1）该患者的主症、病位及病性分别是什么？

（2）该患者的证型是什么？

案例十二 汪某，男，16 岁。哮喘宿疾 10 余年，素嗜肥甘之物，每次喘发咳痰颇多。此次喘已七八日，呼吸迫促，喉有痰鸣声，胸部闷胀，痰多色白，饮食不思，面微浮，心悸，无力。舌淡苔白腻，脉弦细滑（《黄寿人医镜》）。

（1）该患者的主症、病位及病性分别是什么？

（2）该患者的证型是什么？

案例十三 杜某，男，65 岁，退休干部。反复咳嗽 20 余年。每因季节交替或气候变化而加重，气道不利，痰色清白，易感冒，耳鸣，听力减退，舌淡苔白，脉沉缓。

（1）该患者的主症、病位及病性分别是什么？

（2）该患者的证型是什么？

案例十四 杨某，男，68岁，农民，初诊日期1996年12月5日。咳嗽咳痰18年，伴气喘4年余。患者18年前开始每年冬季即咳嗽，咳痰量多色白质黏，以睡前和晨起为甚，持续3~4个月方渐止。近4年多诸症加重，并伴有气喘气短，常整夜难以入睡，经静点青霉素，口服痰咳净、复方甘草片等，虽有减轻，但停药后又加重如前。伴颜面虚浮，困乏无力。有吸烟史约40年。查体：脉搏86次/分，呼吸25次/分，血压136/82mmHg，双肺均可闻及散在湿啰音与哮鸣音，心率86次/分，律齐，未闻及病理性杂音。舌质淡苔白腻，脉弦滑重按无力。血常规：血红蛋白136g/L，白细胞9×10^9/L，中性粒细胞56%，淋巴细胞40%，嗜酸性粒细胞4%。

（1）该患者的主症、病位及病性分别是什么？

（2）该患者的基本证型是什么？

案例十五 李某，女，29岁。1年以前，患者因悲哀过度，哭致音哑，经服西药无效，转求中医。医投麻桂，声音扬后即哑，嗣后语嘶更剧，头晕目眩，腰酸神疲，咽干口燥，舌淡赤，脉沉细（《上海老中医经验选编·张震夏医案》）。

（1）该患者的主症、病位及病性分别是什么？

（2）该患者的证型是什么？

案例十六 王某，女，35岁。患者素有慢性支气管炎，10年来时常咯血。昨起略有咳嗽即痰中带血甚多，胸闷痛，上身热，大便干燥。苔薄，脉细弦而数（《黄文东医案》）。

（1）该患者的主症、病位及病性分别是什么？

（2）该患者的证型是什么？

案例十七 患者，女，50岁，中学教师，2003年5月26日初诊。1年来，患者反复出现便秘，大便燥结如羊屎，3~4天1次，服用泻剂只能暂时通畅，停药则便秘又作，虽经中西医多方治疗，然效果不显，严重时常须家人蘸着菜油，用手指抠出，十分痛苦。患者原有慢性胆囊炎病史。现右胁肋不舒，晨起口苦，稍进油腻饮食则脘腹胀满，呕恶纳呆。患者体瘦，一般情况可，胆区有轻微压痛，腹软，胀痛不显，舌质暗，苔黄厚腻，舌下脉络瘀曲，脉中取则弦滑，重按则细而无力（《中国中医药信息杂志》，2006. 7）。

（1）该患者的主症、病位及病性分别是什么？

（2）该患者的证型是什么？

案例十八 某女，48岁，有胃痛史4年。每遇秋冬、工作繁忙或恼怒后诱发而得病。症见胃脘胀痛，两胁满闷而胀，伴有反酸，嗳气，胃纳不佳，二便正常。舌质淡，苔薄黄，脉弦不数。胃镜检查报告：慢性浅表性胃炎，慢性浅表性十二指肠球炎（《现代中西医结合杂志》，2006. 3）。

（1）该患者的主症、病位及病性分别是什么？

（2）该患者的证型是什么？

案例十九 某男，30岁。由于企业改制而下岗，后又与女朋友分手，自觉前途渺茫，厌世，羞于见人，日见长呻短气，胃脘胀痛，食欲大减，体质下降明显。舌淡，脉沉细无力（《现代中西医结合杂志》，2006. 3）。

（1）该患者的主症、病位及病性分别是什么？

（2）该患者的证型是什么？

案例二十　某男，40岁。左上腹痛，痛有定时，有时痛及左侧胁肋，常嗳气吞酸，胃中嘈杂，口苦口干而不欲饮。自觉心烦失眠，形瘦，舌边尖略红，苔薄黄，脉略弦数。胃镜检查：慢性浅表性胃炎，慢性十二指肠球部溃疡。（《现代中西医结合杂志》，2006.3）。

（1）该患者的主症、病位及病性分别是什么？

（2）该患者的证型是什么？

案例二十一　某女，25岁，有胃痛史4年，时作时缓。一日因饮食过量，即夜胃脘胀痛，胸腹痞满不消，伴有嗳气吞酸，气味酸馊，呕吐1次，吐出物为饮食物。舌质淡红，苔黄白略厚，脉弦滑（《现代中西医结合杂志》。2006.3）。

（1）该患者的主症、病位及病性分别是什么？

（2）该患者的证型是什么？

案例二十二　孙某，男，28岁。腹痛泄泻已2年余，痛时即泻，泻后渐减，日行4～5次，曾在某医院诊断为“肠激惹综合征”。患者腹泻每逢情志抑郁或激动时加重，并伴有胸胁胀闷，舌苔薄白，脉弦而缓。

（1）该患者的主症、病位及病性分别是什么？

（2）该患者的证型是什么？

案例二十三　杨某，男，45岁。患“慢性肝炎”1年余，肝区隐痛，口苦咽干，失眠，头晕乏力，时有耳鸣，遗精，手足心发热，大便时干，舌质淡红，苔薄，两脉细弦而数。

（1）该患者的主症、病位及病性分别是什么？

（2）该患者的证型是什么？

案例二十四　夏某，女，35岁，1996年4月8日初诊。患者咳喘近7年，屡治未效。现症见咳嗽气喘无力，痰白，时吐清水，经常大便溏泻，进生冷油腻时则每日溏泻4～5次，畏寒肢冷，行经时腰部酸软疼痛，量多色淡，面部微肿，苔白滑，脉沉细。

（1）该患者的主症、病位及病性分别是什么？

（2）该患者的证型是什么？

案例二十五　陆某，男，55岁。1年来舌苔灰黑，口干不欲多饮，咳嗽痰多，有时为黄稠痰，少寐，大便多溏，脉象轻取弦数，重取沉细无力（《新医药杂志》，1978.6）。

（1）该患者的主症、病位及病性分别是什么？

（2）该患者的证型是什么？

案例二十六　苏某，女，45岁，1987年6月10日就诊。患者患肝炎3年不瘥，现右胁胀痛，食欲欠佳，形体消瘦，面部及手部有红缕，朱砂掌明显，舌质暗，脉沉弦细涩。肝功：麝浊18U，谷丙转氨酶120U/L，总蛋白6.8g%，白蛋白3.5g%，球蛋白3.3g%。HBgAg1∶128。B超结论：肝硬化，脾大。四诊合参，病属肝郁血瘀，治以膈下逐瘀汤化裁……服药2剂，自觉胃脘不适，时有腹痛干呕。4剂服尽，胃脘及腹痛甚，吐咖啡样物，继则吐血呕血，急予云南白药、三七片及补液治疗，方血止病安。嗣后改以逍遥丸疏肝理脾，佐少量活血化瘀之品，调治3个月，其病渐愈。（《贵阳中医学院学报》，1994.1）

（1）该患者的主症、病位及病性分别是什么？

（2）该患者的证型是什么？

案例二十七 王某，女，45岁。咽部似有物堵塞，吐之不出，咽之不下，延逾半载，曾多次服中、西药罔效。伴胸膈满闷，神疲乏力，纳差，夜寐不实等证，舌淡苔白微腻，脉虚细无力。拟疏肝达郁，化痰散结利咽法。半夏厚朴汤方出入：半夏、厚朴、茯苓、苏叶、川贝母、枳壳、陈皮、香附、瓜蒌、桔梗各10g，生姜5片。2剂药尽，咽堵塞甚于前，胸闷有增，气息难接，周身疲惫，几不能支。余思良久，不解其故。请齐老中医诊治，疏方为归脾汤原方加桔梗10g。连服2剂，咽部哽塞大减，余证皆轻。前方继服2剂，诸恙悉平。继用人参归脾丸1周以兹巩固。随访至今未发（《辽宁中医杂志》，1986.11）。

（1）该患者的主症、病位及病性分别是什么？

（2）该患者的证型是什么？

下篇 临床综合运用

第十三章 诊法与辨证的综合运用

案例一 赵某，女，41岁，工人，2004年7月22日诊。牙龈出血，面黄，四肢无力已4个月。患者曾于3年前一次感冒时鼻血量多，近2年来，又发现皮肤上有散在性出血点，刷牙时齿龈偶有出血，经某医院诊断为“再生障碍性贫血”。用西药治疗效果不显，故转诊于中医。现症见面色萎黄，头晕眼花，心悸心慌，神疲乏力，不欲饮食，多食则腹胀不舒，大便稀溏，月经经量较前增多，历十余日方净，色淡。舌质淡，苔薄，脉细无力。

（1）病情资料中的“主症”是什么？

（2）围绕主症分析病情资料的一致性程度。

（3）病情资料显示的脏腑病位有几个？其主次程度如何？

（4）根据病情资料进行辨证。

案例二 叶某，女，31岁，教师，2003年3月5日诊。咳嗽，咳吐黏痰半月，因教学而未作治疗。3天前开始发热，头痛，昨晚高烧，烦躁不安，并说胡话，今晨抬来急诊。既往有精神病史。现神志不清，表情冷漠不语，时躁动不安，小便短黄，口渴喜饮，喉中偶有痰鸣，咳嗽，舌质红，苔黄厚腻，脉滑数。体温38.1℃。

（1）病情资料中哪些是必要性资料，哪些是一般性资料？

（2）根据现有的病情资料写出本案例的主诉。

（3）病情资料显示的脏腑病位有几个？关键病在何脏？为什么？

案例三 杨某，男，32岁，工人，2006年6月23日诊。患者自诉有慢性肝炎病史5年，肝功能时好时差。近两月来，食欲不振，纳食减少，脘腹胀满，食后为甚，四肢倦怠，神疲无力，大便稀而不成形，小便尚可，经西药“护肝”治疗无显效。上周复查肝功能：谷丙转氨酶51U/L，总胆红素22μmol/L。查：面色萎黄，形体消瘦，心肺无异常，肝在右肋缘下2cm左右，轻度压痛，质中等，舌质淡嫩，苔薄白，脉弦缓。

（1）根据现有的病情资料写本案例的主诉。

（2）本病的主要病位何在？诊断该病位的必要性资料有哪些？

（3）根据病情资料提出本案例的辨证结果。

案例四 刘某，女，26岁，农民。腹部隐痛，便溏，神疲反复发作两年。两年前曾患"急性胃肠炎"，治愈后又多次驱蛔，继而出现纳差、头晕，病情渐重。现自诉头晕眼花，耳鸣，心悸，健忘多梦，疲乏思睡，食少无味，脐腹时作隐痛，便溏，小便清长，夜尿多，有时咳嗽，动则气急，月经期推迟，量少色淡，四肢欠温，面色萎黄，舌淡苔白，脉细而弱。

（1）根据病情资料分析本案例的病位。

（2）分析病情资料所提示的病理意义的同一性程度。

（3）根据病情资料提出本案例的辨证结果。

案例五 刘某，男，3岁。发热，口舌生疮、糜烂4天。患儿4天来发热，烦躁，口舌生疮、糜烂，流涎，不欲饮食，口气灼热。曾用"青霉素"等治疗，发热不退，口舌糜烂日益严重，口渴喜冷饮，小便短赤，溺时哭闹，大便干结，苔黄。体温38℃，两唇、舌颊部黏膜有散在性溃疡。

（1）考虑到病情资料的完整性和系统性，患儿还应补充哪些检查？

（2）从病情资料的一致性程度考虑，患儿可能出现何种舌质和指纹？

（3）根据病情资料提出本案例的辨证结果。

案例六 李某，男，35岁，平素体质健壮，喜食辛辣，3日前因饮酒，突犯胃脘剧痛，服中药痛不止，继而注射镇静、镇痛剂治疗，3天来疼痛依然不止。就诊症见：胃脘灼痛拒按，心烦，口苦，时时欲呕，舌红苔黄，脉弦滑有力。

（1）本案例发病病因是什么？

（2）选用何种辨证方法？

（3）病位在哪？病性是什么？证型是什么？

案例七 宋某，男，50岁，慢性咳嗽，遇冷而发，已20余年不断。2日前因劳汗出，衣着不慎，随即恶寒、发热、头痛，继而喉痒咳嗽，痰多色白清稀，今日始见喘鸣，胸闷不舒，不能平卧，饮食减少，二便正常，舌质淡红，苔薄白，脉浮而弦滑。

（1）本病是否为外感时病？

（2）选用何种辨证方法？

（3）患者是表证、里证还是表里同病？

（4）患者的证型是什么？

案例八 沈某，男，22岁，1982年3月7日初诊。患者高热、头痛、咳嗽已3日，检查体温39.5℃，在当地某医院诊断为"上感、高热"待查。注射青霉素、链霉素及口服四环素等，未见好转，遂邀会诊。现症见：患者目赤，身热灼手，心烦躁扰，夜见尤甚，神志欠清，时有谵语，双目喜闭，四肢厥冷，手足颤动，口唇干裂，腹痛便秘，不思饮食，得食则呕，溲短色黄，舌红苔黄，脉滑数。

（1）本病在外感病中属什么病？

（2）本病应按什么辨证方法进行辨证分析？

（3）为什么患者高热的同时出现了四肢厥冷？

（4）本病的证型是什么？

案例九 徐某，男，70岁，退休职工，2005年9月30日诊。诉患“习惯性便秘”已8年余。每隔4~5天大便1次，并时感腹胀，大便干结，临厕努挣，甚是痛苦。近半月来，病情较前更重，排便时经常肛裂出血，伴口干咽燥，干咳少痰，微恶风寒，形体消瘦，舌偏红，苔薄黄少津，脉细弱。

（1）按八纲辨证应属何证？

（2）本病属“外感时病”还是“内伤杂病”？

（3）综合分析，当采取哪种辨证方法？

（4）本病的辨证结果是什么？

案例十 史某，男，10岁。2005年9月2日上午9时急诊入院。发热3天，高热，神昏，项强，抽搐半天。患儿3天前突然发热，头痛口渴，微有咳嗽，恶心，全身疼痛，疲乏，嗜睡，继而出现惊叫，急送医就诊。入院时体温38℃，下午上升至40.5℃。该地有“乙型脑炎”流行。现症见高热，神昏，项强，烦渴唇干，面目红赤，时而抽搐，小便自遗，舌质深红，苔黄脉滑数。

（1）本病属“外感时病”还是“内伤杂病”？

（2）综合分析，当采取哪种辨证方法？

（3）本病的辨证结果是什么？

第十四章　中医临床诊断方法

案例一 张某，男，65岁。尿沥不尽1月余。患者自诉素有“前列腺肥大”之疾10余年。近月来尿后余沥不尽，尿而不畅，时常自控不住，尿湿裤裆，甚为痛苦。自觉畏寒肢冷，足膝无力，小便色清。查：面色稍暗，消瘦，精神不振，舌质淡胖，苔白滑，脉细，两尺脉弱。

（1）根据症状鉴别本患者病位在肾，还是在膀胱？

（2）根据症状鉴别本患者辨证为“肾阳虚证”还是“肾气不固证”？

（3）提出本病的辨证结果。

案例二 金某，女，3岁。皮疹6天，发热，神昏，嗜睡1天。母代诉：患麻疹发病第6天，现发热，口渴，手足冷，神昏，嗜睡，咳嗽，大便黄烂而臭，小便短赤。查：体温40.2℃，呼吸粗而急速，每分钟36次，精神困倦，头面、躯干满布红色麻疹，间见融合成片，四肢皮疹稀疏，肘膝以下尚无疹，面红目赤，眼泪多，舌质红绛，苔黄，唇干咽红，指纹色紫达于气关。

（1）按外感病分析，本病属于伤寒病，还是温热病？鉴病依据是什么？

（2）患儿病变现辨证为“营分证”，还是“血分证”？鉴别的理由是什么？

案例三

患者A：韩某，男，28岁。腹痛泄泻反复发作已两年余，常因情志不遂或精神紧张而发，曾在某西医院诊断为“肠易激综合征”，因服西药无显效而求治中医。患者腹痛即泻，泻后痛减，每日4～5次，伴胸胁胀闷，情志抑郁，善太息，腹胀纳呆，肠鸣矢气，舌苔白，脉弦。

患者B：刘某，男，42岁。该患者素体瘦弱，近两年来大便时溏时干，进食油腻之物则大便溏薄，经常神疲乏力，食少，胃脘部坠胀不适，1个月前上症加重而来就诊。现大便溏薄，胃脘部坠胀不适，食后尤甚，少气倦怠，纳食减少，舌淡苔白，脉缓弱。

（1）两案主症、有鉴别意义的主要次症各是什么？

（2）按八纲辨证结果是什么？

（3）两案常见的诱因是什么？病位在哪？各属什么证型？

案例四

患者A：刘某，女，60岁。近10年来常有心悸，胸闷气短，畏寒肢冷等感觉，未经系统治疗。半小时前突然心痛剧烈。胸闷持续不解，冷汗淋漓，进而神志昏迷，呼吸微弱，面色苍白，四肢厥冷，唇色青紫，脉微欲绝。

患者B：赵某，女，57岁。患者素体肥胖，1年来常感左胸憋闷疼痛，来诊时左胸部呈阵发性闷痛，时有针刺感，痛时引及左肩背内臂，胸闷心悸，咳痰较多，气短，自汗，动则尤甚，面色㿠白，形寒肢冷，舌淡紫，苔白腻，脉沉弱，时见结脉。

（1）上两案主症是什么？同属什么病？病位在哪脏？

（2）上两案各属于什么证型，如何进行鉴别诊断？

（3）心阳不足与心阳虚脱的鉴别要点是什么？

案例五

患者A：马某，女，17岁，3月10日就诊。5天前运动后汗出当风，次日即见发热微恶风寒，头痛，咽干，微咳等症，自服退热止痛药1粒，稍有汗出，头痛减轻，体温降至正常。昨天发热恶风又起，咳嗽加重，痰黄稠，咽干而痛，小便短黄，大便2天未解，舌尖红，苔薄黄，脉浮数。

患者B：凌某，男，33岁，10月13日来诊。剧咳3天，痰少而黏。5天前外出归来，即感身热恶风，微咳无痰，未经治疗。2天后咳嗽加重，咳时胸部震痛，偶而咳出豆粒大黏痰，略带血丝，口鼻咽干燥，大便较干，舌尖红，苔薄白而干，脉浮数。

（1）上两病在发病季节上有何不同？两病均系感受外邪所引起，感邪有何不同？病位在哪？各属于什么病？

（2）各属什么证型？

（3）秋燥分温燥和凉燥，二者如何鉴别？

案例六　姚氏二四，旧冬起咳嗽，延至两月，复吐红痰而臭，脉来细数异常，自汗。屡次更医，皆为阴虚，投四物、六味之类；后一医以为肺痈，令往专科诊治。病家有亲，知予能治难病，相邀诊治。观其脉症，若为阴虚必燥，焉得有汗？内痈胁上必痛，脉必洪大，今皆无有。以予观之，属肺受外邪，此脏最娇，久嗽必伤其膜，红痰因此而出，更土生金，子夺母气，臭痰属脾虚，试观世界腥秽浊物，土掩一宿，其气立解。治法必须从标及本，先用疏散肺邪。

杏仁、薄荷、防风、橘红、桔梗、桑皮、连翘、甘草。

两服咳嗽大减，改用培土生金法，稍佐利肺，六君子加苡仁、扁豆、山药、杏仁、前胡。四服痰少而腥气无矣。咳嗽愈。原方去后五味，加麦冬、归、地，调补元气。

(1) 为何说“肺为娇脏”，在发病上有何特点？

(2) 咳血和肺痈的诊断要点是什么？

(3) 肺阴虚咳血的主要症状有那些？

(4) 本案误诊的主要原因是什么？

案例七 陈某，男，53岁，1995年4月2日初诊。皮肤发黄、面浮脚肿8个月，曾在乡村诊所诊为“肝炎”，久治不效。症见大便不实，头晕耳鸣，心悸气短，神疲乏力；然胃脘虽痞，食纳尚健；半年多来，痿弱不能独行；全身皮肤虽黄，但两目不黄，面浮肢肿，舌质淡胖，脉弱无力。肝功能正常，而血色素偏低，大便镜检见钩虫卵。故该病为肠虫所致，气血两亏系肠中钩虫吸食水谷精微，耗伤气血，气血亏虚见神疲乏力，颜面皮肤萎黄；脾气虚弱不能运化水湿，故见面浮肢肿。治以大补气血之十全大补汤连进10剂，以纠正贫血，药后面色渐转红润，即用槟榔、鹤虱、干苦楝根皮、陈皮各10g，贯众15g以逐钩虫，每日1剂水煎睡前服用，连进5剂；后又改十全大补汤为丸连进两个月。3个月后随访见面色红润，身体强健，已下田劳动。

(1) 黄疸的特征性症状是什么？主要病机是什么？

(2) 虫证黄胖的诊断要点是什么？

(3) 黄疸和虫证黄胖如何进行鉴别诊断？

案例八 运使王公叙揆，自长芦罢官归里，每向余言手足麻木痰多。余谓公体本丰腴又善饮啖，痰流经脉，宜撙节为妙。一日忽昏厥，遗尿，口噤，手拳，痰声如锯，皆属危重，医者进参、附、熟地等药，煎成未服。余诊其脉，洪大有力，面赤气粗，此乃痰火充实，诸窍皆闭，服参、附立毙矣！以小续命汤去桂、附，加生军一钱为末，假称他药纳之，恐旁人疑骇也。戚堂莫不哗然。太夫人素信余，力主服余药。三剂而有声，五剂而能言。然以后以消痰养血之药调之，一月后步履如初。(清·徐大椿《洄溪医案》)

(1) 本病当诊断为何病？诊断依据是什么？

(2) 闭证和脱证的鉴别要点是什么？

(3) 痰闭和热闭、寒闭的异同点有哪些？

案例九 徐某，男，50岁，工人，于1983年11月5日初诊。素患胁痛，大便秘结，服水果、冷饮经常发作，经西医诊断为“胆囊炎”，前医投以大柴胡汤加金钱草后，病情有增无减，邀吾诊治。右胁疼痛，按之痛甚，痛甚及脘，胀闷不舒，形质肥胖，面色皖白，肢厥，大便秘结，舌质淡苔白腻，脉弦紧。此乃寒实之胁痛，用《金匮要略》大黄附子汤加味……，服3剂脘腹不舒，继后矢气颇多，大便2次，疼痛渐止，余症均减，后用李东垣《内外伤辨惑论》厚朴温中汤加吴茱萸、槟榔4剂，症状若失，超声波检查胆囊收缩功能正常。嘱忌水果、冷饮。

（1）本病中医宜诊为何病?

（2）前医何以投之大柴胡汤?

（3）热结便秘和寒实便秘的鉴别诊断要点是什么?

案例十 郑某，男，54岁，头痛1周。1周前，患者头部外伤后，出现头痛头晕，胸闷呕恶，心悸少寐等症，以脑外伤综合征收治入院。经治诸症均减，惟头痛未已。现头额及两颞部微胀痛，口干，小溲短黄，舌苔薄白腻，脉缓滑，辨为湿热内阻，清阳蒙蔽，治以半夏白术天麻汤加味，3剂不应。复诊时虑其外伤后情志不畅，且伤后难免留瘀，遂予以活血通络，连服3剂，亦无寸功。乃细询病情，诉头痛每晨起轻微，午后渐重，伴疲乏之感，入暮头痛加重。是证乃中气不足，清阳不升，清空失养所致，遂投益气聪明汤加味益气升阳，5剂，头痛愈。

（1）分析本例误诊的原因。

（2）如何解释本例患者的“苔薄白腻，脉缓滑”?

第十五章　病案书写

案例一 韩某，男，18岁。2007年10月9日初诊。

呼吸困难反复发作两年，受凉后再发2小时。患者两年来每因受凉出现鼻痒、喷嚏、流涕，继则呼吸困难，喉中哮鸣有声，干咳少痰，胸闷，移时自行缓解。近半年来发作较前频繁，平均每月发作1次，未经系统治疗。现患者呼吸困难，喉中哮鸣有声，胸膈满闷，面色晦滞，口渴喜热饮。舌苔白滑，脉弦紧。有青霉素、红霉素过敏史。其母幼时有类似病史，已20年未发作。体温37.8℃，脉搏112次/分，呼吸21次/分，血压130/75mmHg。发育正常，口唇紫绀，见三凹征，双肺叩诊呈过清音，听诊两肺满布哮鸣音，以呼气时为主，心律规整，心率110次/分，未闻及杂音，肝脾未及。胸透两肺透亮度增强。1年前查支气管激发试验阳性。IgE50mg。

根据病历书写要求完成门诊、急诊、住院病历。

案例二 杨某，男，25岁，工人，未婚。2006年8月31日初诊。

两天前因参加同事生日聚会赴宴，5小时后出现腹痛阵阵，痛而拒按，便后腹痛暂缓。今日又出现便下赤白脓血，黏稠如胶冻，微腥臭，肛门灼热，里急后重，小便短赤。遂来诊。查体：体温38.7℃，脉搏90次/分，呼吸16次/分，血压120/80mmHg。神志清，面色略红，精神不振，腹部平软，左下腹有轻度压痛，舌苔黄腻，脉滑数。白细胞13×10^9/L，中性粒细胞85%；大便镜检有大量脓细胞、红细胞及巨噬细胞。

根据病历书写要求完成门诊、急诊、住院病历。

案例三 吴某，女，23岁，干部，未婚。2007年11月3日初诊。

患者近3年来经常感觉胃脘不适，隐隐作痛，嘈杂易饥，得食则减，大便干结，三五日一行。从未进行正规治疗。近1周胃痛频作，偶有泛酸，甚至夜间痛醒，自服“胃达喜”

后好转，口干口渴，喜喝冷饮，少寐多梦，胃纳尚可。自幼喜好辛辣之品。查体：体温37℃，脉搏86次/分，呼吸20次/分，血压115/75mmHg。腹软，中上腹剑突下压痛，肝脾肋下未及，墨菲征（-），舌质红，苔少，脉细数。血常规：红细胞3.6×10^{12}/L，血红蛋白115g/L，白细胞5.5×10^{9}/L，中性粒细胞59%。大便常规（-），大便潜血阴性。胃镜检查示十二指肠球部发现一处0.8cm×1.0cm溃疡灶。

根据病历书写要求完成门诊、住院病历。

案例四 张某，男，48岁，已婚，农民。2005年2月10日初诊。

患者去年8月上旬出现口渴，欲饮冷水，每昼夜饮水约3暖瓶。食量较平时增加1倍，尿量多味臭。在当地服用中药治疗，病情时重时轻，遂来就诊。现患者仍多食易饥，大便干燥。体温36.5℃，脉搏83次/分，呼吸17次/分，血压120/80mmHg。形体消瘦，口干唇燥，舌质红，苔黄，脉滑实有力。尿糖（+++），空腹血糖12mmol/L。肝胆肾脏B超未见异常。

根据病历书写要求完成门诊、住院病历。

案例五 郭某，男，68岁，已婚，干部。2007年6月8日初诊。

患者平素急躁易怒。20余年前无明显诱因出现头晕，头痛且胀，测血压180/95mmHg，服用复方降压片等药物治疗，血压控制在135/75mmHg左右。两天前因家事生气，头晕、头痛症状加重，伴见面色潮红，口苦，烦躁易怒，失眠多梦，遂来诊。否认其他病史。查体：体温36.8℃，脉搏80次/分，呼吸18次/分，血压160/85mmHg。神志清，肺（-），心界不大，心率80次/分，律齐，主动脉瓣听诊区第二心音亢进，$A_2>P_2$。舌红，苔黄，脉弦。辅助检查：颅脑CT未见异常。

根据病历书写要求完成门诊、住院病历。

案例六 郑某，女，35岁，干部，已婚。2006年8月15日初诊。

患者既往月经规律，周期为28~32天，经期为5~6天，量中等，色红，无血块，近半年常生气易怒，月经有时淋漓，伴心烦便干，经前乳胀。7月28口起出现阴道流血，开始月经量多于平时，色深红，质地黏稠，有时有血块，5天后血量明显减少，淋漓至今未止。患者伴口渴心烦，两胁胀痛，大便干，遂来诊。查体温36.4℃，脉搏72次/分，呼吸18次/分，血压110/70mmHg。神志清，精神可，全身皮肤黏膜无黄染及出血点，眼睑口唇黏膜无苍白，心肺（-），舌质红，苔黄，脉弦数。妇科检查：外阴（-），阴道（-），宫颈光滑，宫体前位，正常大小，附件（-）。白细胞5.7×10^{9}/L，红细胞3.4×10^{12}/L，血红蛋白110g/L。B超示：子宫及附件未见异常。带下正常，工具避孕。

根据病历书写要求完成门诊、住院病历。

案例七 金某，男，21岁，学生，未婚。2007年5月12日初诊。

患者因外出途中受凉，回家后周身不适，发热恶寒，咽喉疼痛。7天后发现眼睑浮肿，继则颜面四肢浮肿，小便红赤，请中医诊治。现症见：发热，微恶风寒，肢体酸楚，无汗，口渴，心烦，咽痛，周身浮肿，尿少色黄，便秘。查体温38.5℃，脉搏100次/分，呼吸19次/分，血压130/80mmHg。神志清，精神不振，面色略红，咽部充血，双侧扁桃体Ⅱ°肿大。舌质红，苔黄腻，脉浮数。尿蛋白（++），红细胞（++），颗粒管型0~1个/HP。

24 小时尿蛋白定量 2.0g。血常规正常。尿红细胞位相显微镜检查：多形型占 80%，均一型占 20%。尿素氮 6.0mmol/L，肌酐 130mmol/L。

根据病历书写要求完成门诊、住院病历。

案例八 黄某，女，59 岁，农民，已婚。2006 年 12 月 13 日初诊。

患者于 1998 年冬天因气候转冷出现咳嗽、咳痰，经当地医院治疗，病情有所好转，此后每年于入冬后发作咳嗽、咳痰，时好时坏，持续至来年立春后方缓解。今年 11 月初又开始咳嗽咳痰，至今未愈来诊。症见：咳嗽，痰多色白，质稠，痰出咳平，胸闷，脘痞，食少，大便时溏。体温 36.4℃，脉搏 80 次/分，呼吸 18 次/分，血压 128/80mmHg。神清，两肺呼吸音清，舌淡红，苔白腻，脉濡滑。胸片示两肺纹理增粗、紊乱，心界不大。心电图正常。血常规正常。

根据病历书写要求完成门诊、住院病历。

案例九 李某，男性，56 岁。2003 年 12 月 25 日 15 时就诊。

患者因间断性心前区疼痛 10 年，加重 1 天入院。患者于 10 年前无明显原因出现心前区疼痛，向后背放射，并伴有胸闷、气短，每次约持续 10 分钟后自行缓解，曾在当地中医院检查，诊断为“冠心病”。此后患者间断发作上述症状，持续时间不超过 20 分钟，服用复方丹参滴丸、消心痛可缓解，发作时无左肩酸麻感及左臂内侧放射痛；无大汗淋漓、胸痛难忍；无咳嗽、咳痰、咳血；无呼吸困难、恶心、呕吐；无晕厥、意识障碍。于入院前 1 天自觉上诉症状加重，表现为发作次数频繁，持续时间较平时延长，服用复方丹参滴丸、消心痛效果不佳，伴见胸闷、气短，心中动悸，乏力懒言，舌淡红，苔薄白，脉结代，于今日来我院就诊，门诊以“冠心病心绞痛”收入院。患者自发病以来，饮食、精神、睡眠差，二便正常，体重无明显减轻。患者高血压病 35 年，坚持服用复方降压片治疗，1 片/次，3 次/日。入院查体：体温 36.5°C，脉搏 65 次/分，呼吸 18 次/分，血压 150/90mmHg，体重 90kg。自动体位，查体合作。周身皮肤无黄染、皮疹及出血点，浅表淋巴结未触及肿大。头颅无畸形，巩膜无黄染。口唇无发绀及苍白，伸舌居中，咽无充血，扁桃体无肿大。颈部对称，未见颈静脉怒张及颈动脉异常搏动，颈软无抵抗，气管居中，甲状腺无肿大。双肺呼吸音粗，未闻及干、湿性啰音。心前区无隆起，心尖搏动无弥散，触觉无震颤，心界不大，心率 65 次/分，律齐，心音可，各瓣膜听诊区未闻及病理性杂音。腹软，腹部无压痛，无反跳痛及肌紧张，肝脾肋下未触及，无移动性浊音，肠鸣音正常。脊柱及四肢无畸形，活动自如，双下肢无水肿。双侧肢体肌力 V 级，肌张力正常，双测肱二、三头肌腱及膝、跟腱反射正常，双侧肢体痛觉对称存在，病理反射未引出。辅助检查：心电图示心肌缺血。患者家庭主要成员无类似疾病及遗传史。否认糖尿病、风心病、贫血病史。无肝炎、结核病等传染病史。无手术外伤史，无输血史。亦无食物药物过敏史。饮食无偏嗜，爱人和孩子健康。

根据住院大病历书写要求完成住院病历。

案例十 王某，女，74 岁，已婚，汉族。入院时间 2006 年 9 月 20 日 11 时。

患者于 4 个月前出现心前区不适，主要表现为胸闷、憋气、心悸，多于活动时出现，休息后上述症状减轻，于当地某中医院检查血常规及心电图显示“广泛性心肌缺血”。患者偶有胸痛，放射至左肩，无明显规律，症状持续约 10 分钟左右，伴有双下肢凹陷性水肿，小便量少，休息及含服速效救心丸能缓解，于今日9时许因劳累后出现胸闷、憋气加重，不能平卧，伴有胸痛，含服速效救心丸无明显改善，故前来我院，门诊以“冠心病”收入我科。患者自发病来，体重减轻约10kg，精神紧张，饮食、夜眠欠佳，大便正常，小便量少。偶有血压高达180/110mmHg，未服用降压药物，无吸烟及饮酒等不良嗜好。15岁月经来潮，月经周期28~30天，经期2~3天，50岁绝经。

体温36.5℃，脉搏158次/分，呼吸20次/分，血压175/100mmHg。发育正常，营养中等，神志清楚，舌质紫暗有瘀斑，脉细涩。听诊双肺呼吸音粗，双下肺满布湿性啰音。心律绝对不齐，心音强弱不等，各瓣膜听诊区未闻及明显病理性杂音。双下肢凹陷性浮肿。心电图示：偶发房早，V3、V4、V5、V6、S-T段压低，T波倒置。

根据住院大病历书写要求完成住院病历。

参考答案

上篇　诊法

第一章　问诊

案例一

(1) 主诉：干咳少痰近1周。

(2) 现病史：数日前因感受风寒之邪，头痛、恶寒发热并见，经治疗虽头痛、寒热减轻，但咳嗽未瘥。现症见：干咳无痰或少痰，偶见少量白痰，也是痰黏难以咳出。伴口唇干裂，鼻燥咽干，口干喜饮，大便干结，数日一行，小便短少，舌淡红苔薄白，干燥少津，脉细数略浮。余如常。

(3) 证名诊断：燥邪犯肺证。

案例二

(1) 主诉：腹痛腹泻1天。

(2) 实习医生问诊的不足之处：①询问不全面：腹痛腹泻原因、诱因、腹泻次数、量、伴随症状、平素身体状况等都应询问。②用医学术语询问病情，使患者感到茫然。

第二章　望诊

1. 全身望诊及局部望诊的操作规范有三项：一是诊室温度应适宜，必要时可开空调。因为，只有在适宜的温度下，患者的皮肤、肌肉自然放松，气血运行畅通，疾病的征象才可能真实地显露出来。二是应在充足、自然、柔和的光线下进行，如自然光线不足，也可借助于日光灯，但必要时需复查。此外，还须注意避开有色光源的干扰。三是望诊时应注意保护患者的隐私权，诊室里最好只允许医生和正在就诊的患者在场，其他患者和家属应在诊室之外依序安静等候。此外，在观察患者胸部和前后二阴等处时，应先向患者作解释，并征得其同意后在隐蔽环境下进行。男医生观察女性的前阴，须有女护士陪同的情况下进行。

2. 望排出物的注意事项有四：一是宜在充足的自然光线或接近自然光的光源下进行。尽量避免在背光处及有色光源下观察。二是根据不同排出物，选择不同的容器。三是采集的排出物应及时观察，不要长时间留置。四是观察完毕，所有的排出物应立即倒入痰盂或废物桶，并将痰盂或废物桶放在指定地点以便清洁消毒后备用。医生随即洗手并消毒，以防交叉感染。

3. “以神会神”是指以医生之神去观察、体会患者之神。临床上，患者的神气常在有意无意之间流露最真，医者若不能清心凝神，专心致志，则所察非真，甚至有误，便失其察神之旨。

4. 二者虽然都是以病情危重为前提，但假神出现多为重病治疗无效的前提下，突然出现个别现象的一时性好转，与整体病情危重情况不相一致；而重病真正向愈则在治疗有效的基础上，从个别症状的改善，逐渐发展为全身的、稳步的好转。如饮食渐增，面色渐润，身体功能渐复等等。

5. 常色与病色主要根据面色是明润还是晦暗；是含蓄还是暴露；有血色（即无论何色应兼见红色）还是无血色来区分。

主色与客色主要根据面色是与生俱来，终生基本不变的颜色，还是受季节气候、地理环境、饮食情绪等因素影响，发生短暂、轻微的变化。

善色与恶色都属于病色，但其中明亮润泽者为善色；晦暗枯槁者为恶色。

6. 萎黄是指面色淡黄而面容消瘦者，为脾胃虚弱，气血不足之象；黄胖是指面色黄而虚浮，是脾虚湿蕴之象；黄疸是指一身面目俱黄者。其中黄色鲜明如橘子色者为阳黄，为湿热内蕴之象；面色黄而晦暗如烟熏者为阴黄，多由于寒湿内困而致。

第三章　望舌

1. 舌诊操作规范可分为两部分，即操作准备与操作方法。操作准备即在望舌前要求医生检查望舌时需要准备的各项工作（诊室的光线、需要的检查器具、患者的体位、伸舌的姿势等）是否做好。当上述各项工作都按照舌诊要求准备，才能对患者舌象进行观察。操作方法简述如下：

（1）望舌时医生的姿势可略高于患者，保证视野平面略高于患者的舌面，以便俯视舌面。

（2）望舌时注意光线必须直接照射于舌面，使舌面明亮，以便于正确进行观察。

（3）望舌一般应当按照基本顺序进行，即先察舌质，再察舌苔：①察舌质：先查舌色，再察舌形，次察舌态。②察舌苔：先察苔色，再察苔质，次察舌苔分布。对舌分部观察时先看舌尖，再看舌中舌边，最后观察舌根部。

（4）望舌时做到迅速敏捷，全面准确，时间不可太长。若一次望舌判断不准确，可让患者休息3~5分钟后重新望舌。

（5）对患者伸舌时不符合要求的姿势，医生应予以纠正。如伸舌时过分用力；患者伸舌时，用牙齿刮舌面；伸舌时，口未充分张开，只露出舌尖；舌体伸出时舌边、尖上卷，或舌肌紧缩或舌体上翘，或左右歪斜等影响舌面充分暴露等。

（6）当舌苔过厚，或者出现与病情不相符合的苔质、苔色，为了确定其有根、无根，或是否染苔等，可结合揩舌或刮舌方法，也可直接询问患者在望舌前的饮食、服用药物等情况，以便正确判断。

（7）望舌过程中还可穿插对舌味觉、感觉等情况的询问，以便全面掌握舌诊资料。

（8）观察舌下络脉时，应按照下述方法进行：①嘱患者尽量张口，舌尖向上腭方向翘起并轻轻抵于上腭，舌体自然放松，勿用力太过，使舌下络脉充分暴露，便于观察。②首先观察舌系带两侧大络脉的颜色、长短、粗细，有无怒张、弯曲等异常改变，然后观察周围细小络脉的颜色和形态有无异常。

2. 望舌时应当注意的事项有以下几点：

（1）*注意舌象的生理差异*：①年龄因素：儿童舌质纹理多细腻而淡嫩，舌苔偏少易剥落；老年人舌色较暗红等。②个体因素：体质禀赋不同，舌象可有不同。如先天性裂纹舌、齿痕舌、地图舌等；肥胖之人舌多偏胖，形体偏瘦者舌多略瘦等。这些情况一般无临床意义。③性别因素：女性经前期可以出现蕈状乳头充血而舌质偏红，或舌尖部的点刺增大，月经过后可恢复正常，属生理现象。

（2）*注意饮食或药物等因素影响*：如进食后舌苔可由厚变薄，饮水可使舌苔由燥变润，饮酒或食入辛热之品可使舌色变红或绛；食绿色蔬菜可染绿苔等等。应用肾上腺皮质激素、甲状腺激素，可使舌质较红；黄连、核黄素可使舌苔染黄；服用大量镇静剂后舌苔可厚腻；长期服用抗生素，舌苔可见黑腻或霉腐等。

（3）*季节因素影响*：夏季暑湿盛而苔易厚，易淡黄；秋季燥胜，舌苔多略干燥；冬季严寒舌常湿润。此外，牙齿残缺、镶牙、睡觉时张口呼吸、长期吸烟等因素也可致舌象异常，应当注意结合问诊或刮舌、揩舌方法予以鉴别。

3. 刮舌与揩舌方法分别为：

（1）*揩舌*：医生用消毒纱布缠绕于右手示指两圈，蘸少许清洁水，力量适中，从舌根向舌尖揩抹3～5次。

（2）*刮舌*：医生用消毒的压舌板边缘，以适中的力量，在舌面上从舌根向舌尖刮3～5次。

4. 见下表。

常见舌色	识别方法	临床意义
淡红舌	舌色淡红润泽	见于将康之人；若外感初起，病情轻浅，气血内脏未伤
淡白舌	舌色较正常舌淡；若舌全无血色则称枯白舌	主虚证、寒证或气血两亏，枯白舌为夺气脱血
红舌	较淡红舌色深，甚者呈鲜红	主热证
绛舌	较红舌色更深	热入营血或阴虚火旺，或血行不畅
青紫舌	全舌色呈紫暗，或绛紫，或青紫，或舌的局部呈现青紫色的斑、点	气血运行不畅

5. 见下表。

常见舌形	识别方法	临床意义
老舌	舌质纹理粗糙，形色坚敛苍老	主实证
嫩舌	舌体浮胖娇嫩，纹理细腻，舌色浅淡	主虚证
胖大舌	较正常舌体大而厚，甚者伸舌满口	主水湿痰饮证
肿胀舌	舌体红肿，盈口满嘴，甚者不能闭口，不能缩回者	主热郁、中毒
薄瘦舌	舌体瘦小而薄	主气血两虚，阴虚火旺
点、刺舌	鼓起于舌面的红色、白色，或黑色星点称点舌；刺指舌面上的软刺高起突出舌面，形成芒刺，摸之棘手者	主热盛
裂纹舌	舌面上有深浅不一，形态各异的沟裂	主阴血亏虚

6. 见下表。

常见舌态	识别方法	临床意义
强硬舌	舌体不柔，运动不灵	热入心包；高热伤津；痰浊内阻；中风或中风先兆
痿软舌	舌体软弱，屈伸无力	气血俱虚；阴亏津伤
颤动舌	舌体震颤抖动，不能自主	肝风内动
歪斜舌	舌体偏于一侧	中风或中风先兆
吐弄舌	舌伸出口外，不即回缩为“吐舌”；反复微吐即缩，或吐出后掉动不停，舐口唇四周，叫作“弄舌”	心脾二经有热，或疫毒攻心，或正气已绝，或为动风先兆，或小儿智力不全
短缩舌	舌体紧缩，不能伸长	寒凝；痰阻；津伤；阴血亏虚
舌纵	舌伸长于口外，内收困难	为实热内踞，痰火扰心；气虚之证
舌麻痹	舌体麻木，运动不灵	气血虚、肝风内动或风气夹痰，阻滞舌络

7. 苔色的变化有白、黄、灰、黑等。薄白之苔为正常现象，若有病也主表证，属邪轻病浅。白苔增厚主寒证、湿证。但在某些情况下，白苔也主热证，如瘟疫、内痈可见积粉苔；温病化热迅速，内热暴起可出现白燥苔。黄苔主里证、热证。淡黄为热轻，深黄为热重，但苔见黄而湿润，舌淡嫩者则属阳虚水湿不化。灰苔主里证，可见于里热证，也可见于里寒证。灰而干为里热，灰而润滑为寒湿。黑苔主里证，或为寒极，或为热极，病均较重。黑而燥裂为热极伤津，黑而滑润为寒盛阳衰。另外苔色的变化也可见绿苔与霉酱苔。绿苔主热，常见于瘟疫、湿温等病。霉酱苔主内热久郁而夹有宿食之证。

8. 舌质的正常颜色为淡红，在病变中舌质可出现淡白、红、绛、紫、青等各种颜色改变。淡白舌主虚证、寒证或气血两虚。若见淡白湿润而胖嫩者，多为阳虚寒证；若淡白瘦薄，则属气血两虚。红舌主热证，若舌红起刺，伴有黄苔，多属实热证；若鲜红少苔或光红无苔，则属虚热证。绛舌主热盛，在外感病中舌绛起刺为热入营血；在内伤病中舌绛少苔或无苔为阴虚火旺。若舌绛少苔湿润则多为瘀血所致。紫舌主病有寒热之分，绛紫干燥为热盛；淡紫或青紫湿润为寒凝血瘀；青舌主寒凝阳郁和血瘀。

9. 舌象是人体病理变化的外在反映之一。由于疾病是一个复杂的过程，所以舌象的变化也是多种多样的，既有舌质的改变，也有舌苔的变化。在诊病时必须全面观察，综合分析。一般说来，舌质与脏腑气血的关系密切，故重在辨正气的盛衰，同时也可了解邪气的性质。舌苔由胃气或胃气夹邪气上潮而生，故重在辨邪气的深浅与性质，同时也可了解胃气的存亡。

舌质和舌苔的主病，在一般情况下是相互一致的、统一的。如舌质红绛主热证，其舌苔也相应地为黄或灰黑而干，亦主热证；舌质淡白主虚寒证，其舌苔也相应地为白或灰而滑，亦主寒证。在这种情况下，舌象的主病是舌质、舌苔主病的相加，比较容易掌握。但有些时候，舌质与舌苔的主病会出现一些矛盾。此时，具体分析，灵活权变。如红绛舌却见白苔，往往是由于邪热入里迅速，苔色未能转黄之故。又有白苔如积粉的舌象，亦非寒证，是瘟疫或内痈的舌象。又如舌质淡胖嫩，舌苔黄滑，此黄苔则非主热，是阳虚水湿不化之征。若能四诊合参，则会判断得更准确。

10. 腻苔、腐苔的特征及临床意义分别为：

(1) 腻苔：苔质颗粒细腻致密，揩之不去，刮之不脱，舌面如涂油腻状黏液。腻苔主湿浊、痰饮、食积、湿热。

(2) 腐苔：苔质颗粒疏松，粗大而厚，形如豆腐渣堆积舌面，揩之可去。腐苔主食积胃肠、痰浊内蕴。

11. 薄苔为透过舌苔能隐隐见到舌质（称见底）；厚苔为透过舌苔不能见到舌质（称不见底）。辨别苔的薄厚，可以判断病位的深浅。一般薄苔病位浅，常见于外感表证，或内伤轻病；厚苔病位深，常见于内有痰饮、湿浊、食积等里证。

12. 真苔舌苔坚敛着实，紧贴舌面，刮之难去，像从舌体长出来的，也称“有根苔”。假苔苔不着实，似浮涂舌上，刮之即去，不像从舌上长出的，也称“无根苔”。苔的真假体现胃气阴的存亡。真苔表明邪气较盛，胃气阴尚存，预后较好；假苔表明胃气阴衰败，预后不良。

13. 望舌技能训练

案例一：①舌象检查。②患儿饮水后不应当随即望舌，因为饮水后可使舌苔变得湿润，使原本干燥的舌苔暂时呈现湿润，掩盖真实的舌象。另外，有些带色的饮品也容易造成染苔。所以医生应当在患儿漱口、饮水前先看舌苔，或等患儿饮水 1 小时后再望舌。

案例二：望舌所获资料。因为齿痕舌的形成除先天因素外，一般是由于舌体胖大，舌的边缘受到牙齿压迫才形成。若属先天因素所致，齿痕的出现常呈现对称性。该患者舌体并不胖大，齿痕也不对称，据此，一般可以初步排除该患者舌边的齿痕系先天或湿邪过盛所致的因素，口腔牙齿问题所致可能性最大。所以，应当再进一步仔细察看患者的牙齿排列或有无脱落等情况，以明齿痕形成的真正原因，避免临床误诊。

14. 以症测舌

案例一：患者最可能出现的舌象为舌质红少苔、有裂纹。②诊断为肺阴虚证。

案例二：①患者最可能出现的舌象为舌淡苔白。②诊断为肾气虚证。

15. 以舌测证

案例一：①以舌测证：舌红反映热证，苔黄腻多为湿热、痰热、食积化热、暑湿等内蕴蒸腾而成。结合患者主要表现来看，既无湿热内盛，内蕴郁蒸之象，也无食积阻滞，脾胃纳运失司表现，更非炎夏暑热之季，故可排除湿热、食积化热、暑湿因素，初步考虑该舌象属痰热而成。结合患者当前主要表现，可诊断为痰火扰神。②该患者可能还会出现痰黄稠，口唇干燥，小便短黄，大便秘结，脉滑数等痰热的表现。

案例二：①以舌测证：舌色淡，苔白润，主阳虚寒盛。结合患者畏寒肢冷，小便清长，精神不振，可知其病性属虚寒，与舌象临床意义合拍；患者尿后余沥不尽，尿时不畅，尿失禁，足膝无力，两尺脉弱，可知其病位在肾。综合患者舌、症、脉可诊断为肾阳虚，肾气失固证。②该患者还可能出现腰酸无力，耳鸣失聪，性功能减退，遗精，早泄等肾失温养，功能减退表现。

第四章　望小儿指纹

1. 正常小儿指纹的表现是，浅红微黄，隐现于风关之内，即不明显浮露，也不超出风关。其形态多为斜行、单支、粗细适中。指纹的长短与年龄有关，1 岁以内的最长，随年龄增长而缩短。

2. 小儿异常指纹可概括为“浮沉分表里，纹色辨病性，淡滞定虚实，三关测轻重”。对小儿异常指纹的观察应注意其沉浮、颜色、长短、形状四个方面的变化。

3. ①小儿卧位时，如果侧卧则下面手臂受压；或上臂扭转，或手臂过于高或过于低，与心脏不在一个水平面时，都可以影响气血的运行，使指纹色泽形态失真。②医生诊察所用手指或小儿指纹局部有病变时不宜用该侧作望小儿指纹操作。③医生应严格按照望小儿指纹的方法进行操作。推指时切不可从风关推向命关；用力不可过大或过轻。④重视个体差异。体质有强弱胖瘦之别，反映在指纹上也各有不同，应综合考虑。⑤诊病时小儿易哭闹，而使小儿指纹失其真象，应注意使小儿保持安静。⑥结合四时分析。四时对人体的生理病理活动有重要影响，望小儿指纹也不例外要排除情志干扰。⑦注重指纹与证合参，注意指纹色泽形态变化与病儿临床表现之间的内在联系。⑧医生在望小儿指纹时面部表情宜和蔼可亲，或使用玩具，消除由于小儿对医生的恐惧感及陌生感产生紧张或哭闹而对脉象的影响。

4. 望小儿指纹正确的操作方法是：①三关定位：风关为示指的第三指节（近端，即掌指横纹至第二节横纹之间）。气关为示指的第二指节（中间，即第二节横纹至第三横纹之间）。命关为示指的第一指节（远端末节，即第三横纹至指端）。②向光：诊察时让家属抱小儿在光线明亮处，以自然光线为好。③握指：诊者用左手握小儿示指。④推指：以右手大拇指侧面用力适中从命关向气关、风关（由远及近）直推，推数次，示指上的纹型愈推愈明显，便于观察。⑤诊察：在三关的部位上仔细观察指纹的沉浮、颜色、长短、形状四个方面的变化，诊察内在的病变。

5. 指纹与症合参训练。

案例一：①诊断疾病：患儿以发热伴肢体时有抽动为主症，符合感冒夹惊的诊断。②辨明证型：小儿感受外邪，失于表散，邪郁化热，热扰肝经，症见发热伴肢体时有抽动；肺失清肃，故鼻塞流浊涕，咳嗽，口干思饮，大便未行，小便黄，咽红；舌红苔黄，指纹沉隐增粗，色紫红，达于气关，可知本证为里热证，实证，病情渐重。

案例二：①诊断疾病：患儿患支气管哮喘已久，咳嗽，哮喘，动则加剧，符合哮喘诊断。②辨明证型：患儿病久脾肺两虚，营卫失调，故咳嗽，哮喘，动则加剧，畏寒怕冷，自汗盗汗，气短乏力，胃纳少，形体消瘦，舌苔薄白，指纹沉隐淡青，变细，达于命关为里虚寒之象。辨证为久病脾肺两虚，营卫失调。

6. 以指纹测症训练。

案例一：①诊断疾病：患儿以口内生疮为主症，符合口疮诊断。②以指纹测症：患儿舌质红，苔黄，舌中部略厚，指纹紫滞，为里热证。以指纹测症可见口干，小便黄症状。③辨明证型：患儿平素大便干，易积热致口内生疮，大便干，口臭流涎，手足心热，舌质红，苔黄，舌中部略厚，指纹紫滞为心脾积热证。

案例二：①诊断疾病：患儿以腹泻为主症，符合泄泻诊断。②以指纹测症：患儿指纹紫红沉隐，为里热实证。以指纹测症，可推断口干思饮，烦躁等症状。③辨明证型：患儿感受暑热之邪致腹泻稀水样便，身热，舌质红苔黄，唇舌稍干，指纹紫红沉隐为暑热之象，此为暑热泄泻。

7. 以症测指纹训练。

案例一：①诊断疾病：患儿以全身水肿为主症，符合水肿诊断。②辨明证型：患儿淋雨后感冒，感受风寒湿邪，肺失宣发肃降功能，水湿内停，脾气为湿邪所困，泛滥肌肤发为水肿；水湿内停，津液失于输布，则口渴；脾失健运则大便溏；舌质淡红，苔白腻为水湿之象。辨证为风水泛滥证，为表实证。③以症测指纹：推断指纹为浮显，色红。

案例二：①诊断疾病：患儿以高热，无汗，喘促鼻煽，阵咳不止，痰壅为主症，符合外感发热诊断。②辨明证型：小儿为稚阴稚阳之体，风寒束表，里热闭肺，故见高热，无汗，喘促鼻煽，阵咳不止，痰壅，溲短；热郁肝经，则时有惊惕；舌红苔薄白为热证之象。辨证为风寒束表，里热闭肺证，为表实证。③以症测指纹：推断指纹为浮显，增粗，色紫红。

第五章　闻诊

1. “闻”字在“闻诊”中有两层含义：一者如《说文》所注：“闻，知声也。”“知声”便是听到声音，并注意理解，领会其意义。正如《中华大字典》所云：“听者耳之官也，闻者心之官也。”《大学》又曰：“心不在焉，视而不见，听而不闻。”心主神明，主宰意识思维。由此可见，闻诊是有意识地听患者发出的各种声音，并领会这些声音与证候的关系，以作为辨证的依据。二者“嗅味”也。《孔子家语》曰：“与善人居，如入芝兰之室，久而不闻其香。”其中“不闻其香”便是没有嗅到香味的意思。故后世医家又将病体之气及病室之气等列入闻诊范围，从而使闻诊从耳听扩展到鼻嗅，通过嗅患者身体的气味以及排出物和病室的各种异常气味作为诊察病情的依据。

2. 声音的发出主要是气的活动通过空腔、管道、器官产生振动而形成，即“气动则有声”。语言声音的发出不仅是喉、会厌、舌、齿、唇、鼻等器官直接作用的结果，而且与肺、心、肾等内脏的虚实盛衰有着密切的关系。肺为发声的动力，喉为发声的主要器官，会厌的开合，舌的调节，唇、齿、鼻的辅助等共同作用，形成了各种不同的语声和语言。此外，肾主纳气，为气之根；肝主疏泄，调畅气机；脾主生化，为气血之源；心主神志，主宰语言等，均与发声有关。正如张志聪所说："音声之器，在心为言，在肺为声，然由肾间动气，上出于舌，而后能发其声。"因此，临床根据声音的变化，听辨声音的变化，不仅可以诊察发音器官的病变，还能进一步诊察其他脏腑和整体的病理变化。

3. 音哑、失音是多种急慢性疾病中的常见症状，多见于喉病及脏腑病变渐及于喉所致，明辨虚实甚为重要。若突然声音重浊，嘶哑不清，咽喉肿痛，咽干喉痒，咳嗽，伴有恶寒，发热，脉浮等症者，多为外感风寒所致；若声哑咳嗽，咳痰黄稠，咽喉红肿疼痛较甚或如有物堵塞，伴有身热，便秘，尿赤，舌红苔黄，脉滑数等症者，多为痰火郁闭肺脏，均属"金实不鸣"。若见声哑长期不愈，甚则逐渐加重，以晚尤甚，口干咽痒微痛，咽喉色红，常伴潮热盗汗，五心烦热，干咳少痰，耳鸣耳聋，腰膝酸软，舌红少苔，脉细数等，则属肺肾阴虚，即"金破不鸣"。总之，猝然发病者，称为"暴喑"或"暴哑"，多属实证；久病声嘶渐致失音，则称"久喑"，多属虚证。

4. 谵语、郑声均出自《伤寒论·阳明病》篇，其曰："实则谵语，虚则郑声"二症皆属于神志昏乱的失神危候。

谵语多在急性热病的极期出现，病理机制有热入心包、痰热扰心、热结阳明、湿热蒙闭心神、热入血室及痈疽毒邪内陷、疔疮走黄等不同，临床表现差别很大，但总有轻重之分，轻者昏睡中呢喃，或间有妄错，与人言犹有伦次，是热尚未极；若目不识人，神昏而无所见，甚则喊叫，是热邪已极。正如《医学心悟·谵语》所说："由其热有轻重，故谵语亦有轻重也。"

郑声或见于亡阴，或见于亡阳，皆因心肝肾之气阴严重耗伤，多为大虚之候。若神情淡漠，重言复语，冷汗淋漓，肢冷畏寒，呼吸微弱，面色苍白，舌淡而润，脉微欲绝等，多为心肾阳气虚脱所致；若虚烦躁扰，语言重复，时断时续，汗热而黏，身体灼热消瘦，皮肤皱瘪，尿极少，舌红干瘦，脉细数疾，多为心肝肾之阴液耗竭而成。

5. 哮发作之时呼吸困难，呼气长而费力，喉中哮鸣如哨，或如水鸡之声。《医宗必读·喘》记载哮发则喉中"呷者口开，呀者口闭，开口闭口，尽有音声。"喘见于多种急慢性疾病之中，不仅有虚实之分，更有气喘、痰喘之不同，如《丹溪心法·喘》所言："痰喘者，凡喘便有痰声；气急喘者，呼吸急促而无痰声。"痰喘多属实喘或虚实夹杂之证。其喘促胸闷，痰鸣有声极似哮病，但不若哮病有反复发作的特点。痰喘日久，可因新邪旧邪相引而转变成哮。《医学入门·痰类》指出，"痰喘必有痰声"，哮"即痰喘甚而常发者"，即说明了二者之间的区别和联系。

6. 咳嗽是肺脏疾病最主要的临床表现，因肺为娇脏，不耐寒热，又直通天阳之气，故极易受邪以致肺失宣降，肺气上逆而咳嗽，故曰"肺主咳"。除肺脏本身病变可发生咳嗽外，又因肺贯百脉而通他脏，故五脏六腑有病，病气亦可由脉络影响到肺而引起咳嗽。因此，《素问·咳论》指出："五脏六腑皆令人咳，非独肺也。"其他脏腑病变引起咳嗽，亦是因影响肺的宣降功能所导致，故有"咳嗽不独止于肺，而亦不离乎肺也"之说。

7. 一般来说，咳声重浊紧闷，多属实证，是寒痰湿浊停于肺，肺失宣降所致。咳声轻清低微，多属虚证，常因久病肺气虚损，失于宣降所致。咳声不扬，痰稠色黄，不易咳出，多属热证，常因热邪犯肺，肺津被灼之故。咳有痰声，痰多易咳，多属痰湿阻肺。干咳无痰或少痰，多属燥邪犯肺或阴虚肺燥所致。

8. 呕吐指饮食物、痰涎从胃中上涌，由口中吐出的症状；呃逆指声自咽部冲出，发出一种不由自主的呃呃声；嗳气指胃中气体上出咽喉而发出的长而缓的声音。三者表现不同，但均为胃失和降，胃气上逆所致。临床上呕吐清水痰涎，吐势徐缓，声音微弱，舌苔白滑，脉小无力，为虚寒；呕吐黏痰黄水，或酸或苦，吐势较猛，声多壮厉，苔黄，脉大有力为实热；甚者热扰神明，呕吐呈喷射状。呃逆大抵声音清亮，神清气爽，无兼症者多为进食仓促，或感受风寒，一时气逆所致，可以不治自愈。新病闻呃，非寒邪即热邪客胃；久病闻呃，则属病危。嗳气大凡实者嗳声长而紧，虚者嗳声短而促。寒气客胃者，嗳气频作连续，兼脘腹冷痛；宿食内停者，嗳出酸腐气味，兼脘腹胀满；胃气虚弱者，胸脘虚痞，得嗳宽舒，嗳出并无气味。若病在肝逆犯胃，则嗳声响亮，频频发作，兼伴矢气，得嗳气或矢气则脘腹宽舒。

第六章　脉诊

1. 浮、沉、迟、数、虚、实、滑、涩、长、短、洪、微、革、牢、濡、弱、紧、缓、芤、弦、散、细、动、伏、促、结、代、疾。

2. 指尖与指腹交界处，两指甲角连线上。

3. 诊脉操作过程包括：①诊脉时患者应正坐或仰卧，前臂自然向前平展，与心脏置于同一水平，手腕伸直，手掌向上，手指微微弯曲，在腕关节下面垫一松软的脉枕。医生坐或立在患者侧面。②医生用左手或右手的示指、中指和无名指三个手指指目诊察，三个手指指端平齐，手指略呈弓形倾斜，与受诊者体表约呈45°。紧贴于脉搏搏动处。③布指。中指定关，医生先以中指按在掌后高骨内侧动脉处，然后示指按在关前（腕侧）定寸，无名指按在关后（肘侧）定尺。布指应疏密得当，与患者手臂长短及医生手指粗细相适应。④平息。医生保持呼吸调匀，清心宁神，以自己的呼吸计算患者的脉搏至数。⑤运指。运用指力的轻重、挪移及布指变化以体察脉象。常用的指法有举、按、寻、总按和单诊等，注意诊察患者的脉位（浮沉、长短）、脉次（至数与均匀度）、脉形（大小、软硬、紧张度等）、脉势（强弱与流利度等）及左右手寸关尺各部表现。⑥每次诊脉每手应不少于1分钟，两手以3分钟左右为宜。

4. 滑脉主痰饮、食滞、实热证；亦见于青年人（滑而和缓）及妇人妊娠（六脉皆滑而停经者）。

5. 弦脉主肝胆病（弦）、主痛（弦紧）、主痰饮（弦滑）。亦见于老年人（弦硬）或春季（微弦）。

6. 结脉主阴盛气结、寒、痰、瘀血，宿食阻滞致心阳被遏（结而有力）。亦见于气血虚弱、心气不足（结而无力）。

7. 以脉测症。

案例一：①患者还可能存在血虚见症，如面、睑、唇、舌、甲颜色淡白，多梦，肢麻，经少色淡等。②应诊为心血虚证。

案例二：①患者还可能存在阴虚见症，如潮热盗汗，两颧潮红，五心烦热，小便短赤，大便干结。②应诊为肺阴虚证。

8. 以症测脉。

案例一：①患者可能存在脉浮紧。②应诊为风寒犯肺证。

案例二：①患者可能存在滑数脉。②应诊为湿热伤中证。

第七章　按诊

1. 主要有触、摸、按、叩四法：

（1）触法：触法是医生将自然并拢的第二、三、四、五手指掌面或全手掌轻轻接触或轻柔地进行滑动触摸患者局部皮肤的检查方法。

（2）摸法：摸法是医生用指掌稍用力寻抚局部，探明局部的感觉情况的检查方法。

（3）按法：按法是以重手按压或推寻局部，了解深部有无压痛或肿块，肿块的形态、大小，质地的软硬、光滑度、活动程度等情况的检查方法。

（4）叩法：叩法又称叩击法。是医生用手叩击患者身体某部，使之震动产生叩击音、波动感或震动感，以此确定被检查部位的脏器状态有无异常。叩击法有直接叩击法和间接叩击法两种：①直接叩击法：是医生用中指指尖或并拢的二、三、四、五指的掌面轻轻地直接叩击或拍打按诊部位，通过听音响和叩击手指的感觉来判断病变部位的情况。②间接叩击法：有拳掌叩击法和指指叩击法。拳掌叩击法是医生用左手掌平贴在患者的检查部位，右手握成空拳叩击左手背，边叩边询问患者叩击部位的感觉，有无局部疼痛，医生根据患者感觉及左手震动感推测病变部位、性质和程度。指指叩击法是医生用左手中指第二指节紧贴病体需检查的部位，其他手指稍微抬起，勿与体表接触，右手指自然弯曲，第二、四、五指微翘起，以中指指端叩击左手中指第二指节前端，叩击方向应与叩击部位垂直，叩时应用腕关节与掌指关节活动之力，指力要均匀适中，叩击动作要灵活、短促、富有弹性，叩击后右手中指应立即抬起，以免影响音响。

2. 诊虚里时，一般患者采取坐位和仰卧位，医生位于患者右侧，用右手全掌或指腹平抚于虚里部，并调节压力。

3. 按肝脏时，被检者取仰卧位，两膝关节屈起，医生位于患者右侧，以左手掌及四指置于患者右腰部并向上托，大拇指固定于右肋下缘，以右手平放于脐部右侧，用并拢的四指尖部或示指桡侧对着肋缘，随患者呼气时，手指压向深部，患者再次吸气时，右手手指向肋缘方向推进，但勿随腹壁抬起，如此，逐渐向肋缘移动，直到触到肝缘或肋缘为止。

按脾脏时，医生双手触诊检查，患者可采取仰卧位，两腿稍屈曲，医生左手绕过患者腹前方，手掌置于患者左腰部第7～10肋处，将脾从后向前托起。右手掌平放于上腹部，与肋弓成垂直方向，以稍弯曲的手指末端轻压向腹深部，并随患者腹式呼吸运动逐渐由下向上接近左肋弓，直至触到脾缘或左肋缘。若仰卧位不易触到时，可嘱患者取右侧卧位，右下肢伸直，左下肢屈曲。

4. 患者采取坐位或仰卧位。诊左尺肤时，医生用右手握住患者上臂近肘处，左手握住患者手掌，同时向桡侧转辗前臂，使前臂内侧面向上平放，尺肤部充分暴露，医生用指腹或手掌平贴尺肤处并上下滑动来感觉尺肤的寒热、滑涩缓急（紧张度）；诊右尺肤时，医生操作手法同上，左、右手置换位置，方向相反。

5. 水臌按诊的特点是一手轻拍腹壁，另一手则有波动感，按之如囊裹水，以手叩之呈移动性浊音；气臌按诊的特点是一手轻轻叩拍腹壁，另一手无波动感，以手叩之呈鼓音。

6. 水肿按之凹陷，不能即起；气肿按之凹陷，举手即起。

7. 肿块按之有形，推之不移，质地硬，痛有定处为积；肿块推之可移，或痛无定处，聚散不定为聚。

8. 以症测证。

案例一

1）以症测证：该病例浮肿，腰以下为甚，按之凹陷，不能即起，小便减少，为肾阳虚衰，气化无权，水液内停，溢于肌肤所致；水气凌心，抑遏心阳，则心悸，胸闷，气短，不能平卧。肾阳虚衰，不能温养腰府及骨骼，则腰膝酸软。畏寒肢冷，疲乏，面色㿠白，舌淡胖，苔黑滑，脉弱均为肾阳阴寒水盛之象。证候诊断为肾虚水泛证。

2）①肾虚水泛证临床表现如前述。②浮肿，按之凹陷，不能即起常见于风水相搏证、脾阳虚证、肾虚水泛证。风水相搏证临床表现尚有恶寒，发热，无汗，舌苔薄白，脉象浮紧。或兼见咽喉肿痛，舌红，脉浮数。③脾阳虚证临床表现尚有脘腹隐痛，喜温喜按，畏寒怕冷，四肢不温，口淡不渴，便溏，甚则完谷不化，或妇女白带量多质稀，舌淡胖有齿痕，苔白滑，脉沉迟无力。

案例二

1）以症测证：该病例手足心发热，午后为甚，伴夜间盗汗，口咽干燥，颧红，是阴虚不能制阳，阳亢而虚热内生所为，证候诊断为阴虚证。

2）手足心发热常见于阴虚证、脾胃湿热证、食积证：①脾胃湿热证尚有脘腹胀闷，身重，或身热不扬，汗出热不解，口中黏腻，便溏不爽，或面目肌肤发黄，色泽鲜明，小便短黄，舌红苔黄腻，脉濡数。②食积证尚有脘腹痞胀作痛，拒按，厌食，呕吐酸腐食物，吐后好转，矢气频频，泻下臭秽，舌苔厚腻，脉滑实。

9. 以证测症

（1）三证型常见的临床表现分别为：①大肠湿热证常见临床表现有泄泻，肛门灼热，或下利赤白黏冻，或暴注下泄，色黄而臭，腹痛，里急后重，小便短赤，口渴，或有恶寒发热，或但热不寒，舌红苔黄腻，脉濡数或滑数。②阳明腑实证常见临床表现有日晡潮热，手足濈然汗出，脐腹胀满疼痛，痛而拒按，大便秘结不通或热结旁流，甚则神昏谵语，舌苔黄厚干燥，或起芒刺，甚至苔焦黑燥裂，脉沉实或滑数。③热毒蕴肠证（肠痈）常见临床表现有腹痛，以右少腹触痛明显，有反跳痛，可扪及局限性包块，发热恶寒，脘腹胀闷，恶心，大便秘结，舌红或紫，苔黄腻，脉滑数或弦涩。

由上可知，腹痛可成为大肠湿热证、阳明腑实证、热毒蕴肠证的共有主症。但大肠湿热证腹痛急迫，拒按，按诊时压痛部位不固定，且伴有泄泻，肛门灼热，或下利赤白黏冻，或暴注下泄，色黄而臭，里急后重等。阳明腑实证为全腹或脐上胀满疼痛拒按，按之腹皮紧张，并伴有日晡潮热，手足濈然汗出，大便秘结不通，舌苔黄厚干燥，脉沉实等。热毒蕴肠证（肠痈）腹痛拒按，按诊右少腹有固定压痛点，反跳痛明显，腹皮紧张，右少腹可扪及局限性包块，并伴有发热恶寒，脘腹胀闷，恶心，大便秘结等。

（2）三证型常见的临床表现分别为：①肝阴虚证常见临床表现有两目干涩，视力减退，或胁肋隐隐灼痛，或见手足蠕动，头晕目眩，午后颧红，面部烘热，潮热盗汗，五心烦热，口燥咽干，舌红少苔少津，脉弦细而数。②肝胆湿热证（肝痈）常见临床表现有胁肋胀痛，口苦，纳呆腹胀，泛恶欲呕，大便不调，小便短赤。或身目发黄，或见寒热往来，或男性睾丸肿胀热痛，阴囊湿疹，或妇女带下黄臭，阴部瘙痒。舌红苔黄腻，脉弦数或滑数。③热毒瘀肝证（肝癌）常见临床表现有胁肋胀痛，胁下癥块，按之痛甚，阵发性刺痛，腹大如鼓，青筋显露，面色暗黄，发热，口苦咽干，舌质红，舌边有瘀斑，苔黄腻，脉弦数或弦涩。

由上可知，胁肋疼痛可成为肝阴虚证、肝胆湿热证、热毒瘀肝证三证的共有主症。肝阴虚证胁肋疼痛喜按，且伴有两目干涩，视力减退，颧红，潮热盗汗，五心烦热，口燥咽干等。肝胆湿热证右胁胀痛，右胁下肿块，摸之有热感，手不可按，并伴有发热，口苦，泛恶欲呕，大便秘结，小便短赤，身目发黄等。热毒瘀肝证右胁疼痛，按之痛甚，右胁下肿块坚硬，按之表面凹凸不平，边缘不规则，并伴有腹大如鼓，青筋显露，面色暗黄等。

中篇　辨证

第八章　辨证的方法

1. 各种辨证方法虽然角度不同，但结论都是“证”。在分析各种证的实质时，可以发现其所包含的内容无非是病位和病性两方面，即反映病变部位与阶段的心、肝、胃、气分、血分等和反映病变性质的风、寒、湿、热、气虚、血虚、瘀血等。任何复杂的“证”，都是由病位、病性等要素的排列组合而构成的。

因此，辨证的关键和基本要求主要在于明确现阶段的病位与病性。掌握每一病位和病性要素的概念、主要表现，并了解其相互间的一般组合关系，便能抓住辨证的实质，就可对各种疾病进行辨证诊断。

2. 为了准确辨证，对四诊资料的基本要求是临床资料全面准确。通常情况下，症是辨证的主要依据，但是，当症状不明显、不典型时，地理、气候、季节、生活习惯、体质因素往往是辨证的关键。当患者以某一症状为主诉就诊时，应注意分析可能存在的其他症状，如腹胀，兼以食少、神疲乏力、便溏、脉虚应辨为脾气虚证；如果兼胸胁胀闷、太息、脉弦则应辨为肝郁气滞证。怕冷，应辨别是畏寒或者恶寒，二者的辨证意义是不同的。因此，在四诊过程中，临床资料收集应尽可能全面、准确、规范。

3. 证的要素是辨病位要素与病性要素。辨病位，即辨别确定病变阶段证所在的位置。

其中又可分为空间性病位和时间（层次）性病位。大的病位概念有表、里（以及半表半里），病在上、病在下。具体的病位有心、心神（或称脑、心包）、肺、脾、肝、肾、胃、胆、小肠、大肠、膀胱、三焦（上焦、中焦、下焦），以及胞宫、精室、清窍、咽喉、口唇、齿龈、头、鼻、目、肌肤、筋骨、经脉、脑络等，皆为空间病位概念。时间（层次）性病位，如卫分、气分、营分、血分，太阳、阳明、少阳、太阴、少阴、厥阴等，随着病程的阶段变化，而有浅深层次的含义。

每一病位各有其特定的主症，如心悸、心痛等为病位在心的主症；如咳嗽、气喘等为病位在肺的主症；如食少、腹胀、便溏等为病位在脾的主症；精神抑郁、急躁多怒、胸胁少腹胀痛、眩晕、肢体震颤、抽搐等为病位在肝的主症；腰膝酸软或疼痛、耳鸣耳聋、齿摇发脱、阳痿、遗精、经闭、水肿等为病位在肾的主症。又如新起恶寒发热、头身疼痛、脉浮等为表证的特定证候；身热夜甚、心烦不寐、神昏谵语、斑疹隐隐、舌绛等为营分证的主要表现。认识和掌握每一病位的特定表现，是辨别病位要素的关键。

证中属于病性的概念可有笼统与具体之分。虚、实，阴、阳，标、本等，属于抽象笼统的病性概念。具体的病性概念主要有：风、寒、暑、湿、燥、火热、痰、饮、水停、食积、虫积、石阻、气滞、气逆、气闭、血瘀、血热、血寒、气虚、气陷、气不固、气脱、血虚、血脱、阴虚、亡阴、阳虚、亡阳、津液亏虚、精亏、喜、怒、忧、思、悲、恐等。

每一病性概念都应有特定的证候表现。如身体困重、关节肌肉酸痛，食欲不振、腹胀、便溏、舌苔滑腻、脉濡等为湿的证候；气短、乏力、神疲、舌淡、脉弱等为气虚的表现；气虚基础上出现畏寒或形寒肢冷等为阳虚的表现；面色淡白或萎黄、唇舌爪甲色淡、脉细等为血虚的表现；潮热、盗汗、五心烦热、舌红少苔、脉细数等为阴虚的表现。掌握每一病性的基本临床表现，便有利于辨别证的性质。

4. 病位为肺；病性为气虚；证名为肺气虚。

5. 病位为肾；病性为阳虚、水停；证名为肾阳虚、肾虚水泛。

6. 病位为肝；病性为阳亢；证名为肝阳上亢。

7. 病位为肺；病性为热；证名为肺热炽盛。

8. 病位为心、脾；病性为血虚、气虚；证名为心脾气血虚。

9. 病位为肺；病性为痰、热；证名为痰热壅肺。

第九章　八纲辨证

案例一

（1）主诉为发热恶风 3 天。病位在表。

（2）证型为伤风表证。

案例二

（1）主诉为腹痛 3 天，伴往来寒热。病位在半表半里。病性属热证。

（2）证型为半表半里证。

案例三

(1) 主诉为咳嗽半月，伴恶寒发热，大便干结。病位在表里同病。病性为寒热错杂。

(2) 证型为表寒里热证。

案例四

(1) 主诉为腹泻反复发生 3 个月，伴腰膝酸冷。病位在里。病性为虚寒。

(2) 证型为里虚寒证。

案例五

(1) 主诉为左足大趾及小趾肿痛两个月。病位在里。病性为热。

(2) 证型为真热假寒证。

第十章 气血津液辨证

一、气病辨证

案例一

(1) 病情分析：患者平素性格内向，本次因情志不遂，气机不畅而致病。患者心情郁闷，胸胁胀闷或疼痛，经前乳房胀痛，善太息，为肝失疏泄，气机郁滞不畅所致；嗳气，脘痞纳少，便秘，为胃失和降所致；脉沉弦，为气机郁滞之征。

(2) 气血津液辨证诊断：气滞证。

案例二

(1) 病情分析：患者近 1 年来经常神疲乏力，头晕耳鸣，气短懒言，自汗，提示其气虚，脏腑机能活动低下。最近又出现小便余沥不尽，夜尿频多，提示膀胱不固；舌淡苔白，脉沉无力，乃气虚推动无力之征。

(2) 归纳主诉：神疲乏力，头晕 1 年，伴小便余沥不尽 2 个月。

(3) 八纲辨证诊断：里证、虚证、阴证。

(4) 气血津液辨证诊断：气不固证。

案例三

(1) 病情分析：患者无明显诱因，突然左侧腰腹部剧痛，持续不解，提示腰部气机郁闭；突发剧痛不解，属实证。左侧腹部压痛明显，左侧腰部叩击痛（尿常规见红细胞满视野，超声诊断输尿管结石），均提示邪气内盛，阻闭气机。

(2) 气血津液辨证诊断：气闭证。

案例四

(1) 病情分析：患者为农民，8 年期间曾 6 次妊娠（生产 5 胎、流产 1 胎），由于产多乳众，劳累过度，渐致元气亏虚。其倦怠乏力，面色淡白，形体消瘦，提示气虚脏腑机能低下；小腹坠胀，自觉阴中有物突出，提示中气下陷（子宫下垂）；苔白，脉沉缓，为气虚之征。

(2) 气血津液辨证诊断：气陷证。

二、血病辨证

案例一

（1）病情分析：患者遇冷后双手肤色变苍白，继则发绀，潮红，遇暖后逐渐恢复正常，冬季多发。近1个月加重，伴麻木胀痛，手指发凉，不易缓解，提示其病因病机与阴寒凝滞有关。血得温则行，遇寒则凝，阴寒偏盛，收引凝滞，气机不畅，血行不利，故见手指苍白变色，麻木疼痛；舌质暗，苔薄白，脉沉细，提示血液运行不畅。

（2）气血津液辨证诊断：血寒证。

案例二

（1）归纳主诉：高热、头痛4天，加重伴呕吐、抽搐1小时。

（2）病情分析：患者无明显诱因出现高热、头痛，并迅速加重，发病急、病程短，有热盛表现，故提示属实证、热证、阳证；呕吐可能由于热扰神明所致；抽搐乃动风之征；口渴、便秘、尿黄，提示热盛伤津；高热不退、满面通红，为邪热炽盛、火热蒸腾上炎所致；舌质红绛，苔黄，脉滑数，为血分热盛之征。

（3）气血津液辨证诊断：血热证。

案例三

（1）病情分析：患者因抬举重物，努伤闪挫，损伤腰部经脉，导致气滞血瘀，不通则痛；经脉受损，故仰俯不利；瘀血停滞，故痛有定处而拒按；血得温则行，故遇热则舒；舌质暗紫，脉涩，皆瘀血内停之象。

（2）气血津液辨证诊断：血瘀证。

三、津液病辨证

案例一

（1）归纳主诉：胸闷胁胀，咽部异物感2个月。

（2）病情分析：患者由于情志不遂，心情一直郁闷不畅，自觉胸闷胁胀，时欲太息，情志抑郁，乳房胀痛，提示肝失疏泄，气机郁滞；咽部有异物感觉，吐之不出，咽之不下，为梅核气，由于气郁生痰，痰气搏结于咽喉所致；舌苔薄白，脉弦，为肝郁气滞之征。

（3）气血津液辨证诊断：痰证（气滞痰阻）。

案例二

（1）病情分析：患者既往有“胃溃疡”病史5年，经常因饮食不慎诱发胃脘冷痛，提示有胃阳虚的病理基础。1周前由于过量饮酒而诱发胃脘冷痛，喜温喜按，纳少，为胃阳虚，温煦失职，胃失和降所致；呕吐清水痰涎，为胃气上逆，水饮上犯所致；面黄少华，形体消瘦，神疲乏力，为正气不足，形体失养；舌淡苔白，脉沉无力，乃阳气不足之征。

（2）气血津液辨证诊断：饮证（寒饮停胃）。

案例三

（1）病情分析：患者左侧胸胁胀闷疼痛，提示病位可能在肺，或在心，或在胸胁；伴低热、咳嗽、盗汗，可以排除病位在心；深呼吸时胸胁胀闷疼痛明显，不放射，提示病位在胸胁。咳嗽、胸闷、气短，提示胸胁气机不畅；低热盗汗，午后夜间明显，提示阴虚内热，虚热内扰；舌质红，少苔，脉数，为阴虚内热之征。

（2）气血津液辨证诊断：饮证（饮停胸胁）。

四、气血同病

案例一

（1）病情分析：患者5年前所患“急性乙型黄疸性肝炎”，属肝胆湿热之阳黄，治疗不彻底，余邪未尽，故时有胁痛。近3个月来，患者两胁胀痛、刺痛为肝气郁结，气滞血瘀之征；腹胀纳少，便溏，乏力，为脾气不足，健运失职之象；面色晦暗，舌紫暗，脉弦细，为血行不畅之候。故本证为肝失疏泄，气机郁滞不畅，气滞血瘀，肝郁克脾所致。

（2）气血津液辨证诊断：气滞血瘀证。

案例二

（1）病情分析：患者于3年前患“胃溃疡合并上消化道出血”，之后常因为饮食不慎，出现胃脘隐痛，食少，提示既往有失血及气血生化不足的病理基础。近两个月来，经常神疲乏力，少气懒言，纳少，提示气虚，脏腑机能低下；头晕健忘，失眠多梦，面色萎黄，唇舌色淡，为血虚失于荣养所致；舌淡苔白，脉弱为气血亏虚之征。

（2）归纳主诉：神疲乏力，头晕健忘两个月。

（3）气血津液辨证诊断：气血两虚证。

案例三

（1）病情分析：患者嗜食肥甘厚腻之物，形体肥胖，身重困倦，苔腻，脉滑，提示痰浊内盛；3年来胸闷，心悸气短，提示痰浊内阻，胸阳不展；1个月前阵发心前区不适，心胸憋闷疼痛，为心脉痹阻不通；憋闷兼有刺痛是痰瘀互阻心脉，胸阳不振；舌紫暗，脉弦为瘀血阻脉之征。

（2）归纳主诉：胸闷、心悸3年，心胸憋闷疼痛1个月。

（3）气血津液辨证诊断：痰证、血瘀证（痰瘀互阻）。

第十一章　脏腑辨证

一、心病辨证

案例一

（1）主症为心前区剧痛；病位在心；病性属亡阳。

（2）辨证为心阳虚脱证。

（3）诊断依据为冷汗湿衣，面色苍白，四肢厥冷，神志模糊，唇舌紫暗，脉微欲绝。

案例二

（1）主诉为发作性狂躁妄动5年，加重1个月；病位在心神；病性属痰火。判断依据为狂躁妄动，胡言乱语，哭笑无常，可判断病位在心神；面赤口渴，舌质红，苔黄腻，脉滑数，可判断病性为痰火。

（2）辨证诊断为痰火扰神证。

案例三

（1）主诉为胸闷，心悸3个月；病性属气虚、阴虚；病性的判断依据为神疲乏力，气短，口干欲饮，手足心热，舌红，苔白而干，脉细数症状。

（2）辨证诊断为心气阴两虚证。

（3）发病机理为热病后伤及气阴，而成气阴两虚之证。

案例四

（1）主诉为胸闷、气短3年，加重伴心前区刺痛1个月；病位在心；病性属气虚血瘀。

（2）不正确，应为心气虚血瘀证。

（3）年老体虚，加之久病导致气虚，大肠传导无力，而出现便秘。气虚卫表不固，出现自汗。

案例五

（1）主症为胸痛彻背，头晕；提示病位在心、清窍；病性为痰浊内阻；判断依据是胸闷痛，四肢沉重，倦怠，口中黏腻，形体肥胖，苔白厚腻，脉滑症状。

（2）辨证诊断为心脉痹阻证（痰浊）。

（3）发生机制为痰浊上蒙清窍。

（4）患者应注意饮食有节，少食膏粱厚味以减轻体重；晚餐不宜过饱以防止心痛的发生；因血压高，适宜在下午进行适当的体育锻炼。

二、肺病辨证

案例一

（1）该患者主症为干咳少痰，痰中带血；病位在肺；病性为阴虚。

（2）辨证为肺阴虚。

案例二

（1）以咳嗽痰黄稠，气喘高热为临床主要症状；病位在肺；病性属实热。

（2）辨证为热邪壅肺证。

（3）该患其病变机转为表热不解，内传入里，形成里实热证。

案例三

（1）主症是咳嗽痰多。

（2）病位在肺，病性属寒。

（3）辨证为痰湿阻肺证。

案例四

（1）该患病位在表，病邪性质属热。

（2）临床以咳嗽、身热、微恶风寒和脉浮数为主症特点。

（3）辨证为风热犯肺证。

(4) 此证在临床上应与风寒犯肺证和热邪壅肺证相鉴别。

案例五

(1) 该患者治疗失误在于初服用辛温之品，以助邪热炽长，后只重治标，伤及正气。

(2) 其病变的发展趋势由表入里，由实转虚。

(3) 辨为肺阴虚证。

三、肝病辨证

案例一

(1) 患者主症为胸闷易怒，两胁肋胀痛，左胁尤甚；病位在肝；病性为气滞。

(2) 证型为肝郁气滞证。

案例二

(1) 患者主症为不省人事，口噤不开，喉中痰鸣，左侧半身不遂，呼吸气粗，面色红赤；病位在肝；病性为实热证。

(2) 证型为肝风内动证（肝阳化风证）。

案例三

(1) 患者主症为耳鸣连续不断，伴头胀痛，口苦，急躁易怒；病位在肝；病性为实热证。

(2) 证型为肝火炽盛证。

案例四

(1) 患者主症为右侧阴囊偏坠肿胀，卧则入腹，立则入囊；肝经循行绕阴器，提示病位在肝；阴囊发凉，受寒痛甚，得热则缓提示病性为实寒证。

(2) 证型为寒滞肝脉证。

案例五

(1) 患者主症为白睛、皮肤黄染，右胁灼热胀痛；胁痛提示病位在肝；病性为实热证。

(2) 证型为肝胆湿热证。

四、脾病辨证

案例一

(1) 主诉：脘腹痞塞胀满月余，食则加重。

(2) 证候分析：痰湿中阻，脾胃升降失常，则脘腹痞塞胀满不舒；痰湿阻滞于胃，胃气不降，则不思饮食，食则呕恶；清气不升，脑失充养，则头晕目眩；浊阴不降，清气在下，则大便稀溏；痰湿阻滞经络，则身重困倦。舌苔白厚而腻，脉沉滑均为痰湿阻留脾胃之征。

(3) 证候名称：痰湿中阻证。

案例二

(1) 主诉：大便时直肠外脱2周。

(2) 证候分析：下痢之余，阳气必伤，脾气必损。脾虚气陷，内脏失于举托，则肛脱（直肠外脱）；阳气不足，脾失健运，则腹胀隐痛不舒，纳差食少；中焦化源匮乏，脏腑机能减退，则少气，乏力，懒言。舌淡，苔白，脉弱均为虚寒之征。

（3）证候名称：脾虚气陷证。

案例三

（1）主诉：脘腹隐痛1周。

（2）证候分析：脾阳虚衰，寒生于内，故脘腹疼痛隐隐，喜暖喜按；脾失健运，水谷不化，则食少；水走肠间，则大便稀溏；阳气虚衰，脏腑功能减退，则神疲乏力，口谈不渴，四肢不温，畏寒喜暖。舌淡，苔白，脉迟无力均为虚寒之征。

（3）证候名称：中虚脏寒证（脾阳虚证）。

案例四

（1）主诉：脘腹痞满，右胁不舒1周。

（2）证候分析：湿热蕴阻中焦，脾胃运化、升降失常，则脘腹痞满胀闷，纳呆呕恶；湿热蕴脾，土壅木郁，肝失疏泄，胆汁外溢，则胁痛不舒，两目发黄；湿热蕴阻大肠，则大便溏泄不爽；舌质红，苔白滑而厚，脉濡数，则为湿热之征。

（3）证候名称：湿热蕴脾证（湿重于热）。

案例五

（1）主诉：肛门重坠1周。

（2）证候分析：患者多年来一直食少，体倦乏力，气短懒言，可知脾气素来虚弱。近因久咳而气损，致脾虚益甚，气陷于下，则肛门重坠，时时欲便；脾气虚弱，浊阴下注，则肛周潮湿而黏。舌淡，苔薄白，脉虚弱均为气虚之征。

（3）证候名称：脾虚气陷证。

案例六

（1）主诉：饥不欲食半年。

（2）证候分析：脾气、阴两虚，阴虚则胃阴失滋，虚热扰动，故觉饥饿；气虚则纳化迟滞，故不欲食；气虚运化转输无力，则食后脘痞腹胀，大便头干尾稀；气虚脏腑功能减退，则神疲乏力，少气懒言；气阴不足，肌肤失养，则形体消瘦，面色萎黄。舌淡苔白，脉细弱均为脾气虚弱之征。

（3）证候名称：脾气阴两虚证。

案例七

（1）主诉：食少5年。

（2）证候分析：胃主受纳腐熟，胃气不足，受纳腐熟功能减退，则食少；脾主运化，脾气虚弱，健运失职，则食后脘腹胀甚；脾虚水湿不化，下注肠道，则大便溏薄。气虚脏腑机能减退，则神疲乏力，少气懒言，面色萎黄。舌淡苔白，脉缓，均为气虚之征。

（3）证候名称：脾胃气虚证。

五、肾病辨证

案例一

（1）主症为尿浊反复3年；病位在肾；病性属阴虚。

（2）证型为肾阴虚证。

案例二

（1）主症为不孕5年；病位在肾；病性属阳虚。

（2）证型为肾阳虚证。

案例三

（1）主症为腰部酸软冷痛3年，腹痛便溏1周；病位在肾；病性属阳虚。

（2）证型为肾阳虚证。

案例四

（1）主症为身材矮小，发育迟缓；病位在肾；病性属肾精不足，阳虚。

（2）证型为肾精不足兼肾阳虚证。

案例五

（1）主症为直立性昏厥，皮肤变黑，消瘦逐渐加重两年；病位在肾；病性属阳虚。

（2）证型为肾阳虚证。

案例六

（1）主症为腕、膝、踝关节疼痛、僵硬、畏冷3年，腰骶冷痛2个月；病位在肾；病性属肾阳虚，寒湿夹杂。

（2）证型为肾阳虚兼寒湿侵袭筋骨证。

六、腑病辨证

案例一

（1）主症是腹泻；病位在大肠；病性为湿热。

（2）证型为肠道湿热证。

案例二

（1）该患者的主症为胃脘灼热疼痛；病位在胃；病性为热。

（2）证型为胃热炽盛证。

案例三

（1）该患者的主症为胃脘胀痛；病位在胃肠；病性为食积。

（2）证型为食滞胃肠证。

案例四

（1）该患者的主症为胃脘部胀满疼痛；病位在胃肠；病性是寒。

（2）证型为寒滞胃肠证。

案例五

（1）该患者的主症为小便频数急迫；病位在膀胱；病性是湿热。

（2）证型为膀胱湿热证。

案例六

（1）该患者的主症是失眠；病位在胆；病性是痰热。

（2）证型为胆郁痰扰证。

案例七

（1）该患者的主症为胃痛便秘；病位在胃肠；病性是阴虚津亏。

（2）证型为胃阴虚兼肠燥津亏证。

案例八

（1）该患者的主症为便秘；病位在肠；病性是津亏。

（2）证型为肠燥津亏证。

案例九

（1）该患者的主症为脘腹部胀痛；病位在胃肠；病性是气滞。

（2）证型为胃肠气滞证。

案例十

（1）该患者的主症为胃脘隐痛；病位在胃肠；病性是阴虚少津。

（2）证型为胃阴虚证。

案例十一

（1）该患者的主症为眩晕；病位在胆；病性是痰热。

（2）证型为胆郁痰扰证。

七、脏腑兼证

案例一

（1）主症为失眠、心烦；病位在心肾；病性属阴虚阳亢。

（2）证型为心肾不交证。

案例二

（1）主症为遗精；病位在心肾；病性属阴虚阳亢。

（2）证型为心肾不交证。

案例三

（1）主症为胸痛、胸闷；病位在心肾；病性属阳虚。

（2）证型为心肾阳虚证。

案例四

（1）主症为下肢浮肿、腹部胀满；病位在心肾；病性属阳虚。

（2）证型为心肾阳虚证。

案例五

（1）主症为气喘胸闷，下肢浮肿；病位在心肺；病性属气虚。

（2）证型为心肺气虚证。

案例六

（1）主症为咳嗽；病位在心肺；病性属气虚。

（2）证型为心肺气虚证。

案例七

（1）主症为心悸怔忡，失眠，纳差；病位在心脾；病性属气血两虚。

（2）证型为心脾两虚证。

案例八

（1）主症为咯血，胸闷，心悸气短；病位在心脾；病性属气血两虚。

（2）证型为心脾两虚证。

案例九

（1）主症为心悸，肌衄；病位在心脾；病性属气血两虚。

（2）证型为心脾两虚证。

案例十

（1）主症为眩晕耳鸣，心悸怔忡；病位在心肝；病性属血虚。

（2）证型为心肝血虚证。

案例十一

（1）主症为咳嗽，咳痰，低热；病位在脾肺；病性属气虚。

（2）证型为脾肺气虚证。

案例十二

（1）主症为咳喘痰鸣，不思饮食；病位在脾肺；病性属气虚。

（2）证型为脾肺气虚证。

案例十三

（1）主症为咳嗽；病位在肺肾；病性属气虚。

（2）证型为肺肾气虚证。

案例十四

（1）主症为咳嗽，咳痰，气喘；病位在肺肾；病性属气虚。

（2）证型为肺肾气虚证。

案例十五

（1）主症为音哑；病位在肺肾；病性属阴虚。

（2）证型为肺肾阴虚证。

案例十六

（1）主症为咯血，咳嗽；病位在肺肝；病性属实热。

（2）证型为肝火犯肺证。

案例十七

（1）主症为便秘；病位在胃肝；病性属实证（气滞）。

（2）证型为肝胃不和证。

案例十八

（1）主症为胃脘痛；病位在胃肝；病性属实证（气滞化热）。

（2）证型为肝胃不和证。

案例十九

（1）主症为太息，胃脘胀痛；病位在胃肝；病性属实证（气滞）。

（2）证型为肝胃不和证。

案例二十

(1) 主症为脘腹痛及胁肋；病位在胃肝；病性属实热证。

(2) 证型为肝胃不和证。

案例二十一

(1) 主症为胃脘疼痛；病位在胃肝；病性属实证。

(2) 证型为肝胃不和证。

案例二十二

(1) 主症为腹痛泄泻，情志变化尤甚；病位在脾肝；病性属实证。

(2) 证型为肝脾不调证。

案例二十三

(1) 主症为胁肋隐痛；病位在肝肾；病性属阴虚。

(2) 证型为肝肾阴虚证。

案例二十四

(1) 主症为咳嗽气喘；病位在脾肾；病性属阳虚。

(2) 证型为脾肾阳虚证。

案例二十五

(1) 主症为舌苔灰黑；病位在脾肾；病性属阳虚。

(2) 证型为脾肾阳虚证。

案例二十六

(1) 主症为右胁胀痛，食欲不佳；病位在肝脾；病性属实证。

(2) 证型为肝郁脾虚证。

案例二十七

(1) 主症为咽部如物梗阻；病位在心脾；病性属虚证（气血不足）。

(2) 证型为心脾两虚证。

下篇　临床综合运用

第十三章　诊法与辨证的综合运用

案例一

(1) 本病主症为“出血”，表现为牙龈出血，鼻血量多，皮肤上有散在性出血点，月经经量增多。

(2) 病情资料集中表现在：①“出血”而导致的“血虚”，表现为头晕眼花，舌质淡，脉细，面色萎黄。②由于血虚不养心，则表现为心悸，心慌。③患者不欲饮食，多食腹胀，大便稀溏，神疲乏力，脉来无力，为脾气亏虚所致；脾虚失统，则致出血；脾虚生血无源，则更加重血虚。

（3）显示脏腑病位两个：①脾：表现为不欲饮食，多食腹胀，大便稀溏，神疲乏力。②心：表现为心悸、心慌。以脾为主，心为次。由于脾气亏虚，脾不统血，故出血；失血过多，而致血虚，血不养心，导致心血亏虚。

（4）辨证为脾不统血证。

案例二

（1）本病必要性资料有两组：①确定病位。②确定病性：咳吐黏痰，偶有痰鸣；发热，小便短黄，舌质红，苔黄厚腻，脉滑数。一般性资料包括咳嗽，头痛。

（2）主诉：发热，神昏谵语，喉中痰鸣3天。

（3）病情资料显示的脏腑病位有心神（神志不清，烦躁不安，说胡话，表情冷漠不语，既往有精神病史）、肺（咳嗽，咳吐黏痰，喉中偶有痰鸣）。其关键病位在心神，因为患者以“神昏谵语”、“烦躁不安”及“精神病史”为主要临床表现。

案例三

（1）主诉：胁痛反复发作5年，伴纳差倦怠，腹满便溏2月余。

（2）本病的主要病位在肝、脾两脏，诊断的必要性资料包括：①定位在肝：慢性肝炎病史，右胁肝脏肿大压痛，肝功能异常；②定位在脾：食纳减少，脘腹胀满，大便稀而不成形，四肢倦怠，神疲无力。

（3）辨证为肝郁脾虚证。

案例四

（1）根据患者腹部隐痛，便溏，神疲反复发作两年，可定位于脾；根据头晕眼花，心悸，健忘多梦，可定位于心。

（2）根据患者小便清长夜尿多，动则气急，四肢欠温；月经推迟，量少色淡，面色萎黄；舌淡苔白，脉细而弱等表现，一致提示“气血虚弱”的病理意义。

（3）根据患者头晕眼花，耳鸣，心悸，健忘多梦，疲乏思睡，食少无味，脐腹时作隐痛，便溏，确定病位在心脾，病性为气血两虚，故可辨证为心脾气血两虚证。

案例五

（1）补充望舌和望小儿指纹。

（2）从病情资料的一致性程度考虑，患儿的可能出现舌质红或舌尖红赤，或舌生芒刺；指纹达于气关，色紫红。

（3）其根据为：①患儿口舌生疮，糜烂，流涎，两唇、舌颊部黏膜有散在性溃疡等症状，可定位在心；②小便短赤，溺时哭闹，可定位于膀胱；③发热，烦躁，口气灼热，口渴喜冷饮，大便干结，苔黄等，定性为实热。

本案例辨证为心火亢盛，移热小肠证。

案例六

（1）患者发病的病因是饮食不节，过食辛辣，复加酒醴所伤，以致热壅伤胃，胃气失和。且无六淫外感因素及恶寒发热之表证，当为内伤杂病。

（2）本病当用脏腑辨证。

（3）①病位：以胃脘灼痛为主症，其病位在胃。②病性：患者正值壮年，起病急骤，胃痛拒按，脉弦滑有力，一派实证，故属实；胃脘灼痛，口苦，心烦，舌红苔黄，故属热；热邪伤胃，胃失和降，故见时时欲呕。③证型：胃热炽盛证。

案例七

（1）患者老年男性，慢性咳嗽20余年，说明是痼疾，当属内伤杂证；遇冷则发只是发病的诱因，不能称之为外感时病。

（2）根据患者素有慢性咳嗽20年不断，结合此次衣着不慎外感寒邪而发病，当以脏腑辨证结合病因辨证进行辨证分析。

（3）患者感寒，症见发热恶寒，头痛，苔薄白，脉浮，为有表寒证；素有咳嗽痼疾，此次发病又见痰多色白，喘鸣，胸闷不舒，不能平卧，脉弦滑，当属痰饮阻肺，为里证。因此该患者是表里同病。

（4）综上所述，辨证结果为风寒束表，寒痰阻肺证。

案例八

（1）患者为青年，起病即见高热、头痛，咳嗽，病发3月为春温高发季节，当为外感时病。

（2）患者起病即见高热，并迅速出现神志改变、动风等症，时值春温高发季节，因此需用卫气营血辨证。

（3）里热郁盛，阴阳气不能相顺接，阳气不能外达，故见四肢厥冷，此即所谓的“热深厥亦深”。

（4）本病辨证为气营两燔证：①热入营分，故见目赤，身热灼手，心烦躁扰，夜见尤甚，神志欠清，时有谵语，双目喜闭，脉滑数。②气分热盛，热结肠道，故见腹痛便秘，不思饮食，得食则呕，溲短色黄，舌红苔黄等症状。③热盛动风，故手足颤动；热伤津液，故口唇干裂。

案例九

（1）本病患者素体“大肠津亏”（腹胀便秘，便结难解，口干咽燥，形体消瘦，苔薄黄少津，脉细弱）；此次复“外感秋燥”（微恶风寒，干咳少痰，9月30日诊），因此按八纲辨证，属表实里虚证。

（2）患者年届七旬，阴虚体质，大肠津亏，腹胀便秘8年；此次秋令感燥，加重伤津，病情更重。故本病仍属“内伤杂病”。

（3）综合以上分析，当采取脏腑辨证。

（4）本案例辨证为肠燥津亏，兼感外燥证。其根据为：①病位：腹胀，便结难解，病位在肠道；而近半月干咳少痰，微恶风寒，病位亦在卫表。②病性：年高体虚，且口干咽燥，形体消瘦，舌红少津，脉细弱，已为津亏；加之时已秋令，燥气主时，复感外燥，津伤更甚，便秘更重，肛裂出血。

案例十

（1）从患儿发热，高热，神昏，项强，抽搐等临床表现，时值盛夏暑热之时，该地有“乙脑”流行等，应考虑为外感时病之“暑温病”。

（2）综合本病暑季发病（9月盛暑，当地“乙脑”流行），发病急剧（急诊，发病3

天），高热扰神动风症状（体温40.5℃，神昏，抽搐），为温热病，因此宜采用卫气营血辨证方法。

（3）本病辨证为暑扰心神，热极动风证。其根据为：①暑热燔灼，其性炎上，故高热，口渴，唇干，面红目赤，舌质深红，苔黄，脉滑数。②暑温内盛，热闭心包，则神昏，嗜睡，惊叫。③暑热扰神，气机阻闭，故小便自遗，恶心，头身痛。④暑热燔灼肝经，热极动风，则项强，抽搐。

第十四章　中医临床诊断方法

案例一

（1）以患者足膝无力，面暗消瘦，两尺脉弱，及素有“前列腺肥大”之疾，其病位在肾；而以余沥不尽，尿而不畅，自控不住，尿湿裤裆等症状，病位亦膀胱。

（2）从患者足膝无力，面暗消瘦，及畏寒肢冷，小便色清，舌质淡胖，舌苔白滑，两尺脉弱等表现，当属肾阳亏虚证。而以余沥不尽，尿而不畅，自控不住，尿湿裤裆等症状，当属肾气不固证（膀胱失约）。

（3）基于以上分析，本病辨证结果为肾阳亏虚，膀胱失约证。

案例二

（1）患儿发病急骤，传变迅速，且以皮疹，高热，神昏，嗜睡等为主症，故当属温热病。

（2）本病辨证为麻毒内郁，热扰心营证。其鉴别依据为：①患儿头面躯干已见麻疹，且疹色深红；高热，指纹紫，苔黄，咽红，面赤，目赤，说明是温病之麻毒入侵，邪热内盛。②患儿发热，舌质红绛，说明邪热已伤营阴。③患者神昏，嗜睡，是温病热扰心神之征。④温病热盛伤津，故见口渴，尿短赤，唇干。⑤由于温病的麻毒内郁，尚未透发，故患儿肘膝以下尚无麻疹。⑥由于温病麻毒内郁，致使阳气闭郁，不达于头面四肢，故见手足冷。

案例三

（1）两案的主症均是泄泻。有鉴别意义的主要次症分别为：①A案中是肝气犯脾的证候（常因情志不遂或精神紧张而发，腹痛即泻，泻后痛减，胸胁胀闷，情志抑郁，善太息，脉弦）；②B案中是脾胃亏虚的证候（进食油腻之物则大便溏薄，胃脘部坠胀不适，食后尤甚，少气倦怠，脉缓弱）。

（2）按八纲辨证，两案一为情志不遂诱发，一为饮食不节诱发，均非外感六淫、疫疠之邪而发病，故均为里证。A案情志不遂，肝郁犯脾而为病，当为实证。B案为进食油腻并见脾气亏虚的症状，当为脾不健运，故属虚证。因此，按八纲辨证，A案属里实证，B案为里虚证。

（3）A案的诱因为情志不遂或精神紧张，以致肝气郁结，横逆犯脾，脾失健运而发为泄泻，因此其病位在肝脾，证属肝郁犯脾证；B案的诱因是进食油腻之物，结合兼证，可以明确是脾胃虚弱，运化不健，因此病为在脾胃，当为脾胃虚弱证。

案例四

（1）两案的主症均为胸闷、心悸、心痛，同为胸痹，病位在心。

（2）A 案素有心阳不足症状（心悸，胸闷，气短，畏寒肢冷），发病除胸闷、心痛外，兼见冷汗淋漓，进而神志昏迷，呼吸微弱，面色苍白，四肢厥冷，唇色青紫，脉微欲绝一派阳气暴脱的证候，故辨证为心阳暴脱证；B 案除胸闷痛、心悸主症外，在病性上尚有血瘀（胸痛有针刺感，舌紫，脉结），痰阻（咳痰较多，苔白腻），阳气亏虚（气虚为气短，自汗，动则尤甚；阳虚为面色㿠白，形寒肢冷，舌淡，脉沉弱），故辨证为心阳亏虚，痰瘀痹阻证。

案例五

（1）A 案病发春季，根据发热恶风又起，咳嗽加重，痰黄稠，咽干而痛，舌尖红，苔薄黄，脉浮数，审证求因，为外感风热，发为感冒。B 案病发初秋，根据身热恶风，咳嗽，偶尔咳出豆粒大黏痰，略带血丝，口鼻咽干燥，大便较干，舌尖红，苔薄白而干，脉浮数，为外感温燥邪气，发为秋燥。二者病位均在肺卫。

（2）综上所述，A 案为风热犯肺证，B 案为温燥犯肺证。

（3）秋燥分温燥和凉燥，皆为燥邪所伤，以致肺卫失调，津液受损而发病。均有发热恶风或恶寒，口干、鼻干、咽干、大便干，咳嗽痰少而黏。二者不同之处在于：①温燥病发初秋，夏至余热之气与秋之燥气合而致病；凉燥病发深秋，系秋之燥气与近冬之凉气相结合而致病。脉浮等症状。②温燥之邪兼有热象，常发热重，恶风轻，口干思凉饮，鼻流浊涕，小便黄，舌质红，苔薄黄而干。凉燥发病多为恶寒重或恶风，微热，鼻流清涕，口干饮热，小便清，舌质淡红，苔薄白而干等。

案例六

（1）肺为清虚之体而居高位，为五脏六腑之盖，开窍于鼻，外合皮毛，外感六淫之邪易自口鼻皮毛而入，多先犯肺，肺叶娇嫩，不耐寒热，不容异物，易被邪侵而发病，故称“肺为娇脏”。邪气犯肺，则肺气失于肃降，而致呼吸短促，气急，咳痰等肺气上逆之候。

（2）咳血是血由肺及气管外溢，经口鼻而咳出，其诊断要点是痰中带血或痰血相兼，或纯血鲜红，间夹泡沫，多有肺病疾患病史；肺痈是由于热毒瘀结于肺，以致肺叶生疮，血败肉腐，形成脓疡的一种病证，其诊断要点是发热振寒，咳嗽，胸痛，咳吐腥臭浊痰，甚则脓血相兼为主要表现。

（3）肺阴虚证咳血的主要症状除具有肺部症状（咳嗽，痰少而黏，或干咳无痰）和阴虚共有症状（潮热盗汗，咽干颧红，舌红少苔，脉细而数）外，其出血多为痰中带血，或咳血，血色鲜红。

（4）本病的屡次误诊主要原因是辨证不详，脉虽细数，症似阴虚，但无潮热，盗汗，五心烦热，大便干燥；虽见红痰而臭，却无发热振寒胸痛，不宜诊为肺痈。临证辨证当仔细鉴别。此外，案中“臭痰属脾虚”一说为医家独到看法，供参考。

案例七

（1）黄疸的特征性症状为目黄、面黄、小便黄、肌肤发黄，尤以目睛发黄为主。其病机是感受湿热疫毒，湿热蕴脾，肝胆气机受阻，疏泄失常，胆汁外溢所致。

（2）虫症黄胖的诊断要点是：①与虫症（多为钩虫病）有关。②面部肿胖萎黄，但目睛不黄。③多有气血亏虚证候。

（3）黄疸和黄胖的鉴别要点是：①病因病机不同：黄疸多系感受湿热疫毒，湿热脾蕴，肝胆疏泄失常，胆汁外溢；而黄胖多系虫症日久，耗伤气血，肌肤失养所致。②主要症状不同：黄疸者目睛必黄，而黄胖者目睛不黄。③兼症不同：黄疸多兼有湿热证或寒湿证或疫毒证候；黄胖多兼有气血亏虚证，面部虚浮。

案例八

（1）本病应诊断为中风闭证。证属痰火邪实，蒙蔽心窍。诊断依据为：①有闭证诊断要点症状：神昏、口噤、手拳、脉有力。②热证症状：面赤气粗，脉洪大。③痰阻症状：形体丰腴，痰声如锯。

（2）闭证和脱证都有神昏症状。但闭证为实证，因此常有呼吸气粗，目瞪，口噤，两手握固，二便闭，脉大有力等表现。脱证系虚证，多有呼吸微弱、两眼无力睁开而闭合，口张，手撒，大小便失禁，脉微细欲绝等兼症。此案误诊为脱证，就是因为有遗尿一症，颇似脱症，综合分析，其遗尿实为痰热闭阻，神机失控所致，非是脱证。临证辨证，当综合诸症进行分析，不可执一症而忽视其他，如此则为一叶障目，不见泰山了。

（3）痰闭和热闭、寒闭都为闭证，实证，都有神昏，呼之不应，呼吸气粗，目瞪，口噤，两手握固，二便闭阻、脉大有力等共同特点。痰闭尚有形体丰腴（肥人多痰），喉间痰鸣，苔腻，脉滑等痰证，又有寒痰闭阻、痰热闭阻之分；热闭兼见高热烦躁，面色赤红，口气秽臭，舌红，苔黄，脉洪有力等实热证表现；寒闭则多见面色青灰或晦暗，静卧不烦，身凉，苔白，脉迟等实寒象。

案例九

（1）根据患者素有右胁疼痛，且按之痛甚，痛甚及脘，本病应诊为胆瘅病，或诊为胁痛病。

（2）本病从患者面色皖白，肢厥，大便秘结，舌质淡苔白腻，脉弦紧分析，应辨证为寒实内结，前医之所以投以大柴胡汤原因有二：一是拘泥于“胆囊炎”多属热证实证，这是目前临床中西病名对照进行处方用药最易犯的错误，由此导致第二个原因，即忽视了临床辨证。

（3）热结便秘和寒结便秘都具有大便秘结，腹胀的共同特点，但热结便秘尚有面红身热，口干口臭，心烦不安，小便短赤，舌红苔黄燥，脉滑数等热象兼症；寒结便秘多有胁下偏痛，手足不温，口和不渴，小便清，舌苔白腻，脉弦紧等寒象。

案例十

（1）本例误诊原因有三：①虚证表现不明显，除头痛外，无明显虚象，且病程短，有外伤史，苔白腻，脉滑，似属实证无疑。②医者临证，认为既有外伤，则瘀滞难免；苔白腻，脉滑，必痰湿无疑。主观上先入为主，客观上又未能透过现象抓住疾病的本质。③临证粗心，未能详尽病史，致遗漏头痛晨轻暮重的特点，病史上只注意外伤史，忽视患者劳倦内伤，中气素亏的体质。

（2）脾主运化，中气亏虚，不能运化水湿，湿邪内阻，故出现苔薄白腻，脉缓滑。

附录1　中医查体操作常规

为使学生熟练掌握中医查体的诊察技术，为临床诊疗工作打下扎实的基础，特拟定以下中医查体操作技术要求。

一、整体状况诊察

整体状况的诊察包括神色形态和声息气味的内容。

（一）神色形态

1. 望神　望神时医者首先应观察患者眼睛的明亮度，即目光是明亮有泽还是晦暗无光；其次，应观察眼球的运动度，即眼球运动灵活还是运动不灵。具体操作时医者可将示指竖立在患者眼前，并嘱患者眼睛随医者的示指做上下左右移动。若患者眼球移动灵活是有神的表现；反之，若移动迟钝或不能移动均为失神的表现。第三，观察患者思维意识是否正常，有无神志不清或模糊、昏迷或昏厥等；精神状态是否正常，有无精神不振、萎靡、烦躁、错乱等；应观察患者面部表情是丰富自然还是淡漠无情，有无痛苦、呆钝等表现；然后得出患者得神、少神、失神或假神等结论。

2. 望色　观察患者面部气色有无异常，是否荣润含蓄，有无少华、无华、晦暗、枯槁、暴露等；面部呈现何种颜色（红色、白色、淡白色、白、苍白、萎黄、淡青色、青色、青黑色、青灰色、青黄色、黑色、黧黑等），有无局部的色泽异常，注意区分主色与客色。

3. 望形体　观察患者体型、体质、营养、发育状况。有无体胖、体瘦、虚弱等，重点观察体型是矮胖、瘦长还是适中，有无畸形。头型偏圆、偏长还是居中。颈项粗短、细长还是适中。肩部宽大、窄小还是适中。胸廓宽厚、薄平还是适中。

4. 望姿态　观察患者行走坐卧姿势有无异常改变，体位、步态、运动是否自如、有无踡卧、躁动不安、强迫体征等。坐形要观察是坐而仰首还是坐而俯首，是端坐还是屈曲抱腹或抱头。卧式要观察卧时面部朝里还是朝外，仰卧还是俯卧，平卧、斜卧还是侧卧等等。立姿要观察端正直立还是弯腰屈背，有无站立不稳或不耐久站或扶物支撑的情况。行态要观察行走时是否以手护腰，行走之际，有无突然停步，以手护心或行走时身体震动不定的情况。异常动作要注意有无睑、唇、面、指（趾）的颤动，有无颈项强直、四肢抽搐、角弓反张的情况，有无猝然昏倒、不省人事、口眼㖞斜、半身不遂的情况，有无恶寒战栗、肢体软弱的情况，有无关节拘挛、屈伸不利。儿童还应注意有无挤眉眨眼、努嘴伸舌的情况。

（二）声息气味

1. 方法与要求　注意辨别患者声音的异常和气味异常，可通过听诊器或询问辅助了解有关的具体情况。

2. 内容

（1）听声息：声音有无异常改变，语言的表达与应答能力，呼吸的频率是否均匀通畅，气息的强弱粗细。有无音哑、失音、失语；语调高或低、声音强或弱、清或浊，语声连续或断续、应答是否自如、言与意是否相符，有无语言模糊不清、懒言、语言重复或错乱，呼吸气粗或微弱，是否有哮喘、短气、少气、咳嗽、呻吟、惊呼、喷嚏、鼻鼾、呵欠、嗳气、太息、呕恶、呃逆、肠鸣音增多或稀少等异常症状。

（2）嗅气味：辨别口气、汗气、二便、经、带之气味是否正常。痰涕、恶露、呕吐物之特殊气味的清、浊、酸、腐、臭、秽、腥、膻等。

二、诊舌

（一）方法

1. 望舌的体位和伸舌姿势 采用坐位或仰卧位，面向自然光线，头略扬起，自然地将舌伸出口外，舌体放松，舌面平展，舌尖略向下，尽量张口使舌体充分暴露。避免伸舌过分用力，舌体紧张卷曲，或伸舌时间过久，每次望舌时间不应超过30秒。

2. 望舌顺序 先看舌尖，再看舌中、舌边，最后看舌根部；先看舌质（颜色、光泽、形状及动态），再看舌苔（舌苔的有无、色泽、质地及分布状态）。在望舌过程中，既要迅速敏捷，又要全面准确，尽量减少患者伸舌的时间，以免口舌疲劳。根据临床需要，还要察看舌下静脉。

（二）望舌内容

正常舌象的主要特征是，舌体柔软灵活，舌色淡红明润，舌苔薄白均匀，苔质干湿适中。简称“淡红舌，薄白苔”。

1. 辨舌色（淡红、淡白、红、绛、青、紫）。
2. 辨舌形（有无老嫩、胖瘦、点刺、裂纹、齿痕舌）。
3. 辨舌态（有无痿软、强硬、㖞斜、颤动、吐弄、短缩）。
4. 望舌下络脉（必要时检查）。
5. 望苔质（薄厚、润燥、腻腐、剥落、真假、偏全）。
6. 望苔色（白苔、黄苔、灰黑苔）。

三、诊脉

1. 体位 诊脉时患者应正坐或仰卧，前臂自然向前平展，与心脏置于同一水平，手腕伸直，手掌向上，手指微微弯曲，在腕关节下面垫一松软的脉枕。医生坐或立在患者侧面。

2. 选指 医生用左手或右手的示指、中指和无名指三个手指指目诊察，三个手指指端平齐，手指略呈弓形倾斜，与受诊者体表约呈45°。紧贴于脉搏搏动处。

3. 布指 中指定关。医生先以中指按在掌后高骨内侧动脉处，然后示指按在关前（腕侧）定寸，无名指按在关后（肘侧）定尺。布指应疏密得当，与患者手臂长短及医生手指粗细相适应。

4. 平息　医生保持呼吸调匀，清心宁神，以自己的呼吸计算患者的脉搏至数。

5. 运指　运用指力的轻重、挪移及布指变化以体察脉象。常用的指法有举、按、寻、总按和单诊等，注意诊察患者的脉位（浮沉、长短），脉次（至数与均匀度），脉形（大小、软硬、紧张度等），脉势（强弱与流利度等）及左右手寸关尺各部表现。

6. 时间　每次诊脉每手应不少于1分钟，两手以3分钟左右为宜。

7. 脉象要素

（1）脉位：浮脉、芤脉、散脉、沉脉、伏脉。

（2）脉率：迟脉、缓脉、数脉、疾脉。

（3）脉长：长脉、短脉。

（4）脉宽：大脉、细脉、洪脉。

（5）脉势（力）：虚脉、弱脉、微脉、实脉。

（6）流利度：滑脉、动脉、涩脉。

（7）紧张度：弦脉、紧脉、革脉、牢脉、濡脉。

（8）均匀度：结脉、代脉、促脉。

8. 小儿指纹（纹位、纹态、纹色、纹形）

（1）方法：诊察时，将小儿抱向光亮处，医师用左手拇指和示指握住小儿示指末端，以右手大拇指用适中力从命关向气关、风关直推数次，络脉即显现，进而观察其形色，以诊察病情。

（2）正常络脉：其色浅红，红黄相兼，隐现于风关之内；大多不浮露，甚至不明显，多是斜形、单枝、粗细适中。

四、局部检查

局部状况的诊察包括头面、五官、颈项、躯体、四肢、二阴、皮肤、小儿指纹等项内容（可参照有关的西医查体检查，但要注意中医特色检查的有关要求，不要漏项）。

（一）头面

应包括头颅、囟门、头发和面部。

1. 头颅　重点了解其大小和形状。医生要用手背（手心）触及患者额部，探测患者有无发热，是低热还是高热。同时以患者的手心作对照，若患者手心热甚于额部，是虚热；若额部热于手心，是外感表热证。这种方法多用于小儿。

2. 3岁以下小儿应诊查囟门　重在观察前囟有无突起（小儿哭泣时除外）、凹陷或迟闭的情况。小儿取坐位或立位，检查者双手掌各置于小儿左、右颞部，拇指按在额部，以中指、示指检查囟门，注意其大小，闭合与否，充实度，有无隆起和凹陷，有无搏动等。测量时应以囟门的对边中点连线为准。

3. 头发　主要观察颜色、疏密、光泽以及有无脱落等情况，其中光泽是头发望诊的重点。

4. 面部　有无面肿、腮肿、面削颧耸或口眼㖞斜，有无特殊面容，如惊怖貌、苦笑貌等等。

（二）五官

1. 目 临床望目时应注意颜色、形态有无异常，具体顺序可参照如下：①胞睑（肉轮）：颜色是否偏暗，有无红肿或浮肿，睑缘有无溃烂或结节，胞睑有无下垂。②两眦（血轮）：颜色是淡红（正常），还是红赤或淡白。③白睛（气轮）：颜色有无红赤或黄染，有无胬肉攀睛。④黑睛（风轮）：颜色是棕褐色（正常），还是灰白浑浊。⑤瞳仁（水轮）：有无缩小或散大。

眼球运动情况应注意有无眼球运动异常，如目睛凝视（两眼固定，不能转动）、瞪目直视（固定前视）、横目斜视（固定侧视）、戴眼反折（固定上视）。此外，还应注意有无眼窝凹陷、眼球突出以及昏睡露睛的情况。

2. 耳 主要观察耳廓的色泽、形态及有无耳内病变，重点观察耳轮有无淡白、青黑、红肿以及干枯焦黑的情况。小儿还当注意其耳背有无红络，耳根有无发凉的情况？注意耳廓是厚大还是瘦薄，以及有无耳轮干枯萎缩及耳轮皮肤甲错。注意观察耳内有无脓液、耳疖、耳痔、耵聍等。临床望耳除观察耳廓大体状况，还应注意耳廓不同部位有无充血、丘疹、脱屑、糜烂、水疱、变色和变形的情况，以判断不同脏腑的病变。

3. 鼻 主要观察鼻的色泽、形态及有无鼻内病变，鼻端有无青、赤、白、黑等颜色变化及有无晦暗枯槁情况。有无鼻头红肿生疮、鼻端粉刺、鼻柱溃陷、鼻翼煽动的情况。观察有无鼻孔干燥、鼻塞流涕、鼻衄（鼻腔出血）及鼻痔（鼻腔息肉）。

4. 口 主要观察口之形色、动态有无异常，观察有无口角流涎、口疮、口糜的情况，小儿应注意有无鹅口疮。有无口张、口噤、口撮、口㖞、口振、口动的情况。

5. 唇 注意观察唇之颜色、形态有无异常。注意观察唇之颜色是红润还是淡白、深红、樱桃红、青紫甚至青黑。注意口唇有无干裂、糜烂、红肿甚至翻卷的情况。

6. 牙齿 注意观察牙齿的色泽和动态。牙齿是洁白润泽还是干燥如石，甚或如枯骨，有无枯黄脱落和牙垢，有无牙关紧闭或咬牙龂齿的情况。

7. 牙龈 注意观察牙龈的色泽和形态。是淡红润泽（正常），还是呈淡白色，有无红肿的情况，有无牙缝出血，有无龈肉萎缩，齿根暴露，牙齿松动，有无牙龈溃烂。

8. 咽喉 望咽喉时应嘱患者张口昂头，面向光线方向，尽量张大口腔，必要时可用压舌板，以适中的力量将患者的舌根向下压，以使咽喉部暴露充分，便于医生检查。医生检查时，应注意观察咽喉部以及两侧的喉核（扁桃体）的颜色是否淡红润泽，有无红肿、成脓、溃烂、伪膜等现象。

（三）躯体

1. 颈项 注意观察颈部两侧是否对称，气管有无偏移，有无肿块、红肿、瘘管。观察颈项前屈后仰，左右旋转是否自如，有无项强、项软，颈脉怒张和颈脉搏动。

（1）*瘿瘤的双手触诊法*：被检查者取坐位，平视，解开领口，使颈部充分暴露，医生站在被检者身后，触诊时嘱患者做吞咽动作，随吞咽而上下移动者即为甲状腺（如增大则为瘿瘤）。检查左叶时，医生右手示指和中指在甲状软骨下气管右侧向左轻推甲状腺右叶，左手示、中、环三指触摸甲状腺的轮廓大小及表面情况，有无压痛及震颤。用同样方法检查右叶甲状腺。也可在患者前面进行，医生以左手拇指置于甲状软骨下气管右侧向左轻推右叶，右手三指触摸甲状腺左叶。用同样方法检查右叶甲状腺。触诊瘿瘤时应注意动作轻柔，并按次序检查。先在正常头位，再在头前倾位，最后在头后仰位触诊，以确定其下缘与轮廓，比较左右两叶的大小、形态是否规则，有无结节感或分叶状、质度、表面光滑度，有无压痛，有无震颤等。

（2）颈部瘰疬触诊：被检查者取坐位，医生站在被检者身后，触诊时让被检查者头稍低，或偏向检查侧，以使皮肤或肌肉松弛，便于触诊。医生手指紧贴检查部位，由浅入深进行滑动触诊，一般顺序是，耳前、耳后、乳突区、枕骨下区、颈后三角、颈前三角（颌下、颏下）。触诊颈部瘰疬时应注意动作轻柔，并按次序检查。检查时应注意其部位、大小、数目、硬度、压痛、活动度、有无粘连、局部皮肤有无变化等。

2. 胸胁 观察胸胁主要了解其外形和动态有无异常。

（1）外形：注意观察胸廓是否对称，左右、前后径比例是否恰当，有无鸡胸、肋串珠等骨骼发育异常的情况。两侧乳房大小是否对等，乳房有无红肿、破溃和流脓，有无包块，以及包块的大小、质地及活动度等。观察呼吸形式、时间、强度、节律有无改变。胸部按诊时患者采取坐位或仰卧位，然后充分暴露检查部位。医生站在患者右侧，用右手或双手对患者进行按诊。检查时多采用触法、摸法和指指叩击法。触法不用力，轻诊皮肤；摸法稍用力，达于肌层；按法重用力，诊筋骨或腹脘深部。顺序为先触摸，后按压，由轻而重，由浅入深，先远后近，先上后下。医生自然并拢的第二、三、四、五手指，掌面或全手掌轻轻接触患者胸胁部局部皮肤，以触法了解其凉热、润燥等（温度、湿度）。胸部压痛检查，用手指或手掌轻压胸壁，检查有无压痛，疼痛的部位、程度和性质。

（2）乳房按诊：被检查者取坐位，先两臂下垂，然后双臂高举超过头部或双手叉腰再进行检查。当仰卧位检查时，可垫小枕头抬高肩部使乳房能较对称地位于胸壁上，以便详细检查。按诊检查先由健侧乳房开始，后检查患侧。检查者的手指和手掌应平置在乳房上，应用指腹轻施压力，以旋转或来回滑动进行触诊。避免用手指抓捏乳腺，以防将正常乳腺组织误诊为肿块。检查左侧乳房时由外上象限开始，按顺时针方向进行，四个象限检查完毕，最后检查乳头。检查右侧乳房，方法同左侧，但沿逆时针方向进行。乳房按诊时，要注意乳房的硬度、弹性，有无肿块或结节以及其性质，注意肿块的数目、部位、大小、外形、硬度、压痛和活动度。

（3）虚里按诊：虚里位于左乳下第四五肋间，乳头下稍内侧，即心尖搏动处，为诸脉之所宗。按虚里是按胸部的重要内容。按虚里可测知宗气之强弱、疾病之虚实、预后之吉凶。虚里按诊时，一般患者采取坐位和仰卧位，医生位于患者右侧，用右手全掌或指腹平抚左乳下第四五肋间，乳头下稍内侧的心尖搏动处，并调节压力，注意诊察其动气之强弱、至数和聚散等。

（4）胁部按诊：按胁部常采取仰卧位或侧卧位，除在胸侧腋下至肋弓部位进行按、叩外，还应从上腹部中线向两侧肋弓方向轻循，并按至肋弓下，以了解胁内脏器状况。

3. 腹部 按脘腹是指通过按胃脘部及腹部，了解局部的凉热、软硬、胀满、肿块、压痛等情况，以此来推测有关脏腑的病变及证之寒热虚实。

正常人腹部对称、平坦。观察时注意有无腹部膨隆、凹陷，腹壁有无突起和青筋暴露等外形的异常（仰卧时腹壁高于胸骨与耻骨中点连线为腹部膨隆，反之属腹部凹陷）。取坐位时，医生应在受检者右侧，左手稍扶患者肩背部，右手第二、三、四、五指自然并拢，用指腹或示指桡侧按腹；取仰卧位时，受检者两腿稍屈曲，医生应在受检者右侧，右手第二、三、四、五指自然并拢，用指腹或示指桡侧按寻。无明确病痛部位时，腹部按诊一般先从左下腹开始，循逆时针方向，由下而上，先左后右进行全腹检查；如果有明显痞块或疼痛时，按诊应先从正常部位逐渐移向病变部位。按时应由浅入深，由轻而重，指力适中。边按边询问，边观察患者表情。注意了解局部手感情况，有无胀满、痞块、软硬程度，以及有无压痛、压痛程度等。进行下腹部检查必要时应嘱患者排尿，以免将充盈的膀胱误认为腹部包块，有时也须排出大便。

腹部叩诊时，医生用中指指尖或并拢的二、三、四、五指的掌面轻轻地直接触击体表部位。根据叩击音及手感来辨别气鼓或水鼓。也可将手放于患者腹部两侧对称部位，用一侧手叩击，若对侧手掌感到有震动波者，是有腹水的表现。鉴别鼓胀时，医生两手分置于腹部两侧相对位置，一手轻轻叩拍腹壁，另一手则有波动感，按之如囊裹水者，为水鼓；一手轻轻叩拍腹壁，另一手无波动感，以手叩击如击鼓之膨膨然者，为气鼓。

当腹腔内有过多液体潴留时，因重力的关系，可通过体位的改变，在腹腔低处叩击出浊音；若肠内有气体存在，叩击呈鼓音，此鼓音区域多漂浮在腹水浊音区上面。

4. 腰背 外形注意观察腰背部是否对称，直立时脊柱是否居中，有无后突和侧弯，脊骨突出是否明显，脊背部有无痈、疽、疮、疖和水疱，腰背俯仰、转侧是否自如，有无角弓反张和腰部拘急等情况。

检查腰痛患者，了解局部骨骼疾病或肾脏疾病，多使用拳掌叩击法。操作时，医生左手掌平贴于诊察部位体表，右手握成空拳叩击左手背，边叩边询问患者叩击部位的感觉，有无局部疼痛。

（四）四肢

包括手足、手掌、鱼际和指趾。

1. 手足 注意观察肢体有无萎缩、肿胀的情况。四肢各个关节有无肿大、变形，小腿有无青筋暴露，下肢有无畸形；观察患者肢体有无运动不灵，手足有无颤动、蠕动、拘急及抽搐的情况，高热神昏的患者还应观察其有无扬手掷足的情况。对于病重神昏的患者还应注意观察有无抚摸床沿、衣被，或双手伸向空中，手指时分时合等异常动作。按手足时患者可取坐位或卧位（仰卧、侧卧皆可），充分暴露手足。医生可单手抚摸，亦可用双手分别抚握患者双手足，并作左右比较，或作手足心与手足背比较。按诊的重点在手足心寒热的程度。

诊尺肤即通过触摸患者肘部内侧至掌后横纹处之间的肌肤，以了解疾病虚实寒热性质的诊察方法。按尺肤时，受检者可采取坐位或仰卧位。诊左尺肤时，医生用右手握住患者上臂近肘处，左手握住患者手掌，同时向桡侧转辗前臂，使前臂内侧面向上平放，尺肤部充分暴露，医生用指腹或手掌平贴尺肤处并上下滑动来感觉尺肤的寒热、滑涩、缓急（紧张度）；诊右尺肤时，医生操作手法同上，左、右手置换位置，方向相反。

2. 手掌 注意观察手掌的厚薄、润燥及有无脱屑、水疱、皲裂的情况。

3. 鱼际 观察患者鱼际（大指本节后丰满处）是丰满还是瘦削，颜色有无发青、红赤的情况。

4. 指趾 观察手指有无挛急、变形，脚趾皮肤有无变黑、溃烂，趾节有无脱落。

5. 爪甲 注意爪甲颜色是粉红（正常），还是淡白、鲜红、深红、青紫还是紫黑。另外，为了观察气血运行是否流畅，医者可用拇指、示指按压患者手指爪甲，并随即放手，观察其甲色变化情况及速度。若按之色白，放手即红，说明气血流畅，其病较轻；反之，按之色白，放之不即红者为气血不畅之象，病情较重。

（五）二阴

1. 前阴 观察男女外阴有无收缩、肿胀、生疮和湿疹。男子还应注意有无睾丸异常，女子还应注意阴户中有无东西突出（阴挺）。

2. 后阴 注意观察肛门有无红肿、裂口、痔疮、瘘管及脱肛的情况。

（六）皮肤

1. 色泽 注意皮肤颜色有无发红、发黄或紫黑的情况，有无白斑以及白斑的部位、大小，界限是否清楚。此外，还当注意皮肤有无光泽，进而判断津液的盈亏。

2. 外形 有无干燥、皲裂、脱屑和粗糙如鱼鳞状的情况，皮肤的弹性如何，有无硬化，有无肿胀的情况，若有肿胀时，还可结合按诊检查其是水肿还是气肿，是否热毒所致的红肿等。

3. 皮损 有无斑、疹、水疱以及痈、疽、疔、疖。

4. 腧穴 穴位上是否有结节、条索状物，有无压痛及其他敏感反应。

（七）排出物（必要时查）

1. 痰涕（色、质、量的变化）。

2. 呕吐物（质、量、味）。

3. 大小便（次、质、量、色及感觉）。

附录2 执业医师病历考试书写要求及格式

一、执业医师病历考试书写要求

提供一个简要病例，要求考生在60分钟内在提供的答题卡上完成书面辨证论治。考生随机抽取试题后在答题卡上作答。

答题具体要求：①完成中医辨证、立法、处方。②实验室检查：仅提供辅助检查所见的具体描述，不提供具体的西医诊断，由考生作出西医诊断，但不要求回答具体的西医治疗方案。③要求病历书写的完整性。考生必须完成病历中所有项目的回答，超过两个项目空白即按不及格处理。

二、执业医师病历考试书写格式

住院病历	
姓名：	出生地：（略）
性别：	常住地址：（略）
年龄：	单位：（略）
民族：	入院时间：
婚况：	病史采集时间：
职业：（略）	病史陈述者：（略）
发病季节：（略）	可靠程度：（略）
主诉：	
现病史：	
既往史：	

个人史：
过敏史：
婚育史：
家族史：

体格检查 体温（T）　　脉搏（P）　　呼吸（R）　　血压（BP）
整体状况： 皮肤黏膜及淋巴结： 头面部： 颈项： 胸部： 腹部：

二阴及排泄物： 脊柱四肢： 神经系统：
实验室检查：
辨病辨证依据：
西医诊断依据：
入院诊断： 中医诊断： 西医诊断：
治疗方案：（治法、选方用药和/或选穴、手法等）

附录3 参考文献

1. 朱文锋．中医诊断学．北京：中国中医药出版社，2002
2. 袁肇凯，王天芳．中医诊断学．北京：中国中医药出版社，2007
3. 丁成华．中医诊断学学习指要．北京：中国中医药出版社，2006
4. 杨亚平．中医诊断辨证思路解析．南京：江苏科学技术出版社，2005
5. 王雪峰．中西医结合儿科学．第1版．北京：中国中医药出版社，2005
6. 盖国才．中国穴位诊断学．第1版．北京：学苑出版社，1997
7. 张洪义．中医实验诊断学．第1版．天津：南开大学出版社，1996
8. 张伯礼．中医大学生诊疗基本技能．第1版．天津：天津科学技术出版社，2004
9. 冼绍祥．临床技能操作规范．第1版．北京：科学出版社，2006
10. 戚仁铎．诊断学．第4版．北京：人民卫生出版社，1998
11. 黄丽春．耳穴诊断治疗学．第1版．北京：科学技术文献出版社，2000
12. 陈日新．实验针灸学实验指导．第1版．北京：中国协和医科大学出版社，2000
13. 张洪义，陆小左．中医临床诊断全书．第1版．天津：天津科学技术出版社，2002
14. 朱文锋．现代中医临床诊断学．第1版．北京：人民卫生出版社，2003
15. 陈家旭．中医诊断学图表解．第1版．北京：人民卫生出版社，2004
16. 袁肇凯．中医诊断实验方法学．第1版．北京：科学出版社，2007
17. 王忆勤．中医辨证学．第1版．北京：中国协和医科大学出版社，2004
18. 王忆勤．中医诊断学（案例版）．第1版．北京：科学出版社，2007
19. 陈湘君，张伯礼．中医内科学（案例版）．第1版．北京：科学出版社，2007
20. 赵金铎．中医症状鉴别诊断学．北京：人民卫生出版社，1985
21. 赵金铎．中医证候鉴别诊断学．北京：人民卫生出版社，1987
22. 朱文锋．中医诊断与鉴别诊断学．北京：人民卫生出版社，1999
23. 朱文锋．中医主症鉴别诊疗学．长沙：湖南科学技术出版社，2000
24. 李灿东．中医误诊学．福州：福建科技出版社，2003
25. 冯先波．中医内科鉴别诊断要点．北京：人民卫生出版社，2002
26. 中医研究院中医研究生班整理．中医专题讲座选（第一集）．北京：人民卫生出版社，1983：249
27. 刘振华，陈晓红．误诊学．济南：山东科学技术出版社，1993
28. 李国鼎．中医误诊误治原因及对策．北京：人民卫生出版社，2003
29. 邱志济．朱良春杂病廉验特色发挥．北京：中医古籍出版社，2004
30. 马维骐，江澜，元缓．对中医问诊研究的思考．中华实用中西医杂志，2007，20（5）：421～423

31. 李明，徐荣明．问诊的理论依据和临床应用．中医药学刊，2003，21（10）：1772～1773

32. 杨在纲．中医问诊法探讨．贵阳中医学院学报，2002，24（4）：1～2

33. 田晓青．医师接诊时的问诊艺术．中国社区医师，2004，20（3）：3～4

34. 王天芳，李洪娟．关于改进中医诊断学“问诊”内容与方法的思考．中医教育，2004，23（1）：52～54

35. 刘军平，刘丽宁等．加强人文素质修养提高医生问诊能力．中华临床新医学，2006，6（1）：62～63

36. 张声炳．证的规范化研究．南京中医学院学报，1990，（6）：56～58

37. 陈士洲．现代医学疾病中医辨证分型原则与方法初探．山东中医杂志，1993，（12）：22～25

38. 张志斌，王永炎．证候名称及分类研究的回顾与假设的提出．北京中医药大学学报，2003，36（2）：1～3

39. 袁世宏，张连文，王米渠．数理统计思想及方法在辨证规范化研究中的应用及思考．中国中医基础医学杂志，2003，9（4）：15～18

40. 王秀梅，郑丽如，杨素芳．整体护理与病情资料的综合处理．河北中医，2004，26（1）：58

41. 朱崇田，吴承玉．中医肾系基本证规范的原则与研究思路．南京中医药大学学报，2005，21（1）：8～10

42. 张志斌，王永炎．辨证方法新体系的建立．北京中医药大学学报．2005，28（1）：1～3

43. 蒋建．论辨证论治的缺陷及与辨病论治相结合的必要性．中西医结合学报，2005，3（2）：85～87

44. 黄星垣．中医病证规范的层次和框架．中国医药学报，1990，5（4）：3～5

45. 孟庆云．辨证论治规范化的特征与方法．中国医药学报，1990，5（4）：9～11

46. 邹世洁，陈小野．与证候规范化相关的证候实证化．医学与哲学，1991，12（2）：27～28

47. 蒋力生．中医“证”研究的思路与方法．云南中医杂志，1991，12（3）：1～8

48. 赵洪钧，刘延铃．中西医结合看“辨证论治”和“辨病论治”——论“证”概念的误区．中国中医基础医学杂志，2005，11（1）：14～16

49. 朱文锋，张华敏．“证素”的基本特征．中国中医基础医学杂志，2005，11（1）

50. 黄利兴，刘英锋，张光荣．再论辨证论治与规范操作．中华中医药杂志，2005，20（2）：69～72

51. 魏睦新，汤一新，等．信息分析技术在脾胃阴虚证鉴别诊断中的运用．辽宁中医杂志，2001，28（7）：383～385

52. 王风雷，王明辉．时空观与中医鉴别诊断初探．湖南中医杂志，2002，18（6）：2～3

53. 杨容青．胃脘痛类证鉴别与证型辨析．实用中医内科杂志，2005，19（3）：220～221

54. 何仲瑾，李日向．中医整体观念在临床鉴别诊断中的运用．陕西中医学院学报，2005，28（4）：70～72

55. 周世光．临证误治验案三则．新中医，1991，(3)：22

56. 孙玉凤．浅谈中医的误诊与误治．医学与哲学，2000，21（8）：45～46

57. 熊卫红，刘新亚．从中医黑箱方法谈如何避免误诊．江西中医学院学报，2002，14（1）：8～9

58. 刘振华，陈晓红．避免误诊的思维方法．临床误诊误治，2002，15（5）：336～337

59. 李奕祺，王小红．浅析中医误诊的医生原因．辽宁中医杂志，2003，30（10）：798

60. 杨海燕，刘新亚．中医临床误诊例析．江西中医药，2006，37（4）：15～16

61. 李科威．中医误诊概念与防范技术．中医药临床杂志，2007，19（1）：9～10

教材与教学配套用书

新世纪全国高等中医药院校规划教材

注：凡标○号者为“普通高等教育‘十五’国家级规划教材”；凡标★号者为“普通高等教育‘十一五’国家级规划教材”

（一）中医学类专业

1 中国医学史（常存库主编）○★
2 医古文（段逸山主编）○★
3 中医各家学说（严世芸主编）○★
4 中医基础理论（孙广仁主编）○★
5 中医诊断学（朱文锋主编）○★
6 内经选读（王庆其主编）○★
7 伤寒学（熊曼琪主编）○★
8 金匮要略（范永升主编）★
9 温病学（林培政主编）○★
10 中药学（高学敏主编）○★
11 方剂学（邓中甲主编）○★
12 中医内科学（周仲瑛主编）○★
13 中医外科学（李曰庆主编）★
14 中医妇科学（张玉珍主编）○★
15 中医儿科学（汪受传主编）○★
16 中医骨伤科学（王和鸣主编）○★
17 中医耳鼻咽喉科学（王士贞主编）○★
18 中医眼科学（曾庆华主编）○★
19 中医急诊学（姜良铎主编）○★
20 针灸学（石学敏主编）○★
21 推拿学（严隽陶主编）○★
22 正常人体解剖学（严振国　杨茂有主编）★
23 组织学与胚胎学（蔡玉文主编）○★
24 生理学（施雪筠主编）○★
生理学实验指导（施雪筠主编）
25 病理学（黄玉芳主编）○★
病理学实验指导（黄玉芳主编）
26 药理学（吕圭源主编）
27 生物化学（王继峰主编）○★
28 免疫学基础与病原生物学（杨黎青主编）○★
免疫学基础与病原生物学实验指导(杨黎青主编)
29 诊断学基础（戴万亨主编）★
诊断学基础实习指导（戴万亨主编）
30 西医外科学（李乃卿主编）★
31 内科学（徐蓉娟主编）○

（二）针灸推拿学专业（与中医学专业相同的课程未列）

1 经络腧穴学（沈雪勇主编）○★
2 刺法灸法学（陆寿康主编）★
3 针灸治疗学（王启才主编）
4 实验针灸学（李忠仁主编）○★
5 推拿手法学（王国才主编）○★
6 针灸医籍选读（吴富东主编）★
7 推拿治疗学（王国才）

（三）中药学类专业

1 药用植物学（姚振生主编）○★
药用植物学实验指导（姚振生主编）
2 中医学基础（张登本主编）
3 中药药理学（侯家玉　方泰惠主编）○★
4 中药化学（匡海学主编）○★
5 中药炮制学（龚千锋主编）○★
中药炮制学实验（龚千锋主编）
6 中药鉴定学（康廷国主编）★
中药鉴定学实验指导（吴德康主编）
7 中药药剂学（张兆旺主编）○★
中药药剂学实验
8 中药制剂分析（梁生旺主编）○

9 中药制药工程原理与设备（刘落宪主编）★
10 高等数学（周　喆主编）
11 中医药统计学（周仁郁主编）
12 物理学（余国建主编）
13 无机化学（铁步荣　贾桂芝主编）★
无机化学实验（铁步荣　贾桂芝主编）
14 有机化学（洪筱坤主编）★
有机化学实验（彭松　林辉主编）
15 物理化学（刘幸平主编）
16 分析化学（黄世德　梁生旺主编）
分析化学实验（黄世德　梁生旺主编）
17 医用物理学（余国建主编）

（四）中西医结合专业

1 中外医学史（张大庆　和中浚主编）
2 中西医结合医学导论（陈士奎主编）★
3 中西医结合内科学（蔡光先　赵玉庸主编）★
4 中西医结合外科学（李乃卿主编）★
5 中西医结合儿科学（王雪峰主编）★
6 中西医结合耳鼻咽喉科学（田道法主编）★
7 中西医结合口腔科学（李元聪主编）★
8 中西医结合眼科学（段俊国主编）★
9 中西医结合传染病学（刘金星主编）
10 中西医结合肿瘤病学（刘亚娴主编）
11 中西医结合皮肤性病学（陈德宇主编）
12 中西医结合精神病学（张宏耕主编）★
13 中西医结合妇科学（尤昭玲主编）★
14 中西医结合骨伤科学（石印玉主编）★
15 中西医结合危重病学（熊旭东主编）★
16 中西医结合肛肠病学（陆金根主编）★
17 免疫学与病原生物学（刘燕明主编）
18 中医诊断学（陈家旭主编）
19 局部解剖学（聂绪发主编）
20 诊断学（戴万亨主编）
21 组织学与胚胎学（刘黎青主编）
22 病理生理学（张立克主编）
23 系统解剖学（杨茂有主编）
24 生物化学（温进坤主编）
25 病理学（唐建武主编）
26 医学生物学（王望九主编）
27 药理学（苏云明主编）
28 中医基础理论（王键主编）
29 中药学（陈蔚文主编）
30 方剂学（谢鸣主编）
31 针灸推拿学（梁繁荣主编）
32 中医经典选读（周安方主编）
33 生理学（张志雄主编）
34 中西医结合思路与方法(何清湖主编)(改革教材)

（五）药学类专业

1 分子生物学（唐炳华主编）
2 工业药剂学（胡容峰主编）
3 生物药剂学与药物动力学（林宁主编）
4 生药学（王喜军主编）
5 天然药物化学（董小萍主编）
6 物理药剂学（王玉蓉主编）
7 药剂学（李范珠主编）
8 药物分析学（甄汉深　贾济宇主编）
9 药物合成（吉卯祉主编）
10 药学文献检索（章新友主编）
11 药学专业英语（都晓伟主编）
12 制药工艺学（王沛主编）
13 中成药学（张的凤主编）

（六）管理专业

1 医院管理学（黄明安　袁红霞主编）
2 医药企业管理学（朱文涛主编）
3 卫生统计学（崔相学主编）
4 卫生管理学（景琳主编）★
5 药事管理学（孟锐主编）
6 卫生信息管理（王宇主编）
7 医院财务管理（程薇主编）
8 卫生经济学（黎东生主编）
9 卫生法学（佟子林主编）
10 公共关系学（关晓光主编）
11 医药人力资源管理学（王悦主编）
12 管理学基础（段利忠主编）
13 管理心理学（刘鲁蓉主编）
14 医院管理案例（赵丽娟主编）

（七）护理专业

1 护理学导论（韩丽沙　吴　瑛主编）★
2 护理学基础（吕淑琴　尚少梅主编）★
3 中医护理学基础（刘　虹主编）★
4 健康评估（吕探云　王　琦主编）★
5 护理科研（肖顺贞　申杰主编）
6 护理心理学（胡永年　刘晓虹主编）
7 护理管理学（关永杰　宫玉花主编）
8 护理教育（孙宏玉　简福爱主编）
9 护理美学（林俊华　刘　宇主编）★
10 内科护理学（徐桂华主编）上册★
11 内科护理学（姚景鹏主编）下册★
12 外科护理学（张燕生　路　潜主编）
13 妇产科护理学（郑修霞　李京枝主编）
14 儿科护理学（汪受传　洪黛玲主编）★
15 骨伤科护理学（陆静波主编）
16 五官科护理学（丁淑华　席淑新主编）★
17 急救护理学（牛德群主编）
18 养生康复学（马烈光　李英华主编）★
19 社区护理学（冯正仪　王　珏主编）
20 营养与食疗学（吴翠珍主编）★
21 护理专业英语（黄嘉陵主编）
22 护理伦理学（马家忠　张晨主编）★

（八）七年制

1 中医儿科学（汪受传主编）★
2 临床中药学（张廷模主编）○★
3 中医诊断学（王忆勤主编）○★
4 内经学（王洪图主编）○★
5 中医妇科学（马宝璋主编）○★
6 温病学（杨　进主编）★
7 金匮要略（张家礼主编）○★
8 中医基础理论（曹洪欣主编）○★
9 伤寒论（姜建国主编）★
10 中医养生康复学（王旭东主编）★
11 中医哲学基础（张其成主编）★
12 中医古汉语基础（邵冠勇主编）★
13 针灸学（梁繁荣主编）○★
14 中医骨伤科学（施　杞主编）○★
15 中医医家学说及学术思想史（严世芸主编）○★
16 中医外科学（陈红风主编）○★
17 中医内科学（田德禄主编）○★
18 方剂学（李　冀主编）○★

（九）中医临床技能实训教材（丛书总主编　张伯礼）

1 诊断学基础（蒋梅先主编）★
2 中医诊断学（含病例书写）（陆小左主编）★
3 中医推拿学（金宏柱主编）★
4 中医骨伤科学（褚立希主编）★
5 针灸学（面向中医学专业）（周桂桐主编）★
6 经络腧穴学（面向针灸学专业）(路玫主编)★
7 刺法灸法学（面向针灸学专业）(冯淑兰主编)★
8 临床中药学（于虹主编）★

（十）计算机教材

1 SAS 统计软件（周仁郁主编）
2 医院信息系统教程（施诚主编）
3 多媒体技术与应用（蔡逸仪主编）
4 计算机基础教程（陈素主编）
5 网页制作（李书珍主编）
6 SPSS 统计软件（刘仁权主编）
7 计算机技术在医疗仪器中的应用（潘礼庆主编）
8 计算机网络基础与应用（鲍剑洋主编）
9 计算机医学信息检索（李永强主编）
10 计算机应用教程（李玲娟主编）
11 医学数据仓库与数据挖掘（张承江主编）
12 医学图形图像处理（章新友主编）

（十一）中医、中西医结合执业医师、专业资格考试相关教材

1 医学心理学（邱鸿钟主编）
2 传染病学（陈盛铎主编）
3 卫生法规（田侃主编）
4 医学伦理学（樊民胜　张金钟主编）

新世纪全国高等中医药院校创新(教改)教材

1 病原生物学(伍参荣主编)
2 病原生物学实验指导(伍参荣主编)
3 杵针学(钟枢才主编)
4 茶学概论(周巨根主编)
5 大学生职业生涯规划与就业指导(王宇主编)
6 方剂学(顿宝生主编)
7 分子生药学(黄璐琦 肖培根主编)
8 妇产科实验动物学(尤昭玲主编)
9 国际传统药和天然药物(贾梅如主编)
10 公共营养学(蔡美琴主编)
11 各家针灸学说(魏稼 高希言主编)
12 解剖生理学(严振国 施雪筠主编)
13 局部解剖学(严振国主编)
14 经络美容学(傅杰英主编)
15 金匮辩证法与临床(张家礼主编)
16 临床技能学(蔡建辉 王柳行主编)
17 临床中药炮制学(张振凌主编)
18 临床免疫学(罗晶 袁嘉丽主编)
19 临床医学概论(潘涛、张永涛主编)
20 美容应用技术(丁慧主编)
21 美容皮肤科学(王海棠主编)
22 人体形态学(李伊为主编)
23 人体形态学实验指导(曾鼎昌主编)
24 人体机能学(张克纯主编)
25 人体机能学实验指导(李斌主编)
26 神经解剖学(白丽敏主编)
27 神经系统疾病定位诊断学(五年制、七年制用)(高玲主编)
28 生命科学基础(王蔓莹主编)
29 生命科学基础实验指导(洪振丰主编)
30 伤寒论思维与辨析(张国俊主编)
31 伤寒论学用指要(翟慕东主编)
32 实用美容技术(王海棠主编)
33 实用免疫接种培训教程(王鸣主编)
34 实验中医学(郑小伟、刘涛主编)
35 实验针灸学(郭义主编)
36 推拿学(吕明主编)
37 卫生法学概论(郭进玉主编)
38 卫生管理学(景琳主编)★
39 瘟疫学新编(张之文主编)
40 外感病误治分析(张国骏主编)
41 细胞生物学(赵宗江主编)★
42 组织细胞分子学实验原理与方法(赵宗江主编)
43 西医诊疗学基础(凌锡森主编)
44 线性代数(周仁郁主编)
45 现代中医心理学(王米渠主编)
46 现代临床医学概论(张明雪主编)
47 性医学(毕焕洲主编)
48 医学免疫学与微生物学(顾立刚主编)
49 医用日语阅读与翻译(刘群主编)
50 药事管理学(江海燕主编)
51 药理实验教程(洪缨 张恩户主编)
52 应用药理学(田育望主编)
53 医学分子生物学(唐炳华 王继峰主编)★
54 药用植物生态学(王德群主编)
55 药用植物学野外实习纲要(万德光主编)
56 药用植物组织培养(钱子刚主编)
57 医学遗传学(王望九主编)
58 医学英语(魏凯峰主编)
59 药用植物栽培学(徐良)
60 医学免疫学(刘文泰主编)
61 医学美学教程(李红阳主编)
62 药用辅料学(傅超美)
63 中药炮制学(蔡宝昌主编)★
64 中医基础学科实验教程(谭德福主编)
65 中医医院管理学(赵丽娟主编)(北京市精品教材)
66 中医药膳学(谭兴贵主编)
67 中医文献学(严季澜 顾植山主编)★
68 中医内科急症学(周仲瑛 金妙文主编)★
69 中医统计诊断(张启明 李可建主编)★
70 中医临床护理学(谢华民 杨少雄主编)
71 中医食疗学(倪世美 金国梁主编)
72 中药药效质量学(张秋菊主编)
73 中西医结合康复医学(高根德主编)
74 中药调剂与养护学(杨梓懿主编)
75 中药材鉴定学(李成义)
76 中药材加工学(龙全江主编)★
77 中药成分分析(郭玫主编)
78 中药养护学(张西玲主编)
79 中药拉丁语(刘春生主编)
80 中医临床概论(金国梁主编)
81 中医美容学(王海棠主编)

82 中药化妆品学（刘华钢主编）
83 中医美容学（刘宁主编）
84 中医药数学模型（周仁郁主编）
85 中医药统计学与软件应用（刘明芝 周仁郁主编）
86 中医四诊技能训练规范（张新渝主编）
87 中药材CAP与栽培学（李敏 卫莹芳主编）
88 中医误诊学（李灿东主编）
89 诊断学基础实习指导（戴万亨主编）
90 中医药基础理论实验教程（金沈锐主编）
91 针刀医学（上、下）（朱汉章主编）
92 针灸处方学（李志道主编）
93 中医诊断学（袁肇凯）主编（研究生用）
94 针刀刀法手法学（朱汉章主编）
95 针刀医学诊断学（石现主编）
96 针刀医学护理学（吴绪平主编）
97 针刀医学基础理论（朱汉章主编）
98 正常人体解剖学（严振国主编）
99 针刀治疗学（吴绪平主编）
100 中医药论文写作（丛林主编）
101 中医气功学（吕明主编）
102 中医护理学（孙秋华 李建美主编）
103 针刀医学（吴绪平主编）
104 中医临床基础学（熊曼琪主编）
105 中医运气学（苏颖主编）★
106 中医行为医学（江泳主编）
107 中医方剂化学（裴妙荣主编）
108 中医外科特色制剂（艾儒棣主编）
109 中药性状鉴定实训教材（王满恩 裴慧荣主编）
110 中医康复学（刘昭纯 郭海英主编）
111 中医哲学概论（苏培庆 战文翔主编）（供高职高专用）
112 中药材概论（阎玉凝 刘春生主编）
113 中医诊断临床模拟训练（李灿东主编）
114 中医各家学说（秦玉龙主编）
115 中国民族医药学概论（李峰 马淑然主编）
116 人体解剖学（英文）（严振国主编）（七年制）★
117 中医内科学（英文教材）（高天舒主编）
118 中药学（英文教材）（赵爱秋主编）
119 中医诊断学（英文教材）（张庆红主编）
120 方剂学（英文教材）（都广礼主编）
121 中医基础理论（英文教材）（张庆荣主编）

新世纪全国高等中医药院校规划教材配套教学用书

（一）习题集

1 医古文习题集（许敬生主编）
2 中医基础理论习题集（孙广仁主编）
3 中医诊断学习题集（朱文锋主编）
4 中药学习题集（高学敏主编）
5 中医外科学习题集（李曰庆主编）
6 中医妇科学习题集（张玉珍主编）
7 中医儿科学习题集（汪受传主编）
8 中医骨伤科学习题集（王和鸣主编）
9 针灸学习题集（石学敏主编）
10 方剂学习题集（邓中甲主编）
11 中医内科学习题集（周仲瑛主编）
12 中国医学史习题集（常存库主编）
13 内经选读习题集（王庆其主编）
14 伤寒学习题集（熊曼琪主编）
15 金匮要略选读习题集（范永升主编）
16 温病学习题集（林培政主编）
17 中医耳鼻咽喉科学习题集（王士贞主编）
18 中医眼科学习题集（曾庆华主编）
19 中医急诊学习题集（姜良铎主编）
20 正常人体解剖学习题集（严振国主编）
21 组织学与胚胎学习题集（蔡玉文主编）
22 生理学习题集（施雪筠主编）
23 病理学习题集（黄玉芳主编）
24 药理学习题集（吕圭源主编）
25 生物化学习题集（王继峰主编）
26 免疫学基础与病原生物学习题集（杨黎青主编）
27 诊断学基础习题集（戴万亨主编）
28 内科学习题集（徐蓉娟主编）
29 西医外科学习题集（李乃卿主编）
30 中医各家学说习题集（严世芸主编）
31 中药药理学习题集（黄国钧主编）
32 药用植物学习题集（姚振生主编）
33 中药炮制学习题集（龚千锋主编）
34 中药药剂学习题集（张兆旺主编）
35 中药制剂分析习题集（梁生旺主编）
36 中药化学习题集（匡海学主编）

37 中医学基础习题集（张登本主编）
38 中药制药工程原理与设备习题集（刘落宪主编）
39 经络腧穴学习题集（沈雪勇主编）
40 刺法灸法学习题集（陆寿康主编）
41 针灸治疗学习题集（王启才主编）
42 实验针灸学习题集（李忠仁主编）
43 针灸医籍选读习题集（吴富东主编）
44 推拿学习题集（严隽陶主编）
45 推拿手法学习题集（王国才主编）
46 中医药统计学习题集（周仁郁主编）
47 医用物理学习题集（邵建华　侯俊玲主编）
48 有机化学习题集（洪筱坤主编）
49 物理学习题集（章新友　顾柏平主编）
50 无机化学习题集（铁步荣　贾桂芝主编）
51 高等数学习题集（周　喆主编）
52 物理化学习题集（刘幸平主编）
53 中西医结合危重病学习题集（熊旭东主编）

（二）易学助考口袋丛书

1 中医基础理论（姜　惟主编）
2 中医诊断学（吴承玉主编）
3 中药学（马　红主编）
4 方剂学（倪　诚主编）
5 内经选读（唐雪梅主编）
6 伤寒学（周春祥主编）
7 金匮要略（蒋　明主编）
8 温病学（刘　涛主编）
9 中医内科学（薛博瑜主编）
10 中医外科学（何清湖主编）
11 中医妇科学（谈　勇主编）
12 中医儿科学（郁晓维主编）
13 中药制剂分析（张　梅主编）
14 病理学（黄玉芳主编）
15 中药化学（王　栋主编）
16 中药炮制学（丁安伟主编）
17 生物化学（唐炳华主编）
18 中药药剂学（倪　健主编）
19 药用植物学（刘合刚主编）
20 内科学（徐蓉娟主编）
21 诊断学基础（戴万亨主编）
22 针灸学（方剑乔主编）
23 免疫学基础与病原生物学（袁嘉丽　罗　晶主编）
24 西医外科学（曹　羽　刘家放主编）
25 正常人体解剖学（严振国主编）
26 中药药理学（方泰惠主编）

中医执业医师资格考试用书

1 中医、中西医结合执业医师医师资格考试大纲
2 中医、中西医结合执业医师医师资格考试应试指南
3 中医、中西医结合执业医师医师资格考试习题集

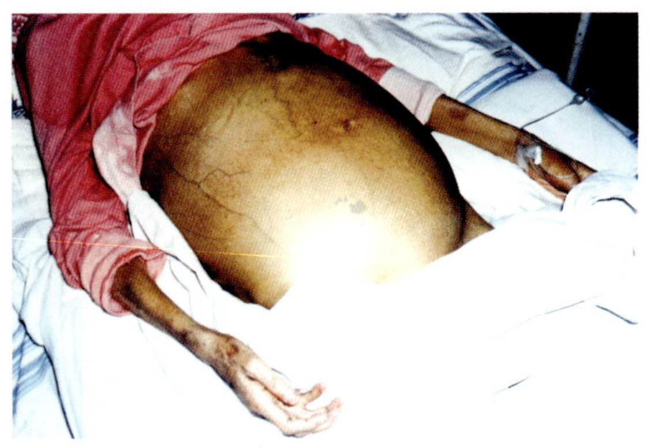

彩图1

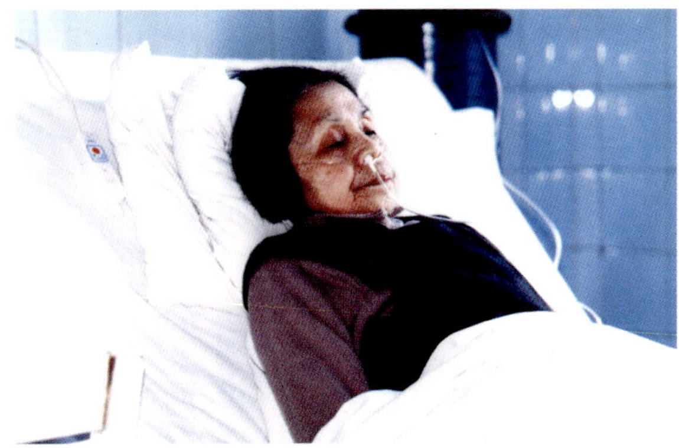

彩图2

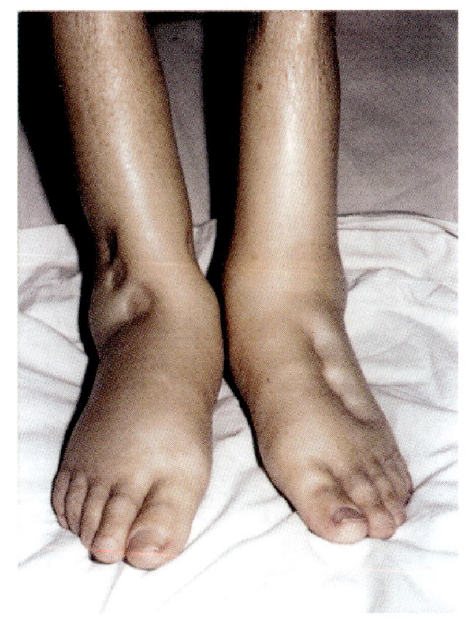

彩图3

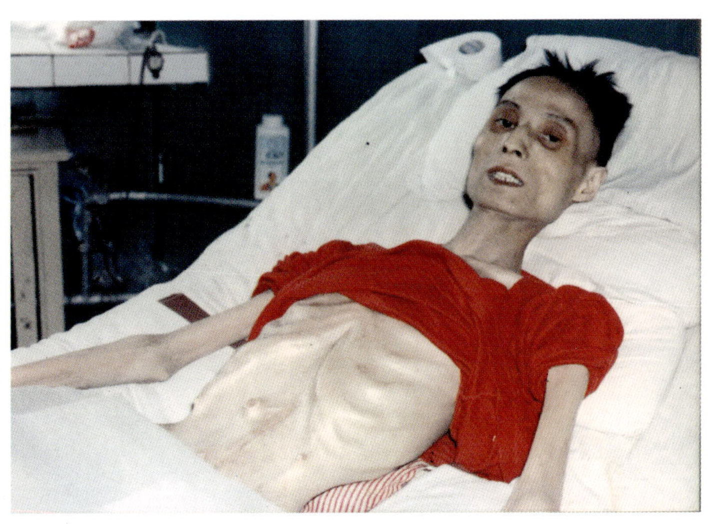

彩图4

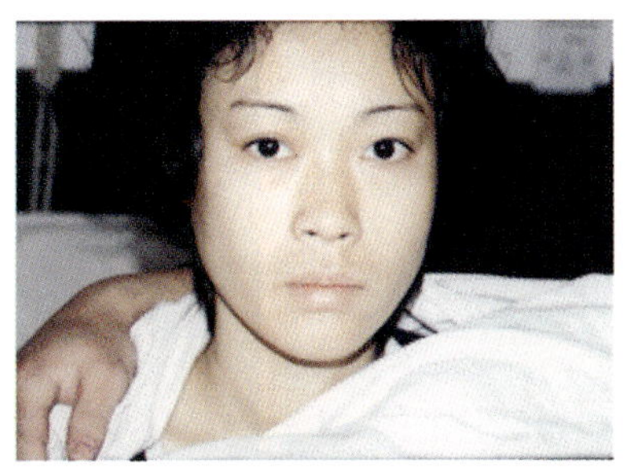

彩图5

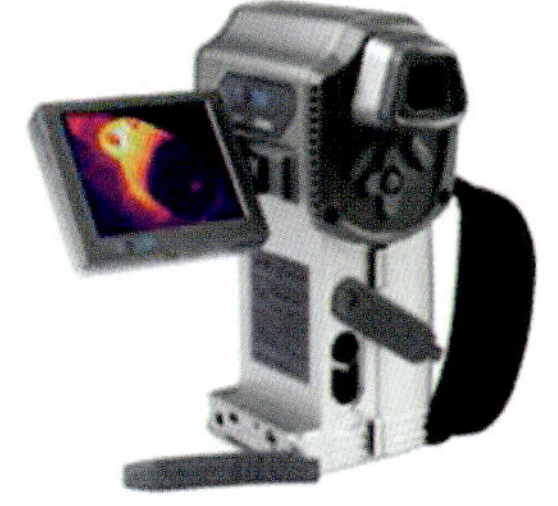

彩图6

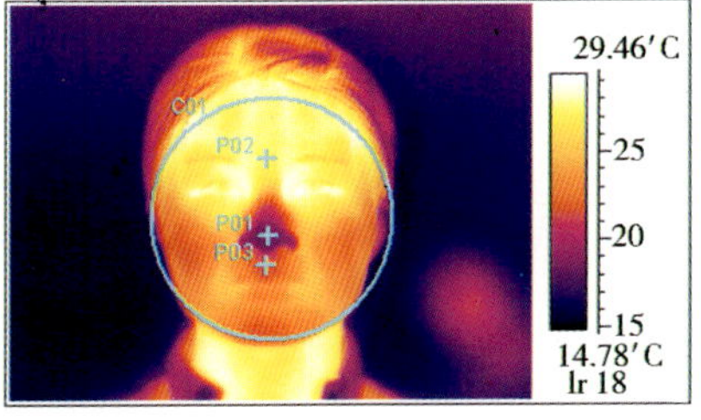

彩图7

附录4 舌诊彩色图谱

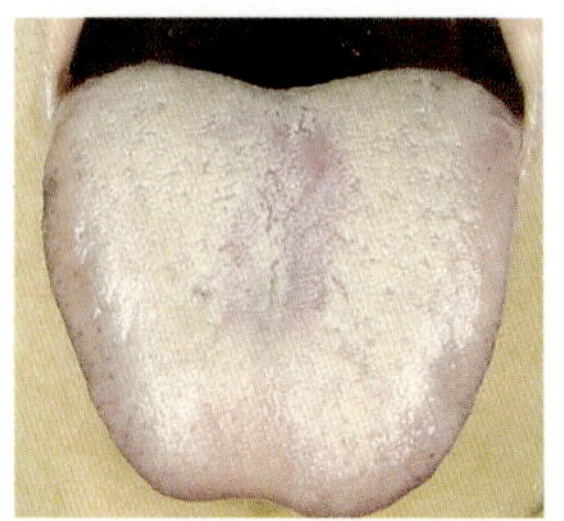
舌紫苔白厚腻

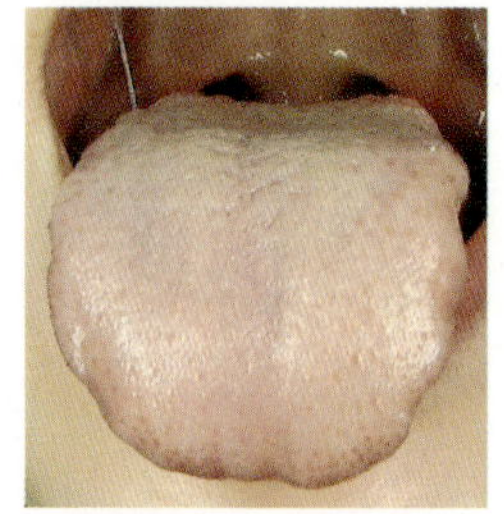
舌胖大色白苔薄白

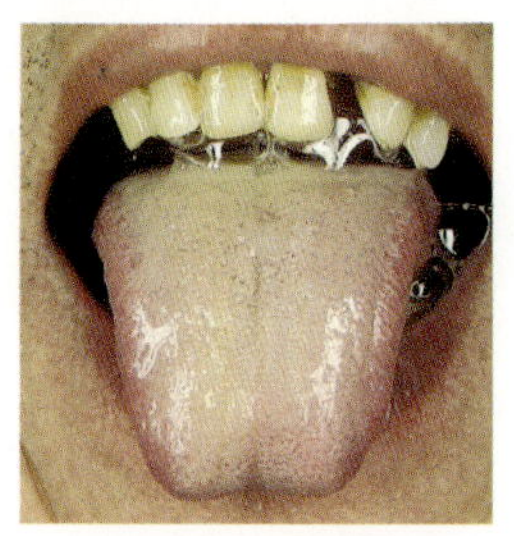
舌滑苔黄腻

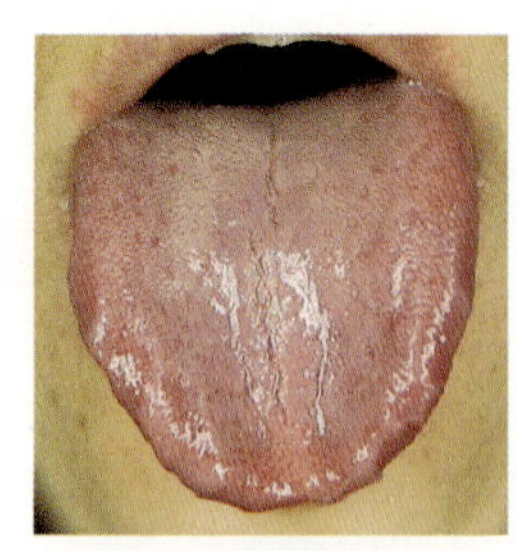
舌红苔少

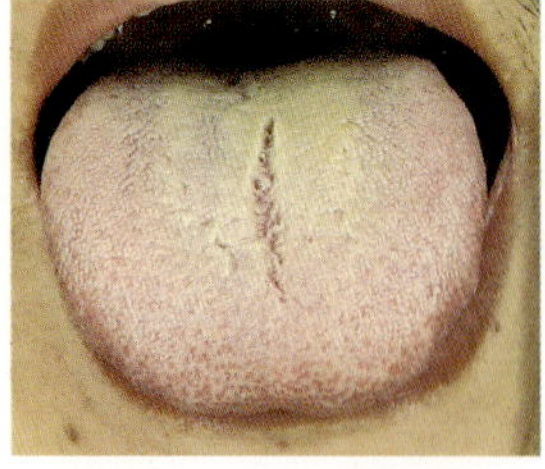
舌红苔黄腻燥

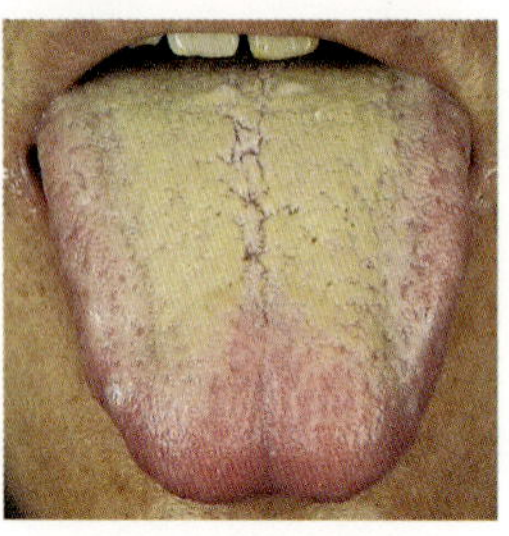
舌红苔厚腻

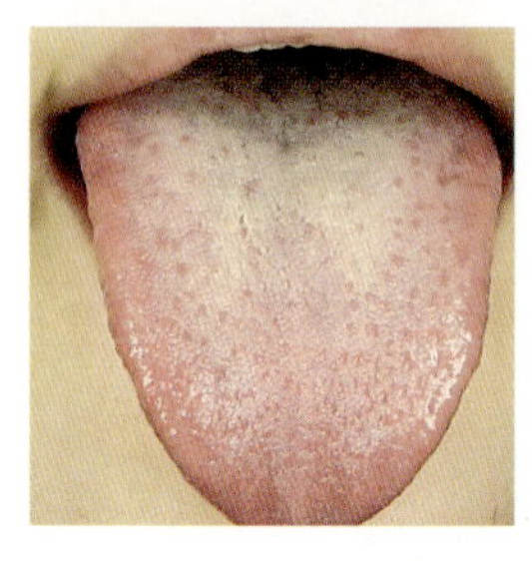
舌红苔薄白腻

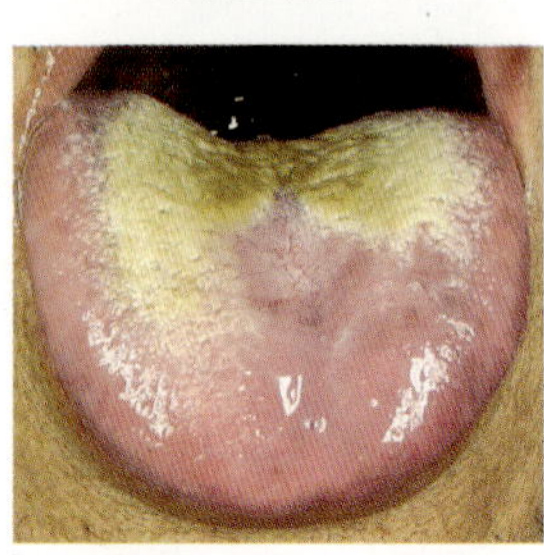
舌红苔剥舌根黄厚腻

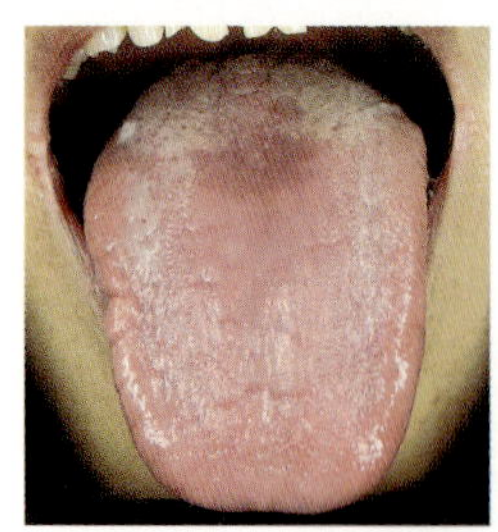
舌红苔剥

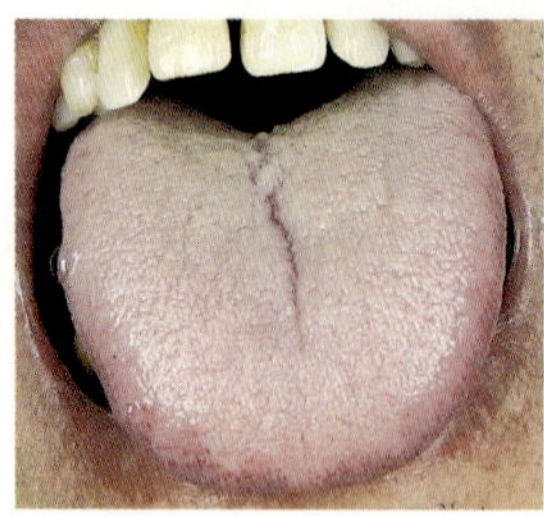
舌淡紫苔白厚腻

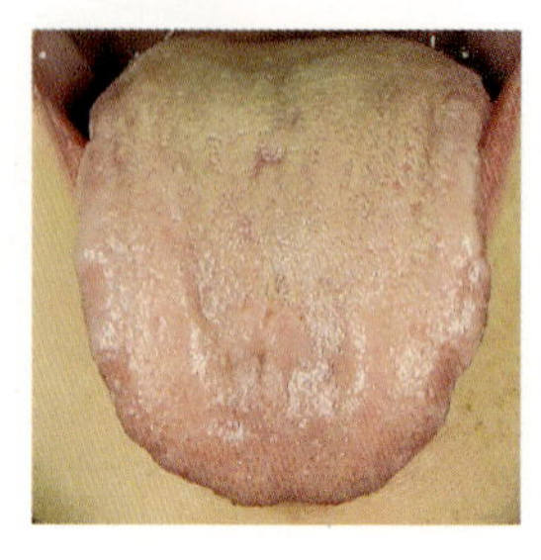
舌淡苔黄有齿痕

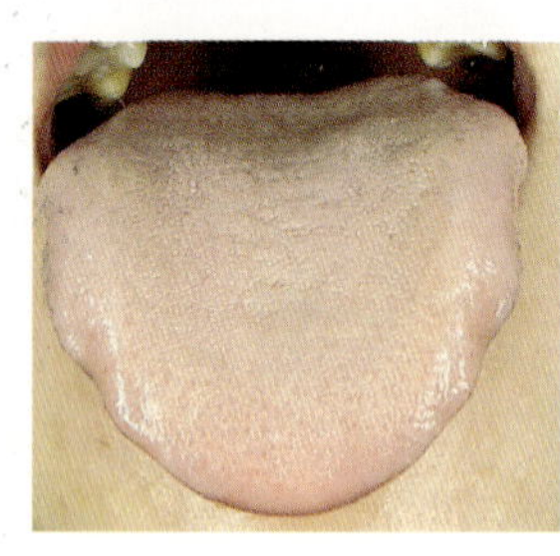
舌淡苔薄白

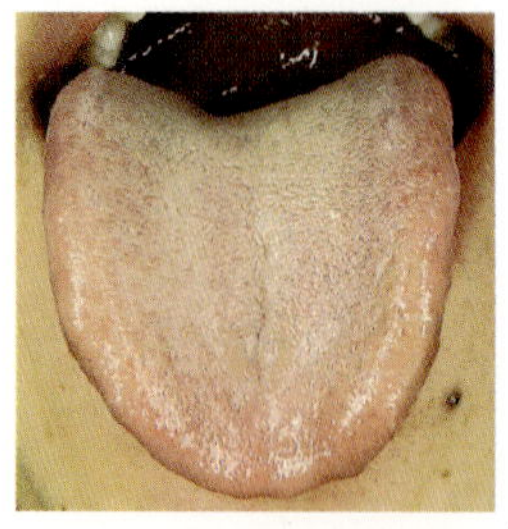
舌淡苔薄白

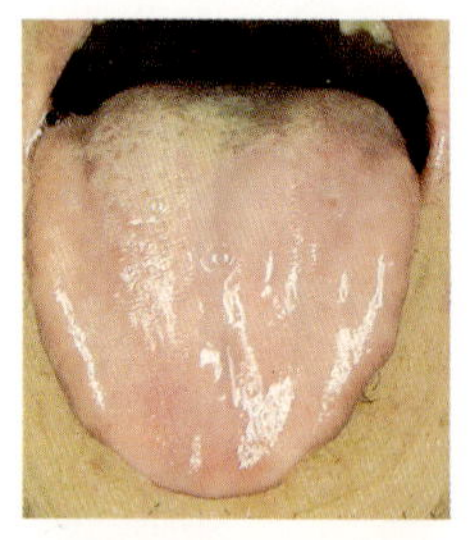
舌淡红苔少质滑

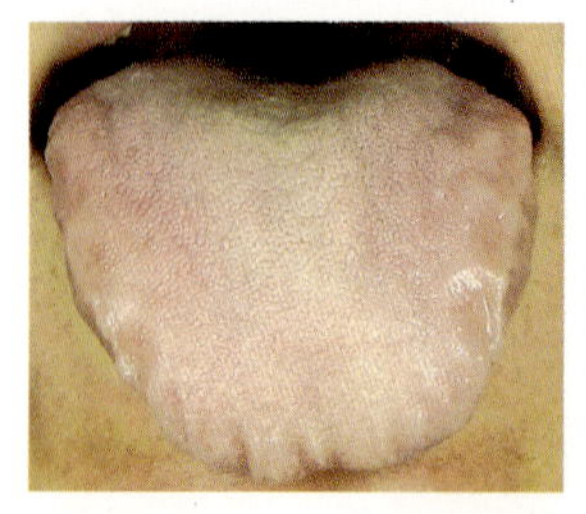
舌淡红苔薄白齿痕

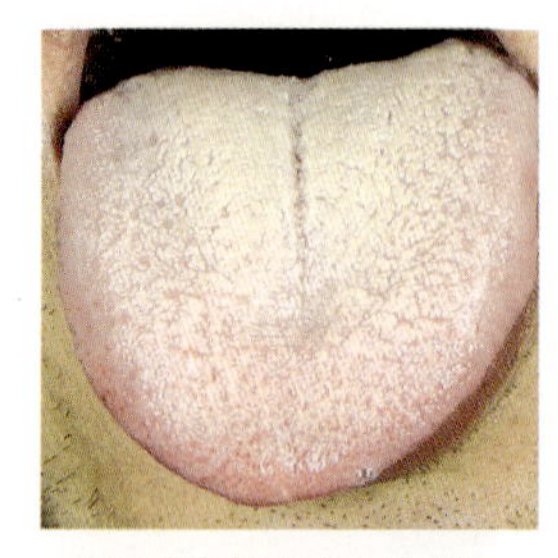
舌淡红苔白厚腻燥

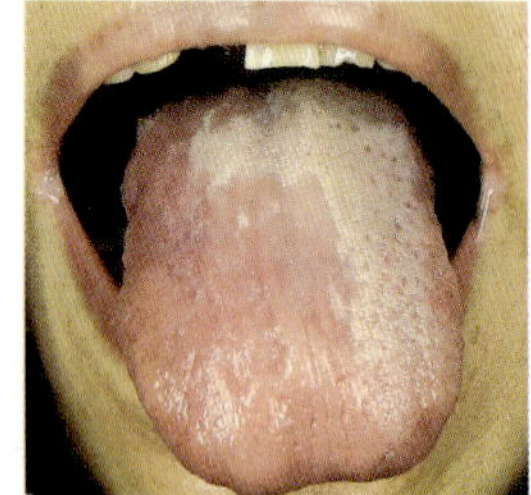
舌暗红苔花剥

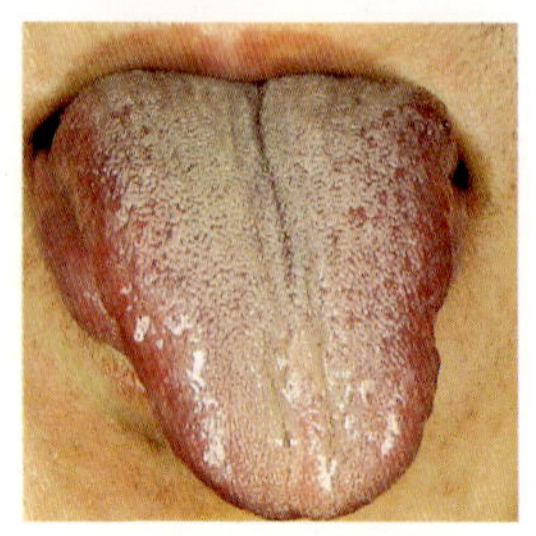
舌暗红苔薄腻

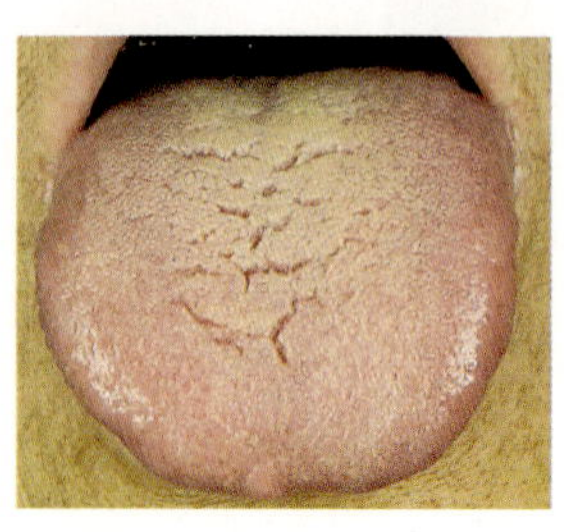
裂纹舌4

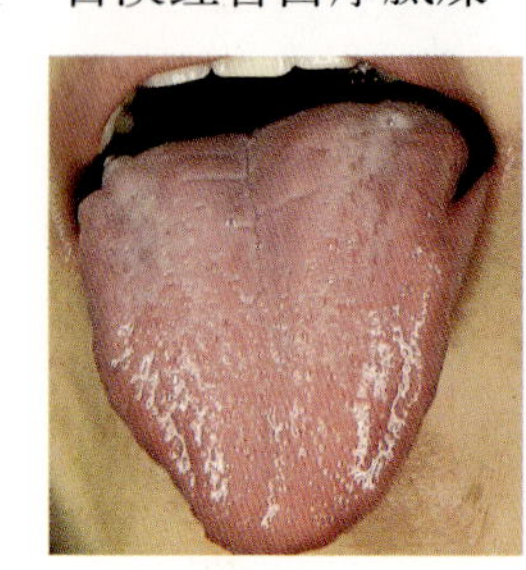
绛红舌